책장 덮기
역사적 관점에서 본 이행기 정의

진인진

CLOSING THE BOOKS: Transitional Justice in Historical Perspective by Jon Elster

Copyright © 2004 by Jon Elster

All rights reserved.

This Korean edition was published by Zininzin Co., Ltd in 2022

by arrangement with Cambridge University Press

through KCC(Korea Copyright Center Inc.), Seoul.

이 책은 (주)한국저작권센터(KCC)를 통한 저작권자와의 독점계약으로 진인진에서 출간되었습니다.

저작권법에 의해 한국 내에서 보호를 받는 저작물이므로 무단전재와 복제를 금합니다.

목차

저자 서문   7

제1부 0 행기 정의의 세계   13

  제1장 기원전 411년과 403년의 아테네   15
    I. 머리말   15
    II. 아테네 민주주의   16
    III. 첫 번째 과두제와 그 몰락   19
    IV. 두 번째 과두제와 그 몰락   22
    V. 리시아스   31
    VI. 요약   37

  제2장 프랑스의 1814, 1815년 왕정복고   45
    I. 머리말   45
    II. 프랑스 왕정복고에서 이행기 정의의 제약   46
    III. 응보조치   52
    IV. 보상   60
    V. 요약   69

  제3장 이행기 정의의 새로운 세계   77
    I 머리말   77
    II. 군주제 복귀와 독립으로의 이행   79
    III. 서유럽과 일본   85
    IV. 남유럽   91

V. 라틴아메리카	93
VI. 동유럽	98
VII. 아프리카	102
VIII. 사례의 분류	105

제2부   전환기 정의의 분석학   117

제4장   이행기 정의의 구조   119
    I. 머리말   119
    II. 정의의 동기구조   120
    III. 정의의 제도   125
    IV. 이행기 정의의 수준   135
    V. 이행기 정의의 행위자들   142
    VI. 이행기 정의의 결정   162

제5장   가해자   197
    I. 머리말   197
    II. 가해자의 속성   198
    III. 가해혐의의 정당화   205
    IV. 면책과 정상참작   214

제6장   피해자   241
    I. 머리말   241
    II. 물질적 고통   243
    III. 신체적 고통   251
    IV. 무형의 고통   256
    V. 증명의 부담   260

제7장　제약요인　271
    I. 머리말　271
    II. 타협적 이행의 제약요인　272
    III. 독일의 경우　283
    IV. 이행기 정의와 경제적 제약　294
    V. 상충하는 요구들　298

제8장　감정　309
    I. 머리말　309
    II. 감정과 행위　310
    III. 감정과 응보적 요구　314
    IV. 응보적 감정　324
    V. 감정의 변이　329
    VI. 죄책감의 정도　336

제9장　정치　349
    I. 머리말　349
    II. 선거정치　351
    III. 구나치와 구공산주의자들　357
    IV. 정치이념과 이행기 정의　367

역자 후기　387
참고문헌　393
색인　419

저자 서문

이행기 정의는 오랫동안 나와 함께 하는 주제다. 이와 관련한 세 개의 개인적인 에피소드를 가장 최근 것부터 소개하고 싶다.

바그다드함락 다음날인 2003년 4월 10일, 나는 한 캐나다기자에게서 이라크의 탈바트화(de-Ba'athification, 옮긴이 주: 사담 후세인독재의 정치적 기반인 바스당의 영향력을 청산하기 위한 일련의 정치개혁을 일컫는다) 과정과 관련된 몇 가지 질문을 담은 이메일을 받았다.(나는 그에게 주요 정책적 선택은 숙정, 재판, 그리고 진실위원회 활동이며, 이 각각의 정책에는 하위 시책들이 있다고 설명했다.) 이라크 사례처럼 21세기 초까지 독재체계가 무너질 때 가장 먼저 대두하는 문제 중 하나는 독재정권의 지도자들에게 무슨 책임을 묻고 그 미래 영향력을 어떻게 차단할 것인가에 관한 것이다. 다른 하나는 물론 어떻게 하면 새롭고 더 나은 체제를 만들 것인가다. 세 번째 질문은 체제의 피해자들을 어떻게 대할 것인가다. 이 책은 주로 두 가지의 과거지향적 쟁점, 즉 사회가 체제의 가해행위와 그 가해가 남긴 고통에 어떻게 대응하는가에 관심을 둔다. 나는 또한 경제재건이나 헌정질서 회복 같은 미래지향적인 쟁점들을 고려하지만, 그것이 과거지향적인 쟁점들과 상호작용하는 범위에서만 다룬다. 나는 주로 체제 이행 후에 사회가 과거와 단절하는 다양한 방식을 **묘사하고 설명하려고** 한다. 그러나 여기서 규범적인 고려사항은 이행의 행위자들을 추동하고 그 행위에 스며들어 있는 정의와 공정의 개념들에 대한 검토를 통해서 간접적으로 언급한다. 내 고유의 규범적인 관점이 간혹 드러나기도 하지만, 그것은 이 책의 주요 관심사가 아니다.

이러한 주제를 체계적으로 사유하려는 나의 노력은 동유럽에서 새로운 제도와 헌법을 어떻게 세울 것인가를 논의하기 위해 헝가리 펙스(Pecs)에서 열린 회의에 참석한 1990년 6월로 거슬러 올라간다. 회의에서는 당연히 회복과 처벌의 문제도 논의했다. 그 회의 후기로 작성한 내 노트에는 당시 토론내용이 다음과 같이 요약되어 있다.

> 회의에서 여러 정치인들은 명백한 범죄(고문과 같은)를 저지른 사람을 제외하고는 보복이 행해져서는 안 된다는 데 의견을 같이 했다. 완전한 사면을 지향하는 "스페인식 해결"만이 유일한 해결책이었다. 사면에 내재한 부정의는 민주주의 정착을 위해 치러야 할 대가였다.
> 헝가리 전 법무부 장관은 특히 이 점을 강변했다. 그는 19세기 중반 이후 헝가리에서는 14명의 총리가 처형되거나 강제추방되었는데, 이제는 이렇게 극도로 정치화된 사법적 전통과 단절해야 한다고 말했다. 당시 헝가리에서는 어느 위원회가 고위관료들의 재산형성 과정을 조사하고 있었다. 약 4,500건의 개인신상 관련자료들이 공개되었지만, 조사는 바로 중단되었다. 그의 의견에 따르면 이 조사는 위헌이었다. 비록 그 자신은 원탁협상에 참여하지 않았으나, 응보적 조치가 논의의 주제가 되었거나 사면에 대한 약속이 있었다고 믿지 않았다.
> GDR(독일민주공화국)의 옛 지도자들은, 자신들이 위반한 바로 그 원칙을 내세우는 경향이 있다. 과거에 자신들이 끊임없이 사법적 원리(죄형법정주의)를 파괴했으면서, 이제 자신들을 법정에 세우려는 시도에 맞서서 자기가 배반한 그 원리를 동원한다.

폴란드 상원의장은 폴란드의 사례가 "새로운 사회에서 평화롭게 사는 것"이 가능함을 보여주기 때문에 GDR의 이행에 매우 중요한 시사점을 준다고 평가했다.(그는 이 말을 동독 대사로부터 들었다.) 그는 폴란드 하원이 최근 당간부를 위한 연금을 아무런 특권 없는 일반 연금으로 전환하는 의결을 했다고 보고했다. 폴란드의 한 법대교수는 전직 당원들이 교장에서 교사로 강등될 수도 있다고 주장했다.

나중에는 원상복구의 쟁점—공산정권이 몰수한 재산을 원 소유자에게 돌려주는 문제—도 등장했다. 마찬가지로, 이런 형태의 과거지향적 정의에 대한 반대가 일반적인 추세였다.

이 생각들이 내가 보고한 당시 시점에서 얼마나 합의에 이르렀는지 알 수는 없다. 그러나 헝가리의 일부 경우를 제외하면 그 후로 실질적인 진전을 보지 못한 것은 확실하다. 스페인식 해결은 채택되지 않았다. 몇몇 나라에서는 공공행정부문에서 대대적인 숙정작업이 있었다. 많은 국가에서 재산의 원상회복조치가 대규모로 실시되었다. 그러나 재판에 회부된 사람은 거의 없었다.

어느 초기 이행 사례에서 나는 당시의 독특한 분위기를 보여주는 경험 하나를 상기한다. 1945년 5월 9일, 독일이 항복한 다음 날, 내 아버지는 전쟁의 말년을 보낸 스톡홀름에서 돌아왔다. 아버지가 전쟁 전에 자주 찾던 오슬로 중심가 카페에 들렀을 때, 카페 지배인은 옆에 있는 아버지를 보고 "엘스터 씨, 남자화장실에 죽은 독일인 중교가 있습니다. 좀 도와주시겠어요?"하고 물었다. 아버지는 시신을 처리하는 데 도움을 준 것 같다. 당시 다섯 살이던 나는 그 사건을 특별하게 여기지 않았다. 그러나 전쟁 후 성장하면서 나는 사람들이 독일 점령 기간 중 자신들이 했거나 하지 못한 일로 공적, 때로는 사적 생활에 걸쳐서 어떻게 평가되고, 선택되고 거절되었는지를 알게 되었다. 1940년 4월이 무서워서 아무것도 하지 못한 사람들은 전쟁 후반기에 자신들이 어떤 행동을 했는가와 상관없이 신뢰를 회복하기 힘들었다. 패배주의 또는 기회주의가 남긴 어두운 그림자의 기억은 쉽게 사라지지 않았다. 부역자의 자녀들도 여러 방식으로 고통받았다. 내가 아는 사례에서 한 어머니는 두 딸에게 나치 부역자로 유죄를 선고받은 사람의 자녀들과 어울리는 것은 비애국적이라고 말했다. 어떤 의미에서 이 책의 핵심을 이루는 법적, 행정적 조치들은 이런 방대하고 복잡한 모습의 편린에 불과할 수도 있다.

이런 유년의 기억들이 내 접근방식을 형성하는 데 중요한 역할을 했을 것이다. 나는 이 책에서 고대부터 현대에 이르기까지 방대한 사례들을 다루지만, 2차세계대전 이후에 일어난 이행기 정의의 사건들은 특히 이 책에서 차지하는 비중 이상의 의미를 갖는다. 그것이 사실이라면 이런 편견에 대한 또 다른 그리고 덜 개인적인 이유가 있다. 지금까지 사법적으로 평가된 가장 가혹한 체제 폭력사례는 홀로코스트의 가해자와 피해자의 운명이 제공한다. 스탈린체제의 가해행위도 규모 면에서는 비견할 만하지만, 홀로코스트 사례에서 가해자가 대가를 치를 수 있는 유일한 방식은 스스로 피해자가 되는 것이었다. 처음부터 가해자 무리에 관계되지 않고 단순한 피해자였던 사람들은 거의 보상을 받지 못했다. 반면에 나치정권 인물들의 기소와 희생자들에 대한 보상은, 비록 여러 면에서 부적절하지만, 완전히 전례가 없는 규모로 이루어졌다. 따라서 특히 이 책의 5장과 6장에서처럼 다른 것들보다 더 광범위하게 이 과정을 분석하는 것은 전혀 불합리하지 않다.

이 빈약한 서론은 결론의 부재와 연관된다. 내가 만약 이행기 정의의 이론을 가지고 있다면 그것을 언급하는 것으로 시작하고 그것을 평가하는 것으로 끝냈을 것이다. 그렇지 못하기 때문에 이런 전통적인 구성은 의미가 없다. 바라기는 이 책이 제공하는 자료를 꼼꼼히 살피는 인내심 있는 독자들이 자기의 관심사에 맞는 토론거리를 찾는 것이다. 도덕철학자는 자기 관심 밖에 있던 곤란한 딜레마를 발견하고 윤리에 대한 반사실적 논증의 타당성을 성찰할 수 있다. 법학자는 범죄와 처벌 간의 관계에서 발견되는 새로운 어려움에 관심을 둘 수 있다. 정치학자는 이행기 정의가 정치에서 감정의 기능을 연구하는 데 비옥한 토양을 제공하는 것을 발견할 수 있다. 역사학자는 이행 이후의 "이중소유권"문제가 기원전 403년의 아테네에서, 프랑스의 2차 왕정복고에서, 그리고 통일 후 독일에서 같은 방식으로 해결되었다는 것을 알고 놀랄지도 모른다. 그렇다면 나는 큰 그림을 찾는 사람이 아니라 사회의 미세한 움직임에 의해 지적 흥분이 촉발되는 사람들을 위해 이 책을 쓰는 셈이다. 암묵적으로, 나는 우리가 찾아야할 큰 그림이 있다고 생각하지 않는다. 그렇게 생각했다면 나 역시 그것을 찾고 있었을 것이기 때문이다.

이런 주제들에 대한 나의 첫 번째 학습은 게르하드 캐스퍼(Gerhard Casper, 펙스 회의에도 참석하였다)의 지도 아래 1990년에 시카고 대학에 설치된 동유럽 헌정주의 연구센터에 참여하면서 시작되었다. 나중에 지오프리 스톤(Geoffrey Stone)은 이 센터의 기대에 부응하는 후원을 지속적으로 제공하였다. 나와 같이 이 센터에 참여한 스테판 홈즈(Stephan Homes), 윅토르 오시아틴스키(Wiktor Osiatynski), 그리고 캐스 선스타인(Cass Sunstein)은 일련의 동유럽 여행 중에 내가 관찰했던 것을 이해하는 데 많은 도움을 주었다. 그후 보즈체크 세플(Vojtech Cepl), 루미안나 콜라로바(Rumyana Kolarova), 클라우스 오페(Claus Offe), 안드라스 사조(Andras Sajo) 등이 동유럽 이행을 이해하는데 귀중한 영감을 제공하였다. 모두에게 감사한다.

이러한 경험은 이행기 정의를 보다 포괄적인 수준에서 생각하도록 나를 인도하였다. 1998-99년, 나는 멜론재단(Mellon Foundation)의 연구기금 덕분에 "소급적 정의"(retroactive justice)에 관한 연중 세미나를 조직할 수 있었다. (이제는 표준화된 용어인 "이행기 정의"가 그때는 확고하게 자리잡지는 않았다.) 이 세미나에서 발표된 논문들은 몇 편의 외부 기고문을 더해서 *Retribution and Reparation in the Transition to Democracy*라는 제목으로 이 책의 자매편으로 출간될 예정이다. 거의 비슷한 시기에 한스 프레드릭 달(Hans Fredrik Dahl), 스타인 유겔비크 라센(Stein Ugelvik Larsen), 오이스타인 소렌센(Oystein Sorensen), 그리고 나는 노르웨이 연구위원회의 기금을 받아서 1945년의 노르웨이 이행기 정의에 관한 프로젝트를 시작하였다. 이 프로젝트에 참여한 내 동료들의 토론과 논평에 감사한다. 노르웨이 학술원과 베를린 사회과학연구원도 귀중한 지원을 해주었다. 나의 연구를 도와서 유용한 토론을 해준 모니카 날레파(Monika Nalepa), 초고를 검토해준 아비 터커(Avi Tucker), 그리고 귀중한 논평을 해준 두 익명의 평가자에게 크게 감사한다.

별다른 표시가 없는 한, 덴마크어, 프랑스어, 독일어, 노르웨이어의 번역은 내가 한 것이다.

제1부
이행기 정의의 세계

이행기 정의는 정치체제가 전환되는 과정에서 전개되는 재판, 숙정, 배상 등의 과정으로 구성된다. 이에 대한 총체적인 설명은 4장에서 다룬다. 이 책의 목적은 첫째, 다양한 이행기 정의 사례들을 기술하고, 둘째, 이러한 사례들을 설명하는 데 기여하는 분석적 틀을 제공하는 것이다. 1부는 이행기 정의 사례들을 소개한다. 첫 두 개의 장에서는 여러 역사적 사례들을 자세하게 기술한다. 제1장은 기원전 411년과 403년 두 차례에 걸친 그리스민주주의 복원과정에서 이루어진 이행기 정의를 기술한다. 제2장은 1814년과 1815년 두 차례에 걸친 부르봉 왕조의 부활 이후 프랑스에서 전개된 처벌과 배상의 방식들을 검토한다. 제3장은 20세기의 민주주의 이행 등을 비롯하여 여러 사례에서 나타난 이행기 정의를 간명하게 살핀다.

아테네와 프랑스에서 일어난 사건을 다른 사례보다 더 많이 할애하는 몇 가지 이유가 있다. 첫째, 두 사례는 최근 사례와 달리 일반 독자들에게 덜 알려졌기 때문이다. 둘째, 두 사례는 이행기 정의가 근대적 체제나 민주체제에만 국한된 게 아님을 보여주기 때문이다. 셋째, 이행기 정의과정에서 국가는 "경험에서 배운다"는 사실을 두 사례가 예외적으로 잘 보여주기 때문이다. 아테네 민주주의의 두 번째 복원 이후 채택된 이행기 정의조치들은 첫 번째 복원과정에서 야기된 가혹한 방식에 대한 평가에서 비롯되었다. 반대로, 프랑스의 2차 왕정복고 이후의 이행기 정의는 1차 왕정복고 하에서 엄정하게 대처하지 못한 실패에 대한 반성을 토대로 이루어졌다. 현대국가에서도 이행기 정의는 앞선 이행에 대한 기억에 따라 전개될 수 있는데, 20세기에 독일이 경험한 세 차례의 이행—1차세계대전, 2차세계대전 그리고 1990년의 통일—이 가장 대표적인 사례다. 이 전체제에 책임을 묻기 원한 많은 사람들은 과거체제가 범한 실수를 반복하지 않겠다고 다짐했다.[1] 벨기에서 2차대전 종전 후 부역자재판을 신속하게 처리하려는 열망의 배경에는 1차대전 기간 중 독일에 협조한 사람들을 기소하지 못한 기억이 자리잡고 있었다(8장 참조).

주

1   서독사법부의 나치청산의 미비점을 기록한 책(Friedrich 1998)의 뒷 커버에 고위급 판사와 법학 교수는 똑같은 실수가 동독사법부를 다룰 때 반복되어서 안 된다는 교훈을 쓰고 있다. 이 주장에 대한 비판은 Rottleuthner(1994)를 볼 것. 1918년과 1945년의 관계에 대해서는 7장 참조.

제1장
기원전 411년과 403년의 아테네

I. 머리말

민주화 과정에서 이행기 정의는 민주주의 역사만큼 오래되었다. 기원전 411년 그리고 404-403년에 아테네인들은 과두제에 의한 민주주의 전복과 그에 이은 민주주의 복원을 경험했다.[1] 각각의 경우, 민주주의로의 복귀는 참주세력에 대한 처벌조치를 수반했다. 403년, 아테네인들은 또한 과두제 시절에 몰수된 재산을 보상하는 조치를 밟았다. 다음 이행기 정의 이야기는 거의 2천 년 후 영국의 왕정복고 시기에 다시 등장한다.

아테네는 서로 밀접하게 연결된 두 개의 이행기 정의 일화를 가지고 있다. 첫 번째 사건을 겪으면서 배운 교훈이 그 다음 사건의 흐름을 결정했다. 411년에 첫 번째 과두제가 몰락한 이후 아테네인들은 민주주의를 복원하고 엄격한 응보적 조치를 단행했으며, 참주세력이 다시 권력을 잡을 수 없도록 새로운 법을 제정했다. 여기서 그들이 하지 못한 것은 참주세력 반란의 근본원인 제거였다. 403년, 민주주의를 부활한 집단들은 다르게 대응했다. 우선 민주주의를 무너뜨린 요인을 제거하기 위해 헌정질서의 변화를 도모했다. 나아가 참주세력에 대한 처벌을 자제하고 과거지향적 처벌보다는 미래지향적 사회통합 목표를 선호했다.

II. 아테네 민주주의

이 두 이행과 그후의 일련의 과정들을 이해하려면 먼저 이보다 거의 200년 전인 그리스민주주의의 기원으로 거슬러 올라가야 한다. BC 596년에 솔론[역주1]은 두 적대적 세력에게서 법률개혁을 위한 백지위임을 받았다.[2] 그가 추진한 세 가지 개혁은 이행기 정의와 직접적으로 관련된 조치들이었다. 그는 살인이나 학살 또는 폭정을 꾀하다가 추방당한 경우를 제외하고, 권리를 박탈당한 사람들의 시민권을 복권하는 사면법을 제정했다.[3] 이 법은 아테네가 스파르타 함대에 패배한 것을 계기로 참주세력을 물리친 411년 이후에 몇몇 가혹한 형벌을 면제한 405년 사면령의 모델이 되었다.[4] (사면은 아테네시를 다시 통합하는 데 목적이 있었으나, 사실은 너무 늦었다.) 또한 솔론은 정치적 파당의 시대에 "그 어느 쪽에도 속하지 않은 사람은 시민의 권리를 박탈해야 한다는 매우 독특하고 혁신적인 법"을 제정했다. 즉 시민은 "어느 주장이 대세가 될 것인가를 편히 앉아서 기다리지 말고, 어느 쪽이 더 좋고 옳은지를 즉각 판단해서 지지하거나 반대해야 하며, 자기의 태도를 타인과 공유해야 해야할" 의무를 가지는 것이다.[5] 끝으로 그는 아테네 사법제도에 중요한 변화를 이끌었다. 즉 공공소추관 제도를 폐지한 것이다. 모든 소추는 사적 개인이 집행했다. 솔론 개혁의 목적은 사적 피해의 보상 또는 공공의 이익을 위해서 모든 시민에게 기소할 수 있는 권리를 부여하는 데 있었다. 그러나 이 법은 "아

역주1 BC638~558. 정치가, 입법자, 시인. 고대 아테네 민주정의 기초를 세웠다.

부꾼"들의 하찮은 기소나 부자들을 협박할 목적으로 소를 제기하는 전문적인 고소꾼을 낳았다. 상층계급 사이에서 솔론의 개혁에 대한 반감이 광범위하게 확산됐고 두 번째 과두제에서는 강력한 반대에 부딪혔다.

솔론 입법의 몇몇 부분은 민주주의가 무분별한 대중통치로 변질되어 참주들의 반발을 초래하기도 했다. 그는 부채노예제를 폐지하여 민주주의가 효과적으로 작동하기 위한 중요한 조건을 창출했다. 그가 개혁안을 입법하기 전에도 모든 시민이 의회에서 투표하고 인민재판에 참여할 수는 있었으나, 몇몇 주요 관직은 세습귀족만이 차지할 수 있었다. 개혁 이후 모든 자격기준은 전적으로 경제적 지위가 결정하고 출생조건은 아무런 영향을 미치지 않게 되었다. 재산규모로 결정되는 네 층위의 계급 중 최하위 계급은 모든 공직에서 제외되었다. 최상위 또는 상위 두 계급이 가장 중요한 공직을 차지했다. 457년에는 세 번째 계급도 고위공직의 몇몇 자리를 차지할 수 있게 되었다. 최하위계급은 여전히 자격이 없었지만 의회와 인민법정의 구성원으로서 중요한 영향력을 발휘했고,(507년의 클라이스테네스 개혁 이후부터는) 의회의 의제를 통제하는 500인위원회 위원이 될 수 있었다.

투표하고 관직을 맡을 수 있는 권리도 그 권리행사에 비용이 많이 든다면 별 소용없을 것이다. 아리스토텔레스가 《정치학》(1308b-1309a)에서 지적했듯이, "그 무가 이익을 주지않아야 비로소 민주주의와 귀족정치가 결합할 수 있다. 그래야 귀족과 평민 모두 자기가 바라는 바를 충족하기 때문이다. 모두가 관직을 맡을 수 있기 바라는 데, 이것은 민주주의의 목표이고, 귀족은 행정장관이 되기를 원하는 데, 이것은 귀족정치의 목표다." BC 5세기 중엽 페리클레스[역주2]가 재판관, 500인위원회 위원, 그

역주2 BC495~429. 페르시아전쟁과 펠로폰네소스전쟁 사이의 지도자로서 아테네 황금시대를 열었다.

리고 행정장관을 위한 보수제도를 마련하면서 더 효과적인 민주체제로의 진전이 이루어졌다.[6]

계급구조는 군사적 기능과 관련하여 정치에 영향을 미칠 수 있었다. 일반적으로 해군은 최하층 자산계급(테테스, thetes)이, 보병은 하위 두 번째 계급(호프리테스, hoplites)이 담당했다. 아테네가 전쟁상태에 놓인 시기에는 의회에 이 집단의 존재 여부가 결과를 좌우했다.

> 급진적 민주주의는 462년 에피알테스[역주3]의 개혁으로 도입됐는데, 이 개혁안은 중간계급으로 이루어진 4,000명의 중무장 보병(호프리테스)이 메시나로 원정전투를 하고 있을 때 이루어졌다. 51년 후 급진적 민주주의는 400인체제의 과두제 통치로 대체되었다. 그 헌법개정은 회의가 시 외곽에서 열렸고 아테네 해군 전체가 사모스섬에 주둔하고 있었기 때문에 최하층 자산계급인 테테스가 과소대표될 수밖에 없었던 의회에서 통과되었다.[7]

민주주의의 복원이 사모스 섬에 주둔한 같은 해군에게 의존한 것은 놀라운 일이 아니다. 두 번째 상위계급인 기병부대(히페이스, hippeis)는 두 과두제와 밀접한 관계를 맺고 있었다.

아테네인들은 민회에 참여하여 법률과 규정 제정과정에서 권리를 행사할 수 있었으나, 그 법과 규정의 실제 실행은 다른 문제였다. 완전한 형태의 아테네 민주주의의 가장 두드러진 특징은 아마도 시민들이 민회의 결정을 실행할 사람들에게 행사하는 통제의 정도일 것이다. 대부분의 공직자는 추첨으로 임명됐지만, 중요한 직위는 선출직이었다. 추첨이

역주3 BC462~461. 민주파 지도자. 귀족파가 장악한 아레오파구스 해체 후 BC461년에 암살당했다.

든 선출이든 모든 행정관은 취임 전후에 의무적으로 조사를 받아야 했다. 사전조사는 대개 형식적이었으나(그 예외사례는 5절을 볼 것) 사후조사는 엄격하게 진행되었다. 게다가 행정관들은 "국가범죄" 혐의로 기소될 수도 있었다. 이러한 통제는 원래 최상층 자산계급에 속하는 전직 고위 관료로 구성된 엘리트기구인 아레오파구스(Areopagus)회의가 결정했지만, 에피알테스(Epialtes)의 개혁 이후에는 평의회로, 그리고 최종적으로는 인민법원으로 위임되었다.

    BC 5세기 중엽에 이르면서 잇따른 개혁으로 통제되지 않은 대중권력이 남용될 개연성이 점점 커졌다.[8] 마틴 오스트발트 저작의 제목이 시사하는 바와 같이 아테네인들은 인민으로서 주권을 가지고 있었으나 아직 법 지배의 골격을 형성하지는 못했다. 오스트발트가 기술한 바와 같이, 한동안 "페리클레스의 지적, 심리적, 그리고 정치적 통찰력이 비이성적 정책이 집행되는 것을 막았다."[9] 그러나 훌륭한 지도력이 창출하는 결과만으로 제도의 견고함을 판단할 수는 없다. 계몽된 정치가가 항상 주도권을 잡는 것은 아니기 때문이다. 위약하고 신중하지 못한 다음 세대의 지도자들은 제도의 취약성을 그대로 보여주었다. 체제 안에 몇몇 통제장치를 갖추고는 있었으나,[10] 가장 중요한 군사적 결정 영역에서는 거의 효력을 발휘하지 못했다.

III. 첫 번째 과두제와 그 몰락

아테네에는 강력한 팽창주의와 제국주의의 전통이 있었다. 460년경에 최고조에 달했는데, 당시 아테네가 주도하는 델리안(Delian)동맹은 동부 지중해에서 200개에 달하는 국가를 거느리고 있었다. 제국의 이념은 국가의 영광과 공물을 향한 아테네인들의 열망을 반영했다. 그러나 민회에서 참전 결정을 할 때, 아테네인들이 항상 현명한 것은 아니었다. 특히 415년의 비참한 시실리 원정은 니키아스(Nicias)[역주4]의 냉정한 판단을 무시하고 대중의 환호에 편승한 결과다. 투키디데스를 요약하면서 오스트발트는 다음과 같이 쓰고 있다.

> 니키아스는 그의 노련한 군사지식에서 나온 절제와 신중함이 의회의 비합리적 열정을 저지할 가능성이 거의 없다는 것을 인식하고 있었다. 알키비아데스(Alcibiades)[역주5]가 발언하기도 전에 모험의 욕망에 휩싸인 대중들은 니키아스의 경고에 귀를 막았다. 시실리 원정은 이미 감당하기 힘든 수준인 적의 수만 더 늘릴 뿐이었다. 설령 원정이 성공하더라도 그 먼 거리에서 그 많은 인구를 통제하는 것은 현실적으로 어려웠고, 통제에 실패하면 시실리인들은 스파르타인과 합세하여 아테네를 공격할 것이 자명했다. 게다가 최근의 역병에서 겨우 회복됐는데, 이런 모험에 힘을 낭비해서도 안 되었다.[11]

이 재난은 "과두제적 반대세력이 부상하여 모든 책임을 인민을 선동한 지도자들과 인민 자신에게 돌리는"[12] 효과를 낳았다. 411년 여름에 참주들은 쿠데타를 일으킨 다음 의회를 무력화하여 자신들 통제 아래 두었다. 그들은 400인위원회를 조직하여 겨우 4개월 동안 집권했는데, 그 이유는 페르시아와의 동맹이 무너지고 사모스(Samos)의 해군이 그들에게서 등을 돌렸기 때문이다.

역주4 BC470~415. 펠로폰네소스 전쟁 기간에 활약한 정치인, 장군. BC421년에 니키아스 평화협정 성사. 강경파에 떠밀려 시실리 원정에 나섰다가 포로로 잡혀 처형당했다.

역주5 BC450~404. 중우정치를 대표하는 데마고그.

민주주의의 복원과 이행기 정의는 두 단계를 밟았다. 8개월 동안 유지된 첫 번째(또는 과도기) 후계정권은 "갑옷 입은 사람들로만 구성된"[13] 5천 명에게 특권을 주는 불완전한 민주주의였다. 이 정권은 즉각적으로 "극단주의적 참주들에 대한 무자비한 처벌"[14]에 착수했다. 그들 중 3명이 재판을 받았고, 2명은 반역죄로 체포되었다. 사모스에서 란란을 일으킨 군대가 아테네로 돌아오고 있다는 소식을 듣고 스파르타대사관으로 피신했다는 혐의였다. 그 중 일부는 추방되어 재판을 피했고, 403년에 되돌아와서 30인 폭군의 일원이 되었다. 온전한 민주주의가 회복된 후, "400인위원회와 연합했던 인사들에 대한 보복조치의 범위가 확대되었다."[15] 400인위원회 시절 아테네시에 체류한 군인들은 정치적 권리 일부를 상실하는 고통을 겪었다.[16] 3명의 민주주의자들은 사적 이익을 취하기 위해 처벌장치를 악용했다는 의심을 받았다.[17] 과도정권 하에서 재판에 회부되어 유죄를 선고받은 어느 참주는 더 중대한 혐의로 다시 재판에 회부되었다.

그러나 다음 세 가지 지표는 이러한 조치가 승자의 정의만은 아니었다는 것을 보여준다. 첫째, 오스트발트가 덧붙인 것처럼, "그것은 탄압이 아니라 기소였다. 사적복수나 폭력이 아니라 새 정권이 수립된 직후 전개된 질서 있는 법 절차에 따랐다." 둘째, 400인위원회를 위해 일한 많은 사람들이 마지막 재판에서 **무죄방면되었다**. 셋째, 부활된 민주주의는 소급입법을 반대했다. 민주주의 전복시도를 금지하는 법이 없었기 때문에 세 명의 참주들은 반역혐의로 기소되었고, 다른 참주들은 마지막 단계에서는 기소되지 않았다. 새 정권은 민주주의 전복시도를 방지하기 위한 법을 제정했으나, 이 법은 소급적용을 금지하고 법제정 이후의 행위에 대해서만 적용했다. 이 법은 돌락한 과두제의 구성원들을 처벌하기 위한 것이 아니라 과두정치의 부활을 막기 위한 것이었다.[18]

IV. 두 번째 과두제와 그 몰락

이어진 과두제는 민주주의를 내부적으로 불신하고 동시에 외부 위협에도 취약하게 만든 사건에 기원을 둔다. 406년 아르기누사이(Arginusae) 제도에서 스파르타 함대와의 해상전투에서 큰 승리를 거둔 후, 아테네인들은 아직 살아있는 병사를 구하지 못한 혐의로(또는 죽은 사람들의 시신을 회수하지 못한 혐의로) 8명의 장군을 재판에 회부했다. 이 재판은 합법성을 제대로 갖추지 못했는데,[19] 모든 장군들에 대한 규탄과 아테네에 머물던 6명의 장군에 대한 즉각적인 처형으로 이어졌다. 이러한 결과를 가능케 한 격양된 감정적 분위기는 평의회의 일원인 칼리세누스(Callixenus)가 합법적 재판절차를 생략한 채 장군들의 유죄를 결정하는 투표를 하자고 제안했을 때 무슨 일이 일어났는지에 대한 크세노폰(Xenophon)의 설명에서 포착된다.

> 에우립톨레무스(Euryptolemus)를 비롯한 몇몇 다른 위원들은 칼리세누스가 위헌적 발상을 했다고 주장하면서 그를 소환했다. 몇몇 사람들은 여기에 찬동했으나, 대부분 사람들은 **그들이 원하는 대로 하지 못하게 막는 것이 크게 잘못됐다**고 항의하였다. 라이시스쿠스(Lyciscus)가 소환을 철회하지 않는 사람도 마찬가지로 투표로 유죄를 결정해야 한다고 주장했을 때, 성난 군중들이 승인하라고 함성을 질렀고 소환을 철회하지 않을 수 없었다. 더욱이 일부 프리타네스(Prytanes, 평의회의 집행위원회) 위원들이 법에 어긋난다며 투표 참여하기를 거부했을 때, 칼리세누스는 다시 연단에 올라 투표참여를 거부한 사람들에게도 같은 책임을 물어야 한다고 촉구했다. 군중들도 거부한 사람들을 법정에 소환해야 한다고 소리쳤다. 그러자 두려움에 사로잡힌 프리타네스 위원들은 소크라테스를 제외한 모든 사람들이 법에 따라 행동하지 않

는다고 의문을 제기했다.[20]

위의 고딕체 문장은 아테네에서 통제되지 않은 인민주권의 가장 극단적인 표현으로 흔히 인용된다. 411년 민주주의 복원의 주역인 트라실루스(Thrasyllus)가 처형된 장군 중 한 명이었다는 것은 특별한 아이러니다. 나중에 "아테네인들이 자신들의 행위를 후회하고 인민들을 속인 사람들―칼리세누스도 그 중 하나다―에게 책임을 물어야 한다고 투표했지만"[21], 이미 저지른 이중의 해악을 되돌릴 수는 없었다. 첫째, 이 사건은 시민과 민주주의자들을 믿지 않는 권력자 사이의 분열을 다시 촉발했다. 둘째, 처형된 장군들을 대신할 새로운 장군들을 선출하는 과정에서 아테네인들은 군사적 능력보다는 민주주의에 대한 충성을 더 선호했다. 만일 아테네인들이 아르기누사이(Arginusae)에서 패배한 스파르타의 평화협상을 받아들였다면 이것은 그 자체로는 아무런 문제가 될 수 없었다. 아리스토텔레스에 따르면 악명 높은 선동가인 클레오폰(Cleophon)에게 속아서 민회는 이 협상을 거절했다.[22] 민회가 감정적으로 대응했는지 아니면 스파르타를 믿지 못해서 전략적인 게임을 했는지와는 관계없이[23] 그 결과는 참혹했다. 역량없는 장군들의 지휘 아래 405년의 아에고스포타미(Aegospotami) 전투에서 대패했고, 이 패배는 아테네제국의 종말로 이어졌다. 이 패배 후 스파르타의 비호 아래 두 번째 과두제가 들어섰다. 왜 스파르타가 괴뢰 "크비슬링"(Quisling)[역주6]체제보다 상대적으로 자율적인 과두제적 "비시"(Vichy)체제[역주7]를 선호했는가는 아직은 추정 수

역주6 1887~1945. 노르웨이의 정치가, 군인. 2차대전 때 독일점령 하의 노르웨이에서 총리직을 지냈다. 종전후 반역죄로 총살당했다.

역주7 2차대전중 독일 점령하에 있던 남부프랑스를 통치한 괴뢰정권. 빠리 남쪽의 비시를 수도로 했고, 정부 수반은 1차대전 당시 영웅이었던 필리프 페

준이다.²⁴

이 평화조약에는 이전 과두제의 몰락 이후 추방된 참주들의 복귀 조항과 아테네가 여러 해석이 가능한 "전통적 헌법"을 유지할 수 있도록 허용하는 모호한 조항이 포함되어 있다. 실제로 새로운 참주지도자들로 구성된 30인 폭군 정부는 폭력적 체제였다. 무엇보다도 그들은 참여자들에게 외국인 거주자 한 명을 살해해서 자신의 패기를 증명하라고 요구했다. 또한 1천5백 명 이상의 시민이 목숨을 잃었다. 이러한 만행의 동기 중 하나는 복수였다. 지도자격 참주인 크리티아스(Critias)[역주8]는 "이전 과두제의 몰락 이후 민주주의가 자신을 추방했기 때문에 많은 사람들을 죽여서 나를 드러내고 싶다"²⁵고 발언했다. 일부 참주정치인들의 궁극적인 목표는 스파르타식 모델에 입각해서 아테네를 재건하는 것이었다.²⁶ 물론 경제적 이익도 동기가 되었을 것이다. 자신들의 통치를 공고히 하기 위해 30인 폭군은 특권 조직인 3천인위원회를 결성했고, 그들이 요직을 차지하면서 나머지 시민들은 도시에서 추방되었다.

추방당한 사람들은 아테네의 주력항구인 피라에우스(Piraeus)에 거주지를 잡았다. 마침내 같이 추방된 민주주의 진영 군인들의 도움으로 그들은 참주들과 전투를 벌여서 두 명의 지도자급 인물들을 죽였다. 스파르타 지도자들은 또 다시 힘을 과시하며 "도시(즉 아테네) 사람"과 "피라에우스 사람" 간의 화해조약을 감독했다. 아리스토텔레스에 따르면 화해의 조건은 다음과 같다.

> 도시를 떠나고 싶어하는 아테네인들은 완전한 시민권을 유지할 수 있는 엘레우시스(Eleusis)에 살아야 했다. 거기서 그들은 완전한 자치를

탱 원수였다.

역주8 BC460~403. 공포정치 8개월만에 타도되었다.

보장받았고 경제활동을 향유할 수 있었다. 사원은 양측이 공동으로 사용했다.(…) 성찬식 축하행사를 제외하면 엘레우시스 거주자는 아테네를 방문할 수 없었고, 마찬가지로 아테네 거주자도 엘레우시스를 방문할 수 없었다. 엘레우시스 거주자는 여타 아테네인과 마찬가지로 수입의 일정액을 국방예산으로 기부해야 했다. 도시를 떠나 엘레우시스에 있는 집을 인수한 사람은 예외없이 주인과 **합의가** 필요했다. 만일 합의가 불가능하면 각각 3명의 평가자를 선택한 다음 이 평가자가 정한 가격을 수락해야 했다. 새로운 정착민들을 받아들인 엘레우시스 주민들은 그곳에서 그들과 함께 살아야 했다. 엘레우시스로 이주하려는 사람은 화해서약을 한 날부터 10일 이내에 등록을 하고, 20일 이내에 퇴거를 해야 했다. 해외거주자도 아테네로 돌아오는 날부터 동일한 기간을 적용받았다. 엘레우시스 거주자는 거주지를 다시 도시로 옮겼다는 등록이 완료될 때까지 아테네에서 그 어떤 직책도 맡을 수 없었다. 살인이나 상해 등 강력사건 재판은 전통적인 관습에 따라 진행될 예정이었다. 30인지도자, 10인지도자, 11인지도자와 피라에우스(Piraeus) 총독을 제외한 모든 사람은 완전사면 대상이 되고, 그들도 일단 자신의 계정이 등록되면 전부 기소를 면할 수 있었다. 아테네에서 공직에 있었던 사람은 과세대상 재산을 시민 앞에 공개해야 했다. 그 이유 때문에 도시를 떠나고 싶은 사람은 언제라도 그렇게 할 수 있었다. 전쟁을 위해 빌린 돈은 각각 따로 갚아야 했다.[27]

여기서 합의라는 용어는 약간의 부연설명이 필요하다. 양측은 1개의 특정행위와 4개의 특정그룹을 제외한 그 누구에게도 "불만을 제기하지 않는다"는 취지의 맹세를 해야 했다. 살인에 대한 기소는 피고인이 "자력"(autocheiria)으로 살해했을 때 가능했다. "그러나 30인 폭군이 반대세력을 제거하는데 동원한 수단들은 원고측이 피고측의 "자력"을 증명하는 것을 어렵게 만들었다. 과두제의 피해자들이 노골적으로 살해되는 경우는 거의 없었다. 그들은 밀고자들에 의해서 허위혐의로 면직되고, 체포되고, 참주평의회에서 유죄판결을 받고 독초를 마셔야 했다."[28] 여기서 4개 그룹은 30인의 폭군, 민주주의 회복 이전 짧은 과도기 단계에서 그들을 계승한 10인, 30인의 명령을 집행하는 일을 담당한 11인, 참주를 대신해 항구를 관리하는 피라에우스 총독이었다. "자기계정 등록"은 모든 공직자를 대상으로 하는 사후조사를 의미한다. 일반적으로 이 조사는 모든 시민 또는 전원이 참석하는 의회에서 추첨으로 선발된 인민배심원이 수행했다. 이 특별한 사례에서 과세대상 재산을 가진 시민이 조사를 맡게 되었기 때문에 가장 낮은 자산집단(thetes)에 속한 사람들은 참주의 재판에 참여하지 못하고 결과적으로 이전에 3천인위원회에 속했던 사람들이 배심에서 과잉대표되었다.[29]

운이 나빠서 전투에서 패배한 장군들을 처벌한 것처럼, 이러한 사후조사는 "과잉, 부정 그리고 명백한 비효율"[30]로 이어지는 통제되지 않는 민주주의를 초래했다.[31] 따라서 참주 정치인에게 유리하게 배심원을 배치한 것은 과격한 인민 지배에서 벗어나려고 노력하고 있음을 보여주기 위해 민주주의자들이 스스로 제안하거나 채택한 것일 수도 있다. 물론 이 조항은 과거의 동맹국을 보호하기 위해 스파르타인이 제안했거나 그렇게 강요했을 수도 있다.[32] 그러나 내가 인용하는 다른 증거들에 의하면 복귀한 민주주의자들이 시민의 평화를 위해 처벌을 제한하려고 노력했음을 보여준다.

아리스토텔레스는 참주들에게 몰수당한 재산의 처리방향을 언급하지 않지만, 다른 문헌을 보면 이 문제도 협약에서 다루었다. 토마스 뤠닝(Thomas Loening)의 요약에 따르면

> 몰수된 물건을 구매한 개인은 해당 물건의 소유권을 계속 유지하며

경매되지 않은 모든 자산은 원래 소유자에게 귀속된다. 이 조항은 동산에만 해당한다. 원래 소유자는 매각되지 않은 물건의 소유권을 되찾기 전에 해당 물건에 대한 소유권을 확실하게 설정해야 한다. 화해 협정의 수락은 과두제 하에서 몰수되고 판매된 동산에 대한 모든 법적청구의 포기를 의미했다. 구입자가 매도할 의사가 있다면 추방자는 구입자가 지불한 금액만큼을 다시 지불하면 원래 자기 소유였던 물건을 재구매할 수 있는 조항도 있었다. 이 조항은 몰수재산을 값싸게 사서 부풀린 가격으로 원소유자에게 되팔아서 이익을 남기는 것을 방지하는 효과가 있었다. 구입자가 원하지 않는 한 재판매 의무는 없었다.(…) 몰수된 모든 재산이 구입자의 손에 남는 것은 아니었다. 화해 조약은 토지와 집과 같은 부동산은 자신이 지불한 조건으로 원소유자에게 반환하도록 규정했다.[33]

가장 의미있는 조항은 민간인에게 판매된 몰수재산과 국가소유 몰수재산의 구분이다. 신구 양쪽 소유자들이 동시에 정당한 권리를 주장할 수 있는 전자와 관련해서 화해 조약은 새로운 소유자 편을 들어주었다. 새로운 소유자들이 전부 참주는 아니었으나, 과두제의 혜택을 입은 것은 분명했다. 그럼에도 그들의 수익은 환수되지 않았다. 여기서도 우리는 복귀한 일부 민주주의자들이 견지한 타협적 태도의 증거를 확인할 수 있다.

트라쉬불로스(Thrasybulus)[역주9]와 아르키누스(Archinos)는 민주주의 복원의 주요 설계자들이었다. 추방된 민주주의자들의 지도자인 트라쉬불로스는 자기 편에서 투쟁한 사람들에 대한 보상에 관심을 두었다. 그는 "그 중 일부가 분명히 노예의 신분이었더라도 피라에우스(Piraeus)

역주9   BC440~380. 아테네 장군으로 30인 폭군과 맞섰다.

에서 돌아온 모든 사람들에게 시민권을 주겠다"³⁴고 제안했다. 그러나 아르키누스는 이런 조치 때문에 도시의 권력 균형이 민주주의자들에게 유리한 방향으로 바뀔 수 있다고 우려했다. 이 제안이 의회를 통과하자, 그는 이미 결정한 사항을 재검토하는 제도인 그라페 파라노몬(*graphe paranomon*)을 통해 그 제안을 무효화했다. 아르키누스의 이러한 결정을 칭찬한 아리스토텔레스는 또한 그가 화해를 공고히 하기 위해서 착수한 두 가지 다른 조치도 합법성이 의심됨에도 긍정적으로 평가했다. 첫째, 그는 엘레우시스(Eleusis)로의 이주 마감일을 임의로 단축하여 참주들이 "자신의 의지와 관계없이"³⁵ 도시에 머물도록 강제했다. 아리스토텔레스는 이러한 조치를 "건전한 발전"이라고 불렀는데, 아마도 참주들이 도시를 떠나면 노예들에게 투표권을 부여하는 것만큼이나 힘의 균형이 뒤바뀔 것이라고 생각했기 때문일 것이다.³⁶ 둘째,

> 귀환한 추방자 중 한 명이 사면령을 위반하자, 아르키누스는 그를 평의회로 끌고 와서 재판없이 처형하도록 의원들을 설득하고, 그들이 진정으로 민주주의를 지키고 서약을 준수하기를 원하고 있음을 보여야 한다고 말했다. 왜냐하면 이 사람이 도망가도록 놔둔다면 다른 사람이 모방하도록 방치하는 결과를 초래할 것이며, 반대로 처형하면 다른 사람들에게 경종을 울리는 교훈이 되기 때문이다. 그리고 정확히 그대로 되었다. 이 사람을 처형한 후 다시는 사면령을 어긴 사람이 없었다."³⁷

위 텍스트의 편집자는 "사면령을 위반한 사람들을 공격한 아르키누스의 행동은 분명히 옳았다. 왜냐하면 이런 충격적인 기간을 거친 후 국가를 재건할 수 있는 유일한 방법은 아테네인들이 과거와 단절하는 것이기 때문이다. 그러나 이러한 불법적 처형이 법의 지배를 재건하는 최

선의 방법인가라 묻는 것은 정당하다"³⁸는 논평을 달았다. 과거와 단절하는 과정에서 아테네인들은 과거의 방식에 의존했으나, 단 한 번이면 족했다. 사면령이 과두제 기간의 행위와 관련된 소송들을 완전히 없애지는 못했지만,³⁹ 대부분 개별적이고 사소한 것들이었다.

아리스토텔레스가 언급하지는 않았으나, 아르키누스가 제안한 마지막 억제조치는 "맞고소"(counteraccusation)라고 번역하면 가장 잘 어울릴 파라그라페(paragraphe) 절차의 제정이었다. 이 내용은 이소크라테스(Isocrates)가 기록한 구절에 설명돼있는데 길게 인용할 가치가 있다.

> "피라에우스에서 도시로 돌아온 후, 당신은 일부 시민들이 악의적 기소에 열중하고 사면법을 위반하려고 시도하는 것을 보았다. 그들을 제지하고 이 합의가 강제에 의한 것이 아님을 다른 사람들에게 보여주기 원하지만, 당신은 그들이 도시에 도움이 된다고 생각해서 아르키누스가 발의한 법을 제정했다. 이 법에 따르면 만약 어떤 사람이 선서를 위반하여 소송해야 한다면 피고는 **파라그라페** 권한을 가질 수 있고, 관사는 먼저 법정에 심문서를 제출해야 하며, 법정에 출두한 피고는 우선적으로 발언기회를 가질 수 있고, 패소한 사람은 공탁금 총액의 6분의 1을 벌금으로 내야만 한다. 이 벌칙의 목적은 이것이다. 즉 사사로운 원한을 이용하는 후안무치한 사람은 위증죄로 신들의 복수를 기다릴 것 없이 즉각적으로 처벌을 받아야 한다는 것이다.⁴⁰

따라서 새로운 절차는 이중의 목적을 지닌다. 소송제기를 사면령 위반으로 억제하는 것이 1차 목적이었고, 화해조약이 과두제정권이나 스파르타동맹에 의해 부과된 것이 아니라, 도시의 선을 증진하기 위해서 민주주의자들이 자유의지로 선택한 것임을 보여주는 것이 장기적인 목적이었다.

승리한 민주주의자들이 보여준 온건한 태도는 매우 주목할 만했다.[41] 예를 들어, 투키디데스에서 우리는 예상보다 훨씬 더 나쁜 결과를 초래한 내전의 참상에 대한 수많은 묘사들을 발견한다. 관용에 대한 의지는 과두제에 대한 불만의 근본원인을 없애기 위한 헌정개혁과 맞물렸다. 이 개혁의 핵심조항은 "어떤 경우에도 법관은 성문화된 조항이 아닌 법률을 적용해서는 안 된다. 평의회나 민회의 그 어떤 명령도 법보다 높은 권한을 가질 수 없다. 6천 명 의회가 비밀투표로 의결하지 않는 한, 그 어떤 법도 모든 시민에게 똑같이 적용되어야 하며, 특정 개인을 겨냥할 수 없다."[42]고 규정했다. 또한 입법 기능을 민회에서 분리해서 법률가(nomothetai)로 구성된 소규모 조직에 위임하였다. 오스트발트의 평가에 따르면, "이 절차는 새로운 법의 정당성이 검증되기 전에 의회에서 여러 번 토론하는 것을 의무화했기 때문에 과정 자체는 민주적이지만, 이 검증이 의회가 아니라 법률가집단에서 이루어지기 때문에 인민주권에 대한 제한이기도 했다."[43] 이 소규모 조직도 구속을 받았다. 만약 의회가 모든 법률에 대한 연례적 검토과정에서 일련의 법들이 만족스럽지 못함을 발견하면, 우선 이 법률을 옹호발언할 5명을 선정해야 이 문제를 법률가에게 가져갈 수 있었다. 인민통치에 절차적 제약을 가하는 이런 장기적 조치는[44] 참주들과 민주주의자들 간의 적대감을 완화하기 위해 취한 단기적 조치들을 보완했다.

이 화해조약은 사면을 가져왔지만, 그렇다고 망각과 침묵으로 이어진 것은 아니었다. 사회평화를 지키기 위해 특정사안의 논의를 금지한 "불문율"의 예가 있지만,[45] 403년의 사면령은 그 대상이 아니었다. 아테네인들이 불만을 표해서는 안 된다는 조항이 간혹 주장된 것처럼[46] 과거의 분쟁을 언급하는 것을 전면금지한 것은 아니었다. 기소에 면책특권을 제공하면서도 과두제에서의 개인적 행동이 공직담당 자격의 적합성을 따지는 기준이 된다는 점도 배제하지 않았다. 이 시기에 평의회에 참여하는 것은, 30인위원회 일원이 되는 것에는 미치지 못하지만, 3천인위원회에 속하는 것보다는 더 힘든 일이었다. 과두제 지지 기병들의 급여 감축이나 과두제 반대 궁병들의 급여인상이 사면령을 침해한 것은 아니었다.[47] 기병들은 다른 방법으로도 처벌받을 수 있었다. 페르시아에 군대를 보내달라고 했을 때, "아테네인들은 30인체제 시절에 기병으로 근무한 사람들 중 일부를 파견했고, 그들이 이국땅에서 살다가 그곳에서 죽는다면 민주주의에 도움이 될 것이라고 생각했다."[48]

V. 리시아스

관련된 몇 가지 쟁점을 살펴보고 당시 시각에서 사면의 다른 측면을 보기 위해 리시아스(Lysias, BC458-380)가 남긴 몇몇 연설을 살펴보자. 아테네에 거주하는 외국인이었던 그는 30인 폭군들이 박해대상으로 겨냥한 집단에 속했다. 그의 동생 폴레마르코스(Polemarchos)는 폭군들에 의해 사형에 처해졌고, 리시아스 자신은 구사일생으로 탈출에 성공했다. 403년에서 399년 사이의 세 차례 연설에서 그는 중립을 지키기로 한 사람들뿐만 아니라 과두제와 그 지지자, 저항세력, 그리고 그들 통치 하에서 수혜를 본 사람을 향해 문제를 제기한다. 한 연설에서 그는 동생을 살해한 책임이 있는 사람을 비난하고, 다른 연설에서 과두제 시절의 소극적인 대응 때문에 공직에 부적격하다는 비난에 맞서 싸우는 어느 시민을 옹호한다. 세 번째 연설에서는 리시아스 자신이 그런 혐의를 받는다.

30인 폭군 중 하나인 "에라토스테네스에 반대하며"라는 연설은 과두제체제가 무너진 후 그에 대한 조사과정에서 행해졌을 것으로 추측된다. 앞에서 언급했듯이, 리시아스가 구사할 수 있는 수사적 전략에 대한 특정한 제약이 있을 때, 배심원단은 그에게 유리하게 작용했을 가능성이 높다. 리시아스는 30인 세력이 외국인 거주자에게 적대적이었다고 언급하는 것으로 시작하면서 그들은 행정부를 싫어했다고 주장한다.

> 그들은 실제로는 돈을 벌고 있으면서도 처벌하는 것처럼 보이게 하는 탁월한 위장술을 가졌다. 어쨌든, 국가는 가난했고 정부는 자금이 필요했다. 그들은 청중들을 설득하는 데 어려움이 없었다. 왜냐하면 청중들은 처벌보다는 돈 버는 데 더 많은 관심을 두고 있었기 때문이다. 그래서 그들은 10명을 체포하기로 했는데, 그 중 2명은 가난한 사람이어야 했다. 그래야 돈 때문이 아니었다는 핑계를 댈 수 있기 때문이다(6-7).[49]

그러고 나서 리시아스는, 에라토스테네스가 거리에서 폴레마르코스를 체포해 감옥으로 데려갔고, 거기서 독미나리를 마셔야 했다고 진술했다. "아까 말했듯이 내 동생은 에라토스테네스에 의해 사형에 처해졌다. 에라토스테네스는 개인적인 잘못 때문에 고통 받지도, 국가에 대항한다고 생각하지도 않았지만, 단지 자신의 탈법적 열정을 충족하려고 열심히 노력했다."(23-24).[50] 무서워서 행동하고 명령을 따랐을 뿐이라는 에라토스테네스의 변호를 예상한(25) 리시아스는 "30인들이 단지 30인의 명령을 수행했을 뿐이라고 진술한다면, 실제로 누구를 처벌할 것인가?" 라고 되묻는다(29-30).

연설이 끝날 무렵, 리시아스는 "아테네 사람들"과 "피라우에스 사람들"을 동일한 피해자로 간주하고, 당시 사건을 회상하면서 두 집단 모두 30인에 대한 그들의 분노와 복수를 향한 공통된 열망을 기억하도록 하고 싶다고 말한다. 그는 아테네사람들에게 이렇게 말한다. "당신은 이 사람들의 통치에 짓눌려서 형제들과 자식들 그리고 동포들과 전쟁을 벌이도록 강요받았다"(92). 이 주장의 목적은 배심원단에서 과잉대표된 아테네사람들로 하여금 30인 집단의 협력자가 아니라 추방된 민주주의자들과 같은 피해자임을 스스로 깨닫게 하려는 데 있음이 분명하다.[51] 30인 집단의 일원인 에라토스테네스가 30인 집단의 강도 때문에 행동했다고 주장하는 것은 터무니 없지만, 그들의 지지자들에게는 변명이 충분히 통할 것이다. 그러나 과두정치의 종식과 함께 이 변명은 더 이상 유효하지 않다. "만약 당신이 이 사람을 비난한다면, 당신은 그가 저지른 행위에 대한 분노를 표명하는 것이다. 그러나 그를 무죄로 인정한다면 당신은 30인이 저지른 것과 같은 행위를 갈망하는 자로 간주될 것이다. 왜냐하면 오늘 아무도 당신에게 반대표를 던지라고 강요하지 않기 때문이다"(90-91).

배심원단 중 추방된 경험이 있는 민주주의자를 겨냥한 듯한 대목에서 리시아스는 이렇게 말했다.

> 자기 인민에게 악의를 품은 자들은 입다물고 조용히 있어도 잃을 게 아무것도 없다. 도시에 극도로 피해를 주는 언행을 하는 사람은 따로 있기 때문이다. 자기가 선한 품성을 가졌다 말하는 사람은 어떤가? 왜 스스로 나서서 유익한 목적에 어울리는 발언을 하거나 분란을 일으키는 사람을 저지하여 그 선한 품성을 드러낼 노력을 하지 않았을까?(49)

이 말의 앞부분에서 리시아스는 나태함과 수동성은 악한 동기와 일치하고, 뒷부분에서 선한 동기는 수동성과 일치하지 않는다고 주장한다. 이는 시민 간 분쟁이 있을 때 중립을 유지해서는 안 된다는 솔론에 조응하면서도 리시아스의 또 다른 연설인 "민주주의 전복 혐의에 대한 변론"과 묘한 대조를 이룬다. 이 연설은 399년경에(익명의 또는 가상의) 관리후보자에게 한 것이다. 이 연설의 주요동기는 이 후보자가 30인 집단의 적극적인 지지자가 아니라, "만약에 도시에 남아있었더라면 피라에우스 최고의 시민처럼 행동했을 것이기 때문에"(2) 그가 관직을 맡는 걸 반대하지 않는다는 것을 보여주려는 것이다.

연설자는 정치적 동기이론을 발표하는 것으로 시작한다. "태생적으로 과두정치인이거나 민주주의자인 사람은 없다. 어떤 헌법이든 자기에게 유리하다고 판단되면 그것을 확립된 것으로 보려고 한다"(8). 이어서 "4백인 지도자 중 몇몇은 피라에우스 사람 중에서 발견되었고, 또한 4백인의 추방을 거들었던 사람들 중 일부는 30인 중에서 나왔다"고 지적하면서, "따라서 사람을 구별하는 문제는 정치가 아니라 그 사람의 개인적 이익과 관련된 것이다"(9-10)고 주장한다.⁵² 그런 다음 그는, 모순적으로, 4백인위원회나 30인체제 하에서 관직을 맡지 않기로 선택했기 때문에 배심원단에게 존경받을 자격이 있다고 주장한다. 그 다음 변호 논리의 하나로서, 그는 "만약 모두가 나같은 마음이었다면, 아무도 불행을 경험하지 않았을 것"이라고 주장한다(15).⁵³

일련의 놀라운 논증을 펼치면서 연설자는 세 가지 중요한 정형화된 유형(topos)으로 나아간다. 첫째, 방금 살펴본 주장처럼 **수동적 방관자에 대한 변호**다.

> 과두체제에서 민중에 해를 끼친 자들에게 분노할 수는 있으나, 아무런 고통을 받지 않은 사람을 미워하는 것은 잘못이다. 당신을 추방한 사람 대신 추방되지 않은 사람을, 다른 사람의 재산을 빼앗은 사람 대신 자기 재산을 지키려고 애쓴 사람을, 다른 사람을 파괴할 목적으로 정부에 참여한 사람 대신 자기 안전을 위해 도시에 머문 사람을 적으로 보면 안 된다. 그들이 넘겨준 사람들을 파괴하는 것이 당신 의무라고 생각한다면 남아있을 시민들은 하나도 없을 것이다(18).

두번째는 **무분별한 박해자에 대한 무분별한 박해**에 대한 반대다.

30인위원회가 (이전 민주주의 체제하에서 법을 위반한 자들에 대한) 처벌 약속을 지켰다면 여러분들은 그들을 정직한 사람이라 생각했을 것이다. 그러나 범죄를 저질렀다는 명목으로 사람들을 의도적으로 억압하는 것을 보고 여러분들은 분개했다. 왜냐하면 여러분들은 소수의 범죄가 도시 전체로 번지는 것은 끔찍한 일이라고 여겼기 때문이다. 따라서 여러분들이 그들이 저지르는 것을 똑똑히 지켜본 그 범죄에 의존하거나, 여러분 자신이 당할 때 부당하다고 여긴 그 짓을 다른 사람에게 저지르는 것은 옳지 않다(19-20)."

세번째는 **저항과 복수심 간 부정적 상관관계** 주장이다. 연설자는 "피라에우스 진영에서 평판이 가장 높고, 가장 큰 위험을 무릅쓰면서 당신에게 가장 많이 봉사한 사람들이 인민에게 민주주의의 보루가 되겠다는 선서와 서약을 지키라고 권고했다(28)"고 주장한다. 이와 반대로, "만약 30인체제에 참여할 기회를 있었다면 보였을 행위가 의심스러운 자들이 지금 민주주의하에서 무분별한 박해로 이전 통치자들을 모방하고 있다"(30). 권력을 가졌을 때 과두정권과 맞서 싸우면서 더 큰 위험을 감수한 사람들이 권력을 잃은 참주들을 박해하는 경향이 덜 하다는 것이다.

마지막 연설인 "필론에 반대하며, 그에 대한 조사에 대해서"에서 리시아스는 "필론은 도시의 공공위험보다 사적안전을 우선시했으며, 도시의 위험을 시민들과 공유하면서 도시를 구하려 하지 않고 안일무사하게 지내기 원했다"(6-7)고 주장한다. 이전의 "에라토스테네스에 반대하며"와 이 연설에서 비난받아야 한다고 한 이 행위는 "민주주의 전복혐의에 대한 변호"에서는 비난받을 이유가 없는 것으로 바뀌었다. 이 불일치는 뒤의 연설이 신념을 표현하기보다는 고객의 이익에 맞춘 것이기 때문일 수 있다.[54] 아니면, 순전히 가상의 고객을 대변한 것으로 일종의 수사학적 훈련의 성격일 수도 있다.[55]

필론의 경우는 리시아스가 민주주의 전복혐의에 반대해서 변호한 시민과 달랐다. 후자는 과두체제 동안 도시에 남았던 반면, 필론은 해외로 추방되었다. 리시아스가 필론을 비난한 것은 그가 피라에우스의 민주주의세력과 합류하지 않고 사적 이익을 위해서 아테네 북쪽 오로푸스에 머문 매국적인 중립성뿐만 아니라 도시의 "재난에서 이익을 취하고자 했기"(18) 때문이다. 그가 가해자는 아니지만, 근거지인 오로푸스에서 아테네 교외를 여행하면서 가해행위의 수혜를 누렸다.

> 그는 민주주의에 애착이 있지만 나이 때문에 민주주의를 지지할 능력이 없는 연로한 노인들을 만났다. 그는 그들을 보호하는 것보다 사소한 이익을 취하는 것이 더 중요하다고 생각하며 그들의 재산을 빼앗았다. 오늘날 이 노인들이 도시를 지지하지 못하게 한 바로 그 이유 때문에 그를 기소하는 것은 불가능하다. 그러나 노인들의 장애로부터 그가 또 다시 혜택을 입는 일은 없도록 해야 한다(18-19).

리시아스는 계속해서 예상되는 필론의 반론을 반박한다.

> 내가 듣기로 그는 위기상황에서 자신의 부재가 범죄라면, 다른 모든 범죄와 마찬가지로 그것을 명시적으로 다루는 법이 있어야 한다고 주장한다. 그는 그런 법이 없다는 사실이야말로 범죄의 심각성을 보여준다는 사실을 당신들이 깨닫기를 바라지 않는다. 도대체 어떤 웅변가나 의원이 시민들 중 누군가가 그렇게 중대한 범죄를 저지를 것이라고 예상했을까?(27)

솔론이 정확히 2세기 전에 그런 취지의 법을 제정했음에도, 그것은 이미 잊힌 것처럼 보인다. 관련 법이 없었기 때문에 리시아스는 불문법 또는 자연법에 호소한다. 즉 어떤 행동은 근본적으로 그리고 자명하게 잘못된 것이기 때문에 그런 행위를 하리라고 상상할 수 없는 것이다. 이어서 그는 "의무 요건을 뛰어넘어 민주주의를 지지한" 외국인거주자와 "의무를 위반하여 도시를 배반한" 필론의 차이에 주목하며 결론을 내린다. 전자에게 명예를 안겨준 아테네인들이 "(사면 없는) 무거운 처벌은 아니더라도 최소의 불명예를 부과하는 데 어떻게 실패할 수 있겠는가"(29-30)? 리시아스는 명예와 불명예의 배분이 엄격한 결과주의적 근거에 따라 정당화된다는 것을 분명히 한다. 즉 "어느 경우든, 가치있는 사람으로 대접받는 데 그가 출세한 사람인가 아닌가는 아무런 문제가 아니다"(30).

VI. 요약

아테네인들은 현대국가의 이행과 매우 유사한 문제들에 직면하고 그 해결책을 제시했다. 그들은 또한 동시대에서는 사례를 찾기 힘든 상황을 마주하고 고유의 해결책을 제시하기도 했다. 과정의 전반적인 특징을 도출하기 위해 나는 지금까지의 서사를 아래와 같이 좀 더 개념적인 형태로 재구성한다.

411년의 정권교체는 정권 내부붕괴와 반란이 결합하여 이루어졌다. 403년에는 스파르타의 통제 아래 타협적 이행이 있었다. 두 차례의 과두제를 겪었고, 뒤이은 민주주의의 회복은 아테네 민주주의자들이 과거 경험에서 배우고, 미래 과두제 유혹의 근본원인을 제거하는 데 집중하도록 만들었다.

411년 이행기 정의의 주된 목적은 응보적 조치에 있었다. 참주들의 처형과 관련해서 그들을 투옥해서 무해화할 수 있는 수단이 없었기 때문에(아테네에는 감옥이 없었다) 물리적으로 무력화하는 것이 주된 동기였을 것이다.

403년에는 응보적 조치와 억제 효과도 작용했을 수 있으나, 주된 목표는 화해였다. 광범위하게 소추를 면제하고 사면이 곤란한 사람에게 망명선택권을 제공하는 등 화해조약을 통해 매우 온건한 형태의 이행기 정의를 구현했다. 아테네사람들은 이전 경험을 통해 가혹한 처벌이 원래 목적에 반해 억제 효과를 거두지 못하고 오히려 분노를 키웠다는 결론에 도달한 것으로 보인다.

온건한 조치는 (i)스파르타에 의해 주어졌거나 (ii) 권력을 포기한 대가로 참주들이 요구조건으로 내걸었거나 (iii) 아테네 민주주의자들이 자유의지로 선택한 것이기도 했다. 우리가 아는 한, 온건한 조치는 이 세 측 모두 최우선으로 바랐다.

이행기 정의에 등장하는 주요인물들, 즉 가해자, 피해자, 저항자, 중립자, 그리고 가해행위의 수혜자가 명확하게 드러난다. 맨 앞의 두 범주가 가장 중요하다. 잘못한 사람은 제재를 받고 피해자는 보상을 받아야 했다. 403년 이후 과두제와 싸운 노예들에게 시민권을 주는 법을 제정했지만, 나중에 취소되었다. 다른 저항자들은 그 보상으로 급여가 인상되기도 했다.

가해행위를 구성한 요소가 무엇인지는 분명치 않다. 411년 이후, 참주들은 반역죄로 기소되었고, 군인들은 4백인체제 기간 동안 아테네에 남아있었다는 혐의로 기소되었다. 403년 이후, 살인교사는 사면대상이었지만, 그 살인에 직접 가담한 경우는 제외되었다. 30인 폭군이 통치하는 동안, 기병이나 평의회 의원을 지낸 경력이 있으면 공직후보자가 될 수 없었다.

위법행위(그리고 위법행위로 얻은 이득)에 대한 제재는 처형, 벌금, 면직, 시민 및 정치적 권리의 상실 등이었다. 403년의 화해조약은 참주들에게 추방을 택할 수 있도록 허용했는데, 비록 자발적으로 선택했더라도 제재의 일종으로 받아들였다. 사면을 무시하고 아테네인들은 급여를 삭감하거나 위험지역 원정에 파견하는 등의 조치를 도입하여 참주를 지지한 군인집단을 징계하기도 했다.

이행기 정의는 사적 개인의 실천으로 진행되었다. 여기에는 기소, 공직후보자에 대한 이의제기, 임기만료된 공직자에 대한 고발 등이 있다. 평결은 일반적으로 기소자와 변호인의 연설을 들은 후 다수의 배심원의 비밀투표로 이루어졌다. 배심원은 대체로 시민들 중에서 무작위로 선택했지만, 403년 이후 사후조사를 담당하는 배심원은 참주들에게 유리한 쪽으로 편성되었다. 이것을 "패자의 정의"라 부를 수 있다.

403년 후 승리한 민주주의자들은 노예와 그들 편에서 싸운 사람들에게 시민권을 부여하는 법을 폐지할 때 자제하는 태도를 취했다. 법을 폐지함으로써 도시의 권력균형이 패배한 참주들을 도외시하는 것을 방지했다. 참주들이 도시에서 빠져나가는 것을 방지하는 조치도 도입했다. 사면조약 위반으로 연결되는 소송제기의 위험부담을 늘리는 절차를 도입하여 온건한 조치를 더 강화했다.

최소한 소급입법을 사용하지 않았다는 점에서 이행기 정의는 합법적 형태로 수행된 것으로 보인다. 411년 이후에 일부 탈법적 행위가 발견되었다.

이행기 정의는 사법개혁과(오늘날로 치면) 헌정질서 개혁으로 보완되었다. 411년 이후, 주요목표는 쿠데타를 획책하려는 참주들에게 부정적 인센티브를 제공하는 것이었다. 403년 이후, 목표는 과거에 전권을 행사한 민회에 제약을 가하여 의원들에게 주어진 긍정적인 인센티브를 제거하는 쪽으로 바뀌었다.

403년 이후에는 추방됐던 민주주의자들이 몰수당한 재산을 반환받을 수 있는 조항을 마련되었다. 개인에게 팔린 유동자산(노예를 포함하여)은 돌려받을 수 없었다.

아테네식 해결책에서 주목할 만한 한 측면은 응보의 대상으로 하여금 도시에서 스스로 물러나도록 허용하여 응보적 감정이 약화되었다는 점이다. 민주주의자들은 가해자들과 피해자 가족이 자유롭게 뒤섞이는 상황이 특히 아테네와 같은 대면공동체에서는 매우 불안정할 것이라고 봤을 것이다. 몇 년 후 참주들이 추방지에서 돌아왔을 때에는 응보적 감정을 누그러뜨릴 수 있는 충분한 시간이 확보되었다.

리시아스의 연설은 이행기 정의 실천과 관련해서 중요하지만 항상 일관되지는 않은 논증을 제공한다.(i) 30인체제의 구성원은 강압 때문에 행동했다고 주장할 수 없다.(ii) 30인체제의 지지자들은 강압에 의해 행동했다고 주장할 수 있다.(iii) 중립은 처벌의 근거가 아니다.(iv) 중립은 처벌의 근거다.(v) 불법행위로 이익을 얻는 것은 처벌의 근거가 된다.(Vi) 참주들에 대한 가혹한 박해에 참여하는 것은 참주들의 방식을 모방하는 죄를 범하는 것이다.(vii) 참주체제에서 저항에 가장 소극적이던 사람이 이후 그들을 가혹하게 박해할 가능성이 높다.(viii) 성문법이 없을 때, 불문법적 초법에 의존할 수 있다.

주

1 여기서 나는 오스트발트에 크게 의존한다(Ostwald 1986). 한센(Hansen)도 마찬가지다(Hansen 1991). 403년 이행에 관한 가장 최근의 연구는 Loening이다(187). 이 책은 관련 연구서에서 발견되는 주요 논쟁들을 거의 다르지 않는데, 그것이 이 책이 지향하는 주제를 크게 훼손한다고는 생각하지 않는다.
2 프루타르크의 솔론의 생애와 아리스토텔레스의 아테네헌법이 기본 자료다. 후자는 대부분 Moore(1975)가 해석하고 수정했다.

3   Plutarch, *Solon* xix. 3-4.

4   Andocides, "On the Mysteries" 73-79.

5   Plutacrch, *Solon*, xx.I.

6   민회에 대한 보수는 다음 세기에 와서 확립되었다. 대조적으로, 그 이후에 치안판사에 대한 보수는 폐지된 것으로 보이며, 논쟁적이긴 하지만 "급진적 민주주의 원칙에서 후퇴하고 403년과 402년 이후의 아테네인들이 더 '온건한' 형태의 민주주의를 채택했다는 징후가 나타났다"(Hansen 1991, p.241). 급진적 민주주의의 후퇴에 대해서는 5절에서 다룬다.

7   Ibid., p.126.

8   어떻게 이런 일이 발생했는지 궁금할 수 있다. 확실히 아테네에 민주주의 혁명은 없었다 비록 대중들이 선거권을 이용해서 세력을 확장할 수 있었지만, 이것이 주요 메커니즘은 아니다. 오히려 엘리트들은 대중적 조치를 후원하는 것이 자기 이익에 부합함을 발견했다. 오버(Ober 1989, p.85)는 "클라이스테네스 시기에 이르자 엘리트들은 대중의 야망이 서로에게 대항할 새로운 무기임을 인지했다. 그 결과, 정치적인 야망을 가진 엘리트들은 민주화를 적극적으로 후원했다. 아이러니하게도, 엘리트들이 민주화 개혁을 후원하여 적들을 상대로 승리를 거두면서 그들이 직접적으로 통제할 수 있는 제도와 조직은 점점 줄어들었다"고 언급한다. 이와 유사하게 오스트발트(Ostwald 1986, pp.179-80)에 의하면 "에피알테스의 개혁은 정치적 영역에서 인민주권을 확립하는 효과가 있었지만, 이것이 그들의 의도임을 뜻하는 것은 아니다. 그의 일차적인 목적은 조국의 발전보다는 스파르타의 이익에 우선을 둔 키몬(Cimon)의 정책을 후원하는 세력들을 저지하려는 것이었다." 오버의 코멘트는 엘리트들이 대중에 호소하면서 서로 경계하다가 모두 권력을 잃어버리는 죄수의 딜레마 상황을 지적한다는 점에서 흥미롭다.

9   Ibid., p.200.

10   이러한 통제장치는 특히 소규모 기구에 대한 의사결정의 **위임**과 **지연**을 포함했다(Ostwald 1986, pp.78-79: Hansen 1991, p.307). 민회의 의제를 정하는 평의회의 역할이 지연장치 노릇을 했다는 주장에 대한 의문 제기는 Ruzé(1997)를 참조.

11   Ostwald(1986), p.318.

12   Hansen(1991), p.40.

13   Thucydides, *The Peloponnesian War*, 8.97.1. 이 조치와 공직자들에 대한 급여 폐지는 전체 인민의 투표로 결정했다.

14   Ostwald(1986), p.401.

15   Ibid., p.420.

16   Andocides, "On the Mysteries," 75-76.

17   Lysias, "Defense against a charge of subverting the democracy," 26.

18   Ostwald(1986), p.418. "과도정권"이 왜 세 참주들에게 "혁명활동"이 아니라 반역죄를 적용했는지에 대한 설명에서 오스트발트는 "고발자 자신들이 400인위원회를 설립하는 데 적극적이었고 그 위원회의 위원으로 참여했으나, 이제는 극단주의자들에게 등을 돌렸고 새 체제의 지도자가 되었다"는 사실을 인용한다(1986), p.402. 완전한 민주주의의 복원 후, 이러한 자기만족적인 이유는 민주적 자기절제를 설명하는 데 별 도움이 되지 못했다.

19   이 중요한 점에 대한 반대 견해에 대해서는 Ostwald(1986), pp.439-41과 MacDowell(1978), pp.178-79를 볼 것.

20   Xenophon, *Hellenica*, I.vii. 고딕체는 필자 첨가.

21   Ibid.

22   *The Constitution of Athens* xxxv.I; xxviii.3.

23   후자의 견해에 대해서는 Kagan(1987), pp.378-79.

24   Ibid., pp.405-10.

25   Xenophon, *Helleinca*, II.iii.

26   Ostwald(1986), pp.485-87.

27   *The Constitution p.Athens* xxxix 고딕체 필자 첨가.

28   Loening(1987), p.83.

29   Ostwald(1986), p.499.

30   Ibid., p.78.

31   Kagan(1981), pp.318-20.

32   따라서 나는 "많은 참주들에게 면죄부를 주게 될 중요한 이익을 추방자가 양보할 가능성이 없다는 이유로"(Loaning 1987, p.49) 아리스토텔레스의 텍스트를 다르게 해독한 뢰닝에 동의하지 않는다.

33 Loening(1987), pp.51-52.
34 Aristotle, *The Constitution of Athens* xxxx.2.
35 Ibid, xxxx.1.
36 그러나 몇 년 후 "아테네의 분위기는 충분히 변해서 트라수불로스가 자기 편에서 싸운 사람들에게 한 약속을 성공적으로 실행할 수 있는 기회를 가져다주었다."(Ostwald 1986, p.509).
37 Aristotle, *The Constitution of Athens* xxxx.2.
38 Moore(1975), p.272.
39 Loening(1987). 3장 참조.
40 Iscrates, *Against Kallinachos* 2-3. (그딕체는 필자 첨가.)
41 그리스 고전에 나타난 폭력적 사건을 수집한 버나드(Bernad 1999)는 403년의 과두제 돌락 이후에 복수심이 특별히 부족했다고 지적하지는 않는다. 그가 묘사한 기독교 이전 사회의 복수심과 기독교적 자비 간의 차이는 단순히 신중함이나 분별에 기인한 것이 아니다. 복수가 역효과를 낳을 뿐이라고 생각해서 자제할 수 있는데, 403년의 아테네인들도 똑같은 생각을 했을 가능성이 높다.
42 Andocides, "On the Mysteries," 87.
43 Ostwald(1986), p.522.
44 맥도웰은 다음과 같이 쓴다. "403년의 혼란 이후 아테네인들은(…) 법 개정을 어렵게 만들고 싶어했다."(MaxDowell 1975, p.74). 오스트발트도 비슷한 관점에서 설명한다.
45 Holmes(1989).
46 예를 들어, Loraux(1997).
47 Loening(1987), p.119; Ostwald(1986), p.506.
48 Xenophon, *Hellenica*, III.1.4.
49 이 단락은 복잡한 질문을 던진다. 30인들은 정확히 누구를 속이려고 했을까? 가난한 두 사람을 포함하면서 30인들은 사람의 선호를 잘못 표현하는 과정에서 나타나는 이른바 "불완전한 제약"에 종속되는 현상을 보인다(Elster 1999, pp.375-80). 만약에 어느 행위의 원래 목적(정치적 목적을 위한 외국인 탄압)이 자신의 이기심(그들 재산의 몰수)과 아주 잘 일치한다면 정치적

동기에 대한 주장은 설득력을 얻지 못하게 된다. 정치적 동기 부여로 치장하려면 30인은 일부 부유한 사람 또는 일부 가난한 사람을 기소하지 않아야 할 것이다. 후자의 전략은 리시아스가 언급한 것이다. 그러나 30인이 3천인의 이름이 적힌 명단을 발표할 당시, 그들은 "3천인 중 그 누구도 평의회의 평결 없이는 사형에 처할 수 없으나, 30인은 이 명단에 없는 사람을 사형에 처할 권리가 있다"(Ostwald 1986, p.486)고 선언했다. 이 포고는 외국인 거주자에 대한 조치 이전에 취한 것으로 판단되기 때문에(ibid., p.487), 그들이 누구를 설득하려고 했는지 알 수 없다.

50 여기서 리시아스가 에라토스테네스가 이익보다 개인적 복수를 강조하여 자신의 동기를 숨기려 한다는 대안적 방식을 제시하는 점에 주목할 필요가 있다. 내 견해로, 아테네인들에게 복수는 비록 국가의 선을 위한 행동보다는 열등하지만 이기심에서 행동하는 것보다는 우월한 것으로 인식되었다(Elster 1999, p.213).

51 코헨(Cohen 2001)은 403년 이후의 수사학의 이런 측면을 강조한다.

52 연설자는 이 이론을 자신에게 적용한다. 그는 시에 많은 기여를 했다고 주장하면서 "시가 내게 부과한 것보다 더 많이 지출한 것은 내 위상을 더 높이고 싶었고, 만약 어떤 불행이 닥친다면 더 나은 조건으로 나를 방어할 수 있을 것이라고 생각했기 때문이다"(12-13)고 덧붙였다.

53 폭력 앞에서의 수동성을 정당화하기 위한 이런(그렇게 부를 수 있다면) 정언명령은 여기서 "모두"라는 용어를 가장 포괄적인 의미로 받아들이지 않는 한 왜곡돼 보일 수 있다. 잔인한 폭군이 지배하는 가상 국가가 무대인 아스트리드 린드그렌의 소설(Lindgren 1985, p.165)에도 비슷한 예가 나온다. 반대세력 지도자는 폭군을 물리치기 위해 폭력적인 수단을 사용하기를 거부한다. 당황한 추종자들이 그에게 말한다. "모두 당신 같다면, 악은 영원히 우리를 지배할 것입니다." 그러자 그 지도자의 형제가 다음과 같이 답변한다. "모두 그와 같다면 악은 존재하지 않을 것이다." 여기서 "모두"는 암묵적으로 그 체제의 반대자에서 그 체제의 지지자로 확대된다.

54 Nouhaud(1982), pp.370-76.

55 Dover(1968), pp.188-89.

제2장
프랑스의 1814, 1815년 왕정복고

I. 머리말

왕정복고기의 이행기 정의는 역사상 여러 번 일어났다. 다음 장에서는 1660년 영국 왕정복고에서 나타난 몇 가지 중요한 특징을 간략히 요약한다. 이 장에서는 나폴레옹이 권좌에 복귀한 백일천하로 구분되는 1814년과 1815년의 프랑스 왕정복고 이후의 이행기 정의를 자세히 고찰한다.[1] 1차 왕정복고 때, 부르봉 왕가[역주1]는 배상조치를 제한적으로 실시하였고, 그 이외에 다른 조치를 취하지 않았다. 2차 왕정복고 기간에는 광범위한 징벌과 배상조치를 실시했다. 이러한 사건들의 역동적 과정을 설명하기 위해 나는 2절에서 이행기 정의에 대한 정치적 제약을 검토한다. 이러한 제약은 이른바 타협적 이행에서 기인한 것이다. 3절에서 나는 공적, 사적 응보적 조치를 살피고 4절에서는 회복적 조치와 보상의 문제로 돌아간다. 5절은 프랑스 사례의 간략한 요약이다.

역주1 루이9세의 6번째이자 막내아들인 로베르 드 프랑스부터 시작되어 1589~1791년, 1814~1830년까지 지속됐다.

II. 프랑스 왕정복고에서 이행기 정의의 제약

부르봉 왕가 복귀의 이행기 정의는 짧은 기간 내에 두 번 이루어졌다. 이 절에서 나는 두 경우 모두 나폴레옹의 주요관리들이 매개역할을 한 연합국의 후원으로 나폴레옹 이후의 정권이 수립되면서 이행기 정의에 제약이 주어졌다는 사실에 주목한다. 1814년에는 나폴레옹 정권에서 외무장관을 지냈고 당시 상원의 실질적인 지도자였던 탈레랑(Talleyrand)[역주2]이 주요중재자였다. 1815년, 그는 나폴레옹 정권의 치안책임자인 푸셰(Fouché)[역주3]의 지원을 받았다. 이들은 연합국의 후원—1814년에는 러시아의 알렉산드르 대제, 1815년에는 영국의 웰링턴—을 받았기 때문에 강력한 보복적 경향으로 흐를 수도 있었던 이행기 정의에 어느 정도 제약을 가할 수 있었다.

    1814년 3월, 나폴레옹이 연합군(영국, 오스트리아, 러시아, 프로이센)에 항복하던 시기에는 그 이후 체제의 향방에 다양한 선택지가 있었다. 러시아의 알렉산드르 대제는 부르봉 왕가의 복귀를 강력히 반대했다. 웰링턴은 신중한 태도를 보이며 러시아의 안을 찬성했지만, 노골적으로 강

역주2   1754~1838. 주교였던 그는 1789년 혁명기에 삼부회를 국민의회로 개편한 주역이다. 러시아 원정에 실패한 나폴레옹의 재입각 제안을 물리치고 1814년 5인 임시정부를 수립해 나폴레옹 폐위 선언 뒤 루이18세를 복위시켰다. 백일천하 동안 빈에서 머물면서 나폴레옹과의 연계를 피하고, 루이18세가 재복귀하자 외무상에 재복귀한다.

역주3   1759~1820. 혁명후 루이16세 사형에 찬성. 리용반란을 잔혹하게 진압(리용의 도살자). 1794년 테르미도르 반란을 주도하여 로베스피에르 축출. 나폴레옹 시절 경찰장관으로서 정보를 장악해 권력의 2인자로 군림. 백일천하 후 나폴레옹의 퇴위를 주도한다. 왕정복고뒤 경찰장관으로 복귀하지만, 급진왕당파의 반발로 해임되고, 프랑스에서 추방당한다.

요하지는 않았다. 마리 루이즈 황후[역주4]의 섭정과 비르나도테[역주5] 또는 오를레앙 공작[역주6]에게 왕위를 물려주는 안도 논의되었다. 결국 3월 31일, 탈레랑은 왕정을 회복하는 것만이 정권 안정을 위한 최적의 대안이라고 생각하고 알렉산드르 대제를 설득하면서 킹 메이커 역을 자처했다.[2] 그는 또한 나폴레옹정부의 상원에게 부르봉 왕가의 복귀를 바란다고 표명하도록 설득했다. 왜냐하면 연합국은 프랑스가 원하지 않는 해결책은 받아들이고 싶어하지 않았기 때문이다. 4월 6일, 상원은 이런 상황에서 부여된 협상권을 이용하여 자신들에게 강력한 정치적 권력과 경제적 특권을 주는 헌법적 성격의 헌장초안을 제시했다.[3]

어떤 면에서 상원의원들은 제 꾀에 넘어갔다고 할 수 있다. 그들이 작성한 매우 이기적인 헌장초안은 대중의 분노를 일으켰고, 루이 18세가 상원의원들의 정치적 야망을 제압할 계기를 마련해주었다. 다른 측면에서 본다면, 샤토브리앙[역주7]이 프랑수아 1세(François Ier)[역주8]의 한 구절을 인용해서 그들은 막상 자신들의 명예 말고는 잃은 게 없다고 지적한 것도 맞다고 볼 수 있다.[4] 6월 4일에 채택된 헌장은 사실 여러 가지 면에서 그들의 이익에 기여했다. 제9조는 "모든 재산은 침해할 수 없으며, 이른바 **국유**재산에 대해서도 예외를 두지 않는다"고 명시한다. 여기서 국유재산(biens nationaux)은 혁명 기간 동안 교회나 이주자(émigré, 역주: 프

역주4 나폴레옹1세의 황후.

역주5 베르나도테, 스웨덴왕 칼14세 요한, 1763~1844년. 나폴레옹의 장군. 1810년 나폴레옹에 의해 스웨덴 왕위계승자가 된다. 나폴레옹에 등돌리고 대프랑스동맹에 가담했다(1813년). 현 스웨덴 왕가의 시조다.

역주6 1830년 7월 왕정기에 국왕(루이 필리프3세)에 오른다.

역주7 1768~1848. 왕당파.

역주8 1515~1547 재위.

랑스혁명 당시 국내정세의 불안 때문에 타국으로 이주한 계층을 일컫는다. 주로 귀족계급이 여기에 속했다. 이 책에서 이 단어가 자주 등장하는데 특별한 표기가 없는 한 이 계층을 지칭하는 뜻으로 사용한다)에게서 몰수한 재산을 의미했다. 이 중 일부—주로 산림—는 국가소유로 남아 있었지만, 대부분은 인위적으로 헐값으로 책정되어 개인에게 팔렸고 때로는 전매되기도 했다. 이 매각의 주요 수혜자인 상원의원들은 몰수된 부동산의 환수를 막는 데 많은 관심이 있었다. 상원이 임시정부의 정책을 제시한 4월 1일 문건에도 비슷한 조항이 이미 포함되었다.[5]

    루이 18세는 몰수된 모든 재산을 돌려주고 싶어했다. 망명지에서 행한 1796년의 선언에서 그는 "국유재산은 원주인에게 되돌려주어야 한다"고 주장한다.[6] 1799년의 성명에서 그는 구입한 부동산이 반환대상이 될 때 그 구입자는 보상받을 권리가 있다고 덧붙였다.[7] 1805년 선언에서, 달리 보면 크게 완화돼 보이기도 하는데, 그는 여전히 "그 몰수된 재산을 공개적으로 파는 것을 허가할 수 없다"고 말했다.[8] 그는 자신의 복귀가 "구입자들 사이에 이주자들이 낮은 가격에 부동산을 되찾을 것이라는 공포를 일으킬 것"이라 생각한 것 같다.[9] 그러나 그의 동생인 아르투아 백작[역주9]이 알렉산드르의 강요로 4월 14일 국유재산의 매각을 인정하지 않을 수 없게 되자,[10] 루이 18세는 달리 손을 쓸 수 없었다. 루이 18세의 협력자였던 빌레(Villéle)[역주10]에 따르면 "왕으로부터 얻은 모든 양보 가운데 매각인정은 그가 유일하게 양심의 가책을 느낀 것이었다."[11]

    헌장 제11조는 "복귀 전에 표명된 의견과 투표에 대한 모든 조사를 금지한다. 같은 조치는 법원과 모든 시민에게도 적용된다"고 규정했다.

역주9   부르봉왕조 마지막 왕 샤를 10세, 1824~1830 재위.

역주10   1773~1854. 하원의원.

이 점과 관련해 헌법과 4월 6일 이후에 발포한 모든 초안이나 성명들과 4월 1일 성명 사이에는 흥미로운 불일치가 있다. 전자가 도두 "의견과 투표"에 대한 사면을 허용하는 반면, 후자는 "의견"만을 언급했다. 여기서 투표는 1793년 1월 입법의회에서 루이 16세에게 사형선고를 내릴 것인지 아니면 가벼운 형으로 만족할 것인지를 두고 내린 결정을 말한다. 망명 당시 루이 18세는 사형선고에 찬성한 사람들을 처벌하겠다고 위협했지만, 1797년 초에 그는 "국왕살해는 용납할 수 없지만, 그 어떤 복수도 고려하고 있지 않다고 말했다".[12] 여러 상원의원들이 국왕살해에 관련됐기 때문에 그들은 그들 첫 성명에 투표에 대한 사면을 포함하는 일에 큰 관심이 있었다. 그들이 왜 실패했는지는 모르겠으나, 곧 이 잘못을 바로 잡았다.

헌장 제66조는 "몰수에 대한 처벌은 폐지한다"고 규정했다. 이는 이전 정권의 탈법적 행위와 거리를 두려는 새 정권의 관용적 조치의 표본으로 종종 인용되었다. 먼 훗날 체코슬로바키아 바츨라프 하벨(Václav Havel)의 "우리는 그들과 다르다"는 선언과 비슷한 함의를 가진다. 뱅자맹 콩스탕[역주11]은 이 조항이 "헌장의 가장 아름다운 부분"이라고 평가했다.[13] 이 조항의 기원이 4월 6일의 상원초안으로 거슬러 올라간다는 사실은 상원의원들이 알렉산드르 대제가 투여한 협상력을 이용해 자신들의 재산을 보호하려고 했다는 또 다른 해석을 낳는다. 1816년에 보날드(Bonald)[역주12]는 이렇게 말했다. "우리는 몰수를 폐지하려는 사람들이 저렇게 많은 인류애를 보이는 동기에 대해서 한치도 의심치 않는다. 몰수폐지를 고취한 사람들은 한때 몰수된 재산을 마음껏 향유했고, 이제 와서는 자신들이 이익을 취했던 법이 언젠가는 그들에게 불리하게

역주11 1767~1830. 하원의원.

역주12 1754~1840. 급진왕당파.

작용할 것을 두려워한다."¹⁴ 이 두 해석은 상호배타적이지 않다. 종종(늘 그렇지는 않지만) 새로운 지도자들의 화해에 대한 열망과 퇴장하는 지도자들의 면책에 대한 열망 간에는 자연스러운 일치가 있기 때문이다.

    1차 왕정복고는 1년 동안 지속되었다. 새로운 체제는 혁명정부와 나폴레옹정부 시절의 관리들에 대해 그 어떤 재판이나 광범위한 숙정을 실시하지 않았다. 4절에서 다룬 일부 조치들은 경력과 재산환수를 위해 취한 것이었다. 그러나 나폴레옹의 귀환과 그에 이은 백일천하(1815년 3월에서 6월)로 이 과정마저 단축되었다. 워털루 전투 이후 부르봉 왕가의 귀환은, 1814년보다 더 순조롭지는 않았지만, 웰링턴 덕분에 우선적으로 고려되었다. 파리로 돌아가기 전 루이 18세는 두 개의 성명을 발표했다. 6월 25일, 그는 "선의에 대한 보상과 유죄 여부는 기존 법률에 따라 판단해야 하므로" 헌장을 다시 제정할 것이라고 발표했다. 소급입법을 적용하지 않겠다는 약속은, 그 범위가 그렇게 넓지는 않을 것임을 시사했지만, 그 표현이 모호해서 불길했다. 파리의 프랑스 군대는 항복하고 탄압받는 것보다는 계속 싸우는 것을 선호할 수도 있었다.¹⁵ 따라서 탈레랑(Talleyrand)은 루이 18세로 하여금 6월 28일에 캄브레 선언을 발표하도록 설득했고, 선언에서 왕은 "그 끔찍한 음모의 선동자들과 주모자들"과 단순히 "잘못 인도된"(egares) 사람들을 구별했다. 후자는 사면되겠지만, 전자는 "내가 즉각적으로 소집할 상하 양원에서 법적 처벌의 대상이 될 것"이라고 말했다. 그는 또한 사면 대상 기간을 3월 23일 이후(그가 프랑스를 떠난 날)부터 6월 26일(그가 캄브레에 도착한 날)까지로 한정했다. 백일천하 기간에 나폴레옹에 합류했으나 침몰이 확실시되자 배를 떠난 기회주의자들은 자유로워졌지만, 끝까지 남기로 결정한 사수파들은 그렇지 못했다. 3월 23일은 나폴레옹의 파리 입성일로 잘못 인용되었는데, 나폴레옹을 지지하는 첫 행진은 3월 20일에 열렸다. 사실, 푸셰 자신도 그날 나폴레옹에 합류했다.

사스파나 "선동자"로 보일 수 있는 쪽에게 캄브러 선언은 확실히 불충분했다. 7월 3일에 체결된 평화협약 협상에서 프랑스 각료들은 푸셰가 장악한 임시정부를 대표해서 협상에 임했다. 그들은 수도에 거주하는 모든 사람들이 "모든 권리와 자유를 계속 누리고 그들이 점유하고 있는 지위, 정치적 행동, 의견 등과 관련해서 그 어떤 고통이나 조사를 받지 않을 것'을 규정한 제12조를 관철하라는 지시를 받았다. 웰링턴은 이 요구를 기꺼이 수용했다. 그는 면책특권이 연합국에게만 적용될 뿐, 권한이 이미 연합국으로 넘어간 국왕에게는 해당되지 않는다고 생각했다. 그러나 그의 교섭 상대는 이 조항이 그들에게 전면적인 사면을 제공한다고 착각했을(또는 푸셰에게 의해 현혹됐을) 수 있다.[16]

연합국은 사실 속도를 내기로 결정했거나 또는 그렇게 하도록 루이 18세를 재촉했다. 즉, "왕이 파리로 돌아가기 전에는 이민정당을 의회에서 제외시키려고 했던 영국과 러시아 정부가 이제는 이 정당과 합세하여 처벌과 추방을 요구했다."[17] 7월 13일, 연합국 장관들은 탈레랑에게 정부가 "보나파르트 가문의 구성원들과 공공질서를 해치는 사람들에게 어떤 결정을 내릴 것인지" 물었다. 탈레랑은 국왕에게 유죄 여부는 의회에 위임한다는 캄브레 선언을 연합국에 주지할 필요가 있다고 권고했다. 그는 회고록에 "그 조치들을 연기해서 완전한 폐기는 아니더라도 완화하는 데 도움이 되기를 바랐다"고 썼다.[18] 그러나 푸셰는 연합국이 만족하는 데 필요한 최소한의 조치를 취하라고 국왕을 설득했고, 50~60명을 희생하면 최소 1천 명은 구할 수 있다고 주장했다.[19]

1814년의 첫 번째 평화정착은 프랑스가 막대한 재정지출을 떠안을 정도는 아니었다. 비록 헌장이 루이 18세에게 나폴레옹이 남긴 모든 부채를 떠맡게 했지만, 연합국은 프로이센의 요구에도 불구하고 전쟁배상금을 국가에 부과하지 않았다. 그러나 1815년의 상황은 완전히 달랐다.

웰링턴이 프로이센의 블뤼허(Blücher)[역주13] 장군이 앞으로 살펴볼 헨리 모겐소 계획(7장 참조)과 유사한 조치를 도입하려는 것을 저지했지만, 프랑스는 막대한 전쟁배상금과 점령군 유지비를 지불해야 했다. 이 금액을 전부 합하면, 나중에 이주자들에게 지급한 금액과 맞먹었고, 결국 조기 상환의 주요 장애물이 되었다. 1814년에 그랬듯이 연합국은 보상과 원상회복 문제에는 개입하지 않았다. 웰링턴은 1815년 11월에 작성한 공식서한에 "그의 가신들과 가족들이 국유재산의 구입자들을 심하게 괴롭히는 조치를 취하라고 강요하지 않는한 왕은 견뎌낼 것"이라고 썼다.[20] 내가 검토한 바에 따르면, 웰링턴이 프랑스 정부에 압력을 행사했다는 흔적은 전혀 보이지 않는다.

III. 응보조치

1차 왕정복고에서는 재판도 없었고, 정치적 정의도 없었고, 단지 공공행정 부문에서 최소한의 숙정만 있었다.[21] 이러한 정책은 "복수, 폭력, 그리고 유혈을 바라는 급진적 왕당파에 반대하는 루이 18세의 의지가 반영된 것이었다. 그들은 루이 18세가 의도한 온건하고 합리적이며 유화적인 왕정복고를 결코 원하지 않았다."[22] 결국, 2차 왕정복고에서 그들은 복수의 칼을 들고 돌아왔다.

처벌과 추방을 바라는 연합국과 이주자들의 일치된 요구에 떠밀려 푸셰는 처벌대상 명단을 작성했다. 정확한 경위는 알 수 없지만, 그 명단은 모든 조치들을 실행 불가능하게 만들 목적으로 작성한 게 분명하

역주13 1742~1819. 워털루 전투에서 죽음 직전까지 몰렸지만 웰링턴군에 합세하여 승리에 결정적으로 기여했다.

다. 어느 설명에 따르면, "푸셰는 매우 방대한 명단을 작성했으며, 그 정도 규모로 처형하지 않으면 아무 효과도 기대할 수 없다고 주장했다. 그렇게 그는 처벌의 완전한 포기를 유도한 것이다."²³ 그의 전기작가에 따르면 "그는 처음부터 극도로 과장된 방법을 동원하여 이 조치를 실패로 유도할 작정이었다. 즉 그는 법령에 대한 신뢰를 떨어뜨리고 희화화하여 실제 적용되지 않도록 만들기 위해 어처구니없을 만큼 방대한 추방자 명단을 작성한 것이다."²⁴ 원래 계획에 따르면, 7월 24일까지 19명의 장교를 군사평의회에 회부하고, 38명에 달하는 사람들이 입법부 결정 때까지 가택연금 상태로 있어야 했다. 57명 중 31명은 3월 23일 이전에 나폴레옹의 파리진격을 도왔거나 그의 행정부에서 자리를 맡기로 수락한 사람들이고, 나머지 26명은 캄브레 선언 위반 혐의였다. 그중 일부는 국왕살해에 가담해서, 나머지는 어떤 식으로든 왕족이나 푸셰에게 해를 입혔기 때문에 포함되었다.²⁵ 이 명단은 어떤 면에서는 과대포장된 것이었지만 어떤 면에서는 축소된 것이기도 했다. 많은 이름들이 불명확했고, 그들의 불법행위도 의심스러웠다. 동시에 푸셰 자신을 포함하여 나폴레옹 정권의 많은 고위인사들은 명단에서 제외되었다. 사건들의 내용도 사소했음은 말할 필요도 없다.

　푸셰의 도움으로 혐의를 받던 대부분 관리들은 해외로 도망치거나 잠적했다. 그들 중 한 사람(라발레트, Lavalllete[역주14])은 하급법원에서 사형을 선고받았지만, 가까스로 탈출했다. 또 다른 사람(Labedoyère)[역주15]는 군사평의회에서 사형선고를 받았다. 가장 유명한 인물인 네 원수

역주14　1769~1830. 나폴레옹 정권에서 우정장관을 맡아 왕당파의 우편물을 감시했다.
역주15　1786~1815. 나폴레옹 치하 장군. 1815년 처형당했다.

(Maréchal Ney)[역주16]는 군사평의회에 회부되었는데, 평의회는 그를 재판할 능력이 없다고 선언했다. 나중에 그의 처형을 집행한 어느 장군은 "사형선고를 내릴 엄두를 내지 못한 평의회 위원들은 피고인 못지 않은 죄를 지은 것이나 마찬가지다"고 평가했다. 앙리 우세(Henry Houssaye)는 평가에 대해 "인간본성의 비루한 약점을 감안할 때, 그들을 둘러싼 의혹이 오히려 그들이 엄격하게 대처하도록 이끌었을 것이다"라고 썼다.[26] 네 원수가 새로 임명된 상원에서 재판을 받게 되자, 그는 평화조약 12조를 언급하며, 이 조항이 점령기간 이후에 대해서도 면책특권을 부여한다고 주장했다. 이 항변은 받아들여지지 않았다. 그는 사형선고를 받고 처형되었다.

정부는 의회가 온건파로 구성될 것으로 기대했으나,[27] 하원선거로 급진왕당파 의회가 복귀했다. 10월 7일에 의회가 소집되자, 7월 24일 법령에 대한 불만이 노골적으로 표출되었다. 전국으로 확산된 분위기에 편승하여 그들은 훨씬 강력한 조치를 원했다.

> 음모를 획책한 지도자들을 법원으로 넘기고, 백일천하에 참여한 사람들의 투표권과 피선거권을 박탈하고, 최근 사건에 적극 가담한 사람들이 공직을 맡을 수 없도록 기피인물 리스트를 만들고, 타협한 사람들을 프랑스 밖으로 추방하고, 행정부 관리들을 교체하고, 황실법원을 폐지하여 새로운 사법기관을 만들고, 백일천하 시절의 관리들에게 두 배 또는 세 배의 세금을 징수하는 등 전쟁을 도발한 자들에게 전쟁배상금을 더 무겁게 부과하고, 마지막으로 루이 18세의 첫 복귀 때 온건한 대우를 받고도 백일천하 동안에 부르봉 왕조를 프랑스 영토에서

역주16 1804년 나폴레옹 치하 제국의 원수로 임명. 워털루 전투 패배후 프랑스 남서부에서 체포됐다.

영구 추방하기로 맹세한 국왕살해자들을 영구히 파문한다."²⁸

이 급진적 제안의 주된 동기는 국가의 파멸과 굴욕을 가져 온 사람들에 대한 순수한 분노였다. 의회토론에서 일부는 7월 24일의 법령이 "격노한 국민들이 넘치는 분노와 복수심으로 무장하여 법정이 집행하지 못한 정의를 대신했다"는 미묘한 주장을 내놓기도 했다.²⁹ 상당수 의원들은 또한 특정인물의 사적권리를 박탈하는 법 제정이 반대했다. 그들은 추상적이고 포괄적인 용어로 포장된 조치들을 원했는데, 특히 루이 16세 처형 표결을 그의 남동생의 배신행위[역주17]와 연계시켰던, 이른바 "국왕살해 재범자"(régicides relaps) 143명에 대한 추방조치가 그것이었다.

1816년 1월 7일에 제정된 법은 나폴레옹의 "반란과 약탈"에 직간접으로 참여한 사람들에 대한 일반사면에서 두 등급의 예외를 두었다. 우선, 의회는 국왕이 지목된 사람들 중 일부를 명단에서 삭제할 수 있는 7월 24일의 수정법령을 확정했다.³⁰ 둘째, 의회는 일치단결하여 국왕살해 재범자를 추방하기로 결정했다. 850명에 대해 추방 또는 사형을 선고하고 그들의 재산을 몰수하기로 한 한층 더 가혹한 조치들은 비밀투표에서 9표 차이로 가까스로 부결되었다. 남부와 서부에서 개인에 대한 범죄로 기소된 왕당파들의 사면안도 거부되었다.³¹ 이와 관련한 토론과 결론은 의회 밖에서 일어난 사건들의 영향을 크게 받았다. 12월 7일 네(Ney)가 처형된 후, 왕실장관 리슐리외(Richelieu)는 일단 신의 갈구가 해소됐기 때문에 상대적으로 관대한 자신의 제안(국왕살해범 관련항은 없었다)이 받아들여질 것이라 생각했다. "그는 맹수가 방금 식사를 끝냈을 때, 우리

역주17 혁명후 루이16세의 두 동생, 프로방스 백작(루이18세)과 아르투아 백작(샤를 10세)은 외국으로 피신했는데, 재판에서 이 둘이 "군대모집, 모금, 반혁명동맹을 맺었다는 혐의"를 받았다.

에 들어가는 조련사를 떠올렸다."³² 그러나 2주 후, 라발레르(Lavallette)의 탈옥은 "의회를 격분시켜서 사면조항을 더 엄격하게 적용하도록 수정하는 효과를 가져왔다."³³

의회가 결정을 내리는 데 6개월이 걸렸지만, 사적 정의는 매우 신속했다. 1815년 7월과 8월, 프랑스 남부에서 왕당파 무리와 급진 왕당파인 왕의 조카 앙굴렘 공작[역주18]과 밀접하게 연결된 비밀왕당파조직 '믿음의 기사단'(Les Chevaliers de la Foi)이 혐의자 수백 명을 살해했다. 여러 곳에 걸쳐서, 앙굴렘 공작의 영향력은, 앙굴렘과 급진왕당파의 지원을 받는 집단이 파리에서 임명한 당국과 충돌하는 이원 체제로 이어졌다.³⁴ 툴루즈(Toulouse)에서는 파리가 지명한 시장후보—그는 나폴레옹 황제 시절과 1차 왕정복고 때 관리를 지내다가 백일천하 때 사직했다—를 1814년 4월 믿음의 기사단이 자신들과 협조하지 않는다는 이유로 거절했다.³⁵ 님(Nimes)에서는 왕이 임명한 도지사의 권위가 앙굴렘이 임명한 하위단체 관료들에게 무시당하기도 했다.³⁶ "툴루즈에서 급진왕당파 집단의 지도자 일부가 미디(Midi)의 앙굴렘 정부를 독립남부 '아키텐(Aquitaine) 왕국'의 전초기지로 삼으려고 했다"는 증거도 있다.³⁷

프로방스에서는 "이 시기(워털루 직후)의 탈법적 행위는 나폴레옹 지지자들만 아니라 혁명 기간에 걸쳐 악행을 저지른 사람들을 겨냥했다."³⁸ 도피하지 않은 나폴레옹 시절 관리들은 "왕당파 폭력조직에게 "보험"을 들거나 몸값을 지불하고 자유를 얻어야 했다."³⁹ 아비뇽에서는 보나파르트주의자를 살해한 사람이 수감되었다가 군중들의 요구로 그 다음 날 풀려났다.⁴⁰ 툴루즈에서는,

---

역주18 루이18세의 동생 아르투아 백작(샤를10세)의 아들. 왕당파는 그를 루이19세(1836~1844)로 인정했다.

혁명시절의 행적으로 의심받지 않던 많은 사람들이 백일천하에서 보나파르트주의 모임에 참여했다는 혐의를 받았다. 그러나 이런 조직과의 연계는 순수한 개인적인 결정 또는 자발적인 행위가 아니었다. 나폴레옹 정부는 적극적으로 그들을 후원했고, 남부에서는 국유재산 구입자와 공직자들을 대상으로 참여하도록 압력을 가했다.[41]

왕당파의 탄압에는 종교적인 측면도 있었다. 나폴레옹의 조치로 개신교인들이 큰 혜택을 본 가르(Gard)에서 "개신교 여성들은 기이한 폭력에 노출됐다. 여성들은 치마가 들춰진 채로 백합 문양으로 튀어나온 못이 박힌 판자를 둘렀다. 49명에 달하는 여성들이 징벌의 피해자가 되었고, 그 중 2명은 사망했다."[42] 님(Nime)에서는 "새로 입성한 왕당파 무리들이 개신교도의 생명과 재산을 위협하여 수많은 개신교도들이 도시를 떠나야 했다. 7월 28일까지 돌아오지 않은 사람들의 재산을 몰수하겠다는 치안당국의 협박도 탈출행렬을 막지 못했다."[43] 결국 그들의 재산은 도시에 남아있으면 약탈당하고, 떠나면 압수당하는 운명에 처했다. 앙굴렘이 임명한 군사령관은 개입하지 않으려고 했다. 그는 상부에 제출한 보고서에 "길거리에 버려진 시신들은 보나파르트주의자이거나 혁명분자들이다. 사람들은 시급하게 집행이 필요한 요구되는 법을 미리 집행했을 뿐이다."[44]고 쓰고, 이 학살이 갖는 종교적 측면은 일부러 언급하지 않았다. 이 주장의 핵심은, 사법적 정의가 행해지지 않기 때문에 사적 정의가 필요하다가 아니라, 법원이 어차피 할 일을 미리 신속하게 처리했기 때문에 사적 정의가 인정된다는 것이다.

루이 18세는 앙굴렘을 파리로 불러들이고 "자신들을 공적 처벌의 집행자로 위장하여 사적 증오와 복수심을 채웠다.(…) 죄를 범하면 법의 심판을 받아야지 사적 복수에 맡겨서는 않안 된다"[45]라고 추궁하는 성명을 발표했으나, 상황을 수습하는 데 많은 어려움을 겪었다. 그러나 그

제2장 프랑스의 1814, 1815년 왕정복고 **57**

의 주된 관심은 관용을 베푸는 것이 아니라 국가의 권위를 회복하는 것이었다.

서부 프랑스에서 백색테러는 일반적으로 무혈폭력이었고,[46] 주로 국유화된 재산 구입자들을 괴롭히는 형태를 취했다.[47] 남부에서 국유재산 문제가 주된 갈등요소는 아니었으나, 문제가 되기는 마찬가지였다. 툴롱(Toulon)에서 "백색테러"는 "백일천하에서 관직에 머물렀던 사람들 뿐 아니라 혁명기간 동안 국유화된 재산의 구입자"[48]를 주된 대상으로 했다. 실제로 국유재산을 매입한 죄와 나폴레옹을 위해서 일을 한 죄는 중첩된 사례가 많았다. 나폴레옹이 국유재산 소유자를 관직에 지명하는 것을 선호했기 때문이다.[49] 이런 식으로 응보와 배상의 문제는 밀접하게 연결되었다. 국유재산 반환 요구의 출발은 정의를 포함한 복수에 있었다.[50] 원소유자들에게 돌려주는 대신 배상하는 방식으로 최종 해결책이 결정되었을 때, 일부 왕당파들은 "합법적인 복수"의 일환으로 배상금은 구입자들이 지불해야 한다고 주장했다.[51]

2차 왕정복고는 1차와 달리 공공부문에서 대대적인 숙정이 단행되었다. 과거의 숙정 실패가 나폴레옹 복귀의 주요원인이라고 생각한 정부는 실수를 반복하지 않기로 결심했다. 전체의 4분의 1에서 3분의 1에 해당하는 5만에서 8만 명의 공직자들이 해임된 것으로 추정되었다.[52] 백일천하에서 나폴레옹에게 충성선서를 했는지 여부가 기준이었다.[53] 전국의 23개 항소법원 중 19개소에서 총 294명의 치안판사가 파면되었다. 이 중에서 15명은 재판장이었다.[54] 대학에서 "보나파르트주의자들을 색출하기 위한"[55] 광범위한 조치도 취해졌다. 국방부장관은 육군장교를 14개 부류로 분류하여 계급별로 심사를 진행했다.[56] 이 것은 내가 이행기 정의를 검토하면서 접한 가장 세분화된 범죄행위 분류기준이기 때문에 전체를 소개할 가치가 있다.[57]

(1) 나폴레옹이 파리에 도착한 후 20일 이내에 육군을 이탈한 관리 및 장교 206명
(2) 군대를 떠나지 않고 나폴레옹에 대한 충성 맹세를 거부한 103명
(3) 선서는 했으나, 육군을 떠나 스스로 속죄한 장교 5명
(4) 나폴레옹에 합류했지만, 국왕이 돌아오기 전에 군대를 떠난 장교 107명
(5) 나폴레옹에게 해임됐으나, 자신의 경예를 해칠만한 동기가 없었던 장교 22명
(6) 복무 중이었지만, 당국에서 왕당파로 분류하여 따로 관리하고 있던 장교 709명
(7) 나폴레옹이 집권했을 때 현역 복무 중이 아니었고, 국왕 복귀 전에 현역으로 복귀할 것을 요청받지 않은 장교 511명
(8) 지위를 유지했으나 임무를 요청하지 않은 장교 480명
(9) 순수하게 수동적으로 복무한 장교 2001명
(10) 국왕이 떠난 후, 국왕이 그 이전에 수여한 승진이나 포상금을 받은 장교 및 관리 729명
(11) 국왕이 파리로 복귀하기 전까지 보나파르트를 따랐던 관리 및 장교 2139명
(12) 앞 분류의 장교 중 나폴레옹에게 청원서를 제출한 37명
(13) 혁명 부대나 빨치산 조직을 지휘한 장교 41명
(14) 특별히 비난받아야 할 아래 7개 범주로 분류된 장교 612명
   1. 왕의 출발에 앞선 20일 동안 보나파르트에게 충성한 자
   2. 앞장서서 보나파르트의 깃발을 든 자
   3. 왕의 충신을 탄압하거나 처벌한 자
   4. 왕의 명령을 거역하고 항복하기를 거역한 요새 지휘관들
   5. 영토 내에서 왕실 군대에 대항하여 행군한 자
   6. 왕 또는 왕자의 초상 또는 이전에 왕실에서 받은 장식을 모욕

한 자
7. 파리로 향하는 보나파르트의 행군 대열에 자발적으로 참여한 자

이 순위 이면에 있는 전반적인 가벌성 논리는 다소 불투명하지만, 많은 차이점이 있음은 분명하다. 왕을 공격하는 것은 왕에 대항하여 자신을 방어하는 행위보다 더 잘못된 것이었다. 나폴레옹의 군대에 복무하면서 선서하고 떠나는 것보다 나폴레옹에게 선서하지 않는 게 더 나은 행위로 평가되었다. 나폴레옹에 의한 해임은 왕당파라고 비난받았던 것보다 더 강력한 결백의 증거가 되었다.

IV. 보상

복귀한 부르봉 왕조는 재산을 잃은 사람과, 적은 규모기는 하지만, 경력 상실자들에게 보상을 실시했다. 수감이나 추방 등과 같은 신체적 고통은 보상하지 않았다. 국왕을 지지한 왕가 사람들은 법원이나 관청 등에서 자리를 제공받는 등 부분적인 보상이 있었지만, 제도적인 보상책은 없었다.

경력회복은 해군에서 가장 중요했다. 1814년 5월 25일, 해군부는 추방당한 장교들의 원직복귀를 허용하는 규정을 발표했다.[58] 그러나 많은 장교들은 이 안에 만족하지 않았다. 대신, 그들은

> 자기 나이에 상응하는 계급을 원했다. 비트롤(Vitrolles, 왕실위원회의 비서)은 해군장관이 어느날 1789년 이후 복무한 적이 없는 전직 해군장교의 청원서를 위원회에 제출했다고 말했다. 당시 그는 사관생도에 지나지 않았음에도 정상적인 경로를 밟았다면 그 직위가 됐을 것이라 주장하며 준장급에 준하는 자리를 원했다. 그 주장의 배경을 눈치챈

비트롤은 해근장관에게 이렇게 말했다. "그 사람에게 전하세요. 한 가지 중요한 사실을 잊고 있는데, 당신이 트라팔카 전투에서 죽지 않은 것을 다행으로 생각하세요."라고.[59]

재산손실에 대한 보상문제는 훨씬 더 중요했다. 몰수된 재산에는 두 종류가 있는데, 하나는 교회에서 몰수한 것이고 또 하나는 개인에게 몰수한 것이었다. 이주자의 재산이 대부분(426,000건)이었지만 혁명재판에 의한 것(15,000)과 추방에 의한 것(16,000)도 있었다.[60] 이주자와 추방자를 합하면 관련자가 200,000명에 달했다.[61] 최종적으로 보상을 받은 사람은 대략 25,500명에 달했다. 이 숫자의 격차는 많은 설명이 가능하다. 많은 사람들이 아무것도 소유하지 않았거나 나라를 떠나기 전에 재산을 처분했기 때문에 몰수당할 게 없었다. 또한 보상대상이 아닌 동산이나 연금 등을 잃은 사람들도 있었다. 일부는 재산을 되찾을 수 있었고, 일부는 상속인이 없는 상태에서 사망하기도 했다.

요약하자면 중요한 쟁점은 다음과 같다. (i) 배보상 조치는 개인에 국한해야 하는가 아니면 단체나 교회 재산도 포함해야 하는가? (ii) 배보상 대상은 토지 같은 부동산에 국한되는가 아니면 동산이나 연금 같은 금융자산도 포함하는가? (iii) 몰수된 재산에 한정하는가 아니면 이미 파괴된 현물자산이나 가치가 떨어진 개인 자산도 포함해야 하는가? (iv) 몰수되었으나 아직 팔리지 않은 자산은 이전소유자에게 반환해야 하는가? (v) 몰수되었으나 아직 팔리지 않은 자산은 원상회복과 현금보상 중 어디에 해당하는가? 아니면 둘 다인가? (마지막 해결책은 원소유자에게는 원상회복, 구입자에게는 현금보상이 될 수 있다.) (vi) 현금보상이 결정되었다면 그 돈은 어떻게 마련할 것인가? (vii) 현금보상이 결정되었다면, 그 지급의 의미는 정의, 자비, 사회적 화해 중 무엇인가?

이런 문제 중 일부는 정치적으로 해결했다. 1801년 나폴레옹과의 정교협약(政敎協約)에서 교황은 몰수된 교회자산의 판매를 존중하겠다고 약속했다.62 헌장은 이 조항을 개인소유재산에까지 확대했다. 이 조치는 이전소유자나 관련자들이 자기 손으로 정의를 집행하는 것을 막지 못했다. 교구사제들은 사망 때까지 국유재산을 포기하지 않은 구입자에게 대해서 마지막 성찬을 베푸는 것을 거절했다.63 국방부장관은 어느 장군에게 제3자의 손을 빌려 구입한 이주자의 재산을 반환하지 않으면 임무를 맡기지 않겠다고 경고하기도 했다.64 그러나 이것들은 산발적인 사례들이다. 가장 많이 보이는 일반적인 행위는 재산을 싸게 구입한 것을 질투한 이웃이나 정착하려고 돌아온 전소유자가 구입자에게 가하는 괴롭힘이다. 이러한 경향은 왕정복고 이전에 나폴레옹이 일부 이주자들의 귀국을 허용했을 때부터 시작되었다. 전소유자들은 여유가 있으면 재산을 다시 매입했고, 그런 여유가 없는 경우에는 특정가격으로 매각을 "승인"하겠다고 제안했다. 소유권을 둘러싼 분쟁과 국가가 지정한 매각대상이라는 낙인 때문에 국유재산은 종종 심각하게 저평가되었다. 매각승인을 제안함으로써 이전소유자는 자신뿐만 아니라 구입자에게 이익을 줄 수 있었고, 매각대상이라는 낙인에서 풀려난 자산은 가치가 상승했다. 방데(Vendée)를 비롯한 다른 지역에서 전소유자들은 또한 구입자들에 대한 조직적인 박해를 선동했다.65 이러한 괴롭힘과 자산가치 하락은 왕정복고—특히 2차— 이후에 계속되고 강화되었다.

1814년 12월의 법에 따라 이주자에게 몰수하여 국가소유로 남은 재산은 이전소유자에게 반환되었다. 대부분의 자산(95% 정도)은 350,000 정보에 달하는 산림이었고, 그 중 거의 절반은 오를레앙 공작(Duc d'Orleans)과 콩데 왕자(Prince de Conde) 소유였다. 자산의 매각 여부에 관계없이 당시 원소유자에게 매각하지 않은 자산을 모든 이전소유자에게 골고루 분배하기 위한 대안적 해결책은 당시에는 고려되지 않았다.66 매각되지 않은 교회자산은 다르게 취급했다. 1815년 급진적 왕당파로 구성된 의회가 매각되지 않은 교회자산을 반환하기로 결정했지만, 재정적자를 메우기 위해 교회소유 산림을 팔아야 했던 왕은 법비준을 거부했다.[67] 매각된 자산의 소유자에 대한 보상문제가 대두되었을 때, 교회자산도 포함되어야 한다고 제안한 사람은 아무도 없었다. 따라서 개인소유자에 비교해서 교회는 이중의 손실을 입었다.

1차 왕정복고 기간 중 자기 재산을 매각한 개인소유자에 대한 배상문제가 제기되었지만, 이 논의는 백일천하에 의해서 중단되었다. 2차 왕정복고에서는 재정적 제약으로 즉각적인 배상을 실시할 수 없었다. 격분한 많은 이주자들은 완전한 배상을 요구했으나, 헌장 조항과 내전을 우려한 왕의 의지에 의해서 제외되었다. 헌장은 단순히 새로운 소유자의 재산을 보장하는 조항만 담고 있었는데, 정부는 이제 여기에 의문을 제기하는 행위를 범죄로 규정했다. 1815년 10월 31일, 의회는 "이른바 국유재산의 불가침이나 십일조 또는 봉건조세의 부활 등 터무니없는 소문을 퍼뜨리는 사람은 반역죄로 처벌한다"는 안을 채택했다. 이 법은 구입자들의 불안을 부추겨서 정치적 이익을 얻으려는 자유주의 반대파 진영을 겨냥한 것이지만, 급진왕당파의 심한 비판을 받았다.[68]

국유재산 문제는 곪아 터지기 직전의 상처였다. 이것은 이중으로 부당했다. 원래 몰수 자체가 부당했을 뿐 아니라, 그 후에 인위적으로 낮은 가격으로 책정되어 매각됐기 때문이다. 또한 구입자가 누린 행운을 얻지 못한 이웃들에게는 질투의 대상이기도 했다. 그 기원과 미래에 대한 정치적 불확실성 때문에 몰수된 자산 가격은 인위적으로 낮게 유지되었고, 재매각과 담보설정의 문제를 낳았다. 구입자들은 비정상적인 상황에 처하게 되었다. 가해자는 아니었으나, 가해행위의 수혜자가 되었으며, 나아가 극단주의자들의 적개심 때문에 항상 불안한 상태에서 살아야 했다. 그들은 "재산을 안전하게 지키고 싶어했을 뿐만 아니라, 명예도 지키고 싶었다."[69] (19세기가 끝나갈 때까지 문서기록관들은 국유재산의 취득문제로 손상될 수 있는 가족의 명예를 지키기 위해 구입자 명단을 학자들에게 제공하기를 거부한 사례들도 있었다.)[70] 그들의 심리상태는 복잡했고 고통스럽기까지 했다. 한 역사학자는 "반성의 형식이 뒤틀려서 증오로 변질되었다. 왕정복고의 역사는 '기분을 상하게 한 사람은 용서할 수 없다'는 유명한 속담으로 요약된다"[71]고 기술한다. 이런 관찰에 대해 다른 역사가는 "구입자들은 원소유자에게 멸시받고 이웃의 시기와 조롱을 받으며 체제와 대립하는 고립된 반항자로 퇴락했고, 1830년까지 점차적으로 희생양이 되었다고 보는 게 더 정확하다"고 주장한다.[72]

원소유자들의 배상에 대한 관심은 너무나 명백했다. 구입자들은 그 재산을 명예롭게 계속 소유하고 싶어했고, 낙인에서 벗어나 자산가격 상승을 기대했다. 정부는 배상을 선호했는데, 그 이유는 자산가격이 상승하고 새로운 구입자들이 나타나면 등록세 등의 조세수입 증가가 예상되기 때문이다. 더 중요한 것은 정부가 분노에 차 있는 원소유자에게 지속적으로 위협을 받는 구입자뿐만 아니라 이주자를 안정시키기를 원했다는 사실이다. 소수 자유주의적 반대세력만이 이런 갈등이 계속되기를 바랬다.[73] 따라서 일단 재정이 안정되자 정부가 소유자들에게 배상을 실시하기 시작한 것은 놀라운 일이 아니다. 루이 18세는 사망 직전인 1824년에 배상법안을 준비했고, 이 법안은 그의 동생인 샤를 10세가 1825년에 시행했다. 이 법의 실행으로 2만5천 명에 달하는 이주자와 그 후손에게 약 10억 프랑의 자금이 연금 형태로 지급되었다. 이 연금의 자본화된 가치는 국가가 자산판매에서 받은 금액과 비슷한 규모였지만, 그 자산이 일반적으로 낮은 가격에 판매됐음을 고려하면 소유자가 그 자산보다 훨씬 낮은 금액을 수령했음을 알 수 있다.

이런 조치들은 부당한 차별이라는 이유로 많은 반대에 봉착했다. 많은 사람들은 부동산 손실은 보상하고 기타 개인자산 손실은 보상하지 않는 것이 독단적이라고 반대했다. 이 주장에 대해 반박으로 어느 작가는 혁명의 유일한 피해자로서 배상받아야 할 이주자에게 주어진 특권을 정당화하려고 했다. 애초에 그들이 더 고통을 당하지 않았던가? 또한 고통의 권리(les droits du malheur)를 인정하지 않더라도, 그 파멸적 결과를 회복하지 않으면 **공동이익**과 **공공도덕**에 심대한 영향을 미치는 악행이 된다는 것을 알아야 한다. "사회 전체가 고유한 불가침의 원칙에 의존하는데 예컨대 토지재산에 대한 경시와 침해가 즉각적 배상을 요구한다는 것을 부인할 수 있을까?(…) 공동체는 20개의 동산을 침해하는 것보다 토지 재산에 대한 단 한번의 공격으로 더 큰 침해를 받는다. 나는 지금 돈을 소유하는 것이 가치가 없다거나 또는 황금은 국제적이고, 화폐는 애국심을 요구하지 않는다는 것을 말하는 게 아니다. 단지 우리를 대지와 결속하는 모든 관대한 감정과 이 아름답고 고귀한 애착은 토지소유에서 비롯된다는 것을 말할 뿐이다.[74]

이러한 '간과(preterition)'는 이 장르의 고전적인 사례인 키케로의 "베레스에 반대하며"(In Verrem) 만큼 분명하다. 이 주장의 요체는 혁명기간 동안에 재산이 몰수된 "국제적인" 유태인 금융가들은 보상을 주장할 도덕적 권리가 없다는 것이다. 이 이야기의 한 축에는 또 다른 왜곡이 있는데, 즉 이주자가 받은 천문학적인 금액은 기존의 **연금수령자**를 차별하는 것으로 널리 알려진(그리고 일정 정도는 사실인) 연금전환 계획에 따라 조성된 기금으로 충당되었다는 것이다.[75] 이전동산 소유자가 보상에서 제외됐을 뿐만 아니라 현재 그 동산을 소유하고 있는 사람은 보상받을 사람을 위한 자금을 부담해야 했다. 국유재산 구입자에게 배상에 필요한 기금조성을 부담시키려는 생각은, 그들이 자산을 저가에 매입했거나 아니면 그런 금액을 부담할 수 있을 정도로 자산가치가 상승했거나와 관계없이, 아무 소용이 없었다.[76]

보상은 고통에 의해서 정당화될 수 있다는 주장은 혁명기간 동안 누가 더 많은 고통을 받았는가라는 질문으로 연결되기 때문에 위험했다. 방데(Vendée) 지역에서는 혁명에 저항하는 과정에서 많은 사람들이 재산손실을 입었는데, 상대적으로 보상은 적었다. 많은 사람들이 타국으로 떠나지 않고 싸웠기 때문에 재산상 손실이 매우 컸으나 재산은 몰수되지 않았다. 따라서 기술적으로 그들 중 상당수가 1825년 법의 적용을 받지 않았다. 루이 18세는 1818년에 언젠가는 보상받을 날이 올 것이라고 약속했지만, 실현되지 않았다. 반혁명의 순교자들에게 남아있는 이런 명백한 도덕적 부채를 덜기 위해서 입법자들은 고통을 생산적인 것과 비생산적인 것 두 유형으로 구분했다. "재무부는 이주자재산을 매각해서 얻은 수익을 공공지출에 사용한 반면, 국가 자체는 혁명의 또 다른 피해자들의 파멸로 부강해지지는 않았다."[77] 그러나 이 주장은 몰수된 동산을 위한 보상을 정당화할 수 있었다. 따라서 고통에 근거한 주장이나 생산성에 따른 주장이나 공히 부동산소유자를 보상받을 가치가 있는 유일한 대상으로 지목하지 않았다.

1825년 **입법조사** 보고관인 마르티냑(M. De Martignac)[역주19]은 이러한 선택의 문제를 정면으로 다루었다. 그는 수사학적 표현을 동원해서 몰락한 모든 사람을 보상하는 것은 불가능하고, 일부만 보상하는 것은 부당하다고 반문했다.[78]

> 그는 배상이 파괴를 전적으로 복구할 수는 없다고 대답했다. 지금 무너진 질서와 정통성을 재건하는 데 사용된 프랑스의 부는 무질서와 방종으로 피폐해진 나라가 입은 고통스러운 손실을 보상하는 데 충분하지 않을 것이다.
>
> "그러나 혁명이 초래한 악 중에서 정의의 기준에 비추어 가장 심대하

역주19   1778~1832. 하원의원.

고 혐오스럽고, 이성에 비추어 가장 치명적인 악이 있다면, 또 그 기원이 신성한 권리에 대한 공격으로 연결되고, 그 흔적이 분열과 증오의 지속적인 원인인 악이 있다면, 우리가 모든 악을 치유할 수는 없더라도 할 수 있는 한의 개선책을 제공하는 것을 막진 못한다." 이주자들이 당한 불행은 특별했다. 그들은 다른 사람과 같은 고통스러운 삶을 살았고 파산과 전쟁으로 힘들었지만, 여기에 더해 몰수라는 공포스러운 압력으로 타격을 입었다.

몰수는 그 특성상 배상을 필요로 한다. 그것은 단순한 형벌이 아니라 사회의 근간을 뒤흔든 복수였다. "큰 불의는 조만간 큰 배상을 받게 될 것이라고 천명하는 기념할 만한 모범을 세우는 것은 필수적이고 모든 사람의 이익에 부합한다."[79]

의회 법제위원회 조사위원인 파르드슈(M. Pardessus) 또한 "그 누가 국민의 이름으로 행해진 엄청난 부당한 행위들을 교정할 필요가 없다고 감히 말할 수 있겠는가"라 묻고, 몰수는 "피해자들과 그 가족의 어깨 위에 다른 시민들이 일부만 부담한 손실을 전부 올려놓았다"고 강조했다.[80] 이 논쟁과정에서 뱅자맹 콩스탕은 근본적으로 다른 견해를 표명했다. "기존 연금생활자들도 지금 우리가 돕고자 하는 영예로운 사람만큼 또는 그 이상의 고통을 겪었다. 그들은 재산을 약탈당했을 뿐만 아니라, 공포정치와 징집, 그리고 프랑스를 휩쓴 모든 재난을 몸소 겪었다."[81] 이런 측면에서 이주자들은 나라를 휩쓸고 지나간 폭풍에서 비껴있었기 때문에 운이 좋았다고 할 수 있다.

이 보상조치는 사법적 정의일까 은혜일까?[82] 전자라면 과거의 권리가 결정적이다. 후자라면 현재의 필요가 더 중요하다. (우리가 본 것처럼, 과거 고통에 대한 빈번한 언급과 비교 때문에 이 논쟁은 더 복잡해졌다.) 하원에 제출한 보고서에서 마르티냑(M. de Martignac)은 정의보다는 은혜로 보는 입장을 확고하게 견지하면서, 오랜 시간이 흘렀고 법률적 상황의 불확실성 때문에 법적상속인은 상속에 대한 합법적인 기대에 호소할 수 없었다고 주장했다. 따라서 "이 법의 목적은 몰수당한 사람들의 자녀와 가까운 친인척을 지원하는 데 두어야 한다."[83] 물론 엄격히 말하면, 행운에 따른 이익을 존중하는 기대는 사법적 정의와 아무런 관계가 없다. 그러나 어떤 경우에는 현재의 필요가 정당한 기대와 무관한 법적 의무를 이행하는 것보다 설득력이 더 높을 수 있다. 특히, 사법적 정의의 엄정한 준수가 재정적 파멸을 초래하는 경우는 더 그렇다. 어떤 연설자가 말한 것처럼, "부채를 상환하는 게 정의에 부합하고 나아가 전액 상환해야 한다면 프랑스 국토 전체를 잠식하게 될 것이다. 그렇지 않다면, 원조금을 배분하는 것만이 타당하다."[84]

1825년 법은 비밀투표에 부쳐져 상원에서 찬성 159표 반대 63표, 하원에서 찬성 221표, 반대 130표로 의결되었다. 상원의원 약 150명이 이 문제와 직접적인 이해관계가 있는 것으로 추정되었다.[85] 이 법의 집행은 행정기관과 법원으로 이관되어서 막중한 과제를 매우 정직하게 처리했다. 이주자의 관심이 아닌 공정성과 법조문에 충실하려는 의지는 두 가지 예에서 잘 드러난다. 일반범죄자들도 일반법원이 아닌 혁명법정에서 유죄판결을 받았다면 이 법의 혜택을 받을 수 있었다.[86] 공포정치의 화신인 생쥐스트(St. Just)[역주20]의 두 자매도 소규모 배상을 받았다.[87]

문제는 투표로 끝나지 않았다. 루이 필리프(Louis Philippe, 과거의 오를레앙 공작)가 주요 수혜자였는에도 배상은 1830년 7월 혁명 이후에 잠시 중단되었다. 1848년 혁명에서 급진파의 요구 중 하나는 이주자에게

역주20 1767~1794. 자코뱅 지도자. 공안위원회 위원. 루이16세 처형의 법적 근거를 마련해서 '죽음의 대천사'로 불렸다. '데르미도르 반동'때 로베스피에르와 함께 처형당했다.

지급한 10억 프랑을 상환하기 위해서 1792년 몰수에 대한 1825년의 보상금을 몰수하라는 것이었다. 1851년에는 두 명의 의원이 몰수에 이자를 추가해야 한다고 주장하기도 하였다.[88] 이러한 제안은 무산되었지만, 이러한 제안이 급진파 진영에서 중심적 의제를 차지했다는 사실은 1789년의 프랑스혁명에 대한 일부 진영 국민들의 시각을 잘 보여준다. 다른 쪽에서는 확실히 다른 각도에서 보았다. 프랑스의 많은 지역에서 국유재산과 관련된 오명이 20세기까지 지속되었다는 것은 놀라운 사실이다. 조르주 르페브르(Georges Lefebvre)는 "1차세계대전 직전 프로멜(Fromelles)에서 어느 농부가 나에게 국유재산 구입자의 자손은 장물소유자나 다름 없다, 나는 지금도 그의 물건을 사지 않는다고 말했다"라고 썼다.[89] 1923년, 에밀 가보리(Emile Gabory)는 벤데 지역 사례를 언급하면서 "국유자산에 대한 문제는 여전히 관련 가문들 간의 우호적 관계를 저해하고 있다"고 지적했다.[90]

V. 요약

이전 장과 마찬가지로 앞에서 서술한 이야기의 각 국면을 좀 더 개념적인 형식으로 요약한다.

  두 차례의 왕정복고는 타협적 이행이었고, 연합국 세력의 후원 아래 전개되었다. 연합국 세력은 또한 이행기 정의를 통제했는데, 한편으로(1814년) 복귀하는 부르봉 왕조를 자제시키고, 또 다른 한편으로(1815년) 나폴레옹 지지자들의 숙청을 요구했다.
  1814년 이행을 수행해야 했던 나폴레옹 정권 하 상원 의원들은 과거의 정치적 행위와 견해들에 대한 사면, 처벌의 형태로서 몰수 효력의 폐지, 혁명기간 동안에 몰수되어 개인에게 매각된 자산 인정 등을 요구하면서 자기이익 중심적 동기에 따라 행동했다. 앞의 두 가지 요구와 관련한 그들의 요구는 사회적 평화와 화해를 열망하던 루이 18세의 의도와 일치하는 부분이 있었다. 마지막 요구는 러시아 알렉산드르 대제만 지지했다.

국유재산의 전소유자에 대한 배상을 제안하거나 지지투표 한 사람들 일부는 이기심이 동기가 되기도 했다. 배상에서 제외되자 전소유자는 당연히 보상에 관심을 보였다. 재산구매자는 배상이 소유권을 둘러싼 의혹과 불확실성을 제거하여 자산가치가 높아지게 되므로 이해관계가 동일했다. 자유주의자만이 구입자들의 불안에 의존(그리고 자극)했기 때문에 이해관계가 상충했다.

여러 차례에 걸쳐 다음과 같은 배상 조치가 제안되었다.(i) 공적기금으로 원래 소유자에게 배상하고, 몰수자산을 현재소유자에게 귀속하는 방안이 최종적으로 채택되었다.(ii) 현재소유자가 배상기금 조성을 부담하는 것을 빼면 (i)과 동일한 안,(iii) 몰수자산을 이전소유자에게 직접 반환하는 안,(iv) 현재소유자에게 보상하는 추가조치를 빼면 (iii)안과 같은 안 등이다.

배상계획은 여러 측면에서 도덕적으로 독단적이라는 평가를 받았다.(i) 재산이 매각되지 않은 사람들은 그 재산을 돌려받았고, 그렇지 못한 사람들은 금전적 보상만 받았다.(ii) 몰수된 교회재산은 매각되지 않았음에도 반환되지 않았다.(iii) 보상은 몰수된 **현물**자산에 한정되었고,(iv) 보상은 **몰수된** 현물자산에만 한정되었고, 훼손된 자산은 포함되지 않았다.

다양한 배상계획을 여러 주장들이 옹호했다.(i) 이주자에 대한 배상은 대부분 엄격하게 자격의 문제와 관련되었다.(ii) 그 중 일부, 재산의 원상회복 또는 구입자가 조성한 기금으로 배상 받는 행위는 구입자에 대한 징벌적 조치의 일환이었다.(iii) 혁명에서 피해를 입은 여러 집단들에 대한 차등적 대우를 정당화하기 위해 고통을 가장 심하게 겪은 사람들을 최우선적으로 고려해야 한다고 주장되었다.(iv) 일부는 또한 자격이나 과거의 고통 보다는 현재의 필요가 우선적으로 고려해야 한다고 주장했다.(v) 많은 사람들은 국가이익에 기여하는 복구가 우선이어야 한다고 주장했다.

1815년 6월 28일 루이 18세는 징벌적 조치를 의회에 위임한다고 선언했다. 그럼에도 연합국 세력과 이주자의 압력으로 그는 7월 24일에 제한적이지만 즉각적인 조치를 취하지 않을 수 없었다. 선거로 급진왕당파가 하원을 장악하자, 그는 놀라움과 당혹감을 감출 수 없고, 급진왕당파는 그에게 모든 '국왕살해 재범자'(régicides relaps)들을 축출할 것을 압박했고, 더 급진적인 조치를 도입하는 데 거의 성공했다. 백일천하 기간 중 나폴레옹에 합세한 사람들에 대한 이주자들의 1815년의 분노는 국왕살해(1793년) 가담자에 대한 이전(1814년)의 처벌요구보다 더 강했다.

정부는 공공행정부문에 대한 대대적인 숙정을 단행했다. 현직에 남아 있던 추종자 때문에 나폴레옹의 복귀가 가능했다는 사실을 상기할 때, 정부는 같은 실수를 두 번 반복하고 싶지 않았다.

1815년 여름의 "백색테러"에서 수백 명이 죽고 많은 사람들이 다양한 방식으로 학대 받았다. 루이 18세는 그의 조카가 남부에서 자신과 대립하는 독립행정부를 수립하면서 국가에 대한 통제력을 잠시 잃었다.

주

1 Sauvigny(1999), Nettement(1860).
2 Talleyrand(1967), vol.2, p.165. Gorce(1926, p.9)는 역설적으로 이렇게 언급한다. "탈레랑은 마치 자기의 견해에 아무런 변화가 없었던 것처럼 합

법성의 원칙을 찬양했다." 군주제를 중심점으로 보는 생각은 파스칼로 거슬러 올라간다(Pensée 786, ed. selien).

3   이 초안은 로장발롱(Rosanvallon 1994, pp.193-96)에 재인용되어 있다. 핵심조항은 전문을 인용할 가치가 있다. "상원의원은 최소 150명에서 최고 200명으로 구성된다. 상원의원의 존엄성은 불변이고, 장자에게 상속된다. 상원의원은 왕이 지명한다. 기존 상원의원은 프랑스 시민권을 포기하는 경우를 제외하고는 신분이 계속 유지되고, 정원에 포함된다. 상원의원에게 부여된 기존 재산과 기부금 재정은 그대로 유지된다. 여기서 나오는 수익은 상원의원 간에 균등하게 분배되며, 그 후계자에게 상속된다. 만약 상원의원이 남성 후손을 남기지 못하고 사망하면, 그의 몫은 재무성으로 귀속된다. 차기에 상원의원으로 지명된 자는 그 몫을 주장하지 못한다." 그러나 로장발롱은 상원에 제출된 첫 번째 안(러시아 외무부장관 등 외부인사들이 참여한 상원 소위원회에서 다듬은 안이다)이 상원에 훨씬 더 강력한 혜택을 준 안이었다는 사실을 언급하지 않는다. 이 안에 따르면 "상원은 나폴레옹의 진정한 후계자였다. 100명의 기존 의원만으로 구성되며, 정원은 그 이상을 초과할 수 없었다. 상원의원직은 헌법에 따라서 세습되며, 결원이 있으면 그 내부에서 충원한다"(Nettement 1860, vol.I, p.229).

4   Chateaubriand(1814), p.106.
5   Rosanvallon(1994), p.190.
6   Mansel(1999), p.115.
7   Gain(1928), vol.I, p.25. 이 책에서 나는 게인의 기초연구에 광범위하게 의존한다.
8   Gain(1928), vol.I, p.119.
9   ibid., p.92.
10   Nettement(1890), vol.I, pp.276-80.
11   Ibid., p.94.
12   Mansel(1999), p.117.
13   Gorce(1926), p.17.
14   Nettement(1860), vol.3, pp.570-71.
15   Houssaye(1906), p.146.

16 Ibid., pp.299-300, 574-75; Nettement(1860), vol.3, pp.62-67.
17 Houssaye(1906), p.425.
18 Talleyrand(1967), vol.3, p.251.
19 Houssaye(1906), p.427.
20 Gain(1928), vol.I, p.227.
21 숙정에 대해서는 Sauvigny(1999), p.78; Mansel(1999), p.203; Tulard(1977), pp.51-54.
22 Mansel(1999), p.209.
23 현대적 해석은 Houssaye(1906), p.428 n.3.에 인용되어 있다.
24 Madelin(1945), vol.2, p.455.
25 Houssaye(1906), pp.430-33.
26 Ibid., p.571. 그리고 이 책의 8장 5절을 볼 것.
27 Sauvigny(1999), p.124; Houssaye(1906), pp.528-29.
28 Nettement(1860), vol.3, pp.269-70. 백일 천하 시절 관리들에게 중과세하는 방안의 하나로 배상에 필요한 기금을 청구하는 안이 제안되었다. 이 안은 재산 몰수는 무효임을 규정한 헌장 조항에 위배된다고 기각되었다.
29 Ibid., p.312.
30 Ibid., pp.465-66.
31 Resnick(1966), p.75 n.31.
32 Houssaye(1906), p.592; Nettement(1860), vol.3, pp.425-26.
33 Houssaye(1906), p.590; Nettement(1860), vol.3, pp.445-50.
34 Sauvigny(1999)는 이 상황과 1944년 가을 프랑스에서 행해진 조치 간의 여러 유사점에 주목하고 있다.
35 Resnick(1966), pp.25-26.
36 Ibid., pp.49-50.
37 Ibid., p.117.
38 Ibid., pp.9-10.
39 Ibid., p.11.
40 Ibid., p.18.
41 Ibid., p.29.

42 Ibid., p.52.

43 Ibid., p.54-55.

44 Houssaye(1906), p.471.

45 Nettement(1860), vol.3. p.220.

46 Houssaye(1906)은 549쪽에서 살인 사례 하나를 인용한다. Gabory(1989)는 867쪽에서 "단 한방울의 피도 흘리지 않았다"고 썼다.

47 Houssaye(1906), p.549.

48 Ibid., p.17.

49 Gain(1928), vol.I, p.212.

50 Ibid., pp.221-31.

51 Ibid., p.492.

52 이 숫자가 많아 보이지만, 샤토브리앙(Chateaubrind 1816, pp.484-86)은 이 숙정은 부분적이고 작위적이기 때문에 정의롭지 못하다고 지적하면서, 대규모 숙정을 하든가 아니면 차라리 그만 두는 게 낫다고 주장했다.

53 Sauvigny(1999), p.136.

54 Royer(2001), p.495 n; Ponteil(1966), p.43.

55 Gerbod(1977), pp.89-90.

56 Vidalenc(1977), pp.64-65. Houssaye(1906)은 564쪽에서 약간 다르게 요약하고 있다.

57 독일 점령 기간 중 프랑스 지방정부의 행위를 평가하기 위한 기준은 더 세밀하게 작성되었는데, 실행되지는 않았다.

58 Nettement(1860), vol.I, p.462.

59 Sauvigny(1999), p.79. 이 전직 장교는 1789년의 혁명이나 나폴레옹 전쟁이 일어나지 않았을 경우를 가정한 반사실적 세계에서의 자신의 지위를 계산했다. 이에 대한 반론으로 비트롤은 혁명 기간 동안 그 장교가 이주를 하지 않고 나폴레옹 전쟁에 참전한 경우를 가정한 반사실적 세계를 제시했다. 광범위한 역사 재수정이 필요하지 않은 후자의 반사실적 주장이 더 타당하다.

60 Gain(1928), vol.I, p.543.

61 Ibid., vol.2, p.178.

62 Godechot(1998), p.715.

63 Gain(1928), vol.I, pp.99, 330.
64 Ibid., p.99.
65 Ibid., pp.57-59.
66 Ibid., p.137 no.3.
67 Ibid., pp.238-47.
68 Ibid., p.232.
69 Ibid., p.343.
70 Ibid., p.349.
71 Gorce(1926), pp.162-63.
72 Gain(1928), vol.I., p.348.
73 Ibid., p.160.
74 이 요약의 인용은 ibid., vol.2, p.12.
75 Sauvigny(1999), pp.373-74.
76 Gain(1928), vol.I, pp.492-504.
77 Ibid., p.434; p.487. 이 쟁점의 실제적, 도덕적 복잡성에 대해서는 Garbory(1939), pp.923-32 참조.
78 Gain(1928), vol.I, p.512.
79 이 요약의 인용은 ibid., pp.562-63.
80 Ibid., vol.I, p.570.
81 Ibid., p.582.
82 Ibid., vol.I, pp.293, 371, 482, 567, 573, 618; vol.2, p.255.
83 Ibid., vol.I, p.567.
84 Ibid., p.371.
85 Ibid., vol.2, pp.222-23.
86 Ibid., vol.2, pp.114-15.
87 Ibid., p.231.
88 Ibid., p.382.
89 Lefebvre(1924), p.468 n.2.
90 Gabory(1989), p.1063.

· · · ·

제3장
이행기 정의의 새로운 세계

I. 머리말

이 장에서는 논의를 확장하여 30개의 이행기 정의 사례를 다룬다. 3개의 사례를 제외하면 나머지는 전부 민주주의 이행과 관련된 것이다.[1] 이 리스트가 완전하지는 않다. 특히 최근 아시아에서 발생한 주목할만한 사례(캄보디아, 동티모르, 한국) 등이 빠졌다는 점에서 그렇다. 또 이 책의 사실관련 기술들은 최근의 변화 등을 제대로 점검하지 못해서 수정하거나 추가적으로 발전해야 할 여지도 많다.[2] 이 주제와 관련한 추가연구에서 이라크의 이행기 정의 사례를 다룬다면 내가 이 책에서 빠뜨린 중요한 논의를 정당화할 수 있을 것이다. 그러나 여기서 내가 소개하는 사례들은 앞 두 개 장의 사례와 함께 이 책 2부에서 다룰 개념적·인과적 분석에 필요한 충분한 자료를 제공한다고 생각한다.

아테네 일화와 20세기 중반 사이에는 새로운 민주주의 전개에 따른 이행기 정의의 중요한 사건들이 발견되지 않는다.[3] 밖으로 드러난 모습과 달리 프랑스혁명은 가해행위를 문제 삼아 과거의 엘리트를 처벌하지 않았고, 농민들에게 고통의 대가로 아무런 보상도 실시하지 않았다. 공포통치 당시 귀족들에게 적용한 혐의는 혁명 **이후**에 그들이 행한 행위, 즉 외국과의 공모와 프랑스 침공계획과 관련된 것이었다. 나아가 봉건지대의 폐지가 과거의 불의에 대한 "배상"이라고 보는 것도 적절치 않다.[4] 1789년 8월 4일의 법령은 과거의 잘못에 대한 그 어떤 보상도 없이 미래에 닥칠 불의를 제거하는 것을 목표로 했다. 프랑스혁명과 이행기 정의의 관련성을 논의하려면 혁명에 가담한 행위자를 처벌하고 혁명의 결과를 원상회복하려는 혁명 이후의 노력들에 초점을 맞추어야 한다.

1차대전 이후 독일의 "민주주의 이행"을 사례에 넣어야 한다는 지적도 있을 수 있다. 연합국의 압력을 받아서 새로운 민주정부가 들어선 독일은 45명의 장교를 전쟁범죄로 재판에 회부했지만, 결과는 미미했다.[5] 공공부문의 숙정도 없었다.[6] 광범한 배상조치가 있었지만, 개인피해자에 대한 보상은 거의 없었다. 예를 들어, 독일의 만행으로 보상을 받은 벨기에인은 한 명도 없었다. 나아가 독일의 민주주의로의 개종의 진정성에도 의문이 제기되었다. 고든 크레이에 따르면 "독일은 연합국을 설득하여 평화정착에서 독일이 부담할 조건을 완화하려고 민주주의를 받아들였으며, 승전국들이 파리에서 독일의 제안을 받아들이지 않자 태도를 돌변하여 복수의 감정으로 돌아섰다."[7] 사실, 민주주의뿐만 아니라 분권화된 정부 형태도 이런 전략적인 이유로 수용했을 개연성이 있다.[8] 이행기 정의나 민주주의 이행을 그 본래 의미에 맞게 진지하게 수행하려는 노력이 없었다고 평가하기 때문에 나는 분석 사례에서 바이마르공화국 수립을 제외했다. 그럼에도 1918년 이후의 이행은 1945년 이후 이행기 정의의 반면교사 모델로서 중요한 시사점을 주기 때문에 검토할 필요가 있다.

이 장의 순서는 다음과 같다. 2절은 군주제 부활(1660년의 영국)과 독립으로 이행한 두 개의 사례(1783년의 미국과 1962년의 알제리)를 살펴본다. 3절에서 7절까지는 20세기에 진행된 민주주의 이행 사례를 대륙별, 연대기 순으로 살핀다. 1945년 이후의 서유럽과 일본, 1975년 이후의 남유럽, 1980년대의 라틴아메리카, 1989년 이후의 동유럽, 그리고 1979-1994년의 아프리카가 그것이다. 8절은 이행 이전체제와 이행기 정의의 내생적 또는 외생적 특성, 이행 이전체제의 존속기간 이행기 정의의 존속기간 등의 구분을 이용하여 이행기 정의 사례의 몇 가지 유형을 제안한다.

II. 군주제 복귀와 독립으로의 이행

2장에서 논의한 프랑스 군주제의 부활은 영국의 전례와 매우 유사하다. 1649년 찰스 1세의 처형이 1793년 루이 16세의 처형을 떠올리게 하는 것처럼, 왕정복고 이후 실시된 배상과 응보적 조치를 위해 동원한 수단도 서로 비슷했다. 물론 중요한 차이도 등장한다.

1660년 4월 4일의 브레다(Breda)선언―루이 18세의 1815년 캄브레 선언과 유사하다―에서 왕위를 계승하게 될 찰스 2세는 군주제 부활을 두려워하는 사람들을 위한 경감책을 마련했다. "앞으로 의회에서 예외적으로 다룰 사람들만 빼고, 이 문서 발표 전에 우리 가족과 부친에게 저지른 범죄는 재판에 회부하거나 문제삼지 않겠다." 이어서 그는 다음과 같이 이어간다.

> 너무나 오랜 세월 동안 수많은 혁명과 혼돈을 겪으면서 관리와 군인 등 많은 사람들이 많은 영지를 사고 팔고 하는 사이에 소유권이 모호해지고, 같은 영지에 대해 서로 권리를 주장하는 결과를 초래했다. 이제 이런 복잡한 문제들을 전부 의회에 위임해서 처리해야 하며, 의회는 모두가 만족할 수 있는 결정을 내려야 한다.

찰스 2세가 왕으로 추대된 직후, 브레다 선언의 약속에 부응하기 위한 "망각과 배상에 관한 법"이 의회에 제출되었다.[9] 법안을 발의한 몽크 장군은 처벌이 최소한에 그치기 바라는 국왕의 염원을 반영해서 일반사면에서 5명만 제외하자고 제안했다. 그 후 몇 달 동안 영주와 하원은 이 예외조항을 두고 토론했다. "하원은 보호하고 싶어도 상원에서는 처벌하기 원했다."[10] 최종적으로, 네 개 범주의 예외를 인정했다. 여러 측면에서 국왕살해에 관련된 60명 중에 23명은 처형대상이 되었다. 추가로 19명은 감형하여 투옥했다. 7명은 "고통, 벌금, 박탈(생명박탈은 제외)"의 대상이 되었다. 마지막으로 20명은 공직자격을 박탈당했다. 이러한 논쟁이 계속되는 동안, 왕실은 포고령을 발표하여 국왕살해자들은 "영지와 목숨을 부지하는 대가로 사면이나 면책대상에서 제외되는 고통을 감수하고 항복"하라고 권고했다. 그러나 "상하 양원에서 계속되는 논쟁과 의원들의 예측불가능한 성향으로 볼 때, 항복 조건이 제대로 지켜질 것이라 확신할 수 없었기 때문에 항복하는 경우는 거의 없었다. 하원은 항복한 사람에게는 자비를 베풀어야 한다고 주장했다."[11] 영주들은 동의하지 않았다. 이 문제는 의회가 결정할 사안이었기 때문에 국왕살해자들은 국왕이 암묵적인 면책약속을 지킬 것이라고 믿을 이유가 없었다.

브레다 선언은 또한 "이러한 재산의 이전, 판매 및 구매 등과 관련한 모든 조치"를 의회에 일임했다. 실제로 이 문제는 너무 복잡해서 대부분 법원으로 이관해야 했다.[12] 국왕 궐위기간(Interregnum) 동안 세 종류의 재산이 압수되었다. 왕실토지, 교회소유토지, 찰스 1세 지지자의 토지가 그것이었다. 프랑스혁명 때와는 달리, 마지막 집단의 재산은 무조건 박탈한 것이 아니고, 일탈행위(즉 찰스 1세 지지)에 부과된 벌금을 지불할 의사가 없거나 지불할 수 없는 경우에 한해 몰수했다. 더 말할 필요 없이, 지지자들은 이제 그들의 충성심에 대한 보상을 기대했다. 동시에, 망명 중에 "찰스는 자신이 복귀하면 토지의 완전한 반환이 이루어질 것이라고 약속했기 때문에 자산을 구입한 사람들의 기대 또한 당연했다. 찰스는 자신에게 충성을 맹세한 모든 사람들에게 보상을 약속했다."[13] 왕실과 교회소유트지 구입자들은 공정한 브상을 받았다. 개인소유토지의 신구 소유자들은 법원에서 다투어야 했다. "왕당파가 권력공백기 동안 구매자에게 판매한 가격을 확인하여 소유권을 침해한 예외적인 경우를 제외하고는"[14] "모두 토지를 되찾았다."[15] 또한 벌금을 내려고 토지를 판 사람들은 돌려받지 못했다. 토지를 반환할 때, 토지구매자는 유리한 임대즈건으로 보상 받기도 했지만, 이런 경우가 얼마나 됐는지는 알 수 없다.[16] 토지소유자가 두 번 이상 바뀌었다면 반환해야할 두 번째 구매자는 첫 구매자를 상대로 손해배상을 청구할 수 있었다. 이 소송은 때로는 성공했고, 때로는 그렇지 못했다.

식민지 지배 하에 있던 나라들이 독립전쟁에 성공하면 대체로 식민지권력과 함께 했던 내부부역자들을 처벌다상으로 삼는다. 전쟁이 끝난 후 그 세력은 이전 동맹 상황을 완화할 수드 있고 그렇지 않을 수도 있다. 그 한 예로 미국과 알제리의 독립전쟁을 잠깐 살펴보자. 미국의 경우 내부협력자들은 영국정부 충성파(Loyalist) 또는 "토리당"이었고, 알제리에서는 "하르키스"(harkis, 역자 주: 알제리 독립전쟁 당시 프랑스 군대에 협력한 알제리 무슬림인들을 일컫는다)였다. 각각의 경우, 이 협력자들은 전 인구의 15% 정도에 달했는데, 이는 제2차세계대전 당시 독일 점령국에서 적과 협력했던 사람들의 비율보다 훨씬 많았다. 충성파와 하르키스파는 각각의 평화조약에 따라 안전을 보장받았지만, 미국에서는 잘 지켜지지 않았고, 알제리에서는 아예 무시되었다. 이 사례들은, 이 책에서 다루는 사례들과 여러 가지 면에서 차이가 있지만, 이 각 사례들을 관통하여 작동하는 정치적, 심리적 메커니즘을 잘 보여준다.

이런 장기화된 내전에서 중립을 지키는 건 어렵다. 1954년 알제리 해방전선(FLN)이 발간한 최초의 유인물은 "투쟁을 멀리하는 것은 범죄다"고 기술했다.[17] 혁명군뿐만 아니라 프랑스군대도 주민들을 상대로 어느 편에 설 것인지 결정하라고 강요했다. 프랑스는 중립적인 알제리인들과 유화적인 접촉을 시도하면서, FLN이 안전을 보장받는 유일한 길은 하르키스가 되는 것이라 생각하도록 유도했다.[18] FLN은 의도적으로 온건파 알제리인들과 프랑스인들을 암살대상으로 지목했다.[19] 미국에서도 역시 "무관심과 중립은 지지받을 입장이 아니었다."[20] 독립전쟁이 시작된 첫 해 후,

> 박해의 대상이 되는 데 이제 더 이상 연설이나 항의에 참여하거나 팜플렛에 서명하거나 혁명 정부에 격렬한 감정표현이 필요하지 않았다. 만약 지위나 종교적 신념 또는 어느 사람과의 관계가 어떤 식으로든지 토리당에 대한 연민으로 비친다면, 그는 반드시 국민적 대의에 대한 그의 충성을 명백하고 공개적으로 증명해야 한다.[21]

그렇게 하지 못한 사람들은 사회적으로 추방당할 수 있었는데, 많은 경우 온 몸에 새의 깃털을 뒤집어 쓰는 벌(tarring and feathering, 역자주 : 중세 영국과 독립전쟁기 미국에서 많이 보이는 일종의 모욕주기 형벌이다.)을 받았다.[22] 트렌튼과 프린스턴에서 승리한 후, 워싱턴은 "하우(Howe)[역주1] 경의 최근 보호제안을 받아들인 모든 사람들은 영국군대에서 은퇴하거나 아니면 미국에 대한 충성을 맹세할 것을 명령했다."[23] 사실, "양 측의 지휘관들은 각자 충성맹세를 촉구 또는 요구하는 선언문을 발표했다."[24]

역주1 리처드 하우(1726~1799). 제11대 하우 백작. 영국의 해군제독으로 미국독립전쟁에 종군했다. 식민지에 동정적이었던 하우는 화해와 조정을 시도했으나 뜻을 이루지 못하고 지휘관직에서 물러났다.

독립으로 이행은 평화조약 안에서 구체화되었다. 1783년의 영-미 조약은 다음과 같이 기술하고 있다.

> 의회는 각 주 의회에 진지하게 권고하여 몰수되어 영국 신민에게 귀속된 모든 부동산, 권리, 재산을 반환하도록 한다. 또한, 영국왕실 군대의 소유로 되어 있는 지역 거주자와 미국에 무력저항하지 않은 사람들의 모든 부동산, 권리, 재산을 반환한다. 그리고 그 외 다른 모든 사람들은 미국 13개 주의 모든 지역이나 그 일부에 자유롭게 방문하여 12개월 동안 방해 받지 않고 머물면서 몰수된 토지, 권리 및 재산의 반환을 받기 위한 노력을 할 수 있도록 허락하고, 또한 의회는 여러 주에 진지하게 권고하여 부동산과 관련된 모든 법규를 재검토하고 수정하여 정의와 공평을 비롯하여 평화의 축복이 보편적으로 우선되는 화해의 정신에 완벽하게 부합하도록 노력해야 한다. 의회는 또한 여러 주에 진지하게 권고하여 마지막에 언급된 사람들의 토지, 권리 및 재산을 그들에게 반환하고, 그들은 그 자산을 선의에 기초하여 소유하고 있는 사람들에게 본래의 가격으로 환불하는 조치를 마련하도록 한다.

이것은 타협안이었다. 영국은 단순한 권고 이상의 것을 원했다. 대부분의 주들은 이를 따르지 않았고, 일부 주는 영국에 반하는 조치를 계속 도입하였다. 메사추세츠주에서는 "1784년부터 1785년까지 7차례에 걸쳐서 사면법과 조약에 반하는 모든 법의 폐지안이 제출되었지만, 논의 과정에서 전부 폐기되어 상정되지 못했다."[25] 뉴욕주 의회는 1784년 "전쟁 기간 동안 영국령에 속한 주에 세금을 부과하는 법"을 통과시켰다. 이 법의 서문은 모든 주민들이 "자유와 독립의 축복을 누렸지만, 그 사람들이 모두 전쟁을 수행하는 데 들어간 막대한 부담과 비용을 부담한 것은

아니다"고 지적했다."²⁶ 그러나 1785년이 시작되면서,

> 뉴욕의 알렉산더 해밀턴, 펜실베니아의 벤자민 러쉬, 사우스 캐롤라이나의 에데누스 버크는 각각 친영국 인사들에게 재산과 정치적 권리를 돌려주기 위한 대중캠페인을 벌였다. 그들은 대중의 복수는 미국 정치가 자초한 상처였고, 이 취약한 공화정체제는 그러한 보복과 응징의 파괴적 효과를 감당할 수 없을 것이라고 주장했다. 1787년까지 대부분 주들은 추방된 친영국파 상인계급들의 도움이 절실했고, 결국 반토리법을 폐지하기 시작하였다."²⁷

1783년부터 1789년까지 영국의 어느 위원회는 "혁명기간 동안 왕에게 충성했다는 이유로 재산상의 손실을 봤다는 3,225건의 청구를 접수했고,(…) 이 중에서 2,291건의 청구에 대해 보상금을 지급했다. 300만 파운드를 넘는 보상금은 청구인들이 주장한 손실총액의 37%에 달했다."²⁸

1962년의 에비앙(Evian) 합의는 다음과 같이 기술하고 있다.

> 그 누구도 알제리에서 자결권 국민투표일 이전에 발생한 사건이나 휴전선언일 이전에 발생한 동일한 사건에 연루된 행위나 그 사건과 관련한 의견을 근거로 경찰의 조치나 법적 조치, 징계 또는 기타 종류의 차별 대상이 될 수 없다. 그 어떤 알제리인도 알제리 영토를 떠나도록 강요할 수 없고 떠나는 것을 막을 수도 없다.

하르키스의 안전을 실질적으로 보장할 수 있는 조치가 전혀 없는 이 합의는 환영받지 못했다.²⁹ 학살된 하르키스가 얼마나 되는지 정확히 알려지지 않았지만, 1만에서 많게는 15만 건에 달하는 것으로 추정된

다.³⁰ 살해의 동기에는 자발적인 복수심, 애국심을 보여서 출세하고 싶은 욕망,³¹ FLN 내 다양한 분파 간 복수를 둘러싼 경쟁 등이 자리잡고 있었다.³² 프랑스 정부는 학살을 막기 위한 아무런 노력도 하지 않았고, 나라를 떠나서 프랑스로 가고 싶어하는 하르키스의 열망에도 부응하지 못했다. 이와는 반대로, 1783년, 6만에서 8만 명에 달하는 미국 거주 친영국파 사람들은 영국령 지역으로 떠날 수 있었다.³³

III. 서유럽과 일본

민주주의 전환 이후의 정의 실천의 역사는 기본적으로 1945년 독일, 이탈리아, 일본의 패배와 함께 시작된다. 독일의 이행기 정의의 역사는 전쟁 직후부터 시작해 현재로 이어지고 있다.³⁴ 뉘른베르크 국제군사재판소에서 재판을 받은 나치간부 22명 중 3명은 무죄, 7명은 징역, 나머지는 사형을 선고받았다. 독일에 주둔한 네 나라는 각자의 점령지역에서 별도의 재판을 진행했다. 미군재판소는 독일전범 1,814명(사형 선고 450명), 영국재판소는 1,085명(사형 240명), 프랑스는 2,107명(사형 선고 104명)에게 유죄를 선고했다. 사형선고를 받은 전범 중 절반은 감형되었다. 나중에는 독일인들이 스스로 나치시절의 범죄를 재판하는 임무를 이어갔다. "1996년, 독일연방공화국 법무부 장관은 국가사회주의 통치와 관련된 범죄로 기소된 5,570명에 대한 소송이 계류 중이라고 보고했다. 1945년 이후 106,178건이 넘는 개별사건에 대한 조사가 있었고, 6,494건에 유죄가 확정되었다."³⁵

    대규모 숙정작업(나치청산)도 진행했으나, 실행불가능한 것으로 평가되면서 점차 축소되었다. 이 작업도 역시 나중에 독일인들에게 인계되었는데, 독일인들은 과거를 정리하는 데 별 관심을 보이지 않았다. 1947

년 2월까지 독일 재판소는 11,674,152건의 심문조서(fragebogen) 중 겨우 절반 정도만 처리했다. 여기에 해당되는 6백만 명 중에서 168,696명이 재판에 회부되었다. 이 중 339명은 중범죄자, 3,612명은 일반 범죄자, 13,708명은 경범죄자로 분류되었다. 나머지는 "단순가담자"(mitläufer)나 무혐의로 처리되었다. 총 2,018명이 일정 기간 격리수용되는 선고를 받았다. 사실상, 나치청산 과정은 "정치적 갱생을 위한 장치"로 변질되었다.[36] 나치청산작업의 실패는 나치시대의 유산을 그대로 물려받은 서독 사법제도의 총체적 숙정 부재에서 잘 드러난다.[37]

    나치정권 피해자들을 보상하기 위한 법률도 채택했는데, 처음에는 연합군의 후원으로 시작했다가 나중에 서독의회에서 관련법을 제정했다.[38] 1956년의 연방보상법은 나치 정권의 피해자들에 대한 정교한 보상계획을 만들었다. 1965년까지 총 300만 건의 보상 신청을 처리했는데, 그 중 3분의 2가 비독일 국적자의 것이었다.[39] 1986년까지 총 770억 독일 마르크가 지급되었다.[40] 노예노동자와 강제노동자 보상신청은 연방보상법의 대상이 아니었던 탓에 처음에는 신청 자체가 거부되었다.[41] 그러나 1990년대에 들어오면서 독일기업과 독일정부는 피해자들을 위한 80억 마르크의 기금을 조성했다.[42] 서독은 또한 이스라엘에 대한 배상금으로 30억 마르크를 지불했다.[43]

    소련 점령구역에서는 상황이 다르게 전개되었다. 1947년 8월 소련 포고령 201호는 "유언비어를 퍼뜨려 독일국민과 세계평화를 위험에 빠뜨린 자들"을 기소한다고 적시하였다. 사실 이 조항은 공산주의 반대자에 대한 처벌을 시작한다는 신호였다.[44] (이에 상응하는 조치로 서독은 나중에 공산주의자들을 보상대상에서 제외했다.) 공식자료에 따르면, 나치당 출신 52만명이 공직에서 해임되었다.[45] 실제 숫자는 더 적지만, 공공부문 숙정작업이 타 부문에 비해 더 광범위하게 실시된 것은 분명하다.

    이탈리아의 이행기 정의는 2차세계대전과 관련된 그 어느 나라보다 일찍 시작하고 일찍 끝났다. 1943년 7월, 무솔리니가 물러나자, 바돌리오(Badoglio)[역주2]정부는 그해 12월에 제1차 숙정법을 통과시켰다. 숙정법안의 핵심은 1944년 7월 27일의 법률에 담겨있었고, 1945년 11월 14일에 채택한 네니(Nenni)법과 1946년 6월 22일의 사면법이 그 뒤를 이었다. 이 과정은 연속적으로 이어진 두 정권—1922년부터 1943년까지의 파시스트정권과 무솔리니 몰락 이후 이탈리아 북부에 세워진 독일괴뢰공화국 살로(Salo)—때문에 복잡하게 전개되었다. 살로공화국은 전 정권과 비교할 수 없을 정도로 야만적이었다. 1944년 7월 27일의 법은 살로에 맞서 싸운 경력이 파시스트정권과의 공모범죄에 대한 정상참작 사유에 해당한다고 명시했다. 이 조항은 가해자들이 자신들의 혐의를 피하기 위하여 종종 악용하였다."[46] 군사충돌의 전선이 북쪽으로 올라가면서, 몇몇 지역에서 처음에는 레지스탕스 세력이, 그 다음에는 연합군정부가 그리고 마지막으로 이탈리아정부가 연속 세 차례에 걸쳐 숙정과 재판을 진행하면서 문제는 더욱 복잡해졌다.[47] 빨치산의 "야생의 정의(wild justice)"가 광범위하게 이루어져 1만에서 1만2천 건의 불법적 살해행위가 자행되었다.[48] 주요정당 간 연합정치는 정책의 일관성을 가져오지 못했다. 공산주의 지도자이자 법무부 장관인 톨리아티(Togliatti)는 중산층과 농민단체의 지지를 얻기 위해서 사면법을 제정했으나, 소속당이 정부를 떠나자 폐기되었다.[49] 이 법은 흉악범죄를 사면대상에서 제외했지만, 관련조항의 문구가 모호해서 항소법원 결정으로 사면대상에 포함될 수 있는 여지를 남겨놓았다.[50]

역주2　피에트로 바돌리오(1871~1956). 무솔리니 정권대 총리로 임명되어 이탈리아-에티오피아 전쟁을 승리로 이끌었고 1940년 참모총장과 총사령관직을 사퇴했다. 1943년 무솔리니 실각후 총리로 반파시스트 정권을 수립했다. 동년 연합국과 휴전협정을 체결하고 나치독일에 선전포고했다.

제3장　이행기 정의의 새로운 세계　**87**

일본에서도 독일과 마찬가지로 많은 재판이 있었다. 독일의 뉘른베르크법정에 해당하는 기구로 도쿄극동국제전범재판정이 열렸다.[51] 이 재판정은 11개 연합국의 재판관으로 구성되어 일본 고위급전범 28명을 재판하였다. 뉘른베르크와 달리 무죄판결은 없었다. 각 연합국은 자국민에게 자행한 만행을 재판하기 위한 개별적인 군사법정을 열었다. 예를 들어, 맥아더 장군은 요코하마에 미군의 전범재판정을 열어서 1,000명 이상의 용의자를 재판에 회부했고, 그 중 200명은 무죄, 124명은 사형, 200명은 무기징역을 선고했다.[52] 이 재판정은 미국 관할이었기 때문에 미국 본토의 대법원으로 항소할 수 있었다. 도쿄와 요코하마 법정은 적법절차를 무시하여 본질적으로 승자의 정의라는 신랄한 비판을 받았다.[53] 약 20만 명에 달하는 개인—대부분 전직 장교 또는 관리들이었다—이 공직에서 물러났다.[54] 냉전이 시작되면서 이 중 상당수가 "점차 숙정에서 풀려났고, 다른 한쪽에서는 급진적 좌파들이 빨갱이 숙정의 대상이 되었다."[55]

이행기 정의는 전쟁 중에 독일 점령 하에 있었거나(벨기에, 덴마크, 프랑스, 네덜란드, 노르웨이) 독일과 협력한 국가(오스트리아, 헝가리)에서도 실시되었다.[56] 10,000건에 달하는 탈법적 처형이 있었던 프랑스를 제외하면,[57] 법을 위반한 사적 정의는 거의 없었다. 이들 국가에서는 이행기 정의의 양식과 범위 등에 걸쳐서 많은 편차들을 보여준다. 다음의 간략한 통계는 시민권 박탈을 포함하여 법적 처벌을 받은 인구 비율의 나라별 편차를 보여준다.[58]

오스트리아(0.2%), 벨기에(1.2%), 덴마크(0.3%), 프랑스(0.25%), 네덜란드(1%), 헝가리(0.3%), 노르웨이(2%)

벨기에, 네덜란드, 노르웨이의 비율이 높은 이유는 나치 조직구성원들을 자동적으로 유죄로 간주했기 때문이다. 일반적으로 여성보다 남성이 더 많이 수감되었다.[59] 인구 백만 명 당 사형선고를 받은 숫자는 아래와 같은데, 앞의 통계와 상관관계는 별로 없다.

> 오스트리아(2), 벨기에(30), 덴마크(11), 프랑스(39), 너덜란드(4), 헝가리(16), 노르웨이(10)

몇몇 국가에서는 "국가모독"(national indignity)이라는 새로운 범죄를 적용했다. 이 범죄는 "국민박탈"(national degradation)—즉 시민적, 정치적 권리의 상실—의 형벌을 받는 하급반역의 한 형태였다. 프랑스에서[60] 이 자격박탈은 투표권, 피선거권, 공공부문 취업금지, 법조계와 교직을 비롯하여 준공기업, 은행, 신문, 라디오 등의 분야 진출금지 등을 포함했다. 공산당의 압력으로 국민박탈법의 적용범위가 당사자의 과거 및 미래 자산의 몰수까지 포함하게 되었다. 벨기에에서는 자격박탈의 범위에 정치적 권리를 포함하여 의사, 변호사, 성직자, 언론인, 교사직은 물론이고, 조직 형태와 관계없이 그 조직에서 주도적 역할을 맡는 것 자체를 금지했다.[61] 이례적으로 강력한 이 벨기에의 조치는 "시민적 죽음"과 마찬가지였다.[62]

프랑스와 벨기에에서 시민권의 상실은 두 가지 방식으로 이루어졌다. 행정처분과 법원의 유죄판결의 결과가 그것이다. 이탈리아와 네덜란드에서는 전자의 방식만 사용했다. 파시스트정권 붕괴 후 첫 민간정권인 바돌리오(Badoglio)정부는 1944년 6월 1일에 "파시스트 범죄와 행위의 처벌"에 관한 법을 제정하여 "공법과 사법, 형평과 품위의 기본원칙을 위반한 자"라는 새로운 범주의 권리 박탈대상을 추가했다. 제재조치에는 특정직역에서 일할 수 있는 권리의 박탈과 심지어 강제노동 종사의무도 규정하였다.[63] 네덜란드에서는 법원이 부역자의 투표권, 피선거권, 군복무, 공무원 진출 등의 권리를 박탈할 수 있었고 특정분야로의 진출도 금지할 수 있었다. 별도의 조치로서 4만 명의 네덜란드 남성의—그의 아내도 포함하여— 시민권과 그에 부속된 재산권도 박탈했다.[64]

노르웨이와 덴마크에서는 법원 판결 방식을 적용했다. 노르웨이 법률은 부동산소유권 박탈을 포함하는 등 매우 엄격한 조항을 담고 있었으나, 실제로는 대체로 관대했다.[65] 덴마크에서는 독일에 협력한 죄로 유죄판결을 받으면 투표권, 피선거권, 병역의무가 박탈되고, 공공부문에 진출할 수 없고, 변호사와 의사 또는 기타 자격증이 필요한 직종과 교사, 성직자로 일할 수 없었으며, 영화, 극장, 신문사 등의 관리직과 경리직에도 진출할 수 없었다.[66] 박탈기간도 최소 5년에서 평생에 걸쳐 적용되는 등 다양했으며, 모든 부문에 일괄해서 적용되는 경우도 있었고, 부문별로 차등을 두는 사례도 있었다.

모든 국가에서 공공부문의 해고도 진행했다. 정확한 통계는 없으나, 프랑스에서는 100만-150만 명에 달하는 공직자의 약 2%가 제재를 받았고, 그 중 절반은 해고되었다.[67] 전체적으로 덴마크가 가장 관대한 조치를 한 것으로 보이며, 벨기에가 가장 엄격했다. 프랑스, 벨기에, 노르웨이에서 이런 제재는 **처벌 위계**의 가장 낮은 단계에 집중되었다. 고위급 처벌은 당연히 하위급 처벌을 수반하지만, 전자의 처벌이 없어도 후자의 처벌은 가능했다. 또한 전문 직종에서의 배제는 다른 제재의 결과이거나 또는 놀랍게도 그 원인이 되기도 한다. 따라서 벨기에에서는 특정 직능협회에서 배제된 사람은 자동적으로 특정권리를 평생 동안 박탈당했다.[68] 역으로, 국민박탈의 처벌은 직능협회에 회원참여 금지를 포함했다.[69] 국가별 사례를 종합하면 그림 3.1과 같은 연계가 관찰된다.

보상과 원상회복 조치도 동반되었다. 프랑스와 노르웨이에서는 정부위원회가 설립되어 유태인이 얼마나 경제적 손실을 입었는지, 전쟁 후 배상금으로 그 손실을 얼마나 충당했는지를 평가하였다. 프랑스에서 강

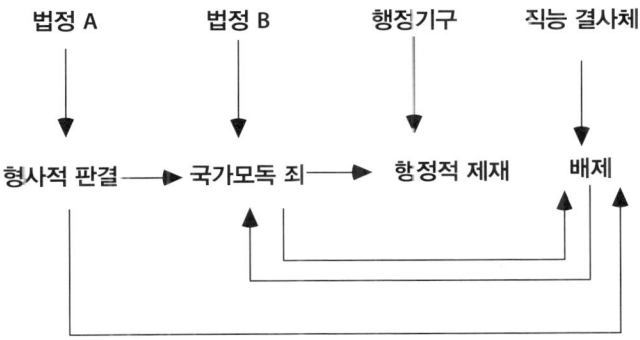

그림 3.1

제수용된 기업을 보상하기 위해 전쟁 직후에 유태인과 그 후손에게 지급한 규모는 기대이상으로 적정한 것으로 나타났다. 몰수 재산 중 75%가 반환되었는데 이는 몰수재산 총가치의 90-95%에 달했다.[70] 노르웨이 위원회에서는 대다수의 위원들이 손실액의 60% 정도가 보상 또는 배상되었다고 추정했다.[71] 두 역사학자의 2000년 연구에 따르면 오스트리아에서는 1938년에 나치에 등록된 34,780개의 유태인사업체 중 규모가 크고 가치가 높은 4,300개 업체가 독일로 귀속되었는데, 전쟁 후에 원소유주에게 반환하거나 보상했다. 반면 30,000개에 달하는 소규모사업체 대다수는 보상금을 전혀 받지 못한 채 완전히 파괴되었다.[72]

IV. 남유럽

1970년대 중반 포르투갈, 그리스, 스페인에서 독재정권이 몰락하면서 민주주의 이행의 새로운 흐름이 등장했다. 1945년의 이행이 모두 제2차 세계대전의 종식에서 비롯된 반면, 남유럽 이행의 시간적 일치는 일종의 우연으로 볼 수 있다. 포르투갈에서 영관급 장교들이 주도한 1974년 4월

2일의 쿠데타는 숙정과 반숙정을 왔다 갔다 하는 과정으로 이어졌다.[73] 1944-45년의 이탈리아와 비슷하게, 파시스트정권의 행위자들과 경제엘리트에 속하는 인사들은 예외없이 추방, 숙정, 투옥의 대상이 되었다. 또한 1945년의 프랑스처럼 이행기 정의와 민족주의 정책이 병행 추진되었다. 몇년 후 대부분의 숙정은 새로운 법의 도입으로 취소되었다. 1997년 의회는 파시스트정권에 반대한 사람들의 추방이나 도피 생활에 따른 피해를 보상하는 법을 제정했다.[74]

1974년 7월 그리스 군사정권이 몰락하고 새로 들어선 카라만리스(Karamanlis) 정부는,

> 신속하게 '군정청산' 프로그램을 실행했다. 그 한 예로 카라만리스는 군대, 정부기관, 그리고 지자체기관에서 약 100,000명에 달하는 사람을 교체하거나 해고했다. 민정 이행 후 6개월 안에 1967년의 기술대학 사건(수천 명의 학생들이 체포되고 살해당한 사건)과 연행자 고문에 참여한 수백 명의 전직 장교들을 재판에 회부했다. 군사경찰의 고문사건 재판은 가장 많은 국가적 관심을 끌었다. 1976년 12월, 그리스정부는 전국에 걸쳐서 400개가 넘는 사건이 재판 중이라고 밝혔다.[75]

이 재판들의 중요한 특징은 "사법당국의 탈법적 행위로 피해를 당한 많은 사람들이 고문을 가한 사람을 상대로 낸 민사소송의 누적적 압력의 효과로 시작되었다는 점이다.[76] 또한 그리스의 이 모호한 이행기 정의는 "군사정부가 해고한 공무원들은 나중에 복직되거나 연금이 소급 지급되었는데, 고문피해자들에게는 그 어떤 보상도 없었다는 사실"에서 잘 드러난다.[77]

스페인은 민주주의 이행에서 이행기 정의를 실행하지 않기로 결정한 유일한 사례다. 1976년 7월, 정부는 부분적 사면을 선언하여 약 400

명의 정치범을 석방했다. 다음으로, "1977년 10월의 사면법은 새롭게 들어선 민주정부가 의회 지지로 승인한 최초의 정치적 조치로 다음 두 가지를 달성했다. 첫째, 대부분의 정치범이 석방되었는데, 여기에는 폭력 혐의로 기소된 사람도 포함되었다. 둘째, 물러나는 정권 인사들에 대한 전면적 기소중지를 승인했다."[78] 또한 실직 공직자들의 복직과 연금지급을 승인했는데 실직기간 중 받지 못한 급여는 보상하지 않았다. 비밀경찰의 기록은 전부 봉인했다(왜 소각하지 않았을까?). 이 법은 공산당 합법화와 새 헌법이 대한 합의를 포함하는 광범위한 과도기 협상의 일부였다. 스페인 사례는 헝가리나[79] 폴란드 등에서 하나의 모델로 구상되기는 했으나,[80] 과거를 문제삼지 않기로 한 이 타협적 결정을 실제로 직접적으로 모방한 사례는 없었다. 헝가리오- 폴란드에서는 스페인 모델과 다른 인적 청산 제도를 도입했다. 사실, 스페인식 "망각"은 스페인 내에서도 효과를 상실하고 있는 중이다. 2002년, 스페인내전 중 "강제노동에 동원된 250,000명의 공화파 수형자들에 대한" 배상 요구가 진행 중이다.[81]

V. 라틴아메리카

1980년대에는 라틴아메리카의 많은 국가에서 민주주의 이행이 있었다. 이행은 대부분 퇴장하는 군사정권 인사들이 자신들의 면책을 보장받기 위해 — 성공한 사례들이 종종 있었다— 벌인 협상을 통해 이루어졌다. 일부 국가는 진실위원회를 운영했는데, 이 위원회는 대부분 가해자 이름은 적시하지 않고 피해자를 확인하는 보고서를 발간하였다. 진실위원회가 수집한 정보를 토대로 피해자에게 보상한 국가도 있었다. 몇몇 국가는 아직 상황이 유동적이고, 사면이 번복되거나 우회적 경로를 밟을 가능성도 있다.

아르헨티나는 군 간부들을 기소하여 유죄판결을 한 두 국가 중 하나다. 포클랜드 전쟁 패배 후 사기가 저하된 군사정권은 1983년에 자유선거에 의한 대통령 선출을 승인할 수밖에 없었다. 대통령 당선자 알폰신은 군부에 책임을 묻고 동시에 사회통합을 달성하는 두 목표를 이루기 위해 군부지도자와 비밀협상을 벌여야 했다. "군부는 자신들에 대한 탄압조치를 중단하는 대가로 자신들 스스로 군법회의에 회부할 30여 명의 명단을 정부에 제출하고 싶었다. 임기종료 직전인 1989년에 알폰신이 인권침해 혐의로 유죄선고를 받은 군부인사들에 대한 특별사면을 결정한 것도 이러한 정치적 교환의 한 단면이다."[82] 군부가 협상조건을 어기고 장교들에 대한 재판을 거부하면서, 재판관할은 민간법원으로 넘어갔다. 알폰신은 민주주의 체제에서 의회와 법원이 이런 종류의 엘리트 협상을 준수하지 않을 수도 있다는 사실을 잘 인지하고 있었다. 결과적으로 수많은 기소에 반발한 군부의 무력시위 이후 도입된 기소전면금지법(Full Stop Law)과 명령준수법(Due Obedience Law)으로 대다수가 기소 면제된 반면, 소수 고위급 장교만 재판에 회부되어 유죄를 선고받았다.

이와 병행하여 아르헨티나정부는 9천 명에 달하는 "실종자"를 조사해서 기록에 남기는 실종자국가위원회를 설립했다.(이후로 실종자의 공식 숫자는 12,000명으로 늘어났다. 다른 출처에 따르면 그 규모는 더 늘어난다.)[83] 위원회는 가해자 이름을 밝히지 않았으나 내부의 누군가에 의해서 명단이 유출되어 1,351명의 가해자 실명이 언론에 공개되었다. 실명이 확인된 가해자는 일상생활에서 많은 수모를 당했다. 잔혹한 행위로 널리 알려진 어느 해군대위는 "최근 몇 년에 걸쳐서 지역사회 주민, 고문피해자, 피해자 가족에게 수십 차례 공격받았다."[84] 나중에 위원회가 확인한 파일들은 실종자 가족들이 일시불로 220,000달러를 받은 회복프로그램의 중요 근거가 되었다. 최근 몇 년 동안 "진실재판"(truth trial)과 같은 사법혁신과 새롭게 밝혀진 피해자 자녀 납치사건 등은 이행기 정의 부활을 위한 새로운 전기를 가져다 주었다.[85] 이 책을 쓰는 지금 아르헨티나 하원과 상원은 "기소전면중지법"과 "명령준수법"을 무효화했고 현재 대법원의 최종결정을 기다리고 있다.

볼리비아는 오랜 지연 끝에 몇몇 군 장교들을 재판에 회부하여 유죄를 선고한 또 다른 국가다.[86] 1982년, 두 좌파정당의 주도로 사법 처벌 요구가 본격화되기 시작했다. 2년 동안 지체되다가 의회는 독재자 가르시아 메카(Garcia Meca)와 그에 협력한 55명을 대법원에 정식 기소하기로 결정했다. 7년 후, 법원은 계속된 정치적 방해와 압력을 극복하고 메카와 그 정권에 참여한 주요인사, 군부 지도자에게 징역형을 선고했다. 유죄선고를 받은 48명 중 11명만 실제로 수감되었고, 나머지는 도피했다. 1982년에 진실위원회를 설립하여 1967년에서 1982년 사이에 발생한 155명의 실종자에 대한 증언을 수집했으나, 조사를 마무리하지 못하고 종료되었다.[87]

브라질에서는 군장성들이 1978년에 자기사면법을 제정했는데, 이 법은 브라질의 민주주의로의 긴 여정이 1990년 카르도소 대통령 선출로 이어질 때까지 유효했다. 브라질은 공식적인 진실위원회를 운영한 적이 없지만, 상파울로 천주교 교구는 1985년에 발간되어 전국적인 관심을 모았던 보고서 "브라질에서의 고문"을 비밀리에 준비하고 있었다. 5개월 후, 교구는 444명에 달하는 고문자 명단을 공개했다. 사면법 때문에 이들은 "국민들의 비난만 받았을 뿐이었다."[88] 군부정권의 가해행위에 대한 지속적인 관심은 정치적 투쟁인사들의 가족에게 100,000~150,000불에 달하는 배상금을 지급하기로 한 1995년의 의회결정에 반영되었다. 1998년까지 234개 사건 중 148 건에 대한 보상이 실시되었다.[89] 사면법을 폐지하려는 시도는 지금까지 성공하지 못하고 있다.

칠레에서는 1973년에서 1990년까지 정권을 잡은 군사평의회가 자

제3장 이행기 정의의 새로운 세계

신들을 기소면제하기 위해 아주 강력한 조치를 마련했다. 1978년, 군사평의회는 계엄기간(1973-1978) 발생한 모든 범죄행위를 대상으로 하는 자기사면법을 제정했다. 1980년, 피노체트는 독재정권의 기본골격을 미래에도 공고히 유지하기 위한 헌법을 제정했다.[90] 상원, 국가안전보장회의, 헌법재판소, 그리고 대법원으로 구성된 중추적 세력집단의 인적 네트워크가 서로 맞물려 있는 특별한 임명 메커니즘을 도입하여 민주적 개혁과 이행기 정의의 실행을 방해했다.[91] 1988년의 총선거에서 피노체트가 재신임을 얻는 데 실패하고 1989년의 대통령선거에서 민주주의진영 후보 아일윈(Aylwin)이 승리했는데, 피노체트의 영향력 아래 있던 대법원은 사면법이 적용되지 않은 시기에 자행된 범죄를 조사하려는 아일윈의 노력을 조직적으로 방해했다.[92]

아윌린은 그 대안으로 3천 건에 달하는 인권침해 사례를 조사하고 배상프로그램 도입을 권고한 진실위원회를 설립했다. 진실위원회의 보고서는 가해자 이름을 공개하지는 않았으나, "공산당기관지 엘 시글로(El Siglo)는 인권유린에 가담한 사람의 명단을 공개했다."[93] 1992년의 보상법은 피해자 가족에게 매월 370불을 지급하는 보상제도를 마련했다. 1년 후, 의회는 정치적 이유로 해고된 58,000명의 전직 공직자들을 보상하는 법을 제정했다. 이와 함께, 1978년의 사면법으로 기소가 원천적으로 차단되었지만 법원이 과거 범죄에 대한 사실조사를 할 수 있도록 허용한 이른바 "아일윈 법"(아르헨티나의 진실 재판과 비슷하다)을 도입했다.[94] 피노체트에 대한 조사는 대법원이 2002년 7월에 그가 정신적으로 재판을 받을 상태에 있지 않다고 판결하면서 종결되었다.

멕시코에서는 일반적인 의미의 정치적 이행은 없었다. 그러나 1929년부터 집권한 PRI(제도혁명당) 후보가 2000년 대선에서 중도우파정당인 국민행동당(PAN) 후보에게 패하면서 일종의 체제내적 변화가 이루어졌다. 헌법적 근거 없는 실질적인 일당통치는 외견상 선거가 선택한 결과지만, 권력교체의 부재와 억압적 통치관행 때문에 PRI 정권은 대부분 집권기간 동안 준독재나 다름없는 통치를 했다. 정부는 "국가전복" 세력을 상대로 강제실종과 고문을 자행한 "더러운 전쟁"을 벌였다. 1993년에 진상규명위원회를 설립했지만, PRI의 마지막 대통령인 제딜로(Zedillo)가 위원회의 재정적, 정치적 독립을 허용할 때까지 아무런 활동도 할 수 없었다. 2001년 11월에 위원회는 532건의 인권침해 사건을 확인했고, 여기에 관여한 장교와 관리들 이름을 상당수 공개했다(그 대부분은 이미 사망했다). 새 대통령 비센테 폭스(Vicente Fox)가 2000년에 집권하면서 과거의 정치범죄를 조사하기 위한 특별검사를 임명했다. 아직까지 기소된 사례는 없다. 더러운 전쟁에 연루된 일부 장교들은 군사재판소에서 유죄판결을 받았지만, 인권침해가 아니라 마약밀매 혐의였다.

우루과이에서는 1973년에 권력을 잡은 군사정권이 1985년에 민주적으로 선출된 대통령에게 권력을 이양했다. 그러나 이행 이전에 이미 인권침해 사건에 대한 기소는 없을 것이라는 비밀합의(이른바 해군클럽협약)가 있었다. 이행 이후 제정한 국가평화법에는 사면조항이 없었기 때문에 군장교를 대상으로 한 많은 소송이 민간부분에서 먼저 시작되었다. 정부 후원을 받는 군사최고재판소가 이 사건들에 대한 관할권을 주장했으나, 대법원은 민간법원의 손을 들어주었다. 기소를 제한하거나 금지하기 위해서 3개의 법안이 의회에 제출되었지만, 모두 받아들이지 않았다. 대통령, 국방장관, 두 주요정당 지도자 간의 또 다른 비밀회동이 있고 나서 의회는 13명의 군장교가 법정에 출두하기 2주 전에 사면법안을 채택했다. 3년 후 이 법은 국민투표에서 합법성을 인정 받았다. 공식적인 진실위원회는 매우 허술한 보고서를 발간했지만, 민간차원의 위원회는 인권침해 사건에 대한 방대한 기록을 수집했다. 1985년 의회는 공무원 10,500명을 복직시키고, 6,000명에게 퇴직금 혜택을 주는 법을 제정했다.[95] 2003년 4월 27일, 우루과이 대통령 호르헤 바트예(Jorge Batlle)는

1973년에서 1985년 사이에 군사독재 기간 중 투옥되었다가 사망한 사람뿐만 아니라 게릴라활동 피해자 유족에게 대해서도 정부차원의 배상을 실시하겠다고 발표했다.

VI. 동유럽

1989년 봄, 폴란드의 원탁협상과 일련의 선거는 주변 국가에서 연속적으로 이어진 민주체제 이행의 도화선이 되었다.[96] 연대기적으로 보면, 폴란드, 헝가리, 동독, 체코슬로바키아, 루마니아, 불가리아 순으로 진행되었다.[97] 이들 국가를 명목적으로 그리고 실질적으로 장악해온 소련도 역시 민주주의를 향한 불규칙한 여정을 밟고 있었다. 이행기 정의의 수준은 지역마다 크게 다르게 나타났다. 대략적으로 보면, 숙정과 배상은 체코슬로바키아와 체코공화국에서 가장 광범위하게 진행되었고, 루마니아에서는 그 중요도가 가장 떨어졌다. 모든 나라에 걸쳐서 재판은 상대적으로 거의 이루어지지 않았다. 소련의 경우, 과거사 정리의 가장 중요한 국면은 탈공산주의 과정이 아니라 탈스탈린 과정에서 드러났다.[98] 2000년의 멕시코와 마찬가지로 이 과정은 체제이행이라기보다는 일종의 체제 내 변화였다.

 2차대전 이후 서유럽의 이행기 정의와—그리고 그 가해행위의 규모와[99]— 비교해볼 때, 탈공산주의이행에서는 재판이 상대적으로 미미했다. 몇몇 지도급 인사들이 기소되기는 했지만, 유죄판결로 이어지지는 않았다. 불가리아에서 공산당 총서기가 1992년에 횡령 혐의로 7년형을 선고받았으나, 1996년에 대법원 판결로 풀려났다. 1997년, 세 명의 구동독 정치위원회 간부가 베를린장벽 총격에 대한 책임으로 3년에서 6년 6개월의 징역형을 선고받았다. 그 이전에 3명의 전직 국가방위위원회 간부가 이 사건 관련 혐의로 비슷한 형을 선고받았다. 세 명의 정치위원회 전직 간부는 2000년에 열린 2심재판에서 무죄판결을 받았다(그 사유는 5장에서 살펴본다). 루가니아에서는 독재자와 부인이 사법절차를 거치지 않고 처형당했다. 폴란드에서는 1970년에 경찰에 발포명령을 내린 야루젤스키(Jaruzelski) 장군과 1981년 계엄령에 항의하는 광부들에게 발포명령을 내린 키슈차크(Kiszczak)장군에 대한 재판이 여전히 진행 중이었다.[100] 체코에서는 공산정권 시절 두 명의 전직 내무부장관이 권력남용 혐의로 기소되었다. 한 사람은 무죄를 선고받았고, 다른 한 사람은 건강상 이유로 재판이 중단되었다. 2002년, 프라하시 법원은 1968년 프라하의 봄을 짓밟은 바르샤바조약군 침범 후 소련과 공모한 혐의로 기소된 두 명의 고위급 공산당간부인 밀로스 제이크(Milos Jakes)와 요제프 레나트(Jozef Lenart)에게 무죄선고를 내렸다. 헝가리에서 주요 공산당간부들에 대한 재판은 없었다.

하급간부들에 대한 기소도 거의 없었다. 구동독의 경우, "1999년 3월 31일까지 22,765건의 조사를 개시했고, 565건을 형사재판에 회부했다. 211건에 대한 평결이 있었고, 그 중 20건에 실형선고을 내렸다.(…) 살인혐의로 실형을 선고받은 국경수비대원들은 전부 집행유예로 풀려났다."[101] "체코검찰이 구체코슬로바키아에서 권력남용과 관련된 혐의로 약 100명의 공산당원들을 기소했으나—신체적 정신적 고문 행위부터 반공산주의자 암살에 이르기까지— 1989년에서 1999년의 기간 중 5명만 재판에 회부되었다."[102] 헝가리에서는 헌법재판소가 공소시효를 연장하는 법안을 폐지하면서 1956년 봉기 학살에 책임 있는 사람들에 대한 기소가 불가능해졌다. 이 사건에 공소시효의 적용을 받지 않는 국제협약을 적용하면서 일부 재판이 시작되었고, 유죄판결로 이어졌다. 사건발생 후 40년이 지났고 민주주의이행 이후 10년만의 일이었다. 불가리아에서는 강제노동수용소 운영에 책임이 있는 네 명에 대한 재판을 1993년에 시작했는데, 1994년에 주요 증인이 살해되면서 중단되었다. 폴란드에서는 비밀요원 12명이 4년에서 9년에 달하는 징역형을 받았다.

탈공산주의 사회에서 공공부문 숙정은 여러 행태를 취했다. 구 동독에서는 부패관리 해고라는 전통적인 방식이 관찰되었다. 1992년까지 50%에 달하는 전직 판사와 검사가 사직했다.[103] 1997년까지 42,000명의 관리들이 비밀경찰과 협력했다는 이유로 해고되었다.[104] 체코슬로바키아를 시작으로 이 지역의 여러 국가들이 "정화"(lustration)라는 명목의 인적 청산 방식을 채택했다. 1991년에 숙정법이 통과된 지 3년 후, 체코 내무부는 240,000명의 공직자에 대한 적격심사를 실시했다. 그 중 4%가 보안기관과 협력했거나 요원으로 활동한 전력이 있는 것으로 드러났다. 체코와 슬로바키아 두 나라에 각각 인구 400명 중 1명, 1,000명 중 1명이 숙정 대상이었다.

정화조치의 동기는—최소한 공식적인— 보안분야에 몸담고 있던 고위급 공산당간부와 협력자들이 새로운 체제에서 중요직책을 맡는 것을 원천적으로 방지하기 위한 것이었다. 이 조치는 해고, 자격상실, 또는 단순한 경력공개 등을 포함했다. 해고와 자격상실에 의존하는 경우에 정화조치는 고전적인 숙정의 성격에 1945년 이후 서유럽 국가에서 사용된 "국민박탈"이라는 제재가 결합된 형태로 나타났다. 경력공개 조치는 더 혁신적인 모델이라고 할 수 있다. 헝가리에서는 고위공직자들이 비밀심사위원단의 심사를 받은 다음 사임할 것인지 아니면 과거 잘못을 공개할 것인지를 결정해야 했다. 폴란드에서 고위 선출직 또는 임명직 후보자는 1945년부터 1990년 사이에 자신이 "적극적인 협력자"였는가 여부를 선서해야 했다. 이를 인정하면 기록 공개 말고는 다른 조치가 취해지지는 않았다. 그 다음 결정은 유권자 또는 해당 기관의 상급자에게 맡겼다. 공모사실을 숨겼다고 발각되는 경우에는 10년 동안 공직에 진출할 수 없었다.[105]

동유럽 전체에 걸쳐서 매우 광범위한 배상 및 보상조치가 있었다.¹⁰⁶ 폴란드를 제외한(폴란드는 개인소유 농장제도가 폐지되지 않았다) 모든 국가에서 농업용 토지 반환이 주요 쟁점이었다. 구동독의 경우, 통일조약은 1933년에서 1945년 사이 나치에게 몰수(공산정권에 의해서 반환되지 않은 토지) 또는 1949년 이후 동독정부에게 몰수된 토지는 이전소유자에게 돌려주어야 한다고 명시했다. 1945년에서 1949년의 소련 점령 기간 중 국유화된 토지—프로이센의 대규모 영지를 포함—는 반환에서 제외되었다. 체코슬로바키아와 체코공화국에서는 토지의 현물반환이 새 정권의 최우선 과제였다. 2001년 체코정부는 국토면적의 거의 3분의 1에 해당하는 120만 정보의 경작지를 개인소유자에게 반환했다고 발표했다. 불가리아에서는 2000년 말까지 568만 정보(반환 대상 토지의 99%)를 이전소유자와 상속인에게 반환했다. 헝가리에서는 이전소유자에게 보상바우처를 발급했는데, 국유지와 공동소유토지를 구입하는 데 사용할 수 있도록 했다. 1996년까지 총경지의 약 3분의 1이 60만 명의 개인에게 매각되었다. 루마니아에서는 2000년 법에 따라 250만 정보를 반환한 것으로 추정된다. 여러 국가에서 공산주의 이전 시대의 엘리트—바츨라프 하벨[역주3]과 불가리아의 전 국왕 시메온도 포함—소유였던 대규모 자산을 원소유자에게 반환했다.

　재산손실 이외의 다른 이유로 공산주의 체제 하에서 고통 받은 사람들도 다양한 형태로 보상받았다.¹⁰⁷ 불가리아에서는 1991년 "정치적 박해자의 정치적, 시민적 회복에 관한 법"에서 피해자 유가족, 강제실종자 등 8개의 피해자 유형을 정하고 각각 보상기준을 마련했다. 구동독 시절의 정치범은 실형 1개월 당 300 독일 마르크의 보상금을 받을 수 있었다. 체코슬로바키아에서는 1992년의 법에 따라 1948년에서 1954년

역주3　1936~2011. 체코의 극작가로 77인헌장의 발기인으로 체코슬로바키아의 정치적 변화를 이끌었다. 체코슬로바키아의 마지막, 체코공화국의 초대 대통령을 지냈다.

사이에 정치적인 이유로 투옥된 사람들에게 매월 연금을 지급했다. 해당자가 사망하면 유족은 연금을 일시금으로 받았다. 1997년의 법은 구금 일수에 비례해서 보상금을 주는 방식을 도입했다. 폴란드에서는 1991년부터 "폴란드 독립을 위해 투쟁하다가 억압 당한 사람들"에 대한 보상을 실시했는데, 소련비밀경찰에 넘겨진 사람들은 제외했다. 1996년까지 폴란드는 과거의 정치범과 그 상속인에게 약 1억 2,500만 달러를 배상금으로 지급했다.

VII. 아프리카

아프리카 이행 사례로 먼저 로디지아(1979)와 남아프리카(1994)를 살펴본다. 이 두 국가는 이행 이후에도 백인 경제엘리트들의 영향력이 줄어들지 않았고, 이행은 대체로 그들의 이익을 보장하는 수준에서 진행되었다. 그 다음으로 1991년 이후 에티오피아 이행기 정의의 주요 특징을 살펴보기로 한다.

　　로디지아에서는 1978년의 스페인과 1989년의 우루과이처럼 이행기 정의를 억제하려는 정치적 결정이 있었다. 로디지아의 이행 조건을 규정한 랭커스터 하우스 협약[108]에 사면 조항이 들어있지는 않았지만, 총독 재임기간 동안 크리스토퍼 솜스(Christopher Soames)가 과거 정부인사 또는 반정부인사들의 행위 일체에 대해 기소하지 않는다는 사면조례에 서명했다. 무가베 총리는 독립연설에서 "외국인투자자들을 안심시키고 화해를 이루기 위해서 과거와 명백하게 선을 긋겠다"고 선언했다. 협정에 따르면 정부는 10년 동안 개인소유농지를 강제로 수용할 수 없었다. 그 대가로 영국은 재분배를 위해 정부가 사들여야 할 토지대금 일부를 부담하기로 합의했다.

남아프리카는 민주주의로의 타협적 이행의 산물인 진실화해위원회라는 독특한 과거 청산 방식을 제시하였다.[109] 이 위원회는 1995년 12월에 설립되었고, 1998년에 중간보고서를 제출했다. 위원회 산하 사면소위원회는 지금도 공청회와 심사 활동을 하고 있다. 아파르트헤이트 시절의 범죄에 대한 사면 여부를 결정하는 위원회 외에 인권침해 사건 배상과 회복을 담당하는 소위원회와 인권침해소위원회를 운영했다. 1998년까지 인권침해소위원회는 15,000명의 피해자를 확인했다. 이 조사 결과에 기초하여 배상소위원회는 연 2,000달러에서 3,000달러를 최대 6년간 피해자에게 지급하라고 결정했다. 13,500명의 피해자를 대상으로 총 오백5십만 달러의 긴급지원금을 지급했다.[110] 2003년 4월 17일, 음베키 대통령은 진실화해위원회에서 증언한 19,000명 이상의 아파르트헤이트 피해자에게 총 8천5백만 달러를 배상금으로 지급하겠다고 발표했다. 각 피해자들은 약 3,900달러를 일시에 지급받을 수 있다. 1913년 토지법으로 대규모의 토지가 강제로 수용되었는데, 이를 원상복귀하기 위한 토지개혁 프로그램은 아직 실시되지 않았고, 아파르트헤이트 기간 동안에 강제로 이주당한 흑인들에 대한 보상도 실시하지 않았다.

사면 절차는 폴란드의 정화계획과 비슷한 면이 있다. 사면(형사 및 민사소송 면제)은 신청인의 행동이 (i)악의나 개인적인 이익 추구가 아닌 정치적 동기로 이루어졌고 (ii) 그 행동을 촉발한 경우와 비례적으로 관련이 있음이 증명될 때 가능하다.[111] 또한 신청인은 자신이 관여한 행위와 관련된 명령계통의 증거를 비롯한 범죄에 대한 완전한 정보를 제공해야 한다. 사면을 신청하지 않은 사람은 기소나 소송을 당할 위험이 있기 때문에, 소덩 메커니즘은 자신의 행위가 (i.)과 (i.)의 조건을 만족한다고 주장하거나 완전한 진실을 말할 의사가 있다고 나설 수 있는 계기를 제공했다. 사면청문회에서는 불법행위를 매우 자세하게 기록하고 가해자의 이름도 공개하였기 때문에 대중의 보복이 두려워서 신청을 주저하는 경우도 있다. 2000년 말까지 7,112건의 사면신청이 있었는데, 그 중 849건이 승인되었고 5,392건은 각하되었다. 각하된 경우는 대부분 사면 절차를 이용해서 무죄방면을 얻어보려는 일반범죄와 관련된 것들이었다. 한 평가에 따르면 "많은 수의 가해자들은 신청하지 않았다. 이것은 앞으로도 기소가능성이 희박하다는 그들의 믿음을 보여주는 것이다."112

에티오피아의 이행은 1991년 멩기스투(Mengistu)대통령이 이끄는 데르그(Dergue)[역주4]정권이 무너지면서 시작되었다. 멩기스투를 축출한 연합전선(EPRDF)이 그해 5월 수도로 입성하면서 수천 명의 데르그정권 관리들을 연행하고 구금했다. 1994년에 재판을 시작했고, 2001년에 특별검사는 재판이 2004년에 끝날 것이고 발표했다. 2003년까지 에티오피아 법원은 6,180건의 사건 중 375건의 무죄를 포함하여 1,181건의 평결을 내렸다. 2,200명의 혐의자가 아직 구속상태에서 재판을 기다리고 있으며, 나머지는 궐석재판이 진행 중이다. 재판은 아주 느린 속도로 진행되고 있다. 전 올림픽 금메달리스트인 마모 월데(Mamo Wolde)는 1978년의 살인사건 혐의로 6년형을 선고받았는데, 그는 이미 9년 동안 미결 구금상태에 있었기 때문에 즉시 석방되었다. 일부에게 사형 선고를 내렸지만, 실제 집행 여부는 확실치 않다. 정부는 또한 행정부에 대한 숙정 작업에 착수했는데, 그 중 일부는 정부차원의 소명청문회를 거쳤다. 대법원 판사 33명 중 16명, 고등법원 판사 143명 중 절반 가량을 포함한 사법부 인사들은 에티오피아 노동자당 소속이라는 이유로 자동해임되었다.113

역주4 1974년 하일레 셀라시에 1세를 축출하고 1987년까지 통치했던 군사정권이다. 육군 소령 출신인 맹기스투 하일레 마리암이 국가원수를 지냈다.

VIII. 사례의 분류

앞에서 검토한 이행기 정의 사례들을 분류하기 위해서는 먼저 독재체제의 성격과 기간, 그리고 이행기 정의 그 자체 과정의 성격과 기간에 주목할 필요가 있다. 이 체제와 과정은 내생적일 수도 있고 외생적일 수도 있다. 또한 단기이거나 장기일 수도 있다. 각각의 이행기 정의 사례들이 이처럼 여러 차원으로 나뉘어있는 양상은 다음 장에서 살펴보게 될 정치적, 감정적 운동에 다양한 방식으로 영향을 미친다.

민주주의 이행에 선행하는 독재체제는 국가 그 자체에서 기원하거나 아니면 외세의 영향을 받게 된다.[114] 이행기 정의의 과정은 새로운 체제가 스스로 시작하거나 아니면 외부의 통제아래 진행될 수도 있다. 이 두 축을 교차하면 표 3.1과 같이 정리할 수 있다.

표 3.1

	내생적 이행기 정의	외생적 이행기 정의
내생적 독재 체제	English Restoration Latin America South Africa Bulgaria Romania Ethiopia Hungary 1945 Greece Italy Spain Athens 411 b.c.	Athens 403 b.c. Germany 1945 Japan 1945 France 1814 France 1815 Austria 1945 Rhodesia
외생적 독재 체제	United States 1783 Algeria 1962 Poland Hungary 1989 Czechoslovakia Countries occupied by Germany during World War II	Former GDR

여기서 몇몇 사례는 모호한 위치를 차지하고 있어서 약간의 부연설명이 필요하다.

- 403년에 붕괴한 그리스의 과두제가 어느 정도나 스파르타의 괴뢰체제인지, 그리고 그 당시의 이행기 정의가 스파르타의 영향을 얼마나 받았는지 정확히 알 수 없다.
- 프랑스 왕정복고기의 이행기 정의는 부분적으로는 내생적이다. 특히 숙정과 배상의 측면에서 그렇다.
  이탈리아와 오스트리아는 이 테이블의 네 개 칸 모두에 해당될 수도 있다. 살로(Salò) 체제는 독일의 사주를 받았다. 오스트리아의 독일 병합(Anschluss)은 기술적으로는 침략이지만, 강력한 민족적 지지가 있었던 것도 사실이다. 두 나라 모두 숙정과 재판은 각국 정부에 의해서뿐만 아니라 연합국의 군정에 의해서도 실시되었다.
- 시간이 흐르면서 1945년 이후의 독일의 이행기 정의는 점점 내생적으로 바뀌어갔고, 결과적으로 점점 관대해졌다.
- 불가리아는 러시아가 1817년에 자국을 "터키의 압제"에서 해방했기 때문에 소련에게 우호적인 이미지를 가지고 있었고 따라서 여타 동유럽 국가와 달리 소련을 점령세력으로 보지 않았다.
- 루마니아도 특별하다. 한 때, 공산권의 충실한 회원국이었으나, 나중에 완전한 독립을 얻었다.
- 구동독의 이행기 정의가 가장 복잡한 경우에 속한다. 이행 그 자체는 내생적이었다. 체제는 안에서 무너졌다. 통일협약도 역시 두 주권국 간의 자발적인 협상의 결과물이었다. 구동독은 심판할 체제와 같은 공간에 있지는 않았지만, 적어도 거기에 포함되어 있었다. 그러나 실제로 구동독인들은 구서독인들에게 그리고 통일독일이 서독에서 물려받은 법적, 헌법적 틀 안에서 재판을 받았다. 그러나 어떤 의미에서 재판은 내생적

이었다. 왜냐하면 통일협약은 재판에 회부되는 모든 혐의는 양국의 형법에 따라 범죄요건을 갖춰야 한다고 규정하고 있기 때문이다.

어떤 의미에서 가장 흥미로운 사례는 사회가 **스스로를 정리해야 하는** 이중으로 내성적인 경우다(상단 왼쪽 사례). 이행 이후에도 구체제의 지도자와 행위자들은 여전히 사회조직의 한 켠을 차지하고 있다. 폭력수단이나 투표함을 이용하는 직접적인 방식이든 경제재건과 발전에 갖는 비중에서 기인하는 간접적인 방식이든 할 것 없이 그들은 자신들을 대상으로 하는 정책에 영향을 미치게 된다. 내가 새로운 민주주의체제의 헌법제정과정을 기술하려고 사용한 은유에 따르면115 사회는 아무리 결함이 있더라도 일단 주어진 재료를 가지고 **열린 바다에서 스스로를 재건해야 한다**. 예를 들어, 법관들이 민주주의 이전 체제와 깊이 관여됐다더라도 그들을 활용하거나 아니면 그들 중에서 가장 덜 타협적인 인물과 타협하는 것 외에는 실질적인 대안이 없을 수 있다.

더 나아가 이행 이전의 체제와 새로운 체제 하의 이행기 정의 과정은 존속 기간이 각각 다양할 수 있다. 이행 이전 체제를 먼저 생각해보자.116 프랑스의 1차 왕정복고와 2차 왕정복고는 나폴레옹의 백일천하로 나뉘었다. 2장에서 논의한 아테네의 두 과두제는 그 존속기간이 1년 미만이었다. 다른 극단으로서 소비에트연방은 75년 계속되었다. 멕시코는 70년, 구동독 57년, 남아프리카의 아파르트헤이트 정권은 45년, 포르투갈 44년, 동유럽은 대략 40년, 스페인 40년, 칠레 26년, 1차 왕정 복고 이전 프랑스는 25년, 이탈리아 23년, 브라질 20년, 볼리비아 18년, 에디오피아 17년, 우루과이 12년, 서독 12년, 왕정복고 이전의 영국 11년, 아르헨티나 7년, 그리스 7년, 2차세계대전 중 독일 점령국가는 5년 정도였다. 민주주의 이전 체제의 존속기간이 짧으면 가해행위와 고통에 대한 기억은 생생하고 (다른 조건이 같다면) 감정도 역시 그에 상응하여 강력할 것이다. 그 기간이 길면, 감정과 처벌에 대한 요구의 강도는(다른 조건이 같다면) 최악의 만행이 언제 일어났는가에 의해 결정될 것이다.

다음으로 이행기 정의 자체의 시간적 차원을 생각할 수 있다. **즉각적인 이행기 정의**에서는 이행 이후 곧바로 이행기 정의 집행이 시작되고 최소한 몇 년 안에는 끝나게 될 것이다. 여기에 세 가지 반대되는 사례가 있다. 첫째, **연장된 이행기 정의**인데, 시작은 즉각적이었지만, 쟁점이 해결되기까지 오랜 기간이 소요되는 경우다. 볼리비아, 에티오피아, 1945년 이후의 독일, 그리고 탈공산주의 국가가 여기에 속한다. 둘째는 **2차 물결 이행기 정의**인데, 대체로 세 단계로 진행된다. 즉각적인 이행기 정의 과정 이후, 아무런 조치가 없는 잠복기를 거치고 난 다음, 수십년 후에 새로운 절차가 재개된다.117 프랑스의 파퐁(Papon)[역주5]과 투비에(Touvier)[역주6] 재판과 유태인 은행계좌[역주7] 및 노예노동자 배상이 이

역주5 1910~2007. 비시정권의 2인자 겸 치안책임자로 유태인 1,670명(어린이 223명)의 멸절수용소 강제이송을 지휘했다. 나치 패전이 확실시되던 1944년 6월부터는 나치정보를 레지스탕스에 제공하는 등 과거를 세탁하고 전후 드골정부에서 승승장구하여 지사, 파리경찰국장을 거쳐 레지옹도뇌르 훈장을 받았으며, 하원의원, 체신부 장관을 지냈다. 1981년에 과거가 폭로되어 1998년에 10년 형을 선고받았다.

역주6 1915~1996. 나치점령하 리옹지역 친나치민병대 정보책임자로 활동. 유태인 7명 살해하고, 유태인 강제이송을 도왔다. 패망후 40여년간 수도원을 전전하며 숨어지내다가 89년 '나치사냥꾼' 크라스펠트 부인에게 잡혀 구속되었다. 1994년 베르사유 중범재판소는 그에게 인도에 반한 죄를 적용하여 무기징역을 선고했다.

역주7 2차대전때 유태인들이 중립국이던 스위스 은행에 비밀계좌를 만들었는데, 많은 예금주들이 홀로코스트로 사망했다. 그후 후손들이 예금 인출을 요구했으나 은행들은 사망진단서 요구하면서 계좌정보를 공개하지 않았

범주에 속한다. 앞으로 아르헨티나 장교들에 대한 재판이 재개되면 동일한 사례가 될 것이다. 마지막으로 **지연된 이행기 정의**에서는, 이행 이후 10년 또는 그 이후가 지나서야 비로소 이행기 정의 절차가 시작된다. 피노체트 기소가 그 대표적인 사례이다. 혁명기간 중 재산을 몰수당한 프랑스 이주자에 대한 보상을 실시하기 위한 1825년 법은 2차 왕정복고 이후 10년이 지나서 제정되었다.

이 두 가지 시간 변수 간에는 어떤 상관관계가 있을까? 다른 조건이 같다면 독재체제의 존속기간이 짧을수록 가해행위의 기억은 더 생생하고, 처벌에 대한 감정적 요구도 더 강해질 것이고, 결과적으로 이행기 정의의 출발은 더 즉각적일 것이다. 그러나 "다른 조건이 같다면(ceteris paribus)"의 카펫 밑에는 수많은 요소들이 잠복해 있다. 물론 각각의 사례가 갖는 고유의 역동성이 우리가 생각하는 이상으로 "복잡한 묘사"를 요구하지는 않는다. 앞으로 보겠지만 이 사례들의 세계에는 서로 공유하는 메커니즘이 있는데, 그 추상성은 우리가 생각하는 것보다는 낮은 수준에 머문다.

주

1   Kritz(1995)가 3권으로 편집한 책에, 완전하지는 않지만, 많은 사례가 소개돼있다. 그 외에 Herz(1982b), Henke & Woller(1991), Roth-Arriaza(1995), McAdams(1997), Larsen(1998) Deák, Gross, & Judt(2000), Elster(인쇄 중) 참조. 국가단위로 진행된 가장 종합적인 연구로는 프랑스(Novick 1968), 벨기에(Huyse & Dhonft 1993), 덴마크(Tamm 1984), 이탈

다. 그러나 대부분 사망진단서가 없었다. 1998년 기금을 통한 보상에 합의하고 2013년까지 지급했다.

리아(Woller 1996), 구동독(Quint 1997)이 있다. 구동독 사례를 다룬 Quint의 연구는 이행기 정의의 세 측면인 재판, 숙정, 보상 문제를 포괄적으로 다룬 매우 드문 연구 중 하나다. 그 밖에도 이 책에서는 Müller(1991), Sa'adah(1998), Pross(1998), McAdams(2001), Frei(2002), Bancaud(2002)를 많이 참조한다.

2   International Center for Transitional Justice(http://ictj.org/)에서 정기적으로 업데이트해서 뉴스레터로 제공한다.

3   1931년의 2차 스페인공화국에서 제한된 수준의 이행기 정의가 발견된다(Payne 1993, pp.40-42).

4   예를 들어 Diesbach(1998), p.35.

5   Horne & Kramer(2001), pp.340-55; Bass(2001), Chap.3.

6   Craig(1981), p.419.

7   Ibid., p.415. 반대로 1940년 여름 프랑스 함락 후, 페텡(Petain) 정부는 프랑스가 준독재 체제를 받아들이면 더 유리한 조건으로 평화를 이룰 수 있을 것이라 생각했을 것이다.(Paxton 1997, pp.52-53, 195).

8   베르사이유에 파견된 독일대표단의 자문가로 활동하면서 헌법 제정 작업에 참여한 막스 베버의 생각을 자세히 소개하면서 몸젠(Mommsen 1984, p.335)은 다음과 같이 쓴다. "베버가 볼 때, 급진적인 단일주의적 헌법으로 출발하는 것은 외교정책 측면에서 부적절했다. 그는 그것이 협상 상대국 정부(프랑스와 영국)의 불신을 불러일으키고 결과적으로 그들이 더 가혹한 평화조건을 부과할 수도 있을 것이라고 두려워했다"

9   이 뒤의 기술은 Keeble(2002)에 의존한다.

10   Ibid., p.72.

11   Ibid., p.74.

12   이 뒤의 기술은 Thirsk(1954)에 의존하고 있다.

13   Ibid., pp.315-16.

14   Ibid., p.323.

15   Ibid., p.324.

16   Ibid., p.327.

17   Hamoumu(1993), pp.133-34.

18   Ibid., p.165.

19 Ibid., pp.181-82.
20 Van Tyne(2001), p.76.
21 Ibid., p.61.
22 Ibid., pp.61, 241, 295.
23 Ibid., p.129.
24 Ibid., p.141.
25 Mass(1994), p.68.
26 Tiedermann(1994), p.80.
27 Calhoon(1991), pp.258-59.
28 Ibid., p.259.
29 모니카 날례파가 내게 지적한 것처럼, 이 협정이 하르키스를 재판하기 위한 법적 절차를 담았다면 차라리 더 나았을 수도 있었다.
30 Perville(2002), pp.243-45.
31 Hamounmou(1993), p.250.
32 Perville(2002), pp.218-20.
33 Calhoun(1991), p.259; Moore(1984).
34 Cohen(in press).
35 Sa'adah(1998), p.175.
36 Frei(2002), p.38.
37 Müller(1991); Friedrich(1998).
38 Pross(1998).
39 Pross(1998), Appendix B, Table 3.
40 Ibid., Table 8.
41 Ferencz(2002).
42 Eizenstat(2003), p.264.
43 Sagi(1986).
44 Welsh(1991), p.93.
45 Ibid., p.95.
46 Domenico(1991), p.77.
47 Weller(1996), pp.145-89.

48   Ibid., p.280.

49   Ibid., p.385.

50   Ibid., p.388-89.

51   뉘른베르크와 도쿄재판의 비교에 대해서는 Cohen(1999)와 Dower(1999) pp.454-61 참조.

52   Harries & Harries(1987), p.101.

53   도쿄재판에 대해서는 Minear(2001); 요코하마에 대해서는 Taylor(1981).

54   Dower(1999), p 82.

55   Ibid., pp.525-26; Tiedermann(1982), p.201.

56   그리스에서 이행기 정의는 내전 때문에 금방 사그라졌다.(Paschis & Papadimitriou 1998).

57   이 숫자는 논란의 소지가 있다. 이에 대해서는 Amouroux(1999)의 2장과 Rousso(2001)을 볼 것. 아마추어 역사가의 자세한 설명도 있는데, 이에 대해서는 Bourdel(1988, 1991) 참조.

58   이 숫자의 출처는 다음을 참조. 오스트리아는 Deák(in press), 벨기에는 Huyse & Dhondt(1993), 덴마크는 Tamm(1984), 프랑스는 Rousso(2001), 네덜란드는 Mason(1952), 헝가리는 Karsai(2000), 노르웨이 Justis-og politidepartmentet(1962). 자료가 불충분하고 각 나라별로 규정이 모호하기 때문에 이 숫자는 어디까지나 추정치다.

59   덴마크 5%(Tamm 1984, pp.776-77); 벨기에 12%(Huyse & Dhondt 1993, p.205); 노르웨이 35%(Justis-og Politidepartmentet 1962, p.110); 네덜란드 25%(Rominj & Hirschfeld 1991, p.289). 노르웨이의 비율이 높은 이유는 형량의 거의 절반이 일종의 형량협상의 형식인 벌금 형태를 띠었기 때문으로 추측된다. 네덜란드의 자료는 최종 유죄 판결이 아니라 구속자 기준이다. 이 구속자의 상당수가 여성이었다. 덴마크에서는 밀고 혐의로 유죄 판결을 받은 사람 중 30%가 여성이었다(Tamm 1984, p.273). 프랑스에서도 밀고 혐의로 유죄 판결을 받은 상당수가 여성이었다(Burrin 1995, p.215). 덴마크에서는 사형 선고를 받은 어느 여성이 자신은 원하지 않았으나 사형을 집행할 부대가 받을 충격을 고려해서 감형한 사례도 있다.(Tamm 1984,

p.355).

60   여기에 대한 전반적인 검토는 Simonin(2003) 참조
61   Huyse & Dhondt(1993), pp.30-33.
62   Ibid., p.30.
63   Woller(1996), p.123. 이 법은 보노미 정부의 1944년 7월 26일 법으로 대체되었다.
64   Mason(1952), pp.64-68.
65   Justis-og Politidepartementet(1962), pp.426-29.
66   Kritz(1995), vol 3, p.377.
67   Rousso(2001), pp.532-33.
68   Huyse & Dhondt(1993), p.54.
69   Ibid., p.30.
70   Prost, Skoutelsky, & Etienne(2000), p.173.
71   NOU(1997), p.62.
72   Eizenstat(2003), p.302.
73   Pinto(1998).
74   Pinto(2001), p.87.
75   Kritz(1995, vol.2, p.242.
76   Psomiades(1982), p.264.
77   Ibid., p.265.
78   Aguilar(2001), pp.102, 103.
79   Huntington(1991), p.127.
80   Walicki(1997), pp.189-90.
81   Eizenstat(2003), p.351.
82   Acuña(in press).
83   Ibid.
84   *New York Times*, August 12, 1997.
85   http://www.hrw.org/reports/2001/argentina/argen1201-01.htm에서 정보를 계속 갱신하고 있다.
86   이 이후의 설명은 Mayorga(1997)과 Human Rights Watch(1993)에

의존하고 있다.

87　Hayner(2001), p.53.
88　Wechsler(1998), p.76.
89　Brito(2001), p.141.
90　Barros(2002).
91　대법원은 1990년 이행 당시 대부분 피노체트가 임명한 판사들로 구성되어 있었다. 헌법재판소 재판관 7명 중 3명은 대법원 판사였고, 2명은 국가안전보장회의가 그리고 다른 한 사람은 상원이 임명했다. 32명의 선출직 상원의원 외에 9명의 임명직 상원의원이 있었는데, 두 명은 대법원 판사가, 4명은 국가안전보장회의 위원이 겸직했다.
92　Brito(1997), pp.174-84.
93　Ibid., p.162.
94　Brito(2001), pp.132-33; Acuña(in press).
95　Brito(1997), p.125.
96　이 절은 연구 조교 Monika Nalepa의 도움을 많이 받았다.
97　아직은 상태가 불투명하기 때문에 알바니아의 이행 사례는 제외한다. 같은 이유에서 발틱 연안 국가의 사례도 제외한다. 슬로바키아는 스페인처럼 "과거를 잊기로 선택한 것처럼 보이기"(Schwartz 2000, p.219) 때문에 여기서는 유보한다. 그러나 2002년 9월, 슬로바키아 정부는 슬로바키아 유태인 협회와 협정을 맺어서 보상 프로그램을 실시하기로 결정했다.(Eizenstat 2003, p.367). 또한, 이 책을 쓸 당시 슬로바키아는 비밀경찰 기록들을 검토하기 시작했고, 기록물을 폴란드에 이관하기로 결정했다.
98　여기에 대한 토론은 Smith(1995a)와 Adler(2001).
99　Courtois et al.(1997)의 기록 참조. 그러나 나치와 공산주의자 범죄의 비교를 나치 독일과 소련 위성 국가 비교와 혼동하면 안 된다. 예를 들어 Rottleuthner(1994)가 강조한 것처럼, 구 동독에서 일어난 가해 행위는 제3제국의 그것에 비교하면 매우 미미하다.
100　그러나 야루젤스키는 나머지 인생을 언제 끝날지 모르는 재판에 허비하기보다는 3년의 실형을 살고 야인으로 돌아가는 것을 원한다고 한다.(Wiktor Osiatynski와의 개인적 대화에서 얻은 정보)

101 Offe & Poppe(in press).

102 Remias(1999).

103 Offe(1996), p.95.

104 McAdams(2001), p.73. Koehler(1999), p.8. 비밀경찰 스타시(Stasi)의 정식 직원은 274,000명, 비공식 협력자는 500,000명에 달했다. Offe & Poppe는 각각 91,000명, 174,000명으로 추산한다.

105 비슷한 유형의 "자기 숙정"은 남아프리카에서도 있었다.(7절 참조). 이 초기적 형태는 1944년 이탈리아 행정부에서 숙정 작업을 주도한 공산주의자 마우로 스코시마로(Mauro Scoccimarro)의 안에서 보인다(실행되지는 않았다). 그는 일정 직급 이상의 공직자는 일단 만족할 만한 수준의 연금을 주고 은퇴시키고, 만약 불만을 품고 이의를 제기하는 경우 심사를 거쳐서 다시 채용하되, 만약에 심사에서 탈락하면 연금 혜택을 몰수하는 안을 제안했다.(Woller 1996, pp.191-92). "인센티브 기반" 심사와 "증거 기반 심사"의 비교는 Nalepa(2003a) 참조.

106 특히 Quint(1997)과 Pogany(1997) 참조. Heller & Serkin(1999, pp.1399-1412)는 매우 간명하고 훌륭한 개념적 논의를 담고 있다. 실제 경우에, 구 공산주의 국가에서 토지 보상은 매우 복잡하고 모호한 과정으로 진행되었다. Hann(2003)에서 언급한 것처럼, 많은 지역에서 공동농장형 영농이 부활되었다.

107 Pogany(1997), 8장 참조.

108 Carver(1995), p.253.

109 진실화해위원회 보고서 1권은 위원회 활동과 관련한 기록물을 수록했다. 위원희 웹사이트 참조. http://www.doj.gov.za/trc/index.html.

110 Knox & Mcnaghan(2002), p.56. 2002년 8월, 아파르트헤이트 피해자들은 100여 개의 기업에게 집단소송을 제기했다.

111 Hayner(2001, p.260)는 실제로 "관련성 결여가 신청 거부 사유가 되는 경우는 거의 없다"고 지적한다.

112 Wilson(2001), p.210.

113 Haile(2000), p.29.

114 Domenico(1991), p.145.

115 Elster(1993a).

116 이하의 숫자는 약간의 유보 조항이 필요하다. 남아프리카의 경우 그 기원을 1913년의 토지법으로 보면 기간에 크게 늘어난다. 헝가리는 중간에 잠깐 민주주의를 경험했지만, 실제 독재체제 기간은 70년이 넘는다. 브라질은 마지막 10년에 걸친 권위주의 체제 때문에 민주주의 이행 역사가 가장 긴 나라에 속한다(Linz & Stepan 1996, pp.167-69).

117 Rousso(1990)의 탁월한 연구가 있다.

제2부
전환기 정의의 분석학

　2부에서는 1부에서 살펴 본 사례들의 구조를 분석한다. 이제는 좀 더 개념적으로 이행기 정의의 이념을 분명하게 규정할 필요가 있다. 이 과제는 4장에서 다룬다. 이 책의 나머지 부분에서는 이행기 정의가 시공간적으로 다양하게 전개되는 과정을 설명한다. 첫째 가해자(제5장)와 피해자(6장)의 운명이 의회, 사법부, 행정부 등에서 어떻게 결정되는가를 논의한다. 그 뒤에 이어지는 세 개의 장은 이러한 결정을 제약하는 다양한 경제적, 사회적, 정치적 힘을 살펴본다. 이 제약요인이 7장의 주제다. 8장은 여러 이행기 정의 사례에 침투한 감정적 동기를 검토한다. 9장은 이익(interest) 또는 이념적 동기에 기반을 둔 이행기 정의의 정치를 검토한다.
　이 책의 목적은 "이행기 정의의 이론"을 제시하는 데 있지 않다. 부문별 정의(local justice)를 다룬 내 이전 저작처럼, 나는 일반화하기 매우 곤란한 현상의 맥락종속성에 주목한다. 이행기 정의의 "법칙"에 가장 가깝게 접근했다고 할 수 있는 것은 가해자와 이행 사이와 이행과 재판 사이의 기간 차가 커지면서 처벌요구 강도가 줄어든다는 점이다(8장). 그러나 여기에도 시간의 흐름에 별 영향을 받지 않고 기억과 분노가 오랜 기간 유지되는 또 다른 메커니즘이 작동한다는 것을 염두에 둘 필요가 있다. 그러나 행위의 반복적 유형을 확인하려고 한다는 점에서 나는 일종의 일반화를 지향하기는 한다.[1] 5장에서 나는 가해혐의의 변호와 정당화작업에서 반사실적(counterfactual) 논증의 중요성을 검토한다. 또한 나는 가해자와 관련하여 공통적으로 발견되는 사법적 대응과 함께 가해자의 유형을 살펴본다. 6장은 법적 권리, 과거의 고통, 현재의 요구 간의 긴장을 중심으로 가해행위가 초래한 피해의 보상방식을 둘러싼 논쟁을 살펴본다. 7장은 이행과 관련된 합의와 자원의 희소성 때문에 제약 받는 다양한 형태의 보상양식을 살펴본다. 8장은 시간, 기억, 감정 그리고 처벌에 대한 요구가 시간의 흐름과 함께 서로 어떤 관계를 맺는가를 더 체계적으로 분석할 것이다. 끝으로 9장은 단기적인 선거전략부터 장기적인 개혁전략에 걸쳐서 다양한 수준에서 전개되는 정치가 이행기 정의에 어떤 영향을 미치는지를 검토한다.

주

1   나는 Elster(1999) 1장에서 이 절차를 옹호한다.

제4장
이행기 정의의 구조

I. 머리말

이행기 정의의 사례를 비교하고 설명하기 위해서는 무엇보다 먼저 비교항과 설명항을 정의해야 한다. 이것이 이 장의 목적이다. 이행기 정의에서 "정의"의 역할을 추려내는 게 가장 어려운 작업이다. 2절에서 나는 일종의 **동기부여**—즉 정의실행에 대한 욕구—로서 정의와 정의가 행위자를 자극하는 또 다른 동기부여와 맺는 복합적인 관계를 살펴본다. 3절의 주제는 **제도**로서 정의에 관한 것이다. 여기서 주된 과제는 **사법적 정의를 정치적 정의**와 구별하는 것이다. 4절에서 나는 이행기 정의의 여러 **수준** 간의 차이에 주목한다. 이 수준에는—행위자 또는 대상으로서— 개인, 기업가, 국가, 또는 초국적 실체 등이 포함된다. 5절에서 나는 이행기 정의에 참여하는 여러 **행위자**의 범주를 검토하는데, 한 사람이 동시에 또는 연속적으로 여러 범주에 속하는 사례에 초점을 맞춘다. 끝으로 6절에서 나는 새 지도자들이 해결해야 하는 이행기 정의의 핵심적 **결정**들을 확인한다. 이러한 결정은 마지막 세 개 장에서 종속변수로 다시 등장한다.

II. 정의의 동기구조

이 책의 주된 과제는 이행기 정의의 실행이 왜 이행의 유형에 따라 다르게 나타나는지, 이와 동시에 어떤 경우에는 왜 그런 차이가 나타나지 않는가를 논의하는 것이다. 이것은 **실증적** 또는 설명적 과제다. 서문에서 언급한 것처럼, 무엇이 행해져야 하는지 또는 무엇이 행해졌어야 하는지 등과 관련된 규범적 쟁점은 논외로 한다. 그러나 실증적 접근과 규범적 접근의 구분은 어느 면에서는 잘못된 것이다. 과거 체제 하에서 가해자와 피해자를 어떻게 다룰 것인지를 결정하는 과정에서 새로운 체제의 지도자들은 정의에 대한 자기 생각에 영향을 받는다. 따라서 이행기 정의 행위자들이 가지고 있는 규범적 정의 개념을 파악해야 그들이 추구하는 결정을 설명할 수 있다.

이런 측면에서 이행기 정의 분석은 **정의에 관한 경험적 연구**의 한 부분이다. 부문별 정의, 즉 장기이식 배분이나 군대에 동원할 청년 선발 등의 예에서 보듯이 제도가 유한한 자원 또는 필요한 의무를 어떻게 배분하는가에 대한 연구도 경험적 연구분야의 하나이다.[1] 또한 정의의 개념이 투표권 확대와 선거구 확정 등 선거제도 채택과 어떻게 연관되어 있는가도 물을 수 있다.[2] 공정과 정의에 대한 검토는 임금협상에도 원용될 수 있다.[3] 이런 실생활과 관련된 연구와 함께 공정에 대한 인식과 그 인식이 행위를 어떻게 설명하는가에 대한 많은 실험적 연구들이 있다.[4]

일반적으로 이 연구들은 최소한 다음 세 가지 과제 중 하나 또는 그 이상을 다룬다. 우선 우리는 (i) 분석대상인 행위자가 견지하는 정의와 공정(fairness)의 개념을 **확인**할 필요가 있다. 정의의 개념을 추상적인 수준에서 탐색하는 작업은 비록 어렵기는 하지만 정의에 대한 관심을 형식적인 기준에 따라 공평성(impartiality)이나 보편성(universality)과 같은 여타 동기화와 구분할 필요는 있다.(다른 사람보다 자기와 가까운 쪽을 더 많이 배려한다는 의미에서 **공평성**을 파괴하는 개념도 그런 행위를 할 수 있는 특권이 다른 사람에게도 있음을 인정한다는 의미에서 **보편성**을 존중한다면 여전히 정의의 개념으로 사용할 수 있다.)[5] 이러한 기준들은 매우 다양한 실질적인 정의 개념—예를 들어 이타적, 공리적, 권리중심적 등등—으로 설명할 수 있다. 나는 앞으로 이러한 기준들을 **이성**(reason)이라는 보편적 용어로 접근할 것이다.

행위자가 바라보는 정의의 개념을 일단 확인하면, 우리는 (ii) 그 상향적 **원인** 또는 (iii) 하향적 **결과**, 특히 행위에 미치는 영향력을 살펴볼 수 있다. (ii)와 관련해서 정의에 대한 주관적인 생각을 개인의 속성—예를 들면 나이, 성, 민족—과 관련하여 탐색하는 여러 연구들이 있다. 또한 정의에 대한 맥락특수적인 개념을 확인하기 위한 연구—예를 들면 친구들 사이에 공유하는 동정의 이념은 가족들 사이에서 공유되는 그것과는 다름을 확인하는 연구—들을 생각할 수 있다. 마지막으로 우리는 행위자의 여러 동기구조, 특히 행위자의 이익 또는 감정이 정의의 개념과 그 집행에 어떻게 영향을 미치는가를 탐색할 수도 있다. 이것이 여기서 내 연구의 관점이다.

(iii)과 관련하여 정의에 대한 주관적인 관념이 실제행동과 거의 관계가 없는 경우도 발견된다. 그것은 정의로운 상황을 창출하는 실제행동으로 연결되지 못하고 단지 주관적 동의만 요구하는 단순한 "주일 믿음"에 불과할 수도 있다. 다른 경우, 정의실현을 향한 욕구가 행위자의 실제

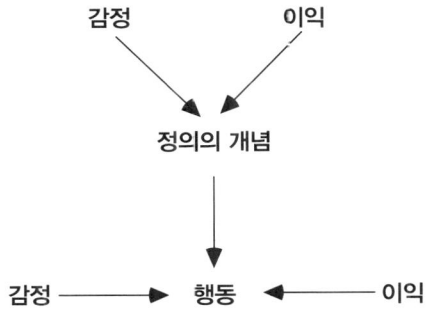

그림 4.1

행위를 설명하는 주된 변수가 되기도 한다. 또 다른 경우, 정의는 인과적으로 유효한 또 다른 동기구조, 예를 들면 감정이나 이기심 등과 공존하면서 결국 각각 고유한 의미를 생산할 수도 있다. 우리가 앞에서 언급한 다른 요인들을 이용해서 추상화한다면 질문(ii)와 (iii)은 **그림 4.1**과 같이 묘사된다.(화살표는 "가능한" 인과관계를 표시한다. 모든 경우, 이 인과관계는 작동할 수도 그렇지 않을 수도 있다.)

나는 이 동기의 삼분법―이성, 이익, 그리고 감정―을 18세기 프랑스 도덕주의자들, 특히 라브뤼예르(La Bruyère)[역주1]6에서 차용한다. 이행기 정의의 맥락에서 볼 때, 1783년 중반에 뉴욕 총독 로버트 리빙스턴이 알렉산더 해밀턴에게 보낸 서신에서 이 도덕주의자들의 모습이 잘 묘사되고 있다.

> 나는 당신과 마찬가지로 여기서 확산되고 있는 폭력적 탄압 분위기가 무척 슬프고, 이것이 국가의 부와 산업 그리고 미래의 평화에 가져올 결과가 두렵습니다. 나아가 이것이 **순수한 애국적 동기**와는 전혀 무관하게 진행되고 있어서 더 가슴 아픕니다. 몇몇 경우, **복수와 분노**에서 비롯된 맹목적 정신의 표출이며, 대부분의 경우에는 가장 **탐욕스러운 이익**과 연결되어 있습니다.7

위에서 내가 고딕체로 표시한 어구는 각각 이성, 감정, 그리고 이익과 상응한다. 비록 정확히 상응하는 예를 찾기 쉽지 않지만, 이러한 동기

역주1 1645~1696. 프랑스의 모랄리스트이다. 콩데 공작 손자의 교사를 지내면서 프랑스 귀족 생활을 자세히 관찰하였고, 1688년에 당시의 풍속과 귀족들의 품성을 풍자적으로 묘사한 〈라 카라테르〉을 출판하여 큰 성공을 거두었다.

구조는 이행기 정의 분야에서 상당히 보편적인 현상으로 나타난다. 프랑스 왕정복고의 경우, 현물배상을 원한 원소유자들에게 추상화된 신성한 재산권 개념(이성), 구입자들을 향한 복수의 욕구(감정), 그리고 재산을 되찾고 싶어하는 욕구(이익) 동기가 동시에 작용했다. 물론 이성적 동기가 사실은 감정이나 이익추구 동기의 반영일 수도 있지만, 우리가 1789년 이후 왕당파(monarchien) 출신으로서 귀족도 이주자도 아닌 베르가세(Bergasse) 역시 즉같이 현물보상을 주장했다는 사실을 알게 되면 그런 의구심이 다소 줄어든다.[8] 1989년 이후 체코슬로바키아에서도 현물보상을 원칙으로 해야한다고 주장한 자유주의 사상가들이 사익을 기대하고 그런 주장을 한 것은 아니었다. 사익을 바라는 사람들이 공평의 원칙을 주장한다 해서 그들을 위선적이라고 판단할 수는 없다. 정말 그런지를 확인하려면 그들의 행위를 다른 맥락에서 관찰할 필요가 있다.

정의실현의 욕구가 이행기 정의 행위자를 추동하는 여러 동기들 가운데 하나의 동기에서만 발현되는 것은 아니다. 대다수의 사회에는 1차 동기에 메타동기를 유발하는 **동기화의 규범적 위계**(normative hierarchy of motivation)가 있다. 예를 들면 고대그리스에서는 폴리스의 선을 고취하는 열망이 가장 가치 있는 동기였으며, 두번째는 적에 대한 복수의 열망이고, 세번째는 사익추구, 그리고 질투의 동기가 최악으로 간주되었다. 동기의 위계를 전제할 때, 낮은 수준의 동기에서 행동하는 사람은 마치 높은 수준의 동기에서 행동하는 것으로 위장하기도 한다. 동시에, 가능한 한, 자신들의 착된 동기가 자신들에게 제시하는 그런 **행위**를 하고 싶어 한다. 사람은 개인적인 이익에 이끌려 행동하면서 동시에 자신뿐만 아니라 타인에게도 자기의 행동이 그런 동기에 이끌리는 것을 보여주고 싶지 않은 욕구가 작동한다. 내가 다른 곳에서 언급한 것처럼, 사람들은 자신의 1차동기화와 메타동기화를 동시에 충족하기 위해 각각 고유한 전략적 배열을 사용한다.[9]

이행기 정의에서 복수를 향한 감정적 열망은 어떤 면에서 공정한 정의에 대한 열망보다 더 강할 수 있다. 메디슨이 말한 것처럼 혼란스러운 이행 시기에는 "이성의 온화한 목소리"는 잘 들리지 않는다. 이와 함께 규범적 위계에서 이성이 차지하는 높은 위치 때문에 다른 동기의 유혹에 흔들리는 사람들도 이성을 **존중**하면서 가능하면 그것을 자신에게 유리한 방향으로 이용하고자 한다. 세네카가 말한 것처럼, "이성은 정의로운 결정을 원하지만, 분노는 정의로운 것처럼 보이는 결정을 원한다."[10] 이행기 정의에서 이성에 대한 존경은 더 특별한 메커니즘에 의해서 강화된다. 가끔 새 지도자들은 "우리는 그들과 다르다"는 것을 증명하고 싶어 한다(체코의 하벨처럼). 과거의 탈법적 행위를 처리할 때, 이전과 같은 탈법적 방식으로 다루기를 원치 않을 것이다.[11] 그러나 자신을 과거 체제와 구분하려는 열망은 그 과거체제 행위자 처벌에 대한 요구를 충족할 수 없는 제약요인이 되기도 한다. 예를 들어, 과거의 행위가 명백히 잘못됐더라도 소급입법이 없으면 처벌할 수 없으므로, 결국 이전 체제의 탈법적 행위를 묵과할 수밖에 없는 상태에 놓일 수 있다. 8장에서 살펴보겠지만, 처벌을 위한 입법의 소급적 성격을 위장하는 속임수를 써서 이러한 긴장을 피하려는 노력들이 자주 보인다.

이행기 정의에서 이성의 역할은 5장과 6장에서 다루기로 한다. 여기서는 법원과 입법기관이 공정한 토론의 기초 위에서 또는 최소한 공정성을 요구하는 토론과정을 거쳐서 어떻게 가해자와 피해자를 구분하는지를 살펴본다. 8장의 주제는 감정의 작용에 관한 것이다. 이행기 정의의 정치학을 다루는 9장에서 나는 여러 유형의 이익을 다룰 예정이다. 기소를 피하고 싶어하는 가해자, 보상을 원하는 피해자, 자신들을 지지해주기를 바라는 정당 등이 그것이다. 많은 경우, 정치적 이데올로기를 생산하는 과정에서 이익은 이성과 열정이 혼합된 형태로 등장한다. 1945년 이후, 많은 전직 나치들은 자신들은 볼셰비즘의 위협으로부터 국가를 지키기 위해 행동했기 때문에 처벌이 아니라 보상을 받아야 한다고 굳게 믿고 있었다. 외부관찰자의 입장에서 볼 때, 여기에 잘못된 신념이 강력하게 작용하고 있음을 파악하는 데 별 어려움을 느끼지 않으나, 이것을 단순히 집단이익으로 환원하는 것도 잘못이다. 반대로, 틸공산주의자들의 태도는 노골적인 이익추구에 훨씬 더 가깝다고 볼 수 있다.

III. 정의의 제도

이행기 정의의 제도적 유형에는 세 가지가 있다. 사법적 정의, 행정적 정의, 그리고 정치적 정의가 그것이다. 좀 더 정확히 보자면, 정의의 제도는 한쪽에는 순수한 사법적 정의가, 그리고 다른 한쪽에는 순수한 정치적 정의가 놓여있는 하나의 **연속항**으로 규정할 수 있다. 행정적 정의는 사법적 정의에 가까울 수도 그 반대쪽의 정치적 정의에 가까울 수도 있는데, 그 차이는 청산해야 할 관리들이 적법절차의 혜택을 얼마나 보느냐에 달렸다. 더 나아가 어떤 사법적 정의는 탈법적 동기가 깔려 있는데 합법성을 인정받는 경우가 있다. 또 어떤 정치적 정의는 사법적 정의와 핵심적인 특성을 공유하기도 한다.

내가 "순수한 정치적 정의"라 부르는 유형은 새로운 정부(또는 집권세력)의 집행기구가 일방적으로 그리고 상대방에게 변명의 기회를 주지 않고 가해자를 지목하고 처리절차를 결정하는 것을 말한다.[12] 1815년에 연합군세력이 나폴레옹을 세인트헬레나로 유배한 시간이 그 대표적인 사례이다.[13] 마지막 단계에 가서 결국 실행되지는 않았으나, 1815년 7월 24일 프랑스 정부가 지목한 추방자 명단도 이 경우에 해당한다고 할 수 있다. 2차세계대전 말기에 많은 정치지도자들과 활동가들은 나치지도자들을 대상으로 사법적 정의를 집행하는 것을 반대했다. 영국정부는 오십

명에서 백여 명에 달하는 명단을 제시하며 공개처형할 것을 제시했다.[14] 스탈린은, 반은 농담조였지만, 공개처형 명단은 그보다 천 배는 더 많아야 한다고 했다.[15] 미국의 헨리 모겐소 보좌진들은 2,500명을 즉결처행해야 한다고 주장했다.[16] 프랑스의 레지스탕스 출신 두 고위 치안판사는 특정인을 재판절차 없이 범죄자로 규정하고 처형할 수 있는 혁명적인 형벌의 재도입(프랑스혁명 당시 공포정치에서 유사한 형벌제도가 있었다)을 제안했다.[17] 물론 이 제안 중 아무것도 실현되지 않았다.

1944-45년 각각 중앙정부와 레지스탕스의 위임을 받은 프랑스의 지방정부와 부처별 해방위원회는 종종 법원의 결정을 거치지 않거나 무시하거나 또는 과소평가했다. 정치적 범죄혐의자들이 법원 결정으로 방면되거나 불기소되면 자치위원회는 비시정부[18]가 남긴 문건을 단서로 삼아 "개인적 복수로부터 보호한다는 명분으로 격리하거나 가택연금해서"[19] 실질적인 처벌 효과를 거두었다. 해방위원회는 책임을 제대로 수행하지 않는다고 판단되는 지역 판사의 전출을 요구할 수 있었고, 실제로 공화국 의회의 힘을 빌려서 그렇게 조치한 사례가 종종 있었다.[20] 법에 대한 정치적 간섭과 여러 국가에서 관찰된 판사에 대한 정치적 감시 사이에는 묘하면서도 중요한 차이가 있다. 재판 **전**에 정치적 기록을 기초로 판사를 임명했다면 그는 법과 양심에 따를 자유를 보장받았다고 할 수 있다. 그러나 무죄 판결이나 불기소 **이후**에 판사를 교체하거나 그들의 결정을 무시한다면 이 상황은 순수한 정치적 정의에 가깝다.

순수한 정치적 정의는 **극장재판**(show trials) 형식으로 나타날 수도 있다. 이 경우 이미 재판의 결론이 정해져 있기 때문에 합법성은 허구에 불과하다. 뉘른베르크 재판에 대한 연합국 간의 합의과정에서 소련은 재판정이 단지 주요전범의 **형량**만 결정하는 극장재판을 원했다.[21] 그러나 최종적으로, 이 재판은 사법적 정의의 두가지 본질적인 요소를 갖추고 있었다. 즉 적법절차의 준수와 재판결과의 불확실성(23명의 피고 중

3명이 무죄판결을 받은 것처럼)이 그것이다.[22] 이와 반대로, 도쿄재판은 두 가지 측면에 사법적 정의와는 차이가 있었다. 나폴레옹의 추방을 제외하면, 도쿄재판은 모든 사례를 통틀어서 순수한 정치적 정의에 가장 근접한 사례다. "승자의 정의"(victor's justice)라는 용어는 다른 이행사례에서도 종종 적용되지만,[23] 도쿄재판에서 가장 경멸적인 의미로 사용되었다.[24] 규모가 작기는 하지만, 요코하마재판도 마찬가지다.[25] 또 어떤 이행의 경우 새 정권은 극장재판과 같은 복잡한 절차를 거치지 않고, 물러나는 정부의 지도자들과 관련 인사들을 간단하게 처형해버렸다. 1917년의 러시아와[26] 1989년의 루마니아가[27] 여기에 해당한다.

이 스펙트럼의 반대쪽에 있는 "순수한 사법적 정의"는 다음 네 가지 특징으로 규정될 수 있다. 첫째, 법을 가능한 한 **모호하지 않게** 규정하여 법률적 해석의 범위를 제한해야 한다. 물론, 사법적 재량권의 여지는 늘 열려있어야 한다. 그러나 일반적인 경우, 법이 무엇을 **의미하는가**를 결정하는 판사와 사법 관리자의 자유는 어떤 법이 **있어야** 하는가를 결정하는 입법자의 자유보다 훨씬 제한적이다. 1946년 7월 22일의 이탈리아 사면법은 그 범위가 모호해서 결국 판사의 재량권을 제약하지 못한 하나의 예다.[28] 또 다른 예는 1949년 12월 19일의 독일 사면법인데, 이 법은 "최근 정치적 상황의 특수성을 감안하여 1945년 5월 8일 이후의 정치적 기반 위에서 행한 행위"에 대해서는 사면을 허락했다. 어느 정치인이 지적한 것처럼, "내 행위는 정치적 동기에서 비롯된다. 그런데 정치적 기반이라니. 무슨 뜻인가"[29]라는 의문의 여지를 남겨놓았다.

둘째, 사법부는 정부의 다른 기구로부터 독립되어야 한다. 군사재판의 관할범위는 매우 제한적으로 적용해야 한다. 사건을 다루는 전문적인 판사들을 무작위로 선발하여 정부가 **민감한** 사건을 다루는 **믿을만한** 판사를 고르지 못하도록 해야 한다.[30] 배심원들은 광범위한 국민들 사이에서 무작위로 선발되어야 한다. 1945년 이후 독일에서 진행된 나치부역자재판에서 이 원칙은, 앞으로 살펴보겠지만, 자주 무시되었다. 입법부 역할은 특정인의 이름을 지목하지 않는 법률 제정에 한정된다. 다른 말로 하자면, 공민권 박탈(attainder)—의회가 법원처럼 피소된 특정인의 유죄를 확정하는 절차—은 허락되지 않는다. 영국의 왕정복고 때 이 원칙은 지켜지지 않았으나, 프랑스의 경우에는 부분적으로 지켜졌다.

셋째, 판사와 배심원들은 법을 해석할 때 **편견이 없어야** 한다. 최소한 초법적 이유로 이미 내린 결론을 정당화하는 식으로 법의 의미를 왜곡해서는 안된다. 이러한 편견은 사법부가 독립되지 못해서 발생하지만, 사법부 고유의 성격에 기인하기도 한다. 이행기 정의의 경우, 판사와 배심원들도 입법자들과 마찬가지로 "분노는 정의로워 보이는 결정을 하고 싶어한다"는 세네카의 경구를 상기시키기도 한다. 이 경우, 편견은 극단적인 처벌을 초래한다.[31] 다른 경우, 과도한 관용을 초래할 수도 있는데, 그 악명 높은 예가 1945년 이후 독일에서 나치범죄자를 판결한 전직 나치판사의 경우다. 잉고 뮐러(Ingo Müller)가 문제적 저서인《히틀러의 정의》에서 인용한 수많은 예 중 하나를 들면, 수감된 죄수를 게슈타포와 박멸수용소로 인계한 장교들은 자신들이 무슨 짓을 하고 있는지를 모르는 "무지한 도구"(unwitting tool)에 불과하기 때문에 무죄 석방되었다. 즉 "상부에서 보낸 명령서가 죄수의 "박멸"을 빈번하게 언급한 것은 사실이지만, 비스바덴법원의 견해에 따르면 "박멸"이라는 단어에 대한 이해가 반드시 피고가 살인이 행해지고 있음을 알았거나그렇게 추측했다고 결론내릴만한 충분한 근거가 되지는 않는다."[32]

끝으로 사법적 정의는 특히 아래와 같은 **적법절차**의 원칙을 준수해야 한다.

- 반대심문과 공개 청문
- 변호사를 선임할 수 있는 권리

- 항소할 수 있는 권리
- 소급입법 또는 소급적용의 금지
- 공소시효 존중
- 유죄의 개별성
- 무죄추정의 원칙
- 신속한 심문을 받을 권리(지체된 정의는 정의의 거부)
- 적법한 심의에 대한 권리(급박하게 처리된 정의도 정의의 거부)

이 장의 끝에서 지적하겠지만, 이행기 정의에서 이러한 요구사항은 자주 무시된다. 다음 장은 이러한 무시와 생략이 가끔은 합당한 이유로 또 가끔은 그렇지 않은 이유 때문에 발생하는 것을 확인할 것이다.

이러한 이상적인 원칙이 현실에서 얼마나 지켜지고 있는가는 사회의 유형과 상황의 성격에 의존한다. "정상적인 기간에" "법이 준수되는 사회"는 내가 위에서 언급한 조건들을 무시하지 않는다. 법의 지배가 취약하거나 예외적인 상황인 사회에서는 이러한 기준이 빈번하게 무시된다. 정치적 이행은 이러한 예외적인 상황에 해당한다(전쟁의 경우도 마찬가지다). 내가 1부에서 논의한 이행 중에는 법질서가 정상적으로 작동하는 사회에서조차도 이 기준들이 지켜지지 않는 경우가 있다. 앞으로 살펴보겠지만, 이러한 위반은 피하기 힘들기도 하며, 경우에 따라서는 그게 바람직한 형태로 나타나기도 한다. 설령 그렇지 않더라도, 사회 내부에서 일정 수준 이해되거나 용인되는 형태로 등장하기도 한다. 그러나 이러한 수많은 위반들이 축적되거나 핵심적인 기준들이 지켜지지 않으면서 사법적 정의가 정치적 정의로 대치되는 지점이 등장한다.

조작적 지표로서 이 지점은 관찰자가 모든 재판의 결과를 충분한 확신을 가지고 예측할 수 있을 때 발생한다. 사법적 정의는 최소한의 수준에서 그 결과의 불확실성을 전제한다. 소추관은 자신이 이길 수 있을 것이라 생각하는 사건을 맡지만, 질 수 있다는 것도 알고 있다. 이미 지적한 것처럼, 그 불확실성은 적법절차를 가로막는 절차적 장애보다는 법의 모호성에서 비롯될 수도 있다. 그렇더라도 우리는 결과의 불확실성을 사법적 정의 체제가 작동하고 있음을 보여주는 최소한의 지표로 사용한다. 이러한 성격 때문에 사법적 정의는 정치적 목적과 불편한 관계를 유지한다. "정치적 반대파를 제거하기 위한 여러 장치들 중에서 사법적 결정은 신속하지도 않고 확실한 결과를 얻어내지도 못한다."[33] 사실, "재판정을 연다는 것은 다른 경우를 위해 고안된 엄격한 일련의 규칙과 규칙에만 집착하는 법률가집단에게 결과에 대한 통제권을 넘겨주는 것을 의미한다."[34] 적법성에서 얻는 이익은 지체와 불확실성의 비용을 보전할 수도 그렇지 못할 수도 있다. 이 둘을 동시에 잡는 것은 매우 어렵다. 오토 키르히하이머(Otto Kirchheimer)는 비시정부 인사 재판과 미국의 일본전범 재판을 예로 들면서 "두 경우 재판정은 재판과정 자체에서 적법하게 발생하는 결과의 창조적 긴장에 부당하게 간섭하여 결론의 기계적 확실성을 추구했다."[35]고 지적한다. 알랭 방카우는 레옹 블룸(Léon Blum)을 비롯한 비시정권 인물에 대한 리옹(Riom)재판을 언급하면서 "비공개 심리는 사법제도에 호소하는 정당성, 즉 고소인이 숨길 게 아무 것도 없음을 온전히 보여주는 과정의 투명성을 포기하는 결과를 낳았다"[36]고 지적했다.

정치적 정의는 법관과 배심원이 정치적 이유로 선출되는 사법적 정의에 대한 정치적 간섭과는 다르다. BC 403년 아테네의 이행은 법원이 새로운 정권보다 퇴장하는 정권에 유리한 판결을 내렸다는 점에서 독특한 사례다. 2차세계대전 후 헝가리의 "인민법원은 반파시스트 동맹이 파견한 대표들로 구성되었고, 재판장만 법전문가였다."[37] 오스트리아의 "인민법원 구성은 헝가리에 비해서는 다소 온건했는데, 여섯 명의 재판관 중 셋은 전문가였다."[38] 프랑스에서 지도자급 부역자를 재판한 제1기 고등법원의 재판관은 두 개의 명단에서 무작위로 선출되었는데, 하나는

1939년 9월 1일에 임기를 시작한 50명의 하원의원과 상원의원으로, 나머지 하나는 전국심리위원회가 선출한 50명으로 구성되었다. 1945년 10월에 제헌의회를 구성한 이후에 열린 제2기 고등법원 재판부는 의회의 정당별 의석수에 비례하여 선정한 후보 중에서 무작위로 선출했다.[39] 독일에 협력했거나 점령당한 여러 국가에서 평재판관과 배심원들은 레지스탕스세력들이 선출하거나 통제했다.[40] 이러한 기구의 구성에 작동한 정치적 요인이 사법적 정의를 완전히 잠식했다고 볼 수 없다. 재판결과의 불확실성을 줄이기는 했으나, 완전히 제거하지는 못했다. 예를 들어, 정치적 성격이 강한 프랑스 고등법원은 108건의 사건 중 45건은 기소하지 않거나 무죄방면했다. 이 장 후반부에서 이 결정에 대해 다루기로 한다.

앞에서 살펴본 여러 이행기 정의 사례 중 피에르 라발(Pierre Laval) [역주2]재판은 사법적 정의와 정치적 정의 사이의 경계에 위치한 대표적 사례다.[41] 이 재판의 재판장은 "이 소란스러운 법정의 질서유지는 고사하고 자기 격분조차도 제어할 능력이 없음을 보여주었다."[42] 3차 공판의 휴정 중에 의회 소속 배심원은 라발을 공개적으로 비난하면서 "12발의 총알"을 먹여야 한다고 주장했다. 라발은 "내가 판결을 받기 전에, 이미 당신은 프랑스의 판결을 받았다"[43]고 항의했다. 한 관찰자는 "프랑스의 정의는 불신받았다. 라발이 결국 이겼다"[44] 고 평가했다. 결국 비시가 했던 방식으로 그를 재판함으로써[45] 배심원들은 이전 정권의 무법적인 행동과 구분하려던 목표를 포기한 셈이다.

나는 불확실성은 사법시스템이 작동하고 있음을 보여주는 신호라고 지적했다. **완전한 확실성은 극장재판에만 있다**. 마찬가지로 민주주의의 작동도 불확실성을 전제로 한다. 아담 쉐보르스키가 강조한 것처럼,

---

역주2 1883~1945. 비시정권의 내각 수반을 2차례 지냈다. 반역죄로 총살당했다.

민주주의의 중요한 특징은 어느 정당이 선거에서 이길지 사전에 완전하게 확신할 수 없다는 점에 있다.⁴⁶ **그런 확실성은 가짜 선거에만 있다**. 입헌군주제조차도 선거와 의회가 생성하는 불확실성에 종속된다. 1815년, 루이 18세의 첫 정부는 자기 정책을 지지하는 온건한 의회에 보답하기 위해 선거에 의존했으나, 오히려 그 때문에 자신에게 충성하는 세력인 이른바 "강성 하원"(chambre introuvable, 역자 주: 2차 왕정복고 이후 급진 왕당파로 구성된 하원)이 자리를 잡기도 전에 권좌에서 내려와야 했다. 일단 선거에 의해서 의회가 구성되면, 정당의 통제와 공공선거가 있기 전에는 그 결정을 예측하기 어렵다. 강성 하원에서는 이 두 조건 모두 확보되지 않았다. 1816년 통과된 사면법과 관련한 논쟁은 마지막까지 그 결말을 예측할 수 없었다. 영국의 왕정복고 때, 의회가 누구를 사면대상에서 제외할 것인지에 대한 불확실성이 확산되면서 많은 사람들이 왕이 어떤 명령을 내릴 것인가에 촉각을 세웠다.

나는 이 사례가 "순수한" 정치적 정의의 사건이 아니기 때문에 사법적 정의에 부합한다고 주장하는 것은 아니다. 단지 행정부가 정치적 정의를 의회에 위임하기로 결정하면 그것은 법원에 맡기는 만큼이나 의도한 결과를 얻을 수 없다는 점을 지적할 뿐이다. 잠재적 처벌대상이 공평한 재판관이나 적법절차의 수혜를 받을 수는 없으나, 의회에 자신을 옹호해줄 친구를 둔 혜택을 누릴 수도 있을 것이다(물론 자기 적을 지지하는 인사 때문에 고생할 수도 있다). 이행기 정의에서, 이런 정치적 내분은 법원 심리에서도 발생한다. 뉘른베르크헌장은 "법정은 다수결투표로 결정해야 하고, 투표가 동수인 경우에는 의장이 결정한다. 유죄판결과 형량은 법정의 네 재판관 중에서 최소한 세 명의 찬성이 있어야 한다"고 규정하고 있다. 이 이상한 투표방식의 의미는 루돌프 헤스(Rudolf Hess)[역주3]의

역주3   1894~1987. 나치당 주요인물이자 히틀러의 부관이었다. 1941년 5월

판결이 어떻게 이루어졌는가를 보면 어느 정도 이해된다.

로렌스(Lawrence)와 니키첸코(Nikitchenko)는 헤스의 네 가지 혐의 전부가 유죄라고 생각했다. 비들(Biddle)과 드 바브르(de Vabres)는 첫째와 둘째 혐의에 대해서만 유죄라고 투표했다. 세 번째와 네 번째 혐의는 동수로 갈렸고, 첫째와 둘째 혐의는 전부 동의했기 때문에 후자가 유죄로 인정되었다. 형량투표에서는 소기의 성과를 달성하지 못했다. 바브르는 20년 형을, 비들과 로렌스는 종신형을, 니키첸코는 사형에 투표하였다. 바브르가 견해를 굽히지 않았기 때문에 비들과 로렌스가 바브르에 동의하거나 또는 니키첸코와 전선을 공유하거나 해야 이 교착을 해결할 수 있었다. 비들은 '프랑스를 제외한 우리는 마지막에 종신형에 합의했다.'고 적었다. 아마도 니키첸코는 비들과 로렌스가 바브르에 동의하여 러시아가 가장 증오하는 괴물에게 20년형을 선고할 것으로 걱정했는지 모른다.[47]

네 명 중 세 명이 더 무거운 형을 원했기 때문에 이성적인 투표방식을 택했다면 20년 형은 쉽게 제외되었을 것이다. 그러나 규정에 따라 니키첸코는 영국과 미국 판사들이 사형 선고를 두 번째 또는 세 번째 안으로 선택할 생각인지를 판단해야 했다. 다른 경우,

드 바브르는 샤흐트(Schacht)[역주4]가 첫째와 둘째 혐의에서 무죄임을

10일, 영국에 화평안을 전달한 인물이다.

역주4 1877~1970. 독일 경제학자·은행가·자유주의 정치인이며, 독일민주당 공동 설립자. 바이마르공화국의 국가은행 총재를 지냈다. 나치당에 입당하여 국가은행 총재와 경제장관으로 활동했으나 독일의 재무장과 전쟁에 반대

발견했으나, 그가 보여준 일련의 반성적인 태도를 감안해서 5년 형이 적당하다고 생각했다. 로렌스는 영국의 비케트와 미국의 파커와 같이 무죄석방을 강력하게 주장했지만, 비들은 샤흐트가 첫번째 혐의에서 유죄기 때문에 종신형에 처하기를 원했다. 니키첸코는 사형을 원했으나, 뭔가 반전이 없는 한 석방될 것으로 판단했다. 그는 바브르와 합류하려면 "우리가 얼마나 양보해야 하나"고 비들과 상의했다. 최종적으로 8년 형으로 합의했다.(…) 다음날 아침 로렌스는 비들을 따로 불러 드 바브르가 샤흐트에게 무죄를 선고하기로 결정했다고 말했다. 그 이유가 뭘까? 전날(9월 12일)에 파펜(Papen)[역주5]에게 비들과 로렌스는 무죄를, 드 바브르와 니키첸코는 유죄를 선고했기 때문에 2 대 2 동률을 이루어서 최종적으로 무죄석방되었다. 프리체(Fritzsche)[역주6]는 니키첸코를 뺀 3표의 무죄를 선고받았다. 비들은 샤흐트에 대한 드 아브르의 판결 이유를 다음과 같이 기술했다. "그는 어느 면에서는 모두 다 책임이 있기 때문에 모든 피고인에게 유죄를 선고하고 싶어했다. 그러나 파펜과 프리체가 무죄를 선고받았기 때문에 파펜보다 책임이 덜 한 샤흐트도 무죄를 받아야 한다고 판단했다. 판결의 통일

하여 국가은행 총재에서 해임된다. 반나치운동 주변부 인물로 구속, 강제수용소에 수감된다. 뉘른베르크 재판에서 무죄선고를 받았다.

역주5 프라츠 폰 파펜(1879~1969). 독일의 귀족, 참모장교, 정치인. 1932년 히틀러 치하에서 부수상을 지냈으나, 히틀러 집권후 소외됐다가 1934년 '장검의 밤'(히틀러 측근 숙청사건) 이후 정부를 떠났다.

역주6 한스 프리체(1900~1953), 2차대전 종전 즈음 대중계몽선전성 국장. 히틀러 최후 순간 베를린 총동 엄폐호에 있었고, 히틀러가 죽자 붉은군대에 항복의사를 전달했다. 소련군 포로로 뉘른페르크 재판에 기소되어 무죄방면 됐으나 서독재판에서 9년형을 선고받았다.

은 결국 이 세 사람 모두 무죄판결로 귀결된다.⁴⁸

행정기관 중심으로 이루어지는 숙정과 같은 행정적 정의는 그 제재에 대한 이의제기가 법원으로 가면 사법적 정의와 유사한 형태를 띈다. 예를 들어 1946년 하반기에 이탈리아에서는 해임당한 3,200명의 전직 고급공무원들 중 2,895명이 행정법원에 항소하여 결정이 뒤집혔다.⁴⁹ 숙정과정은 처음에는 적법절차의 요소를 갖기도 한다. 1944년 프랑스에서 일반적인 행정처분에 따른 해임에 비교해서 숙정으로 이루어진 해임의 경우에는 적법절차가 잘 지켜지지 않았다. 일반적인 행정처분에서는 고급공무원들이 자신들에게 불리한 서류들을 열람(복사는 허용되지 않았다)할 권리를 가졌다. 반면에 숙정과정에서는 혐의만 전해 듣고 변호를 준비할 수 있을 뿐이었다.⁵⁰ 1875년 이전의 프랑스에서는 정치적 동기로 인한 해임은 전적으로 행정 심판의 대상이 아니었다.⁵¹ 따라서 1815년에 광범위하게 이루어진 숙정은 본질적으로 순수한 정치적 정의에 속했다.

이 책 대부분에서 나는 정의의 스펙트럼 중 사법적 정의에 속한 제도를 주로 다루고 있다. 특히 그것이 법의 지배에 따라 행한 것처럼 보이는 경우에는 그 반대쪽에서 진행되는 과정들도 검토한다. 극장재판은 합법성에 제약을 받는 것처럼 보여야 할 필요 때문에 과정의 자의성과 무법성에 약간의 제약을 부과할 수 있어서 대체로 "법의 그늘 안에서" 이루어진다. 예를 들어, 리옹재판은 히틀러의 직접명령으로 중단되었는데, 이는 피고인들에게 아주 훌륭한 반론의 기회―실제로는 히틀러에 대한 비난 행위―를 제공했다.⁵²

IV. 이행기 정의의 수준

이행기 정의는 초국가적 제도, 국가, 기업행위자, 그리고 개인 등 여러 수준을 포함한다. 이 책의 주요 관심사는 i) 국가가 입안하고 ii) 국가의 시민인 가해자와 피해자를 대상으로 하는 이행기 정의의 수단이다. 그러나 경우에 따라서는 다른 사례도 포함된다.

초국가 제도에는 뉘른베르크 전쟁범죄 재판, 극동 전쟁범죄 재판, 그리고 르완다와 구유고슬라비아 국제형사 재판 등이 포함된다.[53] 후자의 두 재판은 승자나 후계정권이 아니라 국제사회가 개입했다는 점에서 이 책의 다른 사례와 차이가 있다. 따라서 이 사례는 크게 다루지 않을 것이다. 그럼에도 보스니아와 2차세계대전 이후의 이행기 정의에 공통점이 있다는 점에 주목할 필요는 있다. 1944년, 독일에 "카르타고적 평화"를 강요하기 위해서 마련된(월스트리트저널에 실렸다) 모겐소 계획(7장 참조)은 차기 대통령 선거에서 루스벨트의 경쟁자가 된 토마스 듀이(Thomas Dewey)의 비판에 직면했다. 그에 따르면 괴벨스는 "독일인들에게 공포를 주입하여 광신적인 저항을 일으키기 위해서"[54] 이 계획을 교묘하게 이용했다. 보스니아에서 프랑스와 영국은 "전범문제가 구 유고슬라비아의 평화정착에 장애가 될 것으로 보고, 범죄지도자들과 협상을 중단할 개연성이 높은 정책입안자들의 활동을 제약했다."[55] 말하자면, 협상거부가 전쟁을 촉발할 수도 있을 것으로 본 것이다. 2차세계대전 때 연합국측이 협상에 의한 평화를 원치 않았다는 점을 생각해보면 이 유추가 전적으로 옳다고 볼 수는 없다. 이 두 사례의 공통점은 이행 이후 급진적 정의에 대한 기대는 독재자들의 저항 의지를 강화해 이행을 더디게 할 수도 있다는 것이다.[56]

전쟁이 끝나면 승전국은 패전국에게 배상이나 개인적·집단적 처벌을 요구한다. 배상의 목적은 사실 단순한 보상이 아니라 응보나 억제 효과를 거두는 데 있다. 1945년에 연합국은 독일의 생활수준을 1810년으로 되돌려(7장 참조) 독일국민들을 집단적으로 처벌하기 원한 모겐소계획을 채택하지 않고, 결국은 나치지도자들을 개별적으로 처벌하는 방식을 선택했다. 모겐소가 그랬던 것처럼, "나치 정권이 건전한 사회에서 돌연변이처럼 튀어 나온 산물이 아니라, 독일의 신체정치(body politics)에서 나온 필연적 산물"[57]이라고 생각했다면 모든 독일인들은 각각 전쟁에 대한 책임을 지고 처벌받아야 했다. 분노(anger)가 개인이 범한 **행위**로 촉발된 것이라면, 증오(hatred)는 그 **존재**로 촉발된 것이다(8장). 독일의 민족적 성격에 대한 모겐소의 신념은 유태인의 인종적 성격에 대한 나치의 신념보다는 덜 급진적이었으나, 그 본질에서는 유사한 면이 있었다. 반유태주의의 기본전제가 "유태인은 변하지 않는다. 유태인은 유태인일 뿐이다"[58]에 있듯이 "모겐소는 독일인이 호전적 민족으로서 절대 교정되지 않을 것이라 확신했다."[59]

집단적 행위자는 조직(정당이나 교회), 경제단체, 전문적 결사체, 자치단체 등을 포함한다. 어떤 경우, 집단적 행위자는 이행기 정의를 촉진하기도 하고, 또 어떤 경우에는 그 집행자가 되기도 한다.(1815년의 프랑스 가톨릭교회처럼 정의의 집행을 방해하기도 한다.) 동유럽의 예에서 보는 것처럼, 공산주의정권 하에서 몰수된 교회자산은 다시 반환되었다. 체코공화국의 경우, 클라우스 수상은 유태인공유자산 반환을 위한 입법을 거부했는데, 그 이유는 이를 계기로 가톨릭교회와 체코 거주 독일인(Sudetengermans)으로부터 보상요구가 나오지 않을까 두려워했기 때문이다. 그럼에도 체코의회는 2000년에는 국유화된 유태인 자산을 반환하기로 결정했다.[60] 루마니아는 1997년 2차세계대전 중에 징발된 유태인공유재산을 반환하는 법을 제정했다. 폴란드정부는 "배상은 폴란드에 현재 남아 있는 유태인공동체의 종교적 재산에 국한해야 한다고 주장했다."[61] 이 집단은 사실 전쟁전 유태인 인구의 1%에도 미치지 못했다. 불가리아의 대법원은 유태인공동체가 소유했던 소피아의 유명한 호텔의 반환을 결정했지만, 7년이 지나도록 정부는 그 결정을 무시했다.[62] 1991년에 통과된 헝가리의 교회자산법은 여러 문제를 낳았는데, 교인 대부분이 전후에 추방된 독일국적자들이었던 지역의 가톨릭교회로 자산이 반환되는 경우에 특히 그랬다. 어느 지역에서는 고등학교 중 하나를 복음파교회에 반환했는데, "역사적 과오를 바로잡기 위한 목적인 배상이 역설적으로 새로운 문제와 부정의를 낳고 있다"는 평가가 뒤따랐다.[63] 6장에서 이 문제를 다루기로 한다.

나치만행 때문에 이익을 본 스위스은행, 이탈리아보험회사, 그리고 독일기업이 포함된 최근의 보상협상도 개인이 아닌 기업을 대상으로 했다.[64] 50년도 훨씬 넘은 과거에 선임자가 한 행동 때문에 현재의 경영자들이 개인적으로 얼마나 이익을 취했는가를 확인하는 것은 거의 불가능하며 그들의 행위를 이 잣대로 평가하는 것도 적절하지는 않을 것이다. 그러나 나중의 협상과정에서 협상을 지연하려고 했던 행위에 대해 개인적으로 책임을 물을 수는 있을 것이다. 그러나 실제로 책임은 그들을 고용한 기업에게 돌아갔다. 특히, 스위스은행들은 1940년대에 자신들의 행위에 대한 배상을 포함해서 1990년대에 행한 발언과 행동까지 징벌적 배상을 해야 했다.

가해자 처벌은 3장의 **그림 3.1**에서 예시한 것처럼 세 가지 수준의 행위자를 포함한다. 재산을 개인에게 빼앗기거나, 국가가 그 재산을 개인기업가들에게 배분하고, 홀로코스트의 많은 피해자 사례처럼 후손이 없는 경우의 손해배상 과정에서도 세 가지 수준의 유형이 발견된다. 1947년 파리평화회의가 결정한 헝가리와 루마니아의 평화조약은 "박해받은 사람, 단체 또는 공동체에 속한 재산이었으나 후손이 없거나 권리를 주장할 수 없는 경우 재산을 박탈당한 사람을 대표하는 기구에 이전해야 한다"는 조항을 담고 있다.[65] 1999년, 노르웨이 의회는 나치가 강제로 징발한 유태인재산에 대한 불충분한 보상조치를 보완하기 위해 1억5천만 크라운(약 2천만 불)을 유태인공동체에 배정했다. 반대로, 개인에게 빼앗긴 재산이 집단행위자의 소유로 귀속되었을 때(예를 들어 공산당과 같은) 국가는 그 재산을 원래 소유자에게 직접 반환할 수 있었다.[66]

단체(기업)행위자들이 자기 조직의 구성원 또는 종사원을 숙정한 사례도 있다. 한가지 예를 들자면, 1945년 이후 노르웨이와 덴마크의 언론인연합회는 나치에 부역한 언론인들의 자격을 박탈했다. 덴마크에서 이러한 숙정 심사는 연합군 점령기간 중에도 은밀하게 이루어졌다.[67] 벨기에에서 부역 언론인 처리는 국가의 최우선 과제였다. 프랑스와 네덜란드는 벨기에보다 정도가 덜했다. 네덜란드에서 부역의심을 받는 언론인은 레지스탕스 출신 언론인들과 판사들로 구성된 정부의 숙정위원회에 출석해야 했다.[68] 프랑스의 1945년 3월의 포고령은 나치에 부역하지 않은 사람에게만 언론인 신분증을 발급하는 심사업무를 담당할 위원회 설립 조항을 담았다.[69]

개인기업도 종사원을 대상으로 내부적 숙정작업을 실시했다. 벨기에의 몇몇 기업체들은 사법적 조사대상인 종업원들을 자의 반 타의 반으로 해고했다.[70] 해방 후 네덜란드에서는

> 공장을 비롯하여 여러 기업체에 대한 숙정요구가 있었다. 많은 경우 노동자들은 "불순"분자들과 같이 일하는 것을 거부했다. 결과적으로 대부분의 공장들과 대기업체가 레지스탕스 경력이 있는 직원들과 노동자들로 구성된 내부 숙정위원회를 만들어 운영했다. 이 위원회는 고용주에게 불순분자들을 제재—대부분 해고—할 것을 권고했고, 고용주들은 대부분 권고를 따랐다. 이런 사적 숙정위원회의 적법성을 보장하는 특별한 법령이 없었지만, 이 활동들은 별 탈 없이 운영되었다.[71]

마지막으로 개인 간에 행해진 "사적 정의"도 있었다. 이 사적 정의는 1815년 이후의 프랑스 또는 2차세계대전 말기 프랑스와 이탈리아에서 보듯이 초법적 살인의 형태로 나타나기도 한다. 1944-45년 사이에 벨기에에서는 광범위한 약탈이 있었는데, 이 약탈행위는 정부가 부역자들도 재산상의 손실을 보상받을 수 있었던 1795년 이후의 법령을 폐지하면서 거의 준공식적으로 용인되는 수준에 이르렀다.[72] 또한 사적 정의는 공개적인 모욕의 형태로 나타나기도 한다. 예를 들어 부역자들에게 오물을 퍼붓거나[73] 비버 기름을 공개적으로 마시게 한다거나[74], 적과 "내연관계"를 가진 여성들의 머리카락을 자르는 것[75]이 그것이다. 1815년의 백색테러 기간 중에 왕당파와 개신교도를 대상으로 광범위한 학대가 있었다(2장 참조). "형벌적 강간"[76]의 사례에서 보듯이, 학대의 상당수는 특정 피해자의 행위를 겨냥했다기보다는 증오의 대상이 되는 집단에 속해있다는 이유로 행한 것이었다. 라틴아메리카에서는 실종과 고문에 가담하고도 면책된 장교와 관리들이 비공식적인 사회적 추방을 당했다. 부역죄로 유죄판결을 받은 사람들은 형기를 마친 후에도 사회적으로 배척되었고, 그 자녀들은 학교에서 따돌림을 당했다.

사적 정의는 사법적 정의의 대체 또는 면제 조건이 되기도 한다. 우리가 2장에서 살펴본 것처럼, 프랑스 의회의 1815년 토론에서 몇몇 의원들은 7월 24일의 선언에 따른 제한적인 정치적 정의 대신 무제한적인 법적 정의가 허용되지 않는다면 민중은 스스로 선택한 정의를 집행하게 될 것이라고 주장했다. 어떤 의원은 1815년 님(Nimes)의 백색테러 기간 중 일어난 학살을 언급하면서 사적 정의는 법원이 도저히 집행할 수 없는 정의를 신속하게 집행할 수 있기 때문에 충분히 인정된다고 주장했다. 비공식적인 블랙리스트도 이 범주에 속한다. 프랑스에서는 1943년 3월에 작가들을 대상으로 한 일련의 블랙리스트가 처음 등장하였다. 나중에 이 리스트에 새로운 이름이 추가되거나 또는 제외되기도 했다.[77]

1998년 봄, 루블린(Lublin, 폴란드)의 어느 단체는 1989년 이전에 군부와 협력한 것으로 의심되는 119명의 명단을 배포했다. 그 중 두 사람은 살해당했다.[78]

반대로, 사적 정의를 방지하기 위하여 법적 조치가 먼저 취해지기도 한다. 1815년 가르세유에서 자코뱅파 또는 보나파르트주의자로 의심받는 사람들은 안전한 성으로 격리되어 보호받았다.[79] 1944년 프랑스에서 이루어진 여러 의도적인 살해형위는 "공식적 정의 집행의 지연에 실망"한 결과였다. 따라서 "새 위원회와 자치단체들은 대중의 분노를 누그러뜨리기 위해 군사법정을 신속하게 개최하려고 많은 노력을 기울였다."[80] 벨기에, 덴마크, 프랑스에서 강제격리 조치는 법적 근거가 없었으나 혐의자들을 사적 정의로부터 보호한다는 명분 하에 정당화되었다.[81] 덴마크에서 사형제도의 부활은 사적 처형 방지의 필요에 의해 용인되었다.[82] 이 경우, 최선의 정의가 차차선의 결과를 방지하기 위한 차선의 절차로 대체된다.

사적 정의와 사법적 정의는 **탄핵**(denunciation)의 메커니즘을 통해 상호작용할 수 있다. 탄핵은 독재정권 하에서 더 공공연한 것이지만[83], 민주주의 이행 과정에서도 사적 또는 공적 형태로 등장한다.[84] 프랑스혁명의 자코뱅 역사가면서 오랫동안 공산주의자였던 알베르 소불(Albert Soboul)이 관한 이야기가 그 한 사례다.[85] 소불은 1940-41년에 공산주의 레지스탕스운동에 참여했다. 1944년 12월 5일, 그는 자신이 1942년에 해임당하기 전까지 가르쳤던 몽펠리에(Mortpellier)의 학교숙정위원회에 편지를 보내는데, 그는 동료 교수인 뤼시앵 테니에르(Lucien Tesnières)가 자신을 해고한 책임이 있다며 탄핵을 요구했다. 이 혐의는 테스니에르가 1941년 9월에 소불에게 편지를 보내서 자신이 책임자로 있는 대학도서관에 대출한 책을 반납하지 않은 책임을 물어서 고소하겠다고 협박한 데 따른 것이었다. 자신이 협박을 받았다는 소불의 비난은 사실 여부가 확인되지 않았다. 우리는 단지 그 내면의 개인적 동기만 추측할 뿐이다.

V. 이행기 정의의 행위자들

이행기 정의의 과정과 결과를 이해하기 위해서 우리는 먼저 관련 행위자들을 확인해야 한다. 이전 체제에서 자행된 가해행위는 세 유형의 행위자를 창출한다. 첫째, **가해자**(wrongdoers)로, 독재체제를 위해 잘못을 범한 자다. 둘째는 가해행위의 **피해자**(victims)다. 셋째는 가해행위의 **수혜자**(beneficiaries)다. 그리고 여기에 가해행위를 줄이거나 방지하려고 노력한 **조력자**(helpers)[86] 범주가 추가될 수 있다. 이 행위자는 권력을 잡고 있는 가해자들에 대항하고 투쟁한 **저항자**(resisters) 지위도 차지한다. 여기에 가해자, 피해자, 조력자, 저항자도 아닌 **중립자**(neutrals) 그룹이 추가된다.[87] 이행 이후에는 이행기 정의의 옹호자와 조직가, 말하자면 **촉진자**(promoters)가 등장한다. 여기에는 숙정, 재판, 그리고 보상과정을 결정하는 정치행위자와 이 결정에 관련된 일반적인 행위자(심사위원, 해방위원회, 등등)가 포함된다. 촉진자 중 정의를 요구하는 과정에서 목소리가 큰 행위자는 별도의 유형으로 분류할 수 있다. 판사와 검사도 정치적으로 동기화되어 있다면 이 범주에 들어갈 수 있다. 끝으로, 이행기 정의 집행을 반대하고 방해하고 지연하는 사람들, 즉 이행기 정의의 **파괴자**(wreckers) 집단을 생각할 수 있다. 전부 합하면 행위자를 여덟 개의 카테고리로 분류할 수 있다. 5장과 6장에서 가해자와 피해자를 더 자세히 다룬다.

특정상황의 도덕적, 법적, 정치적 복잡성을 묘사하기 위해서 나는 하나의 행위자가 연속적, 동시적으로 하나 이상의 행위자 범주에 중첩되어 나타날 수 있음을 강조하고자 한다. 5장은 가해자가 자기 행위를 어떻게 변명하는지 다룰 예정인데, 자신도 저항자 또는 피해자임을 주장하면서 정상참작을 호소하는 가해자의 주장을 살핀다. 또 저항자가 어떻게 가해자로 비치는지, 저항자와 피해자가 어떻게 중첩되는지 또는 왜 그렇지 않은지, 가해자와 잘못된 행위의 수혜자가 어떻게 중첩되는지 또는 왜 그렇지 않은지, 방관자가 어떻게 가해자 또는 저항자와 중첩되는지, 가해자와 저항자가 어떻게 파괴자와 중첩되는지, 그리고 촉진자 집단이 어떻게 피해자, 저항자, 수혜자, 방관자, 가해자와 중첩되어 나타나는지를 살펴본다. 이를 기초로 나는 아래와 같은 **11개의 상이한 역할조합**을 검토한다.

(1) 한때 가해행위에 가담했거나 그 행위로 수혜를 입은 사람은 나중에 저항자가 되기도 한다. 이행 이후, 이 부류의 사람들은 도덕적으로 법적으로 모호한 위치에 놓인다. 알베르 슈페어(Albert Speer)[역주7]가 뉘른베르크 재판에서 처형을 피할 수 있었던 이유를 법정 논고로 보면 다음과 같다.

> 그가 전쟁 말기에 히틀러를 향하여 우리는 이미 패전했고 이런 무의미한 파괴행위를 멈춰야 한다고 용기있게 말한 소수의 인물 중 한 사람이었음을 인정해야 한다. 그는 개인적인 위험을 무릅쓰고 서방국가와 독일을 말살하려는 히틀러의 계획에 맞서 싸웠다.[88]

역주7 1905~1981. 히틀러 측근으로 군수장관을 지냈다. 45년 2월 히틀러에게 패전을 고하고, 히틀러의 '네로명령'(초토화)을 거슬러 사회인프라와 산업기반을 지켜냈다. 이런 사실을 인정받아 뉘른베르크 재판에서 처형을 면하고 20년형을 선고받았다. 한스 프랑크(사형)과 함께 과오와 책임을 시인하고 사죄한 단 두명의 나치 고위직 인물이다.

그러나 대체로 이런 전향자들이 제3제국에서 살아남은 사례는 거의 없었다. 1944년 7월 20일의 히틀러 암살계획에 참여한 사람들은 한꺼번에 전부 처형되었다. 나는 대신 해방 이후 프랑스의 이행기 정의에 주목한다. 이 시절 비시정권의 조력자들은 자신들은 사실상 레지스탕스였다(*actes de résistance* 또는 *faits de réistant*)면서 정상참작을 요구했다. 나는 여기서 비교적 소수의 사건만 다루었기 때문에 가장 치밀하게 조사된 법원 사례로서 비시정권의 고위급관리를 재판한 고등법원, 그리고 재직 중에 페탱(Petain)에게 전권을 주어야 한다고 투표한 하원의원과 상원의원의 공직유지 적격성여부를 심사한 명예배심원 사례를 중심으로 살펴본다

1944년 12월 26일에 제정한 프랑스의 국가모독죄처벌법은 국가를 모독한 사람이 "그 행위 이전에 독일 또는 그 동맹국과 군사적으로 대항해 싸웠거나 또는 비시 정권에 대항한 레지스탕스활동에 적극적, 실질적, 지속적으로 참여한 적이 있었음이 증명될 때에는" 죄를 경감한다고 규정했다. 고등법원에 회부된 대부분의 피고들은 국가모독 혐의를 받았다. 이 판결 과정에서 법원은 "적극적, 실질적, 지속적 참여"의 요건을 통상적인 의미를 넘어 매우 광범위하게 해석해서 적용했다. 어떤 재판은 다른 사람의 레지스탕스활동을 폭로하지 않았다는 사실만으로 레지스탕스 "활동"으로 인정하기도 했다.[89] 또 어떤 경우에는 1944년 8월의 단 한번의 영웅적인 행위면 충분했다. 독일이 마음이 들지 않았다는 표현만으로 레지스탕스활동 참여를 인정하기도 했다.[90] 레지스탕스활동을 조금 도왔다는 이유만으로 비시정권의 억압기구에 관여한 중범죄가 면제되는 경우도 많이 있었다. 더 나아가 1942년 이후에 행적을 바꾼 사람이 사실 처음부터 "이중게임"을 했다고 자기를 변호할 때는 우리가 알던 역사를 다시 써야 할 지경이다.[91]

해방 이후 프랑스의 재판을 비롯해 각종 논의과정에서 "보상" 개념

은 매우 광의로 적용되기도 했다. 앞서 언급한 것처럼, 가해자에게 응분의 조치가 있은 **후에** 가해행위의 속죄가 이루어지는 게 기본원칙이다. 그러나 경우에 따라서는 1차세계대전 때의 영웅적 행위를 그 후 잘못을 상쇄하는 정상참작 사유로 인정하기도 했다.[92] 로베르 브라지야크(Robert Brasillach)[역주8]에게 내린 사형선고를 감형해달라고 드골에게 청원하는 과정에서는 프랑수아 모리악(François Mauriac)등은 브라지야크의 아버지가 1914년 11월에 조국을 위해 죽어서 아들의 잘못에 "미리 대가를 치렀다"고 변호했다.[93] 훨씬 더 독창적인 보상 주장이 엑상프로방스 법원에 제출된 변호사의 보고서에 나왔는데, 이 보고서는 어떤 구성원의 실수가 다른 구성원의 용기로 구제되었기 때문에 숙정은 필요하지 않다고 주장했다.[94] 앞으로 보겠지만, 고등법원 또한 이처럼 용서를 구하는 것이 유일한 목적인 행위를 잘못된 과거 행위에 대한 보상으로 기꺼이 인정했다.[95]

진주만 공습, 북아프리카, 스탈린그라드, 시실리 침공 이후 독일 점령국가의 많은 지도자들과 부역자들은 자신들의 행위가 제대로 평가되지 않았다고 생각하기 시작했다. 스스로 과도하게 협력하지 않았다고 여기는 사람들은 자기 생각과 행위를 기회주의적 또는 전략적으로 전환할 수 있는 분명한 인센티브를 갖는다.[96] 3장에서 지적한 것처럼, 1944년 7월 27일의 이탈리아법은 파시스트정권에 협조한 사람들을 살로(Salo)의 나치공화국에 항거하는 투쟁에 끌어들여 과오를 면책받을 수 있게 유도하는 미래지향적인 목적을 담고 있었다. 1944년 1월 26일의 프랑스법

역주8 1909~1945. 작가이자 저널리스트. 천재작가로 명성이 자자했으나, 파시스트 운동을 옹호하고 민족주의 신문 편집자를 지냈다. '협력, 비난 및 살인선동을 옹호한 혐의'로 처형됐다. 정의론자 까뮈를 비롯한 수많은 작가들의 탄원이 있었지만 드골은 그의 사면을 거부했다.

은 비록 기술적으로는 과거 지향적이었지만, 이런 식의 일부 법률 제정이 예상되었고 어느 정도는 해방 이전의 행위를 유도했을 가능성이 있다.[97] 1944년 봄, 출판계의 거물인 장 프로보스트(Jean Prouvost)는 거액의 자금을 레지스탕스에게 제공하고 받은 영수증을 고등법원에 증거로 제출해서 자신의 행위를 "속죄"받으려고 했다.[98] 1944년 1월, 어느 피고는 감동적인 사직 편지를(라발Laval이 수취인이었다) 보냈는데, "아마도 언젠가는 자신의 행동과 태도를 정당화하는 데 사용할 목적으로" 작성한 것으로 의심을 사기에 충분했다.[99] 또 어떤 사람은 "SS 대원들에게 동료들이 죽을 때 르노 공장의 옥상에 삼색기를 게양하는 데 성공했다는 이유로"[100] 영웅적인(의도는 불분명하지만) 행위를 인정받아 1944년 8월에 무죄방면되었다. 당시 고등법원에서 재판 받은 사람들 중에는 독일 패전이 가까워오자 재빨리 레지스탕스운동에 참여해 무죄를 받은 경우도 제법 있었다.[101]

로버트 팍스톤은 프랑스인들은 대체로 독일이 전쟁에서 질 것이라는 사실을 매우 더디게 깨달았다고 지적한다.[102] 그게 사실이라면, 프랑스인들의 기회주의적 태도 변화가 크지 않았거나 아니면 마지막 단계에서 이루어졌을 것이다.[103] 신념과 그 변화의 지평이 시간에 따라 어떻게 분포되었는지 정확히 측정하는 것은 불가능할 것이다. 그러나 필립 뷔린(Philippe Burrin)이 보고한 다양한 행위지표를 보면 적어도 1943년 말까지는 독일의 승리에 대한 투자는 수익성이 없어 보였다. 대부분의 젊은 프랑스인들이 독일의 명령에 복종했던 1943년 1분기에 반해서 그 해 말에 와서는 불복종이 지배적인 경향으로 자리잡았다.[104] 이와 유사하게 독일어를 외국어로 선택한 고등학생 비율은 1939년에서 1942년 사이에는 두 배로 증가했으나, 그 이후 급격히 줄어들기 시작했다.[105] 끝으로 독일어 책 번역권을 따내기 위해 열성적으로 계약했던 많은 출판업자들도 나중에는 이 권리를 스스로 포기하기에 이르렀다. 출판업자 알빈 미

셸(Albir. Michel)은 14권의 번역권을 가지고 있었으나 단 한 권만 출판했다.[106]

프랑스인들은 또한 1941년에 레지스탕스에 참여한 사람과 1943년 또는 1944년까지 기다린 사람의 차이를 아주 잘 알고 있었다. 그 확실한 증거 중 하나는 마크 올리비에 바뤽(Marc Olivier Baruch)이 최근에 공개한 날짜 미상의 문서다. 이 문서는 프랑스 지방군대에 참여한 사람의 책임 또는 면책 기준에 관한 매우 자세한 평가방식을 제시한다.[107] 실제로 적용된 적은 없었지만, 이 방식은 언제 레지스탕스에 참여했는지가 매우 중요한 기준임을 보여준다. 또 다른 하나는 나치점령 기간에 활동했던 의원들의 숙정을 처리한 1945년 4월 6일의 법에 의해 설립된 대배심의 활동이다.

바뤽이 공개한 문서는 나치점령 시절의 이력과 행적을 평가하는 14개의 기준을 적시한다. 각각의 항목에 걸쳐서 관리들은 긍정 또는 부정 점수를 받으며, 각 항의 점수를 합해서 총체적 평가가 이루어졌다. 이 평가체계를 면밀히 검토해보면 평가항목이 단순히 앞에서 언급한 기간에만 국한되지 않았다는 것을 알 수 있다.

(I) 유태인과 프리메이슨을 구별하지 않았다. 어느 한 집단이라도 보호했으면 같은 점수(+1)를 받았고, 마찬가지로 어느 한 집단이라도 박해했다면 같은 점수를 받았다(-2). 이 대칭성은 당시 체제의 관점이 반영된 것이지만, 돌이켜보면 확실히 부적절해 보인다.

(II) 레지스탕스 참여에 매긴 점수는 그 참여시기에 따라서 적절하게 조정했다. 1942년 11월 이전에 참여한 사람에게는 +7점, 1942년 11월과 1943년 9월 사이에는 +4점, 1943년 9월과 1944년 5월 사이는 +3점, 그리고 1944년 5월 이후에 참여한

사람에게는 +1.5점을 부여했다.

(III) 동일기간이더라도 레지스탕스 조직에서 지도적 역할을 담당했으면 수준에 따라서 각각 +10, +7, +4, 그리고 +2점을 부여했다.

(IV) 레지스탕스에서 아무런 역할도 하지 않은 경우에는 0점 처리했다(마이너스 점수를 부여하지는 않았다).

(V) 비시정권에서 승진하지 않은 사람은 +1점, 관행적인 절차에 따라 승진했으면 0점, 빠르게 승진했으면 -1점을 부여했다.

(VI) 비시정권 군대를 비롯한 유사한 조직에 중립적인 태도를 보였으면 -1점, 단순한 증오 수준에 그쳤으면 0점을 부여했다. 공개적으로 투쟁한 경우에는 1.5점을 획득할 수 있었다.

(VII) 비시정권에서 요직을 차지했으면 감점이 주어졌는데, 후기로 올수록 그리고 직위가 높을수록 감점 폭이 더 높아졌다. 따라서, 1942년 11월 이전에 행정부 또는 지자체 장과 개인적으로 밀접한 관계(*intuitu personae*)를 유지했으면 노르망디 침략 이후 행정부에서 요직에 있던 경우와 같은 감점(-3점)을 받았다.

(VIII) 비시정권 이전에 장관으로 임명됐으면 +1점, 후기에 임명되었으면 0점에서 -1점, 경우에 따라서는 -1.5점에서 -2점까지 받을 수 있었다.

(IX) 비시정부에서 해직된 경우, 1942년 11월 이전에 임명됐으면 +3점, 그 후에 임명됐으면 +2점을 받았다.[108]

고등법원과 비교해보면, 대배심도 역시 필리프 페탱(Phillipe Petain)[역주9]을 지지한 사실을 상쇄할 수 있는 레지스탕스 활동을 어떻게 규정할 것인가에 대해 훨씬 엄격했고 정확했다. 그 결정문 중 하나에서 이런

역주9 프랑스의 군인으로 비시 정부의 수반을 지냈다.

문장이 보인다.

> 호의적 중립은 불충분하다. 비시정부에 특혜를 요구하지 않았다거나 또는 거절했다는 사실만으로 충분하지 않다. 배급카드를 위조해서 유태인을 도왔거나 유태인들을 단순히 보호한 것으로 충분한 게 아니다. 연대를 표시하거나 선거과정에 다소 분별 있는 행동(prevoyance)을 했다는 사실만으로 적과 싸우는 투쟁에 참여했다고 평가될 수는 없다. 투쟁에 참여는 반드시 적극적이어야 하고, 1942년 11월 이전에 이루어진 것이라야 한다. 직접적 또는 간접적으로 자기 생명의 위험을 감수했을 때에만 인정받는다.[109]

재판관들은 행위가 용서받기 위해서는 반드시 1942년 11월 이전에 이루어진 것이어야 함을 강조하면서 "기회주의적 요소를 구별하기 위해 노력했다."[110] 레지스탕스 활동을 인정받으려면 단순한 행위가 아니라 실제로 위험을 감수했음을 증명하라고 요구한 것도 같은 맥락이다. 무장 레지스탕스 활동은 비무장 활동보다―후자가 더 위험했던 경우를 제외하면― 더 높게 평가했다.[111] 대배심에 의견을 낸 지방장관들은 독일로 추방하는 선에서 끝내는 게 좋다고 주장하기도 했지만, 배심원은 "지옥 같은 강제수용소의 경험이 복권의 권리를 자동으로 부여한다고 생각하지는 않았다."[112] 당시에는 희생을 저항으로 보지 않았다.[113]

동유럽에서는 정권의 몰락이 예상 외로 급속하게 진행되면서 전략적 국면 전환을 위한 기회를 갖지 못했다. 소련 패권의 몰락이 최초로 일어난 폴란드에서는 정권 지도층뿐만 아니라 반체제 진영도, 심지어 외국 관측통들도 1989년 6월 선거에서 "연대"(Solidarity)의 극적인 승리를 예상하지 못했다. 그럼에도, 부분적으로는 공산주의정책에 대한 불만 때문에 반체제인사로 전향한 구체제지지자들을 회의적으로 보는 시각도 있었다. 일부 시각에 따르면, 이러한 입장변화(행동을 포함한)로 자신들의 과거 행위가 완전히 상쇄되는 것은 아니었다. 체코슬로바키아에서 1989년의 이행 이후 시민포럼(Civic Forum)의 "우파"세력은 즈데넥 이친스키(Zdenek Jicinsky)와 같은 개혁적 공산주의자(1968년 소련침공 이후 탈당해서 반정부활동을 했다)들을 회의적으로 평가했다. 폴란드에서 1950년대에 공산주의 소년단 조직을 만든 책임자였다가 나중에 공산주의와 결별하고 전향한 야체크 쿠론(Jacek Kuroń)이 비슷한 예에 속한다. 그는 당시 여러 해 투옥됐다가 풀려나 반공산주의 운동에 헌신했음에도 불구하고, 지금까지도 그의 과거 경력이 거론되기도 한다.

특정목적을 지향하는 전략적 행위라고 볼 수는 없지만, 간혹 소급적 기회주의 전략이 관찰되기도 했다. 1998년 7월, 폴란드의회 의원 105명이 입안한 탈공산화법을 평가하면서 레젝 쿡은 다음과 같이 기술한다.

> 연대 우파를 특징짓는 신중함을 갖춘 이 계획의 입안자들은(과거 공산주의관리들에 대한) 제한조치가 자기 집단에 속한 사람들에게는 해당되지 않도록 많은 노력을 기울였다. 이것이 바로 이 조치가 과거에 공산주의 국가기구에서 일했으나 나중에 반체제활동에 합류한 개인에게는 적용되지 않는다고 규정한 이유다. 다른 여러 지표 중에서 이 정치적 성향변화의 증거는 1989년 이전에 해당 개인들에게 가해진 탄압조치였다. 여기에는 48시간 감금이 포함되었다. 이것은 당시 정권이 정치적 반대파에게 적용한 비교적 온건한 예방조치였다. 이 감금조치는 사법기구가 아닌 행정기구가 결정했고, 감금기록은 보존연한이 5년을 넘기지 않았으며, 그 후 실질적으로 기록에서 삭제되었다. 이 상황에서 신뢰할 만한 증인의 진술서가 결정적인 역할을 할 수밖에 없었다. 즉 자신의 정치적 이력서를 수정하고자 하는 모든 사람들이 손쉽게 조작하고 남용할 수 있는 길이 열린 것이다.[114]

(2) 반대로, 저항자들은 그들 행동이 전체주의정권의 복수를 촉발하면 가해자로 비치기도 한다. 예를 들어 종전이 다가오면서 이탈리아에서는 파시즘에 대항하는 투쟁이 전국적으로 확산되었지만, 1944년에 독일로부터 야만적인 보복행위를 당했던 이탈리아 중북부의 세 마을의 경우는 달랐다. 50년이 지난 후에 이뤄진 인터뷰에 따르면, "빨치산을 향한 세 마을 일부 주민들의 적대감은 여전했다." "이 마을에서 빨치산은 학살에 간접적 또는 심지어 '실제로' 책임이 있다고 간주됐기 때문에 경멸의 대상이었다."115 저항자들은 또한 자신이 속한 조직 또는 경쟁관계에 있는 다른 저항조직에게 가해자로 비치기도 한다. 프랑스에서 공산주의계열의 레지스탕스집단은 "독일에 정보를 제공한 부역자로서 '명백히' 반역자이기 때문에 처벌해야 한다"116고 비난받았다. 샤를루아(Charleroi, 벨기에)에 진주한 연합군은 "서로 다른 레지스탕스집단들이 복잡하게 얽혀 있었다. 이 과정에서 많은 갈등이 있었고, 각 집단은 자기들만의 블랙리스트를 가지고 있었는데, 한 집단의 블랙리스트가 다른 집단과 연계된 사람을 포함하는 경우가 자주 있었다."117

(3) 피해자(로 간주되는) 조합과 가해자(로 의심되는) 조합은 여러가지 방식으로 겹칠 수 있다. 알렉스 보레인(Alex Boraine)이 남아프리카 억압기구의 하급군인들에 관해 논의한 것처럼 가해자면서 동시에 피해자인 사람도 있다.118 반대로, 피해자임을 강조하면서 가해행위를 은폐하기도 한다. 1954년 독일헌법재판소가 1945년의 공직자 지위는 제3제국에 협조한 행위이므로 박탈해야 한다고 결정했을 때, 대법원은 해당 관리들이 "사실상 피해자인 자신들에게 가한 부당한 조치를 받아들일 수 없다"고 항의했다.119 마찬가지로, 1963-65년 아우슈비츠 경비병 재판에서 변호사는 "이 피고들도 히틀러의 피해자들"이라고 주장하였다.120 그 뒤 1969년 4월, 살인범죄의 공소시효를 늘리기 위한 의회의 2차 논의에서

공보장관인 귄터 딜(Günther Diehl)은 명령을 실행해 살인한 군인을 '나치체제의 피해자'라고 불렀다.[121]

나치가해자들도 다른 의미에서—요컨대 히틀러체제가 아니라 전후 처리과정에서—피해자임을 강조했다. 1950년, 일부 연방의회 의원들은 나중의 모호한 기준과 비교해서 "상대적으로 엄격한 기준 때문에 이른 시기에 탈나치정책의 대상이 된 사람들은 그에 합당한 '보상'을 제대로 받지 못했다"고 지적했다.[122] 같은 시기에 "나치에게 억압받은 사람에게 보상 실시하기 위해서 주로 사용된 용어인 "회복"(Wiedergutmachung)이 탈나치화과정에서 해고당한 관리들의 복직에도 적용"되었다."[123]

> 의심할 여지 없이, 전직 재판장들과 나치관료들은 자신들을 피해자로 간주하고, 당연히 회복(Wiedergutmachung)의 권리도 요구했다. 많은 국가·사회 엘리트에게 확실하게 각인되었던 현장교훈(Denkzettel)은 사라진 지 이미 오래였다. 스크리바(Scriba, 완전한 연금혜택을 되찾기 위해 노력한 전직 나치판사) 같은 인물은 그러한 교훈을 무력화시킨 대표적 인물이다.[124]

결국 이런 나치 가해자들은 스스로를 처음에는 히틀러, 나중에는 연합군에게 부당하게 피해받은 "이중의 피해자"로 간주했다.

서문에서 나는 노르웨이인 부역자 자손들이 전후에 어떻게 추방되었는지를 언급했다. 노르웨이 어머니와 독일점령군 사이에서 태어난 자식들의 운명은 더 가혹했다. 최근 그 자녀들이 결성한 단체가 노르웨이정부를 상대로 소송을 제기하여 부당한 처우의 대가로 한 사람 당 330,000달러의 보상을 청구했다. 법원은 공소시효가 지났다며 이 소를 받아들이지 않았으나, 2002년 12월에 노르웨이 의회는 1만에서 1만 2천 명에 달하는 자녀들에 대한 보상조치를 강구하라고 정부에 요구했다. 두

말 할 것없이, 이 자녀들은 어떤 의미에서도 가해자가 아니었다. 그들은 아무런 잘못을 "행한 게" 없다. 조상 때문에 그렇게 "간주"된 것이다. 전후 독일문제 처리에 관한 모겐소의 계획에서 보겠지만, 여기에는 나치와 크게 다르지 않은 본질주의적 신념이 작용하고 있었다. 노르웨이 자녀들에 미친 영향은 훨씬 덜 심각했으나, 관점은 비슷했다

국가적 차원에서 보면 오스트리아는 다양한 측면에서 나치만행의 피해자이자 가해자다. 1943년의 모스크바 선언은 1938년 히틀러의 오스트리아 합병을 "점령" 행위로, 오스트리아를 "히틀러의 첫번째 피해자"로 묘사하고 있다. 그런데 합병에 대한 오스트리아 내의 열광, 폭력적인 반유태주의, 그리고 많은 오스트리아인들이 나치당에 가입하고 나치의 만행기구에 적극적으로 가담했다는 사실은 잘 알려지지 않았다. "그들은 독일과 오스트리아를 합한 인구의 8%에 지나지 않았으나, SS부대 대원의 14%, 아우슈비츠 수용소에서 살인행위에 가담한 병력의 40%를 차지했다.[125] 수십 년 동안 공식적으로 피해자 지위를 유지한 덕분에 오스트리아인들은 집단적 자기착각과 잘못된 신념에 경도돼 있었다. 그것은 "공화국의 자기기만"이었다.[126] 이러한 오스트리아인들의 의식은 "1980년 크라이스키[역주10]정부가 실시한 여론조사에서 오스트리아인들이 '나치 사냥꾼' 지몬 비젠탈(Simon Wiesenthal)[역주11]을 증오의 대상으로 여기고 있다는 사실에서 잘 나타난다."[127]

"완전한" 공산주의 사회에서 대부분 사람들은 진정한 의미의 피해자이면서 동시에 가해공범이었다. 거칠게 말하면, 공식적인 강령을 아무도

역주10 브루노 크라이스키(1911~1990), 59~66년 외무장관, 70~83년까지 총리를 역임했다. 오스트리아에서 가장 성공한 사회주의 정치가로 인정받는다.
역주11 1908~2005. 오스트리아의 유태인학살 전쟁범죄 연구가. 아이히만을 비롯한 많은 학살자를 추적했다.

믿지 않는다는 것을 모두가 알지만, 그렇게 믿는 것처럼 말하고 행동하도록 강요받았다.[128] 이런 공공연한 거짓체제는 그 억압의 효력으로 설명할 수 있다.[129] 지도자들이 국민들에게 부당한 진술을 공개적으로 강요하는 이유는, 그들이 말하는 것을 믿게 하려는 게 아니라[130] 공범의식과 죄책감을 주입해서 도덕률과 저항능력을 약화시키기 위해서다. 말하자면 구동독 출신 어느 여성의 표현대로 그들은 주체적인 지위를 상실하여 "갑자기 '공개적으로 발언하지' 못하거나 '자기 생각'을 표현할 수 없게 되었다. 자신이 무슨 생각을 하고 있는지조차 정확히 알 수 없는 상태에 놓이게 된 것이다."[131]

피해자가 가해자와 협력하거나 편익을 제공하면 가해자로 간주되기도 한다. 즉 "아이히만을 재판에 회부한 법은 원래 이스라엘에서 유태인 부역자를 징벌하기 위해 제정한 법이었다. 이법의 처벌대상은 나치를 포함하여 그 누구도 예외를 두지 않았다. 특히 생존해있는 부역자가 진짜 목표였다."[132] 어떤 유태인들은 살해당하기 전에 시간을 벌기 위해서 독일인에게 협력했는데, 결국 이 행위가 다른 유태인 살해를 돕는 결과를 낳았다. 많은 경우, 부역행위는 감금하에 강제된 것이었다. 트레블링카 수용소에서의 행위때문에 1986년 이스라엘 법정에 선 존 데먀뉴크(John Demjanjuk)[역주12]에게 변호인이 던진 질문은 바로 그 사실을 강조하기 위한 것이었다. "수용소에서 감시인으로 일하거나 유태인위원회(Judenrat)

역주12　1920~2012. 우크라이나의 군인이자 독일강제수용소 교도관이다. 2차대전후 1951년 미국으로 이주. 1988년 이스라엘 하급법원은 그가 트레블링카수용소에서 '이반 뇌제'로 불리며 잔학행위를 한 혐의로 사형선고했으나, 1993년 이스라엘대법원이 다른 인물이라고 하여 무죄석방했다. 2001년 그가 비보프, 마이다네크, 블로센뷔르크 등의 수용소 교도관이었다는 사실이 드러나 미국시민권이 박탈되고, 2005년에 독일로 강제송환되었다. 뮌헨 법정에서 재판을 받던 2011년에 사망했다.

에 참여한 유태인들이 과연 자발적으로(모든 범죄의 주요 구성요소인 바로 그 자발성) 그런 행위를 했는가? 나치 또는 볼셰비키의 감옥에서 그가 러시아인도 아니고 독일인도 아닌데 과연 자기 의무를 자발적으로, 자유의지로 행했다고 볼 수 있는가?"

(4) 많은 가해자들은 자신의 행위를 통해 물질적으로 그리고 경력에 걸쳐 직접적인 혜택을 취득한다. 자신의 편익을 위해 행동하면, 그 행위자는 내가 "기회주의자"(opportunists)라고 부르는 범주에 속한다(5장 참조). 즉 "이미 1933년에 독일 의과대학생들은 경쟁에서 유리한 지위를 차지하려고 동료인 유태인 학생들을 탄압했다. 또 독일기업과 은행가들은 정부 규제정책의 도움으로 유태인기업가들과 경쟁에서 우월한 지위를 차지할 수 있었다."[133] 노예노동자나 강제노동자를 요청한 기업들은 그것이 이익을 창출할 수 있다고 생각했기 때문에 그렇게 한 것이다. 독일 점령 하에서 신문소유주들은 자기 신문을 독일의 선전매체로 제공하여 결과적으로 독점적 이익을 창출할 수 있었다. 아파르트헤이트 시절의 남아프리카에서 광업은 탄압과 수익창출의 도구였다.[134] 간접적인 편익을 가져다주는 경우도 있다. 예를 들어, 공산정권의 특권계급(nomenklatura)은 자신들의 개별적인 가해행위로 직접적인 혜택을 얻지는 않았으나, 그들의 호화로운 생활은 결국 그런 행위에 헌신이 가져다 준 결실이었다. 가해행위에 가담하지 않았으나 그 행위에서 이익을 본 수혜자도 부당한 수익의 환원을 거부하면 결국 가해자가 된다. 앞에서 본 것처럼, 1815년 이후 프랑스에서 이주자들도 국유재산 구입자에게 이런 논리를 적용했다. 1990년대 스위스 은행에게도 동일한 논리가 광범위하게 원용되었다. 물론 모든 수익자가 가해자는 아니다. 수익자 중에는 저항자도 포함된다. 따라서 반아파르트헤이트 활동가였던 데이비드 다이젠하우스(David Dyzenhaus)는 "아파르트헤이트의 일상적인 폭력이 모든 백인에게 가져

다 준 직접적인 이익은 '안락한' 생활이었다. 나를 포함한 여러 사람들은 여타 세계와는 완전하게 괴리된 사치를 누렸다"[135]고 썼다.

반대로, 다음 장에서 보겠지만, 일부 가해자들은 자기 행위에서 개인적인 이익을 얻지 못할 수도 있다. 또 그런 행위의 직접적인 동기와 관계없이 나중에 뜻하지 않은 혜택을 누리기도 한다. 헤르만 괴링(Herman Göring)[역주13]이 1923년 나치당에 가입했을 때, 나중에 어마어마한 개인적 부를 축적하리라고는 예상하지 못했다.

(5) 중립자를 가해자 및 저항자와 구별하는 기준이 모호해지기도 한다. 1장에서 본 것처럼, 솔론은 사회적 갈등 국면에서 아무도 중립적 위치에 머물러서는 안 된다는 법을 제정했다. 이 법이 번번히 무시되자 리시아스(Lysias)는 연설 "에스토스테네스에 반대하며"에서 같은 논지를 강조했다. 2차세계대전 중, 프랑스 망명정부와 레지스탕스의 몇몇 인사들은 독일에 대항해 적극적으로 투쟁하지 않은 사람들은 정부관리 임용에서 제외해야 한다고 요구했다.[136] 해방 이후 공산주의작가인 클로드 모건(Claude Morgan)은 "장 지오노(Jean Giono)의 침묵은 그 자체로 범죄였다"고 주장했다.[137] 여러 사람들이 독일과 여타 지역에서 유태인을 돕는 데 아무런 기여를 하지 않은 사람은 "방관자적 죄"를 범했으며, 유태인을 구하기 위해 목숨을 거는 행위는 의무를 초과하는 자비행위가 아니라 도덕적 의무의 일종이라고 주장했다.[138] 피터 노빅(Peter Novick)에 따르면 조력자 추념—예루살렘에 있는 야드 바셈(Yad Vashem) 기념관은 홀로코

역주13 1893~1946. 나치당 초기 당원이자 초기 나치돌격대 지휘관을 지냈고, 게슈타포를 창설했다. 35년 재군비 선언 후에는 나치공군 총사령관으로 공군을 창설하고 육성했다. 뉘른베르크 재판에서 사형을 선고받았지만, 소련 수석판사인 니키첸코의 반대로 군인 처형방법인 총살이 아닌 교수형으로 결정되자, 절망해서 집행 전날 감방에서 자살했다.

트 때 목숨을 걸고 유태인을 구한 만 명이 넘는 비유태인을 기념하고 있다—은 "올바른 소수자를 기념하는 목적은 올바르지 못한 다수를 심판하기 위함"이라는 배경에서 이루어진 것이다.[139]

한편, 무관심 또는 무대응도 저항의 형식이 될 수 있다는 주장도 있다. 특히, "대다수 프랑스인들은 비시정권의 반유태정책에 중립적이었지만, "이 협력의 부재는 어떤 경우에는 유태인을 위한 소극적 방식의 지원이자 반유태정책 추진의 실질적인 장애물이 되기도 했다."[140] 이 견해는 "나를 위한 게 아니라면 나를 반대한 것이다"는 논리와 비슷한 반면, 중립자를 가해자로 보는 견해는 "나를 반대하지 않으면 그게 곧 우리 편"이라는 생각을 반영한다.

(6) 피해자와 저항자가 늘 일치하는 것은 아니다. 나치정권의 주된 피해자였던 유럽 유태인의 상당수가 저항운동에 참여하지 않았다. 그것이 억압자에게 순종하는 오랜 전통 때문이었는지[141] 아니면 "최종계획"(final solution)을 저지할 자원과 기회를 박탈당한 탓인지[142]와는 관계없이 유태인들이 저항운동에 소극적이었다는 점은 사실이다. 사실은 논박의 여지가 없고 단지 설명만 허락될 뿐이다. 공산주의 치하에서 수많은 사람들이 정권의 피해자였고, 드러나지 않은 박해를 합하면 그 수는 훨씬 더 많지만(6장 참조), 반체제 세력은 아주 소수였고 정권에 반대하여 무기를 든 사람은 거의 없었다.[143] 이 사례가 시사하는 것처럼, 희생 자체는 저항의 원인도 그 결과도 아니다. 어떤 경우, 피해자가 저항자고, 저항자가 곧 피해자가 된다. 아프리카민족회의(African National Congress)와 2차세계대전 중 독일에 대항한 공산주의자들의 투쟁이 전자에 해당한다. 물론 후자의 사례도 매우 많다. 폭력으로 유지되는 정권이 반대세력을 향한 폭력행사를 자제할 가능성은 거의 없기 때문이다.

가해행위에 대한 저항과 무저항 간의 도덕적 차이가 강조되기도 한다. 1943년, 독일의 공산주의자 파울 메르커(Paul Merker)[역주14]는 다음과 같이 썼다.

> 유태인들은 히틀러의 침공과 박해를 받은 모든 민족들과 마찬가지로 자신들이 당한 피해에 보상을 요구할 수 있는 동일한 권리를 가졌다. 반대로 공산주의자들은 민족적 지위가 아니라 행위 때문에 박해를 받았다. 정치적 견해 때문에 처벌 받은 사람들은 "민족적, 종교적, 계급적 소수자"로서 박해를 받은 것이 아니다. 그들은 자발적으로 나서서 나치와 싸웠다. 이 "반파시스트 투사"들은 자발적 헌신으로 얻은 희생에 대해 아무런 물질적 보상을 기대하지 않았다. 그들에게 보상은 "나치에 대항한 모든 성공적인 전투와 최종승리 그리고 민주적 권력 건설이었다.144

메르커는 피할 수 없는 개인적 속성이 아니라 자유의지에 따른 행위로 박해를 당했을 때에는 피해자로서의 도덕적 근거가 약하다고 주장하는 것은 아니다. 대신 그는 피해(victimhood)라는 용어가 부적절하다고 지적한다. 히틀러에 대항하다가 고생한 독일인은 피해자가 아니라 **순교자**였다. 이러한 순교 행위에 대한 보상은 종교적 신념을 가진 사람이 겪는 고초에 대한 보상과 같은 맥락에서 이해되기도 한다. 바츨라프 하벨은 가족이 빼앗긴 재산을 보상받기는 했으나, 자신이 감옥에서 보낸 세월에 대한 보상을 요구하지는 않았다.

(7) 피해자와 촉진자가 겹치기도 한다. 1945년 이후 헝가리에서는

역주14 1894~1969. 독일공산당 활동가. 이후 동독집권 독일사회주의통일당(SED) 총서기가 된다.

"많은 유태인들 또는 반유태법의 피해를 입은 사람들이 수사와 기소에 참여하거나 재판관 등으로 많은 역할을 수행했다. 따라서 이제는 과거에 헝가리인들이 내린 판결로 피해를 본 유태인들이 그 보복의 일환으로 헝가리인들을 판결하는 형국으로 전환되었다는 주장이 많은 설득력을 얻게 되었다."145 (다음 단락의 예도 볼 것.) 피해자들은 또한 정부를 압박해 기소를 촉구하기도 한다. 3장에서 나는 그리스에서 피해자들이 고문자들을 어떻게 기소했는지 언급했다. 아르헨티나에서는 "5월 광장의 할머니회"가 독재체제에서 납치된 피해자의 자녀들을 찾고 유괴범을 법정에 세우는 데 주요한 역할을 담당했다.

(8) 저항자와 촉진자가 겹치는 경우는 더 많다. 이미 언급한대로, 2차세계대전 이후의 여러 재판에서 레지스탕스 활동에 참여했던 사람들이 판사와 배심원을 맡았다. 프랑스에서는 "비시(Vichy)에 맞서서 투쟁하거나 그 체제에서 고생한 사람들이 비시를 고등법원에서 판결했다."(1945년 7월 29일의 포고령으로 고등법원이 전쟁포로와 정치범을 재판할 수 있게 되었다).146 남아프리카에서는 반아파르트헤이트 운동에 앞장 선 ANC가 진실화해위원회에서 핵심적인 역할을 담당했다. 동유럽에서 과거 반체제인사 중 일부는 공산정권 지도자와 관련인사들을 기소하는 데 앞장 섰지만, 반면 체제 붕괴에 견인차 노릇을 한 일부 인사들은 의식적으로 관대한 태도를 보이기도 했다. 체코슬로바키아의 경우 바츨라프 벤다(Václav Benda)와 바츨라프 하벨(Václav Havel)이 각각 전자와 후자를 대표한다. 폴란드에서는 야로스와프 카친스키(Jaroslaw Kaczynski)[역주15]와

역주15 1949~. 2005년 대통령에 취임한 레흐 카친스키의 일란성 쌍둥이 형으로 2006년 총리로 취임. 학창시절에는 노동자보호위원회(자유노조의 전신), 1980년대에는 자유노조에서 활동했다.

타데우시 마조비에츠키(Tadeusz Mazrowiecki)[역주16]로 대표되는 솔리다리티 시절의 우파와 좌파 진영이 여기에 속한다.

(9) 8장의 4절에서 좀더 상세하게 검토하겠지만, 중립자도 촉진자 역할을 수행한다. 9장의 6절에서 논의한 메커니즘에 따르면 가해자도 역시 촉진자로 바뀔 수 있다. 물론 가해자가 방해꾼이 되는 게 더 일반적인 현상이다. 이행기 정의를 실천해야 할 법관이나 관리가 이전체제를 이끌었던 기구의 일원이었을 경우, 그들은 결정을 미루거나 법 해석을 달리하는 등의 가능한 수단을 동원해 그 진행을 방해한다. 1815년 푸셰(Fouché)의 행위가 그 한 예다. 폴란드뿐만 아니라 남아프리카에서도 이행기 이후의 법관들은 사법권 독립을 명분으로 외부 개입에 반발했다. 사실, 이 법관들은 아파르트헤이트 또는 공산주의 치하에서 자신들의 독립성이 침해받는다고 항의한 적이 거의 없었다.[147] 히틀러 시대 판사의 경우, 법실증주의의 소급적용도 같은 목적을 지향했다. "나치 시절 모든 판사들은 국가사회주의의 사법정책이 법실증주의에 정면으로 위반된다는 걸 알고 있었지만, 그들은 단지 법에 따라 판단할 뿐이며, 나아가 바이마르공화국 시절에 민주적 교수들에게 교육받은 결과라고 주장했다. 이것은 나치 시절 자신들의 행적을 안전하게 변명하는 구실이기도 했다."[148]

이런 경향은 조사 대상인 관리가 기술적으로는 가해자가 아닌, 즉 법적 처리대상이 아닌 경우에도 작용한다. 1945년 이후 독일,[149] 프랑스[150], 이탈리아[151]와 탈공산화된 국가[152]의 사례에서 본 것처럼, 이전체제의 기득권자들은 종종 이행기 정의의 실천을 무력화하기 위한 자신들

역주16 1927~2013. 언론인, 노조운동가. 폴란드 민주당 정치인. 솔리다리트 운동 지도자. 2차대전 후 중앙유럽 최초로 집권한 비공산주의 총리다.

만의 연대활동을 강화한다. 남아프리카의 타협적 이행과정은 백인정권 시절에 임명된 검찰총장의 잔여임기를 허용하여 활동의 독립성을 공식적으로 보장하는 조항을 포함하였다. "이러한 독립성 보장이 과거 범죄를 기소하기 위한 새로운 질서 내에서 정치적 압력으로 작동하기 바랐다."153

(10) 수혜자는 피해자 행세를 하면서 자신들이 불법으로 얻은 이익을 보호하기 위해 이행기 정의를 방해하는 훼방꾼이 되기도 한다. 1945년 이후 독일에서는 이른바 "정직한 반유태주의자(honest Aryanizers)"를 자처하는 "정직한 보상을 위한 연맹"이 자신들을 "보상 과정의 피해자"로 규정하며 보상을 촉구하는 활동을 했다. 그 단체는 "CDU/CSU(기독민주당과 그 산하의 바바리안(Bavarian) 지부)와 FDP(자유민주당)에 참여하여 중요한 영향력을 행사했다. 연방정부와 언론계에서도 동조하는 세력이 생겨나기 시작했고 나중에는 보상관련법의 입법을 방해하고 유태인에 대한 적대감을 부추겼다."154 6장에서 더 논의한 것처럼 해방 이후 프랑스에서는 약탈한 유태인재산을 지키기 위한 단체가 결성되어 활동하다가 정부에 의해 금지되기도 했다.

(11) 더 놀랍게도 수혜자들이 촉진자로 활동하는 경우도 있다. 몰수된 재산을 구매하여 수혜를 본 사람들은 원상복구를 방지하기 위해 과거소유자에 대한 배상을 옹호하기도 했다. 1815년 이후 프랑스에서 실시한 국유재산 사례가 그것이다. 국가가 배상금을 지불하고 그에 상당하는 부담금을 구입자에게 청구하지 않는 한 원소유자의 보상에서 구입자는 이중의 이익을 취했다. 첫째, 보상은 원상복구의 위험을 제거했다. 둘째, 재산을 둘러싼 정치적 불확실성과 의문시되는 출처 때문에 가격이 인위적으로 낮게 유지된 자산의 가치가 상승했다.

제4장 이행기 정의의 구조 **161**

VI. 이행기 정의의 결정

이행기 정의의 결과는 일련의 입법적, 행정적, 사법적 결정으로 나타난다.[155] 앞에서 언급한 것처럼, 이 여러 결정들이 앞으로 이어질 여러 장의 설명항 또는 종속변수를 구성한다. 이 장의 나머지 절은 의사결정자들이 흔히 부딪히는 질문 범위와 이 과정에서 그들이 준비한 답변 범위를 살펴본다. 앞으로 분명해지겠지만, "결정"의 상당수는 여러 대안 중에서 심사숙고하여 스스로 고른 선택이 아니다. 타협적 이행에서(7장) 어떤 선택지는 퇴장하는 지도자들이 권력을 넘겨주는 조건으로 배제되기도 하고, 또 어떤 경우에는 다른 해결책을 모색하는 가운데서 의도치 않게 등장하기도 한다.

대부분의 사례에 공통으로 등장하는 첫번째 질문은 과거의 잘못된 행위를 어떻게 처리할 것인가와 관련된다. 3장에서 과거문제를 거론하는 것을 의도적으로 회피한 여러 이행 사례들을 살펴봤다. 그 중에서 자발적인 동의로 결정된 사례는 스페인의 1976-78년 이행이 유일하다. 브라질과 칠레에서는 군부의 자기사면장치 때문에, 로디지아에서는 영국정부 때문에, 우루과이에서는 기소에 대한 군부반발의 두려움 때문에 그런 결정이 이루어졌다. 구소련의 경우, 공산주의 몰락 이후 이행기 정의의 전면적인 부재는 자발적인 집단적 결정의 소산이 아니라, 정의에 대한 조직적인 요구의 부재 때문이었다.[156] 프랑스에서 1차 왕정복고 때의 헌장은 과거의 정치적 견해와 투표행위를 면책하고 국유화된 재산의 존속을 선언했는데, 이 결정은 상당부분 연합국측 요구에 따른 것이었다.

새롭게 들어선 민주체제가 과거와 직면하게 되면 대답해야 할 수많은 질문들이 등장한다. 예를 들어 **정의와 진실** 중 무엇을 **선택**할 것인가가 그 중 하나다.(다소 약하기는 하지만 정의보다 진실을 우선시하는 결정이 의식적으로 이루어지지 않았다 해도 낮은 기소율과 과거의 가해행위에 대한 정보제공 간에는 간접적인 인과관계가 있다.)[157] 1982년 이후 설립되어 활동한 20여 개가 넘는 진실위원회는 대부분 가해자의 이름을 밝히지 않았고, 처벌을 제안하지도 않았다. 남아프리카진실화해위원회는 대표적인 예외인데, 여기서도 정치적 동기로 자행된 가혹행위는 기소를 면제했다. 엘살바도르의 진실위원회는 가해자 실명을 공개했으나, 위원회의 보고서가 발간된 지 5일만에 의회는 전면적인 사면을 결정했다. 브라질에서 상파울로 교구(Archdiosese of São Paulo)가 실명을 공개한 444명의 고문행위자들은 이미 사면된 상태였다. 칠레와 아르헨티나에서 1990년대에 등장한 "진실재판"은 사면법 때문에 기소로 이어지지 못했다.

동유럽에서는 공산정권 아래 자행된 가혹행위에 대한 기소가 거의 이루어지지 않았다. 과거의 상당부분이 베일에 가려져 있었다. 동시에 기밀문서에 대한 개인열람이 허락되면서 그 베일의 일부가 해제되어 공산주의 치하에서 친척, 친구, 동료들이 자신을 어떻게 감시했는지 확인할 수 있게 되었다. 과거 동독의 경우, 1997년까지 약 3, 4백만 명에 달하는 사람들이 개인기록 문서열람을 요청했다. 폴란드에서는 국립기억연구소가 2002년까지 자기 문서를 열람하기 원하는 사람들에게서 수만 건의 신청서를 접수했으나, 예산부족으로 100건 이상을 처리하지 못했다.[158] 체코정부는 과거 정보원들의 실명을 공개하는 더 적극적인 조치를 취했다. 2003년 3월 20일, 동료와 이웃의 동태를 공산정권에 알려준 수천 명의 첩자와 정보원 명단을 웹사이트에 공개하고 아울러 인쇄물로 제작하여 공개했다. 이 리스트에 따르면 거의 130명 중 1명 꼴로 비밀경찰의 첩자 노릇을 하고 있었다.

새로운 정권이 응보적 정의와 배상적 정의를 실천하기로 결정하면 훨씬 더 복잡한 결정이 뒤따른다.[159] 나는 우선 가해자와 피해자의 정의와 이 행위자들을 적절하게 처리하는 방식과 관련되어 있는 **여섯 가지 유형의 실질적인 정치적 결정**을 둘러본 다음, 그들을 새로운 체제의 일관된 관리 아래 두는 중요한 절차적 결정을 검토하기로 한다. 이행기 정의는 사실 그 극적이고 외상적인 실체뿐만 아니라 통상적인 적법절차를 벗어나는 다양한 일탈로 특징지어진다.

(A) 첫째, 무엇이 가해행위고 누가 가해자인가를 결정해야 한다. 뉘른베르크에서는 평화에 반한 죄(jus ad bellum), 전쟁범죄(jus in bello) 그리고 인도에 반한 죄가 주요혐의였다. 도쿄재판도 비슷했다. 이 두 경우 평화에 반한 범죄를 실행하기 위한 "모의"(conspiracy)는 그 자체로 범죄로 간주했다. 모의의 개념은 광범위하게 적용되었다. 뉘른베르크의 미국측 수석판사인 프란시스 비들(Francis Biddle)이 영국측 수석검사 데이비드 파이페(David Fyfe)에게 물었다. "어느 나치돌격대(SA) 대원이 1921년에 참여했다가 그 다음해에 그만두었다면 그를 침략전쟁 모의로 유죄로 볼 수 있는가?" 파이페가 답했다. "그렇다. 나치당을 지지하기 위해서 1921년에 나치돌격대에 적극적으로 참여했다면 이 당의 정강을 지지한 것으로 봐야한다."[160] 도쿄재판에서는 "일련의 사건에서 모의 존재를 추론하는 입증방법이 논의되었다."[161] 일본이 1930년대 초반에 소련의 불가침조약 제의를 거절한 사실과 이 제의가 매우 "진지했음"을 보여주는 사실에서 재판부는 "일본이 소련에 대한 침략의사를 가지고 있었음을 추론했다."[162] 다하우(Dachau), 마우트하우젠(Mauthausen), 부헨발트(Buchenswald) 재판에서 미국측 검사는 **공동기획**(common design)―넓은 의미에서 모의―을 가해자를 특정하기 위한 개념으로 사용했다.[163]

가해행위는 네 가지 유형의 개인을 포함한다. 첫째, 범죄인 가해행위를 **명령한** 자다. 동독의 국가방위위원회는 국경에서의 발포행위 책임을 물어 3명에게 유죄를 확정했는데, 발포 명령을 결정적으로 입증할 증거가 없었는데도, "그들의 행위가 국경을 넘는 사람을 죽음에 이르게 할 수 있다는 반박불가능한 인식"은 유죄를 입증하기에 충분하다고 판단했다.[164] 둘째, 명령을 **실행한** 자다. 셋째, 논리적 연장으로서 경령한 자와 그 명령을 실행한 자 사이의 지휘계통을 **중계한** 자가 포함된다. 따라서 6명의 동독 장성들은 1996년에 국경발포로 3년 6개월에서 최고 6년 6개월에 해당하는 징역형을 선고받았다. 아이히만도 **컨베이어 벨트** 가해자였다.[165] 넷째, 더 확장적 유형으로서, 피해자를 결박하여 고문을 도와주는 행위처럼 가해를 의식적으로 **촉진한** 사람도 가해자에 포함된다.[166] 모리스 파퐁(Maurice Papon)은 (여러 혐의 중에서) 보르도 지방의 유태인등록부를 보관하고 있다가 독일당국에 넘긴 이른바 "책상범죄"(crime de bureau)로 기소되었다.[167] 2차세계대전 중에 유태인 추방 과정에서 수송을 맡았던 국립 프랑스철도회사(SNCF)를 고소하려는 시도도 있었다.[168] 2차세계대전 중에 독일이 점령한 국가 중에서는, 적과 경제적으로 협력한 행위를 자국민에 대한 가해를 촉진한 것으로 **국가모독** 또는 **매국행위**로 규정하여 처벌하려고 한 사례도 있다.

정치적 목적으로 자행된 가해행위는 기소에서 제외되기도 했다. 1946년 이탈리아의 사면법이 그 한 예다. 가장 잘 알려진 사례로 남아프리카공화국을 들 수 있는데, 무엇을 정치적 동기로 해석할 것이냐를 두고 혼선이 있었다. 특히 인종적 혐오 때문에 저지른 가해 행위도 정치적 동기로 해석할 수 있는가를 두고 논쟁이 있었다. 두 사람의 흑인경비원을 살해한 혐의로 유죄판결을 받은 판 슈트라텐(van Straaten) 4형제들은 자신들이 "순전히 인종적 혐오" 때문에 일을 저질렀기 때문에 사면 되어야 한다고 주장했으나, 판사는 "인종주의는 그 자체가 잘못된 의지의 소산이자 만행에 해당하며 정치적 동기를 형성하지 않는다"고 판결했다.[169] 반대로 백인인 미국인 학생 에이미 비엘(Amy Biehl)[역주17]을 살해한 네 명

역주17 1967~1993. 스탠포드대 졸업생이자 반아파르트헤이트 운동가로 케이프타운 주민들에게 살해당했다.

의 흑인 젊은이들에게는 사면을 허락했다. 사면위원회의 결정에 따르면,

> 학생정치단체인 파소(PASO)의 회원인 그들은 PAC(범아프리카 의회)의 열성적인 후원자들이었고 이 조직의 정치철학과 정책을 충실하게 이행했다. 그들은 물류회사 차량에 돌을 던져서 타운십의 물류조달을 어렵게 만들어 결국 정치적 분규를 야기하고, 이 지역이 정치적으로 통제불가능한 상태가 되는 데 기여했다. 이런 측면에서 그들의 활동은 국가를 상대로 하는 해방투쟁을 도운 셈이다. 그러나 에이미 비엘은 민간인이었다. 그렇다면 질문은 이런 정치적 분규 가운데서 그녀가 왜 살해되었는가다. 그녀를 공격한 사람들이 일순간 흥분하여 통제력을 상실하고 끔찍한 폭력에 사로잡혀서 그런 일을 저질렀다고 볼 수도 있다. 사면요청자 중 한 명은 자신들이 "백인 한 사람당 총알 한 방"이라는 슬로건에 충실했다고 진술했다. 그들에게 이 슬로건은 모든 백인이 흑인의 적임을 의미했다. 당시 에이미 비엘은 그들에게 백인사회의 대표로 보였다. 그들은 APLA(Azanian People's Liberation Army)이 백인민간인을 살해하여 정부에 중요한 정치적 메시지를 보냈다고 믿었다. 이런 활동을 강화하여 정부를 정치적으로 압박하면 백인들의 도덕적 흠결을 드러내고 결국은 정권이 남아프리카에서 다수를 점하고 있는 흑인들에게 넘어오게 될 것이라 본 것이다. 신청인들의 행위를 이런 각도에서 본다면, 그들의 범죄는 정치적 목적과 관련된 것이다.[170]

그러나 "이 공격이 백인지배에 대항하는 민중봉기의 맥락에서 발생했으나, (…) 판 슈트라텐 살인사건은 많은 백인들이 극우백인우월주의자 조직을 결성하여 흑인에 대한 폭력행위가 거의 일상화된 지역에서 일어났다."[171] 이 형제들은 정치적 단체의 회원으로 참여하거나 혹은 정

치적 강령에 따라- 활동하지는 않았으나 흑인 젊은이들과 마찬가지로, 정치적 모임에 참여한 것은 사실이었다. 이 두 경우, 강도행위도 포함되었다. 이런 유사성에도 불구하고, 위원회는 두 사건에 상반된 결론을 내렸다.

독재정권 지도자들은 **반역죄**로 기소되기도 했다. 여기에는 협의의 범죄로서 외세와 협력 또는 광의의 범죄로서 불법적 수단을 동원해 합법적인 정권을 전복하려는 모든 시도가 포함된다. 이러한 혐의는 독일 점령국가에서 고위급 정치지도자(예를 들면 페탱(Petain)과 라발(Laval)에서 크비슬링(Quisling)에 이르기까지)를 처벌할 때 주로 원용했다. 구공산주의 국가에서는 세 건의 비극적 사건에 반역혐의가 적용되었다. 1956년 부다페스트 봉기, 1968년 소련의 체코침공, 그리고 1981년 폴란드의 계엄 선포가 그것이다. 불가리아에서는 반역죄가 적용되지는 않았는데, 그 이유는 불가리아가 전통적으로 러시아와 친밀한 관계를 맺고 있었기 때문이다. 칠레에서는 인권단체와 군사독재정권 시절 피해자가족들이 2000년에 피노체트를 반역죄와 간첩죄로 고발했다. 칠레 사례도 앞의 사례와 마찬가지로 광의의 반역죄가 아니라 협의로 정의한 반역죄를 적용했다. 2장에서 설명한 것처럼, 기원전 411년에 참주들은 협의의 반역죄 혐의를 받았다. 당시에는 민주주의 전복에 죄를 물을 수 있는 법적 기초가 없었기 때문이다.

응보적 행위는 **일방**인가 아니면 **쌍방**인가-말하자면, 가해행위를 이전 정권 인사나 협력자에게만 적용할 것인가 아니면 그 정권에 저항한 사람에게도 적용할 것인가는 매우 민감한 문제다. 남아프리카의 진실화해위원회 활동을 규정한 "국가통합 촉진 및 화해를 위한 법"은 해방운동 참여자들과 공권력을 행사한 사람들 모두 같은 기준을 적용했다. 데스몬드 투투 주교는 "만일 아프리카민족회의(ANC)가 자신들도 인권유린에 책임이 있음을 공식적으로 인정하지 않으면 위원장직을 그만 두겠다고 압력을 행사했다."[172] 위니 만델라의 활동에 대한 청문회는 위원회가 단순히 립서비스 차원에서 그런 발언을 한 것이 아님을 잘 보여주었다. 아르헨티나에서 알폰신 대통령은 기소원칙을 정하면서 "국가뿐만 아니라 반정부 테러행위도 처벌대상이다"고 천명했다.173 마찬가지로 칠레의 진실화해위원회도 국가폭력뿐만 아니라 반정부 테러행위도 조사대상에 포함했다. 이 위원회의 보고서에 따르면 총 인권유린 행위 중 4%가 후자에 해당했다. 반면 독일 점령국가에서 레지스탕스가 행한 부당한 살해행위는 공식적인 재판에 회부하지 않았다.174 그러나 나중에 레지스탕스에게 무고하게 희생된 사례가 공식적으로 확인되기도 했다. 이탈리아의 1946년 사면법은 "의도적으로 복수행위를 한 빨치산에 대해서 형사기소를 면제했고, 또한 유죄판결을 받은 많은 파시스트들도 나중에 부르주아적 삶을 되찾을 수 있었다."175

이와 대조적으로 1815년 12월 급진왕당파로 구성된 프랑스 의회가 사면법을 논의했을 때, 프랑스 남부와 서부에서 개인을 대상으로 저지른 범죄로 기소된 왕당파를 사면에 포함시키자는 제안을 거부했다. 그러나 이 사면법안은 이행기 "이후"에 범한 범죄에 관한 것이었다. 신정부는 자신들의 권위를 인정받으려고 지지자들이 이행기 이후에 범한 범죄에 대해서 이행 이전에 반대파들이 범한 범죄에 필적할만큼 엄격하게 다루었다. 그리하여 1944년 해방 이후 프랑스에서는

> 정부는 일종의 상징적 조치로서 폭력의 위협 앞에서는 관용을 베풀지 않을 것임을 분명히 했다. 지난 10월 모베쥬(Maubeuge)에서 성난 군중들이 지역 교도소로 몰려와 드골 장군이 사형집행을 면제한 두 명의 나치부역자 처형을 요구했다. 군중들은 요구가 관철되지 않으면 다른 제소자들을 희생양으로 삼겠다고 위협했고, 세 명의 FFI(프랑스 치안대) 장교들은 군중들의 요구를 수용해서 그들을 처형했다. 이 세 명의 책임자들은 파리에서 열린 재판에 회부되어 5년에서 7년형을

언도받았다. 1945년 초에는 수많은 레지스탕스들이 체포되어 정당한 절차 없이 처형되었다.[176]

우리는 또한 이행기 **이후**에 저지른 범죄를 쌍방에 공평하게 적용한 사례들을 관찰할 수 있다. 앞에서 언급한대로 독일에서 1945년 5월 8일 이후의 범죄를 대상으로 한 1949년 12월 19일의 사면법 조항은 예외없이 쌍방에 적용되었다.

이 법은 과거의 국가사회주의자들이 반파시스트에게 저지른 범죄든 그 반대든 할 것 없이 동일하게 취급했다. 나치청산법의 적용을 피하기 위해 공무원에게 뇌물을 준 사람들은 정치적 의도에 따라 행동한 것으로 간주했다. 연합군이 시행한 산업해체계획에서 노동자를 구타하거나 전직 나치관료들에게 앙갚음을 한 사람들에게도 역시 같은 잣대를 적용했다.[177]

(B) 다음으로 이렇게 정의된 가해자를 어떻게 처리할 것인지를 결정해야 한다. 처벌 범위는 처형, 추방,[178] 강제노역, 징역, 집행유예, 시민권 및 정치적 권리박탈, "피해자 지위" 사후박탈,[179] 몰수, 벌금 등을 포함한다. 1945년 이행 이후, 여러 나라에서 사형제도가 부활되기도 했다(덴마크, 네덜란드, 노르웨이). 앞에서 언급한 것처럼 프랑스에서는 특정 개인을 지정하여 반역자로 공식발표해야 한다는 주장이 있었으나 무산되었고, 영국정부도 1943년에 같은 고민을 하다가 결국 철회했다.[180] "국가모독죄"로 유죄를 선고받은 사람은 시민적, 정치적 권리가 박탈되었다. 적과 경제적으로 협력했을 경우에는 수형이나 벌금부과에 앞서서 이익 및 재산환수 조치를 먼저 시행했다. 네덜란드에서는 형량협상제도를 널리 사용하는 특별한 형태의 처벌—예를 들면 젊은 여성들에게 가정집의

하녀로 봉사하도록 명하는 조치―을 도입하기도 했다.[181] 공산주의 붕괴 후에 공산당 고위간부와 비밀경찰에 협력한 자들은 선거직 또는 임명직 지위를 맡을 수 없도록 한 조치도 도입했다. 이 조치는 응보적 행위가 아닌 일종의 자격정지 조치로서 미래지향적이라는 평가를 받았지만, 그 대상자들은 이러한 조치를 처벌의 일종으로 이해했다. 가해자 명단을 발표하거나 그 신원을 확인할 수 있는 문서 공개 등의 조치도 가해자에게 미치는 부정적 효과를 감안한다면 처벌이나 다름 없었다. 이런 공개가 응보적 효과를 갖는 한, 진실과 정의의 이분법은 모호해진다. 예를 들어, 독일의 비밀경찰기록관리청(Gauck Agency)은 "공공 기록 관리(정보의 제공)와 처벌을 목적으로 하는 수사기구의 혼합체로 볼 수 있다."[182]

벨기에, 덴마크, 노르웨이 등 독일과 경제적으로 협력한 혐의를 일반법원에서 다룬 국가에서는 통상적인 유형의 법적 제재를 적용했다. 네덜란드와 프랑스처럼, 이 범죄가 숙정위원회와 같은 특별기구로 넘어가면 특별한 제재조치를 적용했다.[183] 여기에는 특정한 형태의 기업이나 산업분야 또는 프랑스처럼 언론이나 출판 등의 분야에 진출하는 것을 금지하는 조치 등이 포함되었다. 7장에서 더 보겠지만, 프랑스에서는 특정 기업의 공공사업 참여를 금지하기도 했다. 네덜란드에서 "나치협력자들은 점령기간 중 자신이 속한 산업분야에서 요구하는 애국적 행위의 일반적 기준에 따라 판결되었다. 이 기준은 산업분야에 따라 매우 다양했다."[184]

(C) 새로운 체제는 재판에 회부되지 않은 공직자(군 장교를 포함하여)에게도 다른 형태의 제재를 가하기도 했다.[185] 새로운 체제가 새 체제를 이끄는 사람들과 후원자들에 대한 보상 조치 일환으로 구관리를 교체하는 경우, 숙정작업은―체제변화가 선거와는 달리 예측하기 힘든 상황에서 일어난다는 차이점이 있으나―미국정치의 엽관제(spoil system)와 비슷했다. 1848

년의 프랑스처럼[186] 인적교체가 단순히 새로운 정부가 생각을 같이 하는 인사를 등용하기 위한 조치의 일환으로 이루어지는 경우, 물러나는 구관리들에게 그런 조치를 할 정당한 사유가 있는가 여부는 문제가 되지 않았다. 이 장에서는 이 사례를 다루지는 않고, 대신 정치적인 과오로 물러난 사례에 초점을 맞춘다. 이 사례들이 지향하는 목표는 과거의 잘못된 행위를 처벌하거나 또는 앞으로 끼칠 수 있는 해악을 예방하는 것이다. 각각 적용되는 제재조치를 살펴보면 두 동기의 차이가 어느 정도는 구분된다. 지위강등, 전보, 견책 등의 조치는 징벌적 동기를 예방적 동기보다 더 중요시 한 것으로 볼 수 있다. 반면, 영구면직 조치는 두 동기가 혼합된 것으로 볼 수 있다.

　　가장 널리 알려지고 많이 연구된 사례는 독일 점령국가에서 행한 1945년 이후 조치들이다. 프랑스에서는 군인에게 다른 분야의 관리보다 더 엄격한 기준들 적용했다. 군인은 비시정권에 협력해서는 안됐을 뿐만 아니라, "저항의 의무"[187]를 이행했어야 했다. 노르웨이어서 1942년의 단체사직 결정에 따르지 않은 관료들은 해방 이후 사퇴해야 했다.[188] 41명의 지방경찰서장 중 1명만 제외하고 전부 사직했다.[189] 네덜란드에서는 전쟁 전에 지명된 대법관 후보자들 전부 임명을 철회했는데, 점령하 벨기에나 노르웨이 대법관의 용기있는 활동과는 전혀 다르게 독일에게 수동적인 태도를 보였다는 게 그 이유였다. 그러나 "전전에 임명된 판사들은 이런 혐의를 인정하지 않았다. 그들은 대법원만이 판사 해임권한을 갖는다는 헌법조항을 인용했다."[190] 정부는 결국 이 거부권을 받아들일 수밖에 없었다. 덴마크에서는 행정부를 숙정하기 위해 "국가모독행위" 기준을 도입했다.[191] 법원의 해석에 따르면 이런 행위에는 독일의 승전을 바라는 견해가 담긴 발언, 덴마크가 독일에 점령된 것을 긍정적으로 보는 표현, 연합군 비방, 히틀러에 대한 동조, 반유태주의 발언, 레지스탕스활동에 대한 부정적 발언 등이 포함되었다.[192] 프랑스는 해방 이후 여론조사를 통해 관리의 3분의 1을 숙정했다.[193] 점령군에 대한 과도한 관심도 기준의 하나로 활용되었다.[194] 대부분 국가에서 공직자 숙정을 겨냥한 법률조항들을 매우 일반화된 용어로 기술해서 해석상의 여지를 많이 남겨놓았다. 이에 반해서, 프랑스 지방정부관리들을 평가하기 위해 도입한 점수제도가 실제로 적용되었다면 특기할만한 예외사례가 되었을 것이다.

원칙적으로 정치적 과오에 대한 제재는 직업적인 이유로 가하는 제재와 확연하게 다르다.(앞에서 언급한 것처럼, 프랑스에서 이 두 조치는 적법절차에 따른 보호수준이 다르다.) 실제로 새로운 체제는 정치적인 동기의 제재를 은폐하기 위해 직업적 제재를 이용하기도 한다. 이런 "가장된 숙정"[195]은 가해행위와 함께 "무능력"을 공직박탈의 기준으로 삼았던 독일의 통일 초기 과정에서 나타났다. 독일통일협정은 "대상자가 전문적 기술이나 직무가 요구하는 적성을 충족하지 못하면" 공직을 박탈한다고 규정하고 있다.[196] 클라우스 오페가 지적한 것처럼, 이 조항은 수많은 공직자들을 논란의 소지가 있는 정치적인 기준이 아니라 순전히 기술적인 이유로 해임할 수 있는 근거를 제공했다.[197] 만일 구동독 대학의 마르크스-레닌주의 학과 교수를 정치적으로 해임하기 곤란하면 통일독일이 새롭게 요구하는 교육수요에 부응할 능력부족으로 해임할 수도 있었다. 서독 대학에서 포스트모더니즘 문학비평을 가르치는 교수들은 이런 자질을 과연 얼마나 구비하고 있을까 되물을 수도 있는 사안이다.[198]

순전히 처벌을 목적으로 하는 숙정이 마치 예방적 목적을 가진 것처럼 비칠 때 위와 유사한 구실이 나타난다. 체코와 슬로바키아에서 1992년 숙정법 반대가 커지자, 인권단체를 변호하던 변호사단체는 이렇게 지적했다. "아무리 부정해도 이 법의 목적은, 과거에 잘못을 저지른 사람이 여전히 중요한 관직을 유지하면서 결과적으로 과오로부터 이익을 얻는 것을 방지하는 효과를 거두는 데 있음은 분명하다. 이것이 과거, 특히 매우 오래 된 과거에 왜 관심을 드는가에 대한 유일한 설명이다."199 구능력이나 새로운 체제에 주는 현실적인 위협 등과 같은 "객관적" 또는 미래지향적 기준은 내가 2절에서 간략히 언급하고 8장에서 자세히 검토한 이유 때문에 처벌을 바라는 주관적 욕망보다 더 잘 받아들여진다.

    (D) 공직자에 대한 제재결정을 내리면, 실행수단을 강구해야 한다. 프랑스에서 1944년 숙정 전에 적용가능한 유일한 조치는 영구적으로 공직에서 배제하는 것이었다.200 1944년 6월 27일의 포고령은 가장 포괄적인 제재조치로서, 여기에는 전직, 좌천, 정직, 조기퇴직, 일시적 또는 영구적 연금지급 금지, 일시적 또는 영구적 업무배제, 무연금 강제퇴역, 훈장 및 훈격 박탈 등이 있었다. 덴마크의 경우, 면직된 공무원은 연금의 1/5에서 100%까지 받을 수 있었는데, 면직사유에 따라 받을 수 있는 연금 비율(1/4, 1/3, 2/5, 1/2, 3/5, 2/3, 3/4, 4/5)을 정했다.201 많은 경우, 제재조치는 비공식적인 형태로 이루어졌다. 자기 동료에게서 독재정권과 야합했다고 평가받은 사람은 그후 경력을 제대로 발휘할 수 없었다. 따라서 해방 이후 프랑스 어느 법원 감사관은 비시정권을 옹호하는 발언을 한 판사에 대한 적절한 처벌수단을 찾을 수 없다고 결정한 다음, "후배가 먼저 승진하는 것을 지켜보는 것만으로 충분한 처벌이 된다"202고 제안했다. 계량화하는 것은 불가능하지만, 이런 비공식적인 지위박탈은 이행기 국면에서 아주 공통적인 현상이다. 서열과 승진이 전부인 관료조직에서 이 조치가 공식적인 처벌보다 더 큰 피해를 안겨줌은 물론이다.

    (E) 피해자들을 보상하려면 어떤 유형의 고통이 피해를 구성하는지 결정해야 한다. 이 문제는 6장에서 더 길게 다룰 예정이다. 여기서는 우선 예비적으로 간략하게 살피기로 한다. 첫째, 고통은 **물질적**(재산상 손해)

이거나 **인격적**(인권침해)이거나, 또는 **무형적**(기회상실)이다. 보상을 목적으로 무엇을 고통으로 계산할 것인가는 새로 들어선 체제의 성격에 따라 정책적 해석이 각각 다르게 나타난다. 이에 대해 "물질적 손해배상과 대조적으로 강제수용소에서 당한 고통에 대해서는 아무런 보상조치가 이루어지지 않았다…. 이것은 인격적 손실보다 물질적 손실을 더 강조하는 자본주의적 가치기준이 반영된 것으로 봐야 한다"[203]는 지적이 있다. 남아공의 진실화해위원회는 최종보고서에 다음과 같이 썼다.

> 많은 사람들은 위원회가, 예를 들어 이동자유박탈, 토지강제수용, 시민으로서 주어진 권리부정, 부당한 노동착취, 교육과 직업기회의 차별 등 수많은 인권침해를 조사해줄 것으로 기대했다.[204]

그러나 위원회 활동을 규정한 법이 제정되면서 위원회는 조사영역을 살해, 고문, 박해, 납치 등과 같은 개인적 고통, 또는 "신체적 존엄권 침해"에 국한할 수밖에 없었다. 1989년 이후 헝가리에서 오르반 빅토르(Victor Orbán)[역주18]는 물질적 고통에만 관심이 모아진다면서 이렇게 비판한다.

> 지난 40년간 재산 가진 사람들만 고통을 겪은 게 아니다. 소수 특권층을 제외하면 사회 전체가 고통을 겪었다. 국가가 우리 재산만을 박탈한 게 아니라는 점을 명심하자…우리는 삶, 자유, 직업, 발전과 교육의 기회를 함께 잃었다. 정의 관점에서 이러한 권력남용은 재산몰수만큼이나 심각하게 다뤄야 한다.[205]

역주18 1963~. 보수집권당 피데스의 대표이자 현직 총리. 4차례 총리를 맡아왔다.

둘째, "1차" 피해자의 가족과 피부양자 중 누구를 "2차"피해자로 정의할 것인가의 문제가 있다. 재산배상의 법적승계권은 제한될 수 있으며, 영주권이나 시민적 지위에 영향을 받기도 한다. 일차 피해자의 사망에 따른 보상을 받을 수 있는 가족구성원의 권리에 아무런 조건이 없거나 또는 피해자의 가족상 지위에 따라 달라지기도 한다.

셋째, 보상시점을 언제까지 할 것이냐를 결정해야 한다. 언제까지 소급할 것인가?[206] 동유럽의 경우, 1938년 이후 이루어진 일련의 재산몰수과정 때문에 이 문제가 더 심각하게 대두했다. 구동독의 경우, 1933년에서 1945년 사이 그리고 1949년에서 1990년 사이에 이루어진 몰수는 1945년에서 1949년 사이에 이루어진 그것과 처리과정이 달랐다. 체코슬로바키아에서는 그 시점을 처음에는(1990년) 1948년으로 설정해 2차세계대전 후 추방당한 체코 거주 독일인(Sudetengermans)과 전쟁 전 유태인의 재산 보상을 제외했다. 1994년 수정안은 1938년 이후의 유태인 재산피해도 보상받을 수 있는 길을 열었다. 헝가리에서는 의회가 (i) 공산정권에 의한 수탈, (ii) 공산정권 이전 지주계급의 재산수탈, (iii) 전후 독일인 추방과 수탈, (iv) 전전 유태인자산 징발 등의 문제를 처리해야 했다. 1번 항목을 다루는 1991년 법은 1992년에 나머지 세 개 항목을 포함하는 보완입법 조치로 이어졌다.

(F) 피해자들에 대한 구제조치는 매우 다양하게 나타난다. 토지재산몰수는 원토지를 돌려주거나, 동일한 면적과 유사한 형질의 토지로 보상하거나 또는 법이 허락하는 분배규모의 상한선을 적용해 보상했다. 1815년의 프랑스와 같이 현금으로 돌려주는 사례도 있었다. 헝가리에서 토지소유자는 바우처로 보상받기도 했는데, 이 바우처는 토지매입대금으로 쓰이거나 아니면 공공경매로 유통되었다. 재산 이외의 피해를 입은 사람들은 일괄보상 또는 연금형태로 지급받기도 했다. 루마니아와 구소

련에서 정치범을 비롯해 정신병동에 강제수용됐다가 풀려난 피해자들은 주택과 전화 배정에 우선권을 얻었다. 동독에서 나치박해 피해자들은 직장, 주택, 배급카드 배정 등에서 우선권이 주어졌다.207 보상은 상징적인 형태로 주어지기도 했는데, 특히 구체제에서 반정부인사에게 내린 형벌 재심청구와 무죄판결이 대표적이다. 이것은 6장에서 더 자세하게 다룬다.

상술한 A에서 F까지의 결정은 새로운 체제가 당면하게 되는 "실질적인" 결정이다. 말하자면 누구를 재판에 넘기고, 누구를 제재하고 보상할 것인가, 그리고 어떻게 재판하고 제재하고 보상할 것인가에 관한 것이다. 나아가 이행기 정의는 대부분 "순수한 사법적 정의"(pure legal justice)에서 벗어난 일련의 "절차적 결정"을 포함한다. 이 결정은 대체로 다음과 같은 형태로 나타난다.

— **불법수용** : 덴마크, 프랑스, 특히 벨기에에서 부역자혐의를 받은 많은 사람들은 1944년 또는 1945년 해방 이후 적법절차를 거치지 않고 격리수용되었다. 벨기에에서 "몇몇 시장들은 레지스탕스 출신 인사들의 강력한 압력을 이기지 못하고, 부역혐의자 명단을 작성해서 격리수용 명령을 내렸다."208 프랑스에서는, 앞에서 언급한 것처럼, 일부 지방자치단체가 법원에서 무죄판결을 받거나 불기소된 비시정권 출신 인사들을 격리수용했다. 미셸 드브레(Michel Debre)[역주19]는 공화국위원회 위원장(Commissaire de la Republique) 자격으로 격리수용을 일종의 처벌로 활용했다.209

역주19 1912~1996. 레지스탕스이자 드골주의자. 제5공화국의 초대총리를 지냈다.

- **집단 유죄** : 뉘른베르크 재판은 부분적으로 조직범죄 개념에 기초했다. 물론 실제 재판에서 이 혐의는 대부분 적용되지 않았다.[210] 프랑스에서 드골은 휴전협정에 사인한 혐의로 페탱(Petain)정권을 집단적으로 재판에 회부할 계획을 세웠으나, 법무부 장관이 사임하겠다고 압력을 넣자 포기했다.[211] 1948년 9월 15일 프랑스 의회를 통과한 법은 전쟁범죄를 저지른 군부대에 소속됐으면 소급하여 집단범죄로 유죄를 인정했다.[212] 노르웨이에서 국가사회주의당에 속한 모든 구성원은 국가반역죄로 집단적으로 유죄가 인정되었다. 1945년 이후 재판에서 집단유죄로 인정된 대표적인 사례는 부역죄로 시민권을 박탈당한 사람의 배우자에게 적용한 덴마크 시민권 박탈이다. 1992년의 체코와 슬로바키아 숙정법은 집단유죄 개념에 기초했다고 비판받은 조항을 포함했다. 이 조항은 나중에 헌법재판소에서 위헌판결을 받았다.[213] 그러나 체코 헌법재판소는 체코거주 독일인(Sudetengermans)에 대한 보상을 거부하여 결국 집단유죄의 이념에 동조하는 결과를 초래했다.(8장 참조).

- **유죄 추정** : 무죄입증 책임을 혐의자에게 부담지우기도 하였다. 프랑스공무원들은 레지스탕스에 참여했음을 입증하지 못하면 지위를 박탈당했다. 벨기에에서는 광범위한 분야에 걸쳐서―예를 들어 입학등록이나 사업승인 등― "시민적행동 확인서"를 첨부해야 했다. 이 제도는 당시 법무부 장관이 다음과 같이 지적할 정도로 혼란을 야기했다. "사태 진행을 보아하니, 앞으로 시민적행동확인서를 발급받으려면 먼저 그 확인서를 보여줘야 하는 상황에 봉착할 것 같다…..독일점령 하에서 내가 유태인 아님을 증명해야 했던 것처럼, 이제 모든 분야에서 시민답지 않은 행위를 하지 않았다는 것을 증명해야만 한다."[214] 프랑스에서 CNIE(직업별 숙정위원회)는 기업체에 수백 건의 "선행증명서"를 제공하여 직원채용과 노사계약에 활용하도록 했다.[215] 1991년 6월 2일, 하벨 대통령은 체코슬

로바키아 중앙 및 지방정부 고위직 지원자들은 구정권에 협조하지 않았다는 증명서를 첨부하도록 하는 제도를 제안했다.

 – 배심원과 판사의 자의적 선정[216] : 이 경향은 앞에서 여러 차례 언급했다. 기원전 403년 아테네에서 피고에게 유리한 과두제재판이 드러낸 의도적 편향성이 그 한 사례다. 1945년 프랑스에서도 흥미로운 편견 사례를 볼 수 있다. 드골은 비시정권과 타협한 두 명의 변호사―한 명은 리옹재판 주심이었고, 또 한 명은 나치협력자 잡지에 유태인 혐오를 드러낸 바 있다―를 의도적으로 고등법원 주심과 검사로 임명했다. "드골은 그들의 과오에 온정을 베풀어서 재판을 자신의 의도대로 끌고 가고 싶었던 것이다."[217]

 – 반대 심문 박탈 : 체코슬로바키아 숙정법에 대한 이의 중에는 "이 법은 위원회 청문회에 출석하는 사람이 변호인의 도움을 받거나, 자신에게 유리한 증거를 제시하거나 또는 불리한 증거를 반박할 수 있는 권리를 인정하지 않고 있다"[218]는 지적이 있었다. 1945년 이후 이탈리아에서는 피고를 변호할 변호사를 찾는 게 매우 어려웠고, 피고측 증인들은 종종 괴롭힘을 당했다.[219] 1945년 이후 독일에서는 지역숙정위원회가 피고의 유죄판결을 원하는 사람들에게 감시받는 일종의 "증인파업" 사태에 직면하기도 했다.[220]

 – 항소 장치의 부족 : 통상적인 항소절차가 작동하지 않거나 아예 없는 경우도 있다. 프랑스에서 1875년 이전에는 정치적인 이유로 공직을 박탈당할 경우 항소할 수 없었다. 해방 이후 형사사건으로 소추될 경우 항소권은 극히 제한되었다.[221] 벨기에에서는 시민적행동증명서 발급이 거절되면 항소할 수 없었는데 이 제도는 해방 이후 2년 동안 유효했

다.²²² 덴마크의 전쟁재판 관련법에 따르던 특별위원회가 인정하는 경우를 제외하고 형량이 10년이 넘거나 사형에 해당하는 경우에만 항소권이 주어졌다.²²³ 네덜란드에서는 하급법원 판사가 허락하는 경우에만 항소가 가능했다.²²⁴ 이 제도는 1947년에 종료되었다. 이탈리아에서 1945년에 채택한 넨니(Nenni)법은 결정사항에 대한 이의신청이 불가능한 민간기업숙정위원회를 설립했다.²²⁵

– **자의적 피고 선택** : 1815년, 푸셰(Fouché)는 추방대상자명단을 작성해야 했다. 그는 자신을 포함하지 않았다. 도쿄재판에서 미국측 검사 조셉 키넌(Joseph Keenan)은 모두발언에서 다음과 같이 밝혔다. "우리는 개개인의 형벌에 관심없다. 그들은 특정한 의미에서 어떤 집단 또는 계급의 대표들이다."²²⁶ 황제는 재판에 회부되지 않았다. 푸셰와 황제는 기소된 대부분 사람들보다 더 많은 책임이 있음이 분명했다. 독일법원이 나치 치하의 범죄를 기소하기 시작한 1950년대에는 "법률에 입각한 체계적인 기소"는 없었고, "우연한 고소와 고발"이 대부분이었다.²²⁷

– **특별 법정** : 민간법정과 (기 설립된) 군사법정 중 어디서 재판할 것인가를 결정해야 하는 경우도 있었다. 벨기에²²⁸와 아르헨티나²²⁹가 그랬다. 두 국가는 처음에는 군사법원을 택했으나, 아르헨티나의 경우 최고군사법원이 군부출신 인사의 재판을 꺼려서 민간법원으로 사건을 이송했다. 부역자 재판을 위해 특별법정을 세운 국가들도 있다. 덴마크의 레지스탕스위원회는 피고발인들을 특별법정에 세우기 원했는데, 기존법정에 대한 불신과 신속한 재판을 원했기 때문이다.²³⁰ 그러나 일선공무원들의 압력을 받은 법무부가 이 계획을 철회했다.²³¹ 프랑스에서 해방 이후 몇 달 간은 계엄법정과 군사법원이 광범위하게 이용되었다.²³²

― **형량 협상** : 벨기에의 1945년 11월 10일 포고령은 유럽의 법률제도에서 잘 알려지지 않은 형량협상의 가능성을 열어놓았다.[233] 네덜란드에서 비슷한 제도가 널리 활용되고 있었는데, 그 은밀한 특성 때문에 비판받기도 했다.[234] 노르웨이도 법정 밖 협상을 승인하는 입법을 했다.[235] 협상에 최고 1년(노르웨이) 또는 5년(벨기에)의 형이 포함되기도 했다.

― **소급 입법** : 많은 국가에서 이행기 정의는 죄형법정주의 원칙에 직면(또는 회피)해야 했다. 여기서 두 가지 쟁점이 대두한다. 실행 당시에는 범죄가 아닌 행위를 처벌할 것인가와 실행 당시 이미 범죄인 행위를 이전 법에서 정한 형량보다 더 중히 처벌할 것인가(예를 들면 사형선고)다. 이 문제는 8장에서 본격적으로 다룰 예정이다. 여기서는 많은 국가가 과거사를 다루는 데서 어떤 형식으로든 소급입법을 적용한다는 점만 지적한다.

― **공소시효의 연장 또는 폐지** : 권위주의 또는 전체주의 체제가 범죄를 기소하지 않으면, 범죄자들이 나중에 공소시효 소멸의 혜택을 입는 사태에 직면한다. 이탈리아에서 바돌리오(Badoglio)정부와 그에 이은 보노미(Bonomi)정부는 파시스트범죄의 공소시효 폐지를 입법했다.[236] 서독에서는 연방정부가 처음에는 살인죄 공소시효를 연장했다가 나중에 죄목을 좀더 세밀하게 정의하여 폐지했다.[237] 1993년 체코공화국은 "공산정권의 비합법성에 대한 법"을 제정하여 "1948년 2월 25일에서 1989년 12월 29일까지의 기간은, 그 범죄가 민주국가의 기본적인 법질서에 반하는 정치적 이유로 행해졌을 경우, 공소시효 기간에 포함하지 않는다"고 규정했고, 결국 공소시효 완성으로 불기소됐던 자를 기소할 수 있었다. 이 법은 나중에 헌법재판소에서 합헌결정을 받았다.[238] 헝가리의회도 1991년에 비슷한 법을 제정했는데, 헌법재판소 결정으로 효력이

정지되었다.[239] 불가리아는 1990년 3월(신 헌법이 발효되기 전) 공소시효를 종전의 20년에서 35년으로 연장했다.[240]

– 공소시효 단축 : 반대로, 새로운 정권은 정상적인 공소시효가 완성되기 전에 기소를 마무리하기를 원하기도 한다. 아르헨티나 알폰신 대통령은 1983년에 "재판은 국민들의 열망이 높은 기간 내에 신속하게 끝내야 한다"고 결정했다.[241] 1986년, 군부의 압력에 부딪친 그는 기소를 60일 내에 끝내는 "기소중지법"을 의회입법으로 제정했다.[242] 1974년 이후 그리스는 그 문피의자에 대한 사적 소추권에 일정한 시한을 두었다.[243]

– 지연된 사법 정의 : 볼리비아와 에티오피아에서 보는 것처럼, 소송이 극단적으로 오래가는 경우도 있다. 에티오피아처럼 피의자가 재판 받기 전에 이미 수년간 구금 상태에 있다가 무죄방면되거나 또는 그 기간보다 적은 형량을 받으면 사법제도가 제대로 작동한다고 볼 수 없다.

– 신속한 사법정의 : 여기서 논의된 여러 조치들은 사법정의 실현 속도에 영향을 미친다(대부분 그걸 목표로 한다). 불완전한 조서에 기초한 재판 과정의 예를 들 수 있다. 1944년 11월 20일, 공화국 지역구의원인 미셸 드브레(Michel Debre)는 재무장관에게 보내는 서한에서 이렇게 썼다. "법의 기본원리는 법정에 제출되어 신중하게 검토되는 진실 전부를 요구하지만, 일단 확실한 사실에만 한정하고 나머지는 자유재량에 맡겨야 한다는 게 내 의견입니다. 나는 확실한 요소를 바탕으로 재판을 **신속하게 진행해야** 할 필요성에 이의를 제기할 수 없다고 생각합니다."[244]

이 책의 나머지 부분에서는 법적, 행정적 과정(5장과 6장)과 광범위한 사회적 힘(8장과 9장)이 실질적이고 절차적인 결정을 도출하기 위해 여러 제약조건(7장)과 어떻게 상호작용하는지 살펴본다.

주

1 Elster(1992a; 1995).

2 예를 들면 Keyssar(2000).

3 Elster(1989).

4 예를 들어 Camerer(2003)에 소개된 최후통첩 게임과 관련된 광범한 문헌들을 볼 것.

5 Nagel(1991).

6 Elster(1999), 2장.

7 McDonald(1982), p.75에서 인용. (고딕체 필자 첨가.)

8 Gain(1928), vol.I, p.444.

9 Elster(1999), 5장. 메타 동기화 개념은 센(Sen, 1977)의 메타 선호 개념과는 관계 없다. 센의 접근방식의 예로 각기 다른 선호의 위계를 동시에 가지는 사람을 생각할 수 있다. 즉 다이어트와 먹기 사이에서 고민하다가 최종적으로 다이어트를 택하는 것이 메타 선호이다.

10 On Anger(I. xviii).

11 만약 새로운 민주주의 지도자가 독재 체제 안에서 성장했다면 과거의 습관을 버리기가 쉽지 않을 것이다(Kuk 2001, p.336). 스탈린 청산 과정이 그 한 예를 제공한다. 짧은 기간 동안(1953년에서 1956년 사이) 스탈린을 인용하지 않는 것이 허용되었지만, 의무적인 것은 무엇이든지 금지된다는 스탈린주의 원칙에 따라 대부분의 사람들은 그렇게 하는 것을 꺼려했다(Elster 1993b, 2장). 가해자는 그들이 피해를 준 사람보다 더 나은 대우을 받을 수 없다는 생각이 프랑스와 덴마크에서 어떻게 나타났는가에 대해서는 8장을 보고, 독일에 대해 비슷한 생각을 가졌던 모겐소의 계획에 대해서는 7장을 참조할 것.

12 정부의 다른 기관이 유죄를 인정한 가해자의 운명을 결정할 수 있는 행정부 권한도 포함될 수 있다. 예를 들어 1945년, 드골은 그의 사면권을 광범

위하게 활용하였다(Bancaud 2002, p.70).
13 Bass(2000), 2장.
14 Ibid., p.18.
15 Taylor(1982), p.30.
16 U.S. Senate(1967), p.483.
17 Bancaud(2002), p.363.
18 Ibid., p.423.
19 Ibid., pp.60-61, 293.
20 Ibid., pp.295-300.
21 Marrus(1997), pp.47-48.
22 그러나 무죄 판결이 극장 재판의 성격이 없었다는 결정적인 증거는 아니다. 비시 정부 하의 리옹 재판에서 피고 중 한 명은 사법 제도의 공평성을 보여주기 위한 조치의 하나로 무죄 판결을 받았다(Bancaud 2002, p.395).
23 승자의 정의가 불가피할 뿐만 아니라 바람직한 경우도 있다. 승자의 정의에 대한 대안으로 독재 정권 시절에 중립을 유지했거나 소극적인 사람들 중에서 배심원이나 재판관을 선택하는 것이 더 나은 해결책이라고 볼 수 없다(Andenæs 1980, p.261). 8장에서 언급하듯이, 중립주의자들은 오히려 지나치게 가혹한 형을 부과하여 죄책감을 덜려는 경향을 보이기도 한다.
24 Minear(2001); Gower(1999), 15장; Harries & a Harries(1987), 13장.
25 Taylor(1982); Cohen(1999).
26 키르히하이머(Kirchheimer 1961, p.96 n)는 트로츠키 일기의 도입부를 다음과 같이 요약한다. "짜르 체제의 모든 정책을 망라해 평가하는 짜르에 대한 재판이 왜 열리지 못했을까? 여기에는 세 가지 이유가 있다. 불투명한 내전 상황, 돌아갈 방법이 없음을 적과 친구에게 동시에 보여야 할 절박함, 그리고 레닌이 지적한 것처럼 사법 절차가 필연적으로 왕위 계승 원칙에 따른 희생양이 될 가족구성원들의 처형을 허용하지 않는다는 점이 그것이다."
27 이념적으로 차우셰스쿠와 가까운 처형자들은 자신들의 처형 행위를 통해 자신을 보호했고, 처형 후에는 복수에 대한 대중의 열망이 충족되기를 원했다. 유사한 맥락에서, 무솔리니가 그의 조카인 시아노(Ciano)의 처형을 막는 사면권을 행사하는 데 실패한 이유는 만약 "나치 독일인들이 다른 사람들

의 처형에 만족하게 되면" 자신은 그런 수고를 덜 것으로 생각했기 때문이었을 것이다.(Bosworth 2002, p.17). 이 책의 8장에서 이 문제를 다시 다룬다.

28　Woller(1996), pp.382-83. 이 법은 "고위급" 인물과 "비정상적으로 잔인한" 행위를 한 사람은 사면 대상에서 제외했는데, 용어의 정확한 정의를 명시하지 않았다.

29　Frei(2002), p.17.

30　예를 들면, Kirchheimer(1961), p.217 n.88.

31　때때로 이 편견은 검찰이 배심원 재판의 러시안 룰렛 게임에 맡기는 것보다는 기소를 하지 않기로 결정하는 사례에서 보는 것처럼 그 자체로 역효과를 내기도 한다.(Berlière 2001, p.336).

32　Müller(1991), p.251.

33　Kirchheimer(1961), p.359.

34　Bass(2000), p.6.

35　Kirchheimer(1961), p.340.

36　Bancaud(2002), p.396.

37　Dèak(in press).

38　Ibid.

39　Noguères(1965).

40　나라별 사례는 다음을 참조. 덴마크(Tamm 1984, pp.131-37), 프랑스(Novick 1968, pp.151-52), 이탈리아(Woller 1996, pp.225, 296, 326), 네덜란드(Mason 1952, p.72). 벨기에에서도 역시 레지스탕스들이 부역자 재판에서 중심기능을 해야 한다고 주장했으나, "영웅은 판단하기 위해 만들어지지 않았다"는 반대 주장에 부딪혔다.(Huyse & Dhondt 1993, p.90).

41　재판 속기록은 *Le Proces Laval*(1946).

42　Novick(1968), p.177.

43　*Le Proces Laval*, p.207.

44　Novick(1968), p.177에서 인용

45　리옹 재판과 라발의 재판을 비교하면서 방코(Bancaud 2000, p.399)는 후자의 재판은 전자에 비해서 "훨씬 더 터무니 없는 사법적 소극"이라고 쓰고 있다.

46　Przeworski(1988).
47　Taylor(1992), p.560.
48　Ibid., p.564.
49　Woller(1996), pp.370-71.
50　Goyard(1977), pp.14, 34.
51　Ibid., p.23.
52　Lacouture(1977), pp.469-81.
53　형사 사건을 담당한 이러한 법원 이외에도 스트라스버그에 있는 유럽의 고등법원은 구공산권 국가의 몰수 재산 배상 등을 포함한 여러 사건을 다루었다.(*LE Monde* 2003 참조).
54　Beschloss(2002), p.160.
55　Bass(2000), p.211.
56　7장의 62번 각주 참조.
57　U.S. Senate(1967), p.599. Beschloss(2002), p.52의 다음 문장 참조. "다른 미국관리들과 달리 모겐소는 독일국민들을 그들의 사악한 정부와 구분하는 것을 거부했다. 그는 독일의 전쟁범죄에 대한 집단적 유죄를 믿는 원조 중 한 사람이었다."
58　Hilberg(1985), p.21.
59　Beschloss(2000, p.71.)는 여러 현대적 설명을 인용한다. 독일인들에 대한 본질주의적 접근이 많이 있다. 골드하겐은 독일인은 본능적으로 반유태적이라고 봤다(Goldhagen 1996). 아렌트는 독일인은 본능적으로 복종적이고 순응주의적이라고 봤다(Arendt 1994). "만일 모든 폴란드인 또는 모든 프랑스인들을 살해하라는 명령을 받았다면 그들은 아주 잘 처리했을 것이다."(Novick 1999, p.137에서 Bauer 1992를 인용).(그러나 Novick 1999, p.245에서 언급한 것처럼, 밀그램(Milgram 1974)의 충격적인 발견은 상황이 허락한다면 누구라도 아무나 해칠 수 있다는 것을 보여준다.) 결국 모겐소의 명제에 따르면 독일인은 본능적으로 폭력적이다.
60　Pogany(1997), 9장; Eizenstat(2003), 1장.
61　Pogany(1997), p.190.
62　Eizenstat(2003), p.38.

63   Pogany(1997), p.196.
64   이에 대한 조사는 Authers & Wolffe(2000)과 Eizenstat(2003).
65   Eizenstat(2003), p.175. 이 조항은 실행되지 않았다.
66   "몰수된 사유재산의 반환을 다룬 상징적인 사건은 다시 주택과 도시발전국(URMiM) 의장 손에 맡긴 것이다. 전쟁 전 바르샤바 유력 신문사가 있던 옛 공산당 부지는 그의 관할 하에 있다.(…) 이 사건은 원래 공공재인 그 부지의 일부가 국유화되면서 공산당 권력기관에 기여했다가 결과적으로 그 기관에 귀속된 측면이 강조되면서 처리되었다. 재산 국유화에 대한 또 다른 법적 분쟁에서 유명한 타르노프스키(Tarnowski) 가문의 외국계 후손들은 전후 폴란드 동부지역에서 전후에 실시한 토지수용 과정에서 빼앗긴 개인자산의 권리증서를 찾는 중이다. 이 개인재산 소유권 증서의 대부분은 현재 국립도서관과 제슈프(Rzeszow)와 완추트(Lancut)의 지역박물관이 소장하고 있다."(Polish news bulletin, March 20, 2002).
67   Tamm(1984), p.602.
68   Mass(1952), p.108. 이것이 네덜란드가 실행한 숙정의 원래 유형이다. 벨기에에서는 언론계를 제외하면 대부분 자체적으로 실시했다.
69   Delporte(1999), pp.399-400.
70   Huyse & Dhondt(1993), p.56.
71   Mason(1952), p.100.
72   Huyse & Dhondt(1993), p.50-51.
73   3장에서 언급한 것처럼, 이것은 미국 독립전쟁 기간과 그 이후에도 제법 오랫동안 지속된 친영국파에 대한 표준적인 대우의 하나였다. 이런 행위는 1944년의 프랑스 해방 때에도 종종 있었다.
74   Woller(1996), p.281.
75   이것은 비르길리(Virgili 2000)의 혁신적인 연구 주제다.
76   1815년의 나폴레옹 2차 폐위 이후 프랑스에서 프로이센 군대가 자행한 강간에 대해서는 Houssaye(1906, pp.492-94) 참조. 2차세계대전 말기에 약 2백만 명에 달하는 독일여성들이 소련군들에게 강간당했다(Beevor 2002, p.410).
77   Sapiro(2003), pp.244-49.

78 Kuk(2001), p.209.
79 Houssaye(1906), p.147.
80 Novick(1968), p.72; 또한 Lottman(1986), pp.110, 179, 182-83, 201.
81 Huyse & Dhondt(1993), pp.105-6; Tamm(1984), p.105; Lottman(1986), pp.135-36.
82 Tamm(1984), p.75.
83 Fitzpatrick & Cellarely(1997)은 전체주의 체제의 많은 공개비판 예를 소개한다.
84 이 차이에 대해서는 Kozlov(1997).
85 Singer(1997), pp.208-9.
86 저항자에 속하지 않으면서 피해자를 도운 사람에 한정한다. 레지스탕스 대원을 도왔던 사람들은 자동적으로 레지스탕스 대원이 되는 경우가 많았다. 2차세계대전 때 유태인을 도운 사람들에 대한 간명한 설명은 Hilberg(1992) pp.212-14 참고.
87 중립자를 어느쪽이 이기는가 살피고 있는 **주시자**(attentistes)와 단순히 아무쪽에도 끼고 싶지 않은 사람과 구분하는 것도 필요하다.
88 http://www.yale.edu/lawweb/avalon/imt/proc/juspeer.htm.
89 Chauvy(2003), p.230.
90 Chauvy(2003), pp.113, 122, 135, 158, 160. Paxton(1997, p.341)은 드 라 포트 뒤 타일(de la Porte du Theil) 장군이 해방 이후에 무죄방면되었는데, 그 이유는 독일인들이 그를 비시정권 인물이 아니라 레지스탕스로 오인하여 추방했기 때문이라고 해석했다. Chauvy(20030, p.174도 참조할 것.
91 Paxton(1997), p.90; ibid., pp.14-16과 Baruch(1997), p.429도 참조
92 Chauvy(2003), pp.141, 180.
93 Lacouture(1980), vol.2, pp.203, 208.
94 Israël(2003), p.215.
95 이런 전략적인 행위가 진실한 속죄와 얼마나 다른가를 보여주기 위해 우리는 종교적 구원의 비유를 원용할 수 있다. 선한 행위가 구원으로 이어진다고 인정하는 종교는 그러한 행위가 "사랑과 신에 대한 경외심"에서 우러난 것이지 구원 자체를 목적으로 하지는 않는다고 규정한다. 속죄도 구원과 마

찬가지로 일종의 부산물이다(Elster 1983, 2장). 차이가 있다면 신과 달리 법정은 바보같은 짓을 한다는 점이다.

96 나는 단순히 자기 행위를 새로운 체제에 맞춰 가끔은 그 과정의 역사를 새로 쓰는 그런 변절자들을 언급하는 것이 아니다. 체제이행 과정에서 서로 모순되게 진술한 유명인사들의 글을 소개한 두 개의 재미있는 선집으로 Eymery(1815)와 Orion(1948)이 있다. 대표적인 사례로 전자의 책은 자기 첫 번째 책을 나폴레옹에게 헌정했다가 나중에는 루이 18세에게 헌정한 천문학자 라플라스(Laplace)를 인용한다. 후자의 책은 1941년과 1944년에 각각 다른 발언을 한 블라디미르 도르메송(Wladimir d'Ormesson)의 기회주의적 변절의 예를 소개한다.

97 Baruch(1997), p.514.

98 Chauvy(2003), pp.162-63. 자신들의 행위를 용서받기 위해서 레지스탕스에 거액을 기부한 은행가들도 많이 있다(Burrin 1995, pp.281-82). 종전에 이르자 레지스탕스들은 고위 관료들의 금전적인 지원 제의를 거절하기 시작했는데(Bloch-Lainè & Gruson 1996, p.174), 내부적으로 많은 논란을 야기했다.

99 Chauvy(2003), pp.162-63, p.228.

100 Ibid., p.168.

101 Ibid., pp.83, 145, 245.

102 Paxton(1997), pp.337-39.

103 더 미묘한 형태의 기회주의는 독일이 패배할 것이라는 확신보다는 전쟁 결과에 대한 불확실성에 의존했다(예를 들어 Baruch 1997, p.519 참조). 실제로 레지스탕스 활동에 합류하는 과정을 신념에 기반한 결정과 가치에 기반한 결정으로 구분하는 것은 불가능할 것이다. 독일의 승리 가능성이 희미해지기 때문에 그런 결정을 내린 사람도 있고, 또한 점령국과 괴뢰정권의 행동이 점점 더 가혹해지기 때문에 그런 결정을 내린 사람도 있을 것이다. 내가 정확히 이해했다면, 프랑수아 블로흐-레네(Francois Bloch-Lainè & Gruson 1996, pp.74, 130, 134)는 많은 고위관리들이 자신들의 신념-기반 결정을 가치-기반 결정으로 위장했다고 본다.

104 Burrin(1995), p.194.

105 Ibid., pp.304-5.
106 Ibid., p.333.
107 Baruch(2003), pp.164-69. 국지적 정의(local justice)의 맥락에서 점수 제도에 대한 논의는 Elster(1992a), 3장 참조.
108 1942년 11월과 1943년 9월은 각각 북아프리카 침공(독일이 프랑스 영토 전역을 점령한 며칠 후에 개시되었다)과 시실리 침공 날짜와 겹친다. 스탈린그라드에서 독일의 패배가 똑같이 중요한 분수령으로 평가되지 않은 것은 다소 놀랍다.
109 Wieviorka(2003), p.389.
110 Ibid.
111 Ibid., pp.395-96.
112 Ibid., p.397.
113 나중에는 인식이 바뀌었다. 프랑스를 여행하면서 거의 모든 마을마다 서있는 충혼탑을 관찰하면 원래 1945년에 세운 "프랑스를 의해 죽은 영웅"(morts pour la France)들의 명단에 많은 이름이 추가된 것을 발견할 수 있다. 새로운 명단에는 인도차이나(알제리는 없다!)에서 사망한 사람들과 2차세계대전 중 추방된 사람들이 포함돼있다.
114 Kuk(2001), p.196.
115 Cappelletto(2003).
116 Novick(1968), p.179. 영국 첩보부 요원이었던 어느 덴마크인은 귀국길에 독일당국에 체포되어 요원 명단을 누설했는데, 하급법원에서 8년형을 선고받고 항소해서 무죄석방되었다.(Tamm 1984, p.380). 그는 고문을 당하지는 않았으나, 간첩 혐의로 처형당할 위기에 처해있었다고 말했다.
117 Coles & Weinberg(1992), p.803.
118 Boraine(2000), p.128.
119 Frei(2002), p.62.
120 Sa'adah(1998), p.169.
121 Ibid., p.170.
122 Frei(2002), p.31.
123 Ibid., pp.56-7.

124 Ibid., p.57.
125 Eizenstat(2003), p.281.
126 Forster(2001), pp.114-7.
127 Pick(2000), p.5; 크라이스키와 비젠탈의 관계에 대해서는 pp.106-8 참조.
128 예를 들어 Walder(1986), pp.156-57.
129 콜라코브스키의 설명이다. Kolakowski(1978), vol.3, pp.83-91.
130 인지부조화 이론은 사람은 동기를 형성하고 자기 발언을 합리화하는 데 사용되는 채찍과 당근을 강요하지 않을 때에만 자신의 믿음을 자신의 말과 일치시키려고 한다고 추측한다.
131 Sa'adah(1998), p.62.
132 Novick(1999), p.140.
133 Hilberg(1992), p.214.
134 TRC(1999), vol.4, pp.33-36.
135 Dyzenhaus(1998), p.12.
136 Singer(1997), p.173, 210.
137 Todd(1996), p.509.
138 Novick(1999), pp.179, 246.
139 Ibid., p.180.
140 Cohen(1993); Paxton(19970, p.32.
141 Hilberg(1985), pp.22-28; Arendt(1994), p.135. 다른 사람들과 마찬가지로 이 점에서는 아렌트의 논증에 오류가 있다. 아렌트는 점령기간 중 숨어지냈던 20,000명의 네덜란드 유태인의 40-50%가 살아남은 반면, 수용소에서 살아돌아온 사람은 거의 없었다는 사실을 살해당한 유태인의 절반은 죽지 않을 수도 있었다는 자신의 추정치를 확인해주는 증거로 받아들인다. 이것은 구성의 오류다. 왜냐하면 만약 추방된 10만 명의 유태인이 숨어지내려고 시도했다면 그들을 숨겨줄 수 있는 사람들은 한정되어 있기 때문에 분명히 제약을 받게 되었을 것이기 때문이다.
142 Davidowitz(1986), p.351.
143 폴란드에서는 솔리다리티를 "지하운동단체"가 아니라 억압적 조치에 대

응할 능력을 갖춘 '지하국가'로 바꾸려는 계획이 있었으나 무산되었다.

144 Herf(1997), p.52.

145 Karsai(2000), p.246. 헝가리 사회학자 이슈트반 비보(István Bibó)가 1948년에 한 발언을 인용한 것이다.

146 Bancaud(2002), p.112.

147 Dyzenhaus(1998), pp.37-38; Schwartz(2000), p.63.

148 Müller(1991), p.220. 억압적 체제 하에서 자유주의적 판사들도 역시 합리화의 실제적 방편으로 법실증주의에 호소할 수 있다(Dyzenhaus 1998, p.85 참조). 비시정권 판사들의 사례에 대해서는 Bancaud(2002), p.185.

149 Müller(1991); Frei(2002).

150 Israël(2003); Lesourd(2003).

151 Woller(1996), p.88.

152 Tucker(in press).

153 Dyzenhaus(1998), pp.128-29.

154 Pross(1998), p.19.

155 이에 대한 개괄으로는 Herz(1982b)의 서론 참조.

156 "그들이 결혼하지 않은 이유는 서로 만나지 못했기 때문이다"는 진술처럼 하나의 부재를 다른 부재로 설명하는 것은 다소 불충분하다. 이행기 정의를 지지하는 초기 움직임은 있었으나 반작용을 극복할만큼 충분히 강하지 못했다고 말하는 것이 더 정확할 것이다.

157 Delporte(1999), pp.397-98.

158 Nalepa(2003a).

159 나는 조력자와 저항자와 관련된 결정의 주변 쟁점을 제외한다. 1990년대 스위스 은행과 협상이 끝난 후, 전쟁 중에 유태인을 도운 사람들에 대한 보상이 실패한 것은 일종의 "태만"이었다(Ahthers & Wolfe 2002 p.354). 내가 아는 한, 보상받은 조력자는 없다. 403년의 과두제 몰락 이후, 그 체제에 반대했던 사람들 일부가 급여인상의 보상을 받은 적은 있다(1장 참조). 해방 이후 벨기에와 프랑스에서는 레지스탕스 활동을 인정하는 카드를 공식적으로 발급했는데, 이 카드를 소지하는 것은 매우 명예스러운 일이었다(Lagrou 2000). 그러나 이런 인정은 약간의 혜택이 있었음에도 보상으로 인식되지는

않았다.

160 Taylor(1992), p.284.

161 Minear(2001), p.132.

162 Ibid., p.135.

163 Greene(2003), pp.42-43.

164 McAdams(2001), p.38.

165 Arendt(1994), p.153.

166 덴마크의 어느 사례에서 피해자를 결박하여 고문을 도와준 사람은 20년 형을, 고문 실행자는 사형을 언도받았다(Tamm 1984, p.341).

167 *Le proces de Mauricee Papon*(1998), vol.I, p.144.

168 *New York Times*, March 20, 2003.

169 Wilson(2001b), p.88.

170 이 인용문은 진실화해위원회 웹사이트에서 따온 것이다. http://www.doj.gov.za/decision/1998/980728_ntamo%20penietc.htm.

171 Wilson(2001b), p.92.

172 Rosenberg(1996), p.92.

173 Nino(1996), p.67.

174 덴마크 사례는 Tamn(1984) 2장 참조. 프랑스의 1951년 사면법은 비공식적 숙청의 피해자―예를 들어, 레지스탕스에게 처형된 사람의 유족―보상을 신청할 수 있는 조항을 포함했다. 실제로는 단 한 건도 접수되지 않았다.(Lottman 1986, p.481).

175 Woller(1998), p.543.

176 Novick(1968), p.77.

177 Frei(2002), p.21. 사면법이 서로 다른 가해자들에 대한 공평한 처리를 강조했지만, 피해자와 가해자 간의 인위적인 공평성은 많은 수의 전직 나치 관리들에게 연금과 취업을 보장하는 입법으로 연결되었다.

178 1944년 12월, 벨기에의 사회주의자들은 추방을 처벌로 규정한 다소 충격적인 문건을 작성했지만, "이것이 원주민에 대한 백인의 도덕적 우월성을 위태롭게 할 우려가 있기 때문에" 벨기에령 콩고인들에게는 적용하지 않았다(Huyse &of Dhondt 1993, p.123).

179 이 조치는 비시정부가 레지스탕스에 반대하는 행위 때문에 "의무의 피해자"라 불렸던 일부 프랑스 경찰에게 적용되었다(Berlière 2001, pp.330-31).
180 Overy(2001), p.6.
181 Mason(1952), pp.80-81. 적과의 "수평적 협력"으로 유죄판결을 받은 사람들은 혼외 성관계를 금지해야 한다는 안도 있었으나 실행되지는 않았다.
182 Offe & Poppe(in press).
183 Mason(1952), p.101; Doublet(1945), p.96.
184 Mason(1952), p.103.
185 행정부처 숙정 과정에 대한 가장 훌륭한 비교 연구로 Gerbod, et al(1977)가 있다.
186 Goyard(1977), p.20.
187 Rousso(2001), p.535.
188 Justis-og Politidepartmentet(1962), p.439.
189 Andenæs(1980), p.148.
190 Mason(1952), p.97; Hirschfeld(1988), pp.157-62.
191 Tamm(1984), p.520.
192 Ibid., pp.535-36.
193 Rouquet(1993), p.63.
194 Bancaud(2002), p.238; Tamm(1984), pp.521, 545-48.
195 Goyard(1977), pp.33-41; Bancaud(2003b), p.190.
196 Stern & Schmidt-Bleitreu(1990), p.712.
197 Offe(1996), p.213.
198 Ibid., p.214.
199 Kritz(1995), vol.3, p.342.
200 Goyard(1977), p.24.
201 Tamm(1984), p.581.
202 Bancaud(2003b), p.191.
203 Herz(1982a), p.21.
204 TRC(1999), vol.5, p.11.

205 Pogany(1997), p.159에서 인용. 비슷한 주장으로 Elster(1992b) 참조
206 Cowen(in press).
207 Timm(1997), p.70.
208 Huyse & Dhondt(1993), p.102.
209 Bergère(2003), p.128.
210 Taylor(1992), pp.75, 285.
211 Lottman(1986), p.300.
212 Farmer(1999), pp.142-43.
213 Kritz(1995), vol.3, pp.313-14.
214 Huyse & Dhondt(1993), p.42.
215 Rousso(2001), p.571.
216 의도적인 편견을 가리킨다. 1945년 이후 헝가리 전쟁재판에서 많은 유태인들이 판사와 검사로 참여했을 때처럼, "자신과 타협하지 않을 유일한 인물은 유태인뿐"(Dèak, in press) 이라는 이유에서 편견은 우연히 발생할 수도 있다.
217 Roussel(2002), p.513; Bancaud(2002), pp.361-62.
218 Kritz(1995), vol.3, p.344.
219 Woller(1996), p.299.
220 Herz(1982a), p.27.
221 Bancaud(2003a), p.94.
222 Huyse & Dhondt(1993), p.42.
223 Tamm(1984), pp.758-59. 이 제약은 검사가 아닌 피고에게만 적용되었다.
224 Mason(1952), p.60.
225 Woller(1996), p.333.
226 Dower(1999), p.464.
227 Frei(2002), p.337. 미국과는 달리, 독일 사법 시스템에는 검사 재량권이 없다(Davis 1971, pp.191-92).
228 Huyse & Dhondt(1993), pp.72-73.
229 Nino(1996), pp.67ff.

230 Tamm(1984), p.83. 노르웨이에서 레지스탕스운동 진영은 특별법정을 강력히 반대했다. 그들은 특별법정을 점령국의 독단적인 사법제도와 동일시했다.
231 Tamm(1984), p.119.
232 Lottman(1986), pp.43. 107ff.
233 Huyse & Dhondt(1993), p.134.
234 Mason(1952), pp.79-83.
235 Justis-og Plitidepartmentet(1962), p.74.
236 Woller(1996), pp.123, 139.
237 Bark & Gress(1993), vol.2, p.34.
238 Kritz(1993), vol.3, pp.366-68, 620-27.
239 Pataki(1995); Paczolay(1993).
240 Welsh(1990). 불가리아에서, 동유럽의 다른 지역과 마찬가지로, 최악의 만행은 37년 전인 1953년에 끝난 스탈린 시대에 자행되었다. 따라서 이 조치를 여전히 권력을 잡고 있는 공산당 엘리트들이 자신들이 기소될 수 있는 기간까지 공소시효가 연장되는 것을 막기 위한 사전조치로 보는 것도 일견 타당하다.
241 Nino(1996), p.67.
242 Ibid., pp.92-94.
243 Alivizatos & Diamandouros(1997), p.37.
244 Bancaud(2002), p.373; (인용문 중 고딕체는 필자가 삽입한 것임.) 여기에 극명하게 반대되는 견해로는 Nogueres(1965), pp.82-83.

제5장
가해자

I. 머리말

우리는 최소한 도덕적 관점에서 독재정권 하에서 누가 가해자가 되는가에 대한 분명한 견해를 가질 수 있다. 그러나 도덕적 평가를 법률적 책임으로 바꾸는 작업은 쉽지 않다. 나아가 여러 개별적인 사례로 알게 된 것처럼, 도덕적 잣대가 늘 일관성을 유지하는 것도 아니다. 구동독 시절, 탈출을 시도한 사람들을 사살한 국경수비대의 경우를 보자. 그들의 행위에 대해 충분히 드덕적인 책임을 물을 수 있으나, 그들에게 적용되는 법률적 책임은 다른 영역이다. 서독과 동독 간 통일조약에 따르면 행위가 있을 당시 양국 법률이 범죄로 인정하는 경우에 한해서 개인을 기소할 수 있다고 규정하고 있기 때문이다. 더욱이 평생을 혹독한 독재정권에서 보낸 동독인의 처지를 감안한다면, 옛 서독의 검찰과 판사 관점에서는 충분히 정상참작의 여지도 있었을 것이다. 3장에서 언급한 것처럼, 국경수비대원들은 거의 예외 없이 집행유예를 선고받았다.

이 장에서 나는 세 가지 과제를 다룬다. 2절은 그 성격, 동기, 배경 등에 걸친 **가해자의 심리적 속성**을 다룬다. 3절은 **가해혐의의 정당화**, 즉 문제되는 행위가 도덕적으로 잘못된 게 아니라 사실은 도덕적으로 요청된 것이라는 주장을 다룬다. 4절은 **가해행위에 대한 변명과 감경**, 즉 가해행위의 가별성은 상황의 특수성에 따라서 없어지거나 줄어든다는 주장을 다룬다. 이 주장 중 어떤 것은 자의적이고, 어떤 것은 설득력이 매우 높으며, 또 어떤 것은 피하기 힘든 도덕적 딜레마를 제공한다. 그러나 여기서 나는 주장의 도덕적 타당성을 논하지는 않는다. 대신 실증적, 설명적 접근방식에 따라 정당화, 면책, 그리고 감경 주장의 여러 논거들을 법원의 결정과 여러 행위자들의 사례들을 동원하여 확인한다.

II. 가해자의 속성

여기서는 가해자의 유형학을 구축하기 위해 다섯 개의 선행 연구를 검토한다.[1] 여기서 **세** 범주—광신자, 기회주의자, 순응주의자—는 특히 명료하고 중요한 구분이라 생각하지만, 나는 가해자의 유형을 **7**가지로 확장해서 구분하고자 한다. 이 유형들의 차이는 각주에서 조금 더 세밀하게 다룬다. 한층 더 정밀한 분류법을 도입한 프랑수아 블로치라이네(Francois Bloch-Lainé)은 프랑스 고위관리들이 독일에 왜 협력했는지 설명하는 **15**가지 이유를 나열한다.[2] 이 논의에서 잘 알 수 있듯이, 동기부여의 조합은 심리상태의 복잡성 또는 언어의 부적절성 때문에 명료하게 구분하기도 힘들다. 따라서 나는 상호배타적인 범주에 기초하여 엄격하게 적용되는 분류를 제시하지는 않는다. 이건 불가능하며 불필요한 작업이기도 하다.

이 주제만을 다루는 거의 유일한 연구서에서 로타어 프리체(Lothar Fritze)는 구동독의 가해자를 다음 네 유형으로 구분한다. 선한 양심에 따라 행동한 사람, 기회주의자, 순응주의자, 그리고 부역자가 그것이다.[3] 첫 번째 유형은 두 개의 하위유형으로 나뉜다. 자신이 옳은 일을 했다고 적극적으로 주장하는 사람과 단순히 자기 행위의 도덕성에 아무런 의심도 하지 않는 사람이다. 전자는 내가 "광신자"라고 부르는 부류다. 후자는 가해행위의 주모자라기 보다는 "공모자"다.[4] 나는 이 두 번째 하위집단은 무시할 것이다. 순응주의자의 그것과 큰 차이를 보이지 않기 때문이다. 기회주의자와 순응주의자는 둘 다 자기 행위가 잘못임을 이미 알지만, 전자가 스스로 행위를 주도하는 반면, 후자는 주로 압력(약한 수준에도)에 굴복하는 단순한 경향을 보인다. 기회주의자는 일신상의 경력을 쌓아서 성공하려고 노력하지만, 순응주의자는 어떻게든 체제에서 살아남는 게 최우선 과제다.[5] 부역자는(거칠게 말하자면) 자기 행위가 그렇게 나쁜 짓은 아니라고 믿기 때문에 가해행위에 가담하는 부류다.[6] 자기 신념에 따라 행위를 정당화하는 이 유형은 엄밀히 말하면 가해자가 아니다(3절 참조). 따라서 가해자 유형학을 구성할 때에는 제외된다.

유럽 유태인 박멸에 관련된 행위자를 분석하면서 라울 힐베르크는 먼저 히틀러정권의 기존 행정부와 신규 참여자 간의 차이에 주목했다. 전자와 관련하여 그는 **열정(Zeal)**에 대한 요구를 강조했다. "기계적인 유태인 탄압수단에 앞서서 그것을 결정하는 관료가 먼저 필요했다. 관료가 세운 시의적절한 계획과 추진력이 없었다면 그 과정은 제대로 수행되지 못했을 것이다."[7] 후자와 관련해서 그는 다음 세 가지 동기를 구분했다.

> 고분고분하면서 야망을 갖춘 사람에게 새로운 분야에서의 지위는 상황이 창출한 대안적이고 전도유망한 경력이 되었다. 어떤 사람은 조직 내 경쟁에서 이기지 못하고 당 또는 당이 관리하는 조직에 참여하여 자신도 몰랐던 새로운 능력을 실현했다 또 나치즘이 자기 삶을 규정하는 모든 것이 돼버려서 이제까지 자신이 쌓아온 업적과 전문적 능력을 새로운 운동과 교환해버린 사람도 있었다.[8]

제5장 가해자

이들은 각각 기회주의자, 낙오자, 그리고 광신자다. 기회주의자와 낙오자는 가해자의 대열에 참여해 얻는 이익에 관심을 둔다는 점에서 공통적이지만, 기회주의자는 물질적인 이익을, 낙오자는 심리적 보상을 기대한다는 점에서 차이가 있다. 힐베르크에 따르면, 아이히만은 낙오자였다. 2차세계대전 중 독일에 협조한 많은 노르웨이 사람들은 대부분 이 부류―전쟁 전에는 초라했지만 갑자기 높은 직위에 올라와 있음을 발견한 인물―에 속했다.

반면, 광신자들은 개인적 이익을 향한 열망과 관계가 없다. 친위부대 특수작전대(Einsatzgruppen)에 참여한 많은 사람들은 "이미 사회적 지위와 미래가 보장됐지만 신념에 따라 보안경찰직을 선택했다."[9] 이들은 운베딩테(Unbedingte), 즉 나치체제의 골격을 형성한 무조건적 신봉자들이었다.[10] 그들은 결단력과 무자비함을 지속적으로 강조했지만,[11] 전적으로 사디스트라고 단정할 수는 없다. 반대로, 한나 아렌트가 주장한 것처럼, 오히려 친위부대 내에서 사디스트를 가려내기 위한 조직적인 노력이 있었다.[12] 힘러[역주1]도 친위대 내의 부패문제를 매우 심각하게 여기고 다음과 같이 발언했다. "자기 주머니 채우는 데 급급하고 유태인 여성과 사랑을 나누고, 음탕한 짓을 일삼는 자들은 나치의 이상을 실현할 수 없다."[13] 정규군대에서도 유태인을 죽이고 싶어하는 "자신을 극복"해야 참된 군인으로 평가되었다. 살인욕구에 따른 행위는 "동유럽인(특히 루마니아)들이나 하는 일탈 행동"으로 간주되었다.[14]

2차세계대전 중 점령지역의 민사사건을 기록한 문헌은 이탈리아 파시스트관료를 다음과 같이 분류한다.

역주1 하인리히 힘러(1900~1945), SS와 게슈타포를 지휘했다. 유태인 대학살의 실무를 주도한 최고책임자다.

첫째는 비정치적 순응주의자(현 직업을 지키기 위해 당에 가입한 사람), 둘째는 정치적 기회주의자(순전히 직업을 얻기 위해 당에 가입한 사람), 셋째는 악당으로 관정받은 자다. 마지막은 사법적으로는 면책되었지만, 대중으로부터 악당으로 찍힌 인물이다. 특히, 이탈리아 시골마을 사람들은 파시스트관리들을 즉시 해고하지 않으면 폭동을 일으키거나 폭동을 일으키겠다고 위협했다.[15]

내 목적에 비추어 볼 때, 여기서 악당 유형은 유용한 개념이 아니다. 중요한 것은 기회주의자와 순응주의자 간의 명료한 구분으로, 후자는 직업을 구할 목적이 아니라 자기 직업을 지키기 위해서 당에 가입한 사람이다.[16]

"행정적 숙정 개념"의 연구에서 클로드 고야르는 비시정권에 협력하여 제재를 당한 공무원을 네 범주로 분류한다.

1. **평범한 수익자** : 전쟁상황이나 여타 경제적 혼란 국면에서 발견되는 물질적 이익만을 좇는 부류
2. **숨은 악당** : 몰래 숨어서 자기 동료, 친구들에게 해를 끼치는 협박자와 중상모략자
3. **열정적, 근진적 이데올로그** : 비시정권을 위해 또는 협력의 명분을 쌓기 위해 헌신하고, 자기가 혐오하는 제3공화국에 대항하기 위해 단결하는 자신을 보고 행복하게 여기는 부류
4. 마지막 유형으로, 가장 많이 발견되는 경우인데, 신경질적이거나 분별력이 부족하여 흐리멍텅하고 냉소적인, **무례하고 조급한** 모든 사람들. 사사로운 일에만 몰두하고, 자신을 돌아보지 못한다.[17]

이제 기회주의자와 광신자에 더해 사적원한을 갚기 위해 점령체제를 이용하는 **악당**(the malicious) 유형이 등장한다. 위 분류에서 네 번째 유형은 다소 잔여적 성격을 지니고, 냉담(무관심)과 경솔함이 혼합된 형태로 나타난다. 그러나 이 특성에 주목하면, 이 집단에 속한 사람들의 잘못은 비난받을 만한 동기가 아니라 판단력과 신중함의 결여에 있는 것으로 보인다. 맞는 지적인데, 이 특성은 단순히 공직자에게 국한되어 나타나는 것은 아니다. 예를 들어, 독일 점령국가에서 레지스탕스에 대한 배신은 의도적이라기보다는 무관심과 부주의한 행위의 결과인 경우가 많았다.[18] 2차세계대전 중 미국의 경고를 상기해보자. "값싼 입이 배를 침몰시킨다." 패배주의자(defeatist)—나쁜 의도는 전혀 없고, 단지 독재정권이 지속될 텐데 저항은 아무 소용이 없다는 신념을 가진 사람—도 이 부류에 속한다. 나는 이런 유형을 **무사유자**(the thoughtless)라 부르기로 한다.

필립 뷔린(Philippe Burrin)은 특별법정에서 협력주의 운동에 참여했다는 이유로 국가모독죄 유죄를 선고받은 648명의 프랑스 남녀를 표본으로 연구했다. 그의 연구는 나이, 직업, 정치적 경력, 운동 참여시기, 그리고 운동에서 빠져나온 시기 등에 걸쳐 체계적으로 정리한 정보를 제공한다. 그는 심리학이 아닌 사회학적 목적으로 연구했지만, 그의 연구는 하위단계 배신자의 심리적 동기를 설명한다. 그는 다섯 개 중 하나의 사례에서, 그리고 1942년에 참여한 사람 4명 중 1명 꼴로 이익(interest)—특히 점령세력과 더 나은 관계를 유지하려는 욕구—이 중요한 동기임을 확인했다. 10개 사례 중 1개, 1943-44년에 참여한 4명 중 1명은 "자신과 가족원 보호"가 주된 동기였다.[19] 다소 거칠지만 이 범주는 기회주의와 순응주의 범주와 비슷하다.

그러나 뷔린의 표본에서 가장 중요한 동기는 **신념**(conviction)이다. 이 신념동기는 "평균적으로 75%, 1941년에 참여한 사람들의 80%, 1944년에 참여한 사람들 중에서는 41%가 적용된다."[20] 여기서 말하는 신념

동기에는 페탱 지지, 반공주의, 그리고 여러 유형의 사회정의 이념이 포함되어 있다. 많은 반공주의자들은 광신자인 반면, 다른 두 동기는(내 가정에 따르면) 이런 극단적인 형태를 취하지 않는다. 가해자들은 광신적 동기가 없는 원칙주의자기도 하다. 뷔린의 자료를 참조하면, 초기 원칙주의자들은 대부분 중상위계층 출신으로 추정된다. 그들은 "일찍 들어왔다가 일찍 나가는" 경향을 보였고,[21] 변화하는 현실에 따라 행위를 바꿔 나갔다. 1944년에 신념동기로 운동에 참여한 사람들은 전투적인 반공주의자들로 추정된다.

이제 7개의 범주를 다음과 같이 재분류할 수 있다.

- 기회주의자, 패배자, 악당들은 모두 **수익욕구**로 움직이는 부류다. 기회주의자들은 물질적 이익을 추구하고, 패배자는 자기자신을 포함하여 타인에게 중요한 존재로 비치기를 바라는 심리적 이익을 추구한다. 반면에 악당은 적이나 경쟁자가 무너지는 걸 보는 것에 만족한다. 패배자 범주가 악당 범주와 겹치기도 하는데,[22] 서로 완전히 대체되는 것은 아니다.

- 순응주의자는 **물질적 손실에 대한 두려움**이 동기로 작동한다. 이것은 물질적 이익욕구와는 전혀 다른 것이다. 왜냐하면 대부분의 사람들에게 경력 희생은 경력을 쌓기 위한 기회보다 훨씬 더 중요하기 때문이다.

- 광신자와 원리주의자들은 **결과에 의해 동기화**된다는 점에서 앞의 네 집단과 비슷하지만, 그 주된 동기가 자기에게 귀속되는 결과에 기인한 것이 아니라는 점에서 차이가 있다. 원리주의자들은 일단 특정이념이 가치가 없거나 잘못됐다고 판단하면 경로를 변경한다는 점에서 광신자 집단과 차이가 있다. 나중에 저항운동에 참여하는 가해자들이 이 범주에 속한다.[23] 무사유자는 자신에 대한 비판이 **행위의 동기를 형성하지 않는다**는 점에서 다른 집단과 차이가 있다.

대부분의 독재정권 하에서 하위직급 가해자는 순응자와 무사유자인 경우가 많은데, 주로 원리주의자들이 이들을 후원하고 결속한다. 엘리트 가해자들은 대부분 광신자들이다. 기회주의자와 악당은 가해자정권을 유지하는 동력이 아니라 거기 빌붙는 기생세력이다. 독일민주주의공화국 말기처럼 정권이 주로 기회주의자들에 의해 운영되면 체제는 오래 유지되지 못한다. 이 주장은 현 수준에서는 매우 일반적이며, 다소 무리한 면도 있다. 정치적 가해행위와 정치적 가해자의 심리학은 아직 미개척 분야기 때문에 구체적인 실증연구보다는 전체적인 인상에 의존하지 않을 수 없다. 법률문헌과 법원판결이 가해자 심리학에 여러 영감을 제공하지만(나중에 더 논의한다), 동기부여에 대한 실증적 연구수준에는 미치지 못하고 있다. 또한 각각 다른 동기를 가진 행위자들이 서로 선동하고, 착취하고, 보완하는 **가해행위의 체계**를 이해하는 데는 큰 도움이 되지 않는다.[24] 우리는 비시정권하 "애국의례"(patriotic ceremony) 참가자에 대한 장 게에노(Jean Guéhenno)의 설명을 통해 그 가해체계의 국지적 구성을 엿볼 수 있다. 여기에는 여생을 허무하게 보낸 데 대한 복수를 2년에 걸쳐 실행한 지역 약사, 급진당의 오랜 당원으로서 레지옹도뇌르 훈장을 놓치고 싶지 않은 시장, 직업을 잃을까 걱정인 교사들이 포함돼있다. 이 사건의 조직자는 패배자, 기회주의자, 순응주의자들의 동맹에 기반을 둔 진성 광신자인 보훈처장관 자비에르 발라(Xavier Vallat)[역주2]였다.[25]

나는 8장에서 각각의 가해자 유형에 대한 감정적 반응이 어떻게 다르게 나타나는가를 논의할 것이다. 순응주의자와 무사유자들은 분노(anger)와 격분(indignation)을 유발하고, 광신자와 악당은 증오를 촉발하며,

---

역주2 1891~1972. 비시정권에서 유태인문제 담당 총독을 지냈다. 2차대전 후 유태인 박해혐의로 10년형을 받았다.

기회주의자와 패배자는 경멸을 자극한다. 순응주의자와 무사유자는 그들의 **행위**가 감정적 반응을 일으키는 데 반해서, 그 외 다른 유형은 그들의 **존재** 때문에 감정을 유발한다. 후자 중에서 광신자와 악당은 그 자체가 악이기 때문에 증오를 유발하고, 기회주의자와 패태자는 허약하기 때문에 경멸의 대상이 된다. 나는 가해행위에 대한 구체적인 법률적 대응이 이러한 정서적 반응과 연계된 내재적 행위경향과 긴접하게 관련돼있다고 본다.

III. 가해혐의의 정당화

나는 정당화, 면책, 그리고 정상참작을 구분한다.[26] 어느 가해혐의가 정당화된다는 것은 그 행위가 잘못된 게 아니라는 걸 증명하는 것이다. 10명을 구하기 위해서 1명을 죽이는 행위는 정당화될 수 있다. 이 행위는 단순히 허용될 뿐 아니라 심지어 의무이기도 하다(즉 그렇게 하지 않는 게 잘못이다). 어느 가해 행위가 면책된다는 것은 그 행위에서 가벌성을 제거한다는 뜻이다. 정당방위로 발생한 살인은 면책된다. 정상참작은 행위의 가벌성을 줄이기는 하지만 면책되지는 않는다. 초기의 관습법 전통에서 현재에 이르기까지 "일시적 충동은 살인을 과실치사로 경감시키는 한편, 정당방위라고 인정되면 살인죄는 면책된다."[27]

면책과 정당화는 **법적** 타당성을 갖추거나 또는 그렇지 않을 수도 있다. 행위자가 처벌을 피하기 위한 것이 아니라 타인과 비교하여[28] 또는 자기 관점에서[29] 선한 것으로 보이기 위해 자신의 행동을 변명하거나 정당화할 때, 그들은 종종 법원이 인정하지 않는 전략을 동원하기도 한다. 따라서 "다른 사람도 그랬다" 또는 "다른 사람은 더 나쁜 짓을 했다"[30] 같은 변명은 심리적인 효과는 있으나,[31] 법률적으로는 아무런 효과가 없다.³² 이처럼 다른 사람이 무엇을 했는가에 대한 사실적 주장은 면책 또는 정당화의 근거가 되지 못한다. 반대로, 타인의 행위에 대한 **반사실적(counterfactual)** 주장은 유죄 여부를 따지는 데서 법률적으로 의미를 갖는다. 앞으로 살펴보겠지만, 명백한 가해 행위 또는 그런 혐의를 변명하고 정당화하는 데 사용되는 여러 반사실적 주장이 있다. 그 중 중요한 것은 아래와 같다.

- 차악적 정당화 1 : 내가 그 행위를 하지 않았다면 다른 사람이 했을 것이며, 더 나쁜 결과를 초래했을 것이다.
- 차악적 정당화 2 : 내가 그 행위를 하지 않았다면, 다른 일이 벌어졌을 것이며, 더 나쁜 결과를 초래했을 것이다.
- 도구적 정당화 : 내가 그 행위를 하지 않았다면, 나는 억압적인 체제에 효과적으로 대항할 다른 대안을 찾을 수 없었을 것이다.
- 대체적 변명 : 내가 그 행위를 하지 않았다면, 누군가가 그걸 했을 것이다.
- 강압의 변명 : 내가 그 행위를 하지 않았다면, 나는 살해당하거나 심한 부상을 입었을 것이다.
- 무익의 변명 : 내가 그걸 거절했더라도 아무런 변화가 없었을 것이다.

정당화는 대부분 "만약 내가 물러났다면, 나보다 더 나쁜 인물이 그 자리를 차지했을 것이다" 같은 반사실적 주장에 근거한다.³³ 차악행위 정당화 주장은 나치친위부대원이 내세우는 "표준적 변호"이고,³⁴ 프랑스 고등법원에서 재판받은 수많은 정치가들과 고위공무원들의 "고전적 변호"³⁵였다. 이 주장은 자기보호를 위한 위장이 태반이지만, 많은 경우 진실을 포함하기도 한다. 예를 들어 네덜란드에서는 독일의 침공 이후에도 자리를 지키기로 한 많은 공무원들이 1937년부터 비밀정부의 지령에 따라 행동했는데 (임무가 중요했기 때문에) "적군이 점령했지만, 국민의 이익을 지키기 위해 그 자리에 남아있어야 했다"고 진술했다. "고위직공무원들은 독일의 직접지배가 더 극단적이고 잔인한 결과를 초래할 것이라고 판단했기" 때문에, 점령 후에도 대부분 자리를 지키고 있었다. 나중에 "독일의 점령정책이 더욱 급진화되고, 공직자들이 그 도구로 동원되면서 이러한 차악 정당화 방침은 대중의 호응을 얻지 못하게 되었다."[36] 프랑스에서 사퇴를 결심한 고위공직자들이 레지스탕스의 요구로 그 자리를 지킨 사례가 있는데, 해방 이후 나치부역 혐의에서 무죄선고를 받았다.[37]

또한 독재정권의 비인도적 정책을 집행하고 합법화한 법관의 역할도 생각해볼 수 있다. 독일점령 하 프랑스에서 페탱에게 충성맹세를 거절한 판사는 괴팍한 딱 한 사람이었다.[38] 대부분은 현실을 받아들여야 한다고 주장했다. 왜냐하면, "그렇게 하지 않으면 잡혀온 레지스탕스들이 자신들보다 더 페탱에 충성하는 법관들에게 재판을 받을 게 분명했기 때문이다…. 비시 정권에 충성한 광신자들에게 재판받아 사형을 선고받는 사태는 피하는 게 최우선이었다."[39] 독일인들은 중형을 선고해서 인질로 잡으려고 했으며, 반면에 무죄판결을 받으면 격리나 추방 등이 뒤따를 수도 있기 때문에 판사들은 때때로 변호인의 요청에 따라 "중간적 해결책"을 도색했다.[40] 사임한 법관들은 임무수행을 포기한 군인 또는 중환자의 고통을 외면한 의사에 비교되었다.[41] 덴마크에서도 점령세력이 사법제도를 장악하여 결국은 자국민들에게 더 많은 해를 입힐 것을 방지하기 위해 법관들이 독일과 협력한 사례가 있었다.[42] 이와 비슷한 맥락에서 아파르트헤이트 시절, 남아공의 인권변호사들은 "양심적인 법관들이 사임하면 우리는 더 이상 탄원할 수 없게 될 것이다.(…) 우리가 법정에 가면 기대했던 양심적인 판사들은 법정이 아니라 방청석에 앉아있게 될 것이다"[43]고 항변했다. 이런 정당화는 이행기 이후 기소를 방지하는 데 어느 정도 효과를 보기도 했다.

자신들이 자리를 고수한 유일한 이유는 "사태를 진정시키고 진짜 나치들이 들어오는 것을 방지하기 위한 것"[44]이라는 제3제국 관리들의 주장은 더 논쟁거리다. 서독 수상이었던 콘라드 아데나워에게 막강한 영향력을 발휘했던 한스 글롭케(Hans Globke)[역주3]의 경우가 그렇다. 이 에피소드에 대한 표준적 해석은 다음과 같다. 1935년 뉘른베르크인종법의 공식적인 대변자였던 글롭케는 연방공화국에서 고위직을 맡을 자격이 당연히 없었다. "그러나 아데나워는 글롭케가 이 법을 가장 온건하게 적용하도록 최선을 다한 인물로 믿었고,"[45] 글롭케 자신도 "최악의 사태가 닥치는 것을 막기 위해서 그 자리를 지켰다"고 항변했다.[46] 그러나 힐베르크의 1985년판 〈유럽 유태인의 말살〉에서 다음 사실이 확인되면서 새로운 해석이 등장한다.

> 1932년 12월 23일, 유태인을 색출해서 고립시키기 원하는 당원들이 유태인은 유태인 이름만 사용해야 한다고 주장한 것처럼, 프로이센 내무성 관리인 한스 글롭케는 유태인 혈통을 감추기 원하는 유태인들의 개명을 불허하는 공문을 기안했다.[47]

자신이 통제할 수 없는 외부상황에 대한 대응을 이유로 정당화되거나 변명가능한 행위도 그것이 적극적이었음이 드러나면 인정받기 힘들

역주3   1898~1973. 1953년부터 63년까지 서독 국무차관과 총리 비서실장을 지냈다. 법률가인 그는 나치 시절에 히틀러의 독재에 기여한 각종 법률을 기초하였으며, 반유태주의의 신봉자였다. 이러한 친나치 행적이 잘 알려지지 않은 탓에 서독정부 시절에 정부국을 설립하는 등 안보 분야에서 최고 책임자를 지냈으며 아데나워 수상에게 발탁되어 고위직으로 진출하였다. 홀로코스트 연구자인 라울 헬베르크에 의해서 그의 친나치 행적이 세상에 알려졌다.

다. 힐베르크의 책 초판(1961)에는 글롭케의 히틀러 이전 행위에 대한 언급이 없다. 만약 당시에 그게 알려졌다면, 아데나워는 그를 등용하지 않았을지도 모른다. 물론 그렇지 않았을 수도 있다.

1940년대 후반 독일법원의 사례에 따르면,

> 일단의 외과의사들이 환자를 고의로 살해한 혐의로 기소되었다. 그들은 정신적으로 이상이 있는 환자들을 안락사하라는 명령을 수행했을 뿐이며, 나아가 환자가 치료될 수 있다고 거짓 진단을 하여 보고하면 많은 환자들을 구할 수 있을 것으로 믿었기 때문에 그렇게 했다고 항변했다. 그들은, 아마도 합리적인 이유로, 자신들이 살해에 가담하지 않았다면 당에 충성하는 사람들이 그 일을 대신했을 것이고, 결과적으로 무고한 생명이 더 죽었을 것이라고 믿었다.[48]

영국 점령지역을 관할한 고등법원은 이 정당화는 원칙적으로 수긍되지만, "자신들의 행위가 최종적으로 생명을 구할 수 있었다는 입증책임은 피고에게 있다"고 판단했다.[49] 법원이 피고에게 유죄를 선고한 것은 결국 피고가 이 요구를 충족한다고 판단하지 않았다는 뜻이기도 하다.

1989년 이후 동유럽에서 반사실적 정당화의 변종이 등장했다. 즉 "우리가 반대파를 호되게 억압하지 않았더라면 소련이 침공했을 것이고 그 결과는 훨씬 참혹했을 것이다"는 주장이 그것이다. 1981년 계엄령 주모자의 기소 가능 여부를 조사한 폴란드의회 위원회가 이 조사를 철회했을 때, 이 주장이 주된 이유의 하나였다.[50] 그러나 이 사건의 주동자인 야루젤스키(Jaruzelski)[역주4]는 이 외세침략 논리에 크게 의존하고 싶지

역주4 보이치에흐 야루젤스키(1923~2014). 1981년 총리가 됐고 같은 해 공산당 서기장을 겸임했다. 그해 12월 31일 계엄령을 발동해 자유노조를 불

제5장 가해자

않았다. 그는 계엄령이 차악의 선택이었다고 주장했으나, (그에 따르면) 그것은 소련의 침략뿐만 아니라 국가를 파멸시키는 경제적 무정부 상태에 비교해서도 차악의 선택이었다. 이 사건은 관심을 끄는 추가적 특징을 가지고 있기도 하다. 사실, 야루젤스키가 계엄령 발동에 실패했더라도 소련이 침공하지 않았을 개연성은 충분하다. 그러나 이행 이후, "폴란드 법학자 대다수는 위험을 초래하는 잘못된 판단이 졸속과 부주의 때문이 아니라면 처벌할 수 없다는 입장을 취했다."[51] 잘못된 신념도 행위 당시에 획득가능한 증거로 잘 설명된다면 용인할 수(정당화는 안되더라도) 있는 것이다.[52]

이런 일반적인 유형의 정당화는 전쟁기간 중 노예로 일했던 노르베르트 볼하임[역주5]에게 소송당한 I.G. 파르벤(Farben)[역주6] 사건에서도 나타난다. "사실상, 죄수가 노예로 고용되지 않았더라면 이미 죽었을 것이라고 피고는 주장했다. 즉 볼하임은 아직 살아있음에 파르벤에게 감사해야 한다."[53] 이 주장은 다른 여러 정당화 논리에도 적용되는 통상적인 질문을 야기한다. 즉 예측가능한 선한 결과가 그 행위의 동기가 아니고

법화했다. 1989년 1월 자유노조가 합법화되고 노조와 원탁협정을 통해 대통령에 취임했다. 레흐 바웬사(자유노조 지도자)가 대선후보를 발표한 1990년 사임했다. 1996년 국회는 그의 계엄령 선포를 고발하지 않기로 결정했다.

역주5 Norbert Wollheim, 1913~1998. 베를린 출신. 유태인 출신이라는 이유로 학업을 중단한 그는 1938년 전쟁발발때까지 용접공으로 일했다. 전쟁 후 10,000명의 유태인 어린이를 영국과 스웨덴으로 안전하게 운송한 Kindertransport의 핵심인물이었다. 1943년 가족과 함께 아우슈비츠로 이송되었고, 강제노동에 동원됐다가 1945년 5월 미군에게 구출되었다.

역주6 독일 화공기업. 세계 4대 규모 기업이었다. 나치정권 패망 이후 전범기업으로서 해체당했다.

그 자체로 그러한 행위를 도출할 만큼 충분하지 않은데도 그 결과 때문에 정당화될 수 있는가?[54]

　2차세계대전 후 적대국과 경제적으로 협력한 죄로 기소된 많은 사람들 역시 반사실적 주장에 의존했다. 노르웨이에서 점령세력에 협조한 신문사 소유주는 신문사가 독일에게 완전히 장악됐으면 공공여론 형성에 훨씬 더 나쁜 영향을 주었을 것이라고 항변했다.[55] (조사의원회는 다른 결론에 도달했다. 즉 독일선전매체가 그렇게 공개적으로 노출됐으면 오히려 피해가 적었을 것이라는 결론을 내린 것이다.) 독일에 협력한 어느 제조업체는 만약 그렇게 하지 않았더라면 독일이 공장을 폐쇄하고 종업원들을 징집해서 전선으로 내보내서 결과적으로 국가경제에 큰 해악을 초래했을 것이라고 변호했다. 벨기에에서는 산업 장비를 독일로 이전하여 대규모 실업을 초래한 1차대전의 기억이 "은행가연합"[56]의 협력주의 정책을 강하게 비판하지 못하게 하는 역사적 배경이 되기도 했다. 또 기계를 놀리면 노후화되어 전후 재건에 사용할 수 없게 되며, 생산을 계속하면 노동자들의 파업이나 태업을 방지하는 효과도 있다는 점이 강조되었다.[57] 이런 협력의 효과가 과연 행위의 진실한 동기였는가라는 반문이 가능하다(아마 대답하지 못할 것이다).

　또 하나의 놀라운 반사실적 논리가 2차세계대전 후 친위부대 출신 장교들에 대한 연금지급을 정당화하는 데 이용되었다. 연금지급은 "정규군으로 일상적인 임무를 수행했다"고 증명할 수 있는 경우에 한정됨에도, 카셀의 연방법원은 "2차세계대전 기간 중 **정규군으로 근무해야** 하는데 친위들격대(Waffen-SS)에 참여했기 때문에 그렇게 하지 못한 전직 친위부대 대원은 정규군에 준하는 대우를 받아야 한다"고 이 문제를 회피했다. 같은 방식으로 "법원은 이른바 다하우(Dachau)강제수용소 친위부대 경비병의 임무도 정규군의 그것으로 인정했다."[58] 이와 비슷한 반사실적 논리가 가해자 범위의 축소가 아니라 확대에도 사용되었다. 1942

년 12월 17일, 벨기에 망명정부는 독일군 막사에서 기사로 일하거나 청소하는 하급작업도 그걸 거부하면 독일군대 전력을 약화할 수 있는데 그렇게 하지 않은 것이 "벨기에인 가슴에 총구를 겨누는" 범죄에 해당한다고 결정했다.[59] 적군 전력을 다른 일에서 풀어주어 결국 전투에 참여하게 만든 사람은 실제로 전투에 참여한 자와 마찬가지로 유죄라는 논리는 다른 일이 없었다면 정규군이 대신할 수 있는 역할을 수행한 친위대원은 무죄라는 논리와 같은 맥락이다.

내가 앞에서 "도구적 정당화"라고 정의한 것은 독재체제를 **위해** 일한 행위가 그 체제에 **대항**하는 필요조건이 된다는 주장에 근거한다. 예를 들어 독일점령 국가에서 자신의 공적능력을 이용하여 게슈타포와 협력한 한 요원은 레지스탕스활동에 필요한 정보를 모으기 위해서라고 주장할 수도 있다. 독일의 신임을 얻기 위해서 그는 전쟁이 끝난 후 처벌될 수도 있는 활동을 수행했을 것이다. 노르웨이에서는 노르웨이 거주 유태인 추방에 중요한 역할을 한 경찰 간부가 동시에 게슈타포작전과 관련된 정보를 파악하여 레지스탕스에게 알려주었다는 사실이 밝혀지면서 많은 논란거리를 제공했다.[60] 이 전직 경찰간부는 나중에 하급법원에서 무죄판결을 받았는데, 다시 기소되어 재판을 받았고 상급법원이 사건을 하급법원으로 되돌려보내서 최종적으로 다시 무죄가 선고되었다. 두 번째 재판에서 법원의 논리는 필요성 주장의 연장이었다. 비슷한 이유로 법원은 레지스탕스를 돕는 지위를 유지하려고 유태인 추방에 참여한 것은 집단적인 자기방어로서, 레지스탕스활동에 주는 이익이 유태인에게 주는 피해를 상쇄할 것으로 가정한 것이라고 봤다.[61] 그러나 이 사건의 여러 사실들에는 피고의 동기가 정확히 드러나지 않는 면도 있다. 이중 게임 또는 위장된 주장을 유발한 것으로 보이기도 한다. 즉 명령을 거절했다면 독일에게 처형됐을 거라는 강압적 변명의 논리 또는 나치 군대가 경찰조직에 침투하는 것을 막기 위해 자리를 지켜야 했다는 차악의

정당화 논리와도 연결된다는 것이다.[62]

해방 이후 프랑스에서 이중게임 주장은 아주 광범위하게 이용되고 또 오용되기도 했다.[63] 항독 게릴라활동에 참여하는 것보다 그 자리를 유지하는 게 도움되기 때문에 자리를 계속 지키라고 권유받았다는 전직 관리들의 주장은 종종 사실로 밝혀졌다.[64] 또 많은 경우, 나치에 협력한 관리가 자신은 애국적 활동을 했다고 허위로 꾸며대기도 했다. 비시정권에 부역한 공무원들을 조사한 위원회는 비시정권에서의 일과 레지스탕스 활동에 대한 기소가 "유기적으로 연결됨을 증명해야" 정상을 참작했다. 단순히 두 가지 활동을 병행했다는 주장은 인정하지 않았다.[65] 더 나아가 한쪽 활동에서 얻은 이익이 다른 쪽 활동이 초래한 해악을 상쇄했고, 이 "순손익"이 그 자리를 지킨 이유임을 증명해야 했다.

적의 존재는 개별적으로 보면 가해로 비칠 행위를 정당화하는 데 사용되기도 한다. 독일인들은 홀로코스트의 비극을 축소하면서 동부전선에서 벌어진 만행을 볼셰비즘과의 전투 때문에 불가피하게 빚어진 것이라고 정당화했다. 어느 영국인 목격자가 쓴 것처럼, "(서)독일인들은 수세기 동안 아시아의 야만에서 유럽문명을 지키는 것을 자기가 부여받은 역사적 사명으로 간주했다."[66] 따라서 어떤 사람은 그들을 기소하기보다 연합국은 그들이 한 일에 감사해야 한다고 주장했다. 냉전을 맞아 서구열강들이 전쟁범죄자에게 더 많은 관용을 베풀면서 독일인들은 자기 주장이 비록 늦었지만 묵시적으로 인정받았다고 여겼을 수도 있다. 동독에서 과거의 나치즘은 "신뢰할 수 없고 부정직한 사람들에 대한 전후 독재를 정당화하는데"[67] 활용되었다. 라틴아메리카 독재자들은 진부할 정도로, 때로는 진지하게, 공산주의와 테러리즘, 그리고 게릴라의 폭력에 대항하기 위한 조치라면서 억압을 정당화했다. 칠레에서, "군부는 … 자신들의 행위를 자랑스럽게 여겼다…. 그들은 자신들이 역사적으로 영웅적인 활동에 참여하고 있다고 믿었다."[68] 그러나 "내부의 적"을 만

제5장 가해자   **213**

행의 정당화로 삼기 어려운 것은 그 적이 가해의 원인이 아니라 결과라는 점이다. 예를 들어, 남아프리카에서 아파르트헤이트 폭력은 그에 대한 무장저항에 선행했다.

IV. 면책과 정상참작

나는 여기서 면책과 정상참작을 함께 다룬다. 전자는 대체로 후자의 제한적 사례에 속한다. 예를 들어 미국 형법조항에 따르면 강압(duress)은 "이성적 확신을 가진 사람이 잘못된 행위 실행을 거부할 수 없는 상황에 처하게 되는" 기준으로 정의된다.[69] 잘못된 살인명령을 거절하면 자신이 죽을 수도 있다고 행위자가 충분한 근거를 가지고 믿는 상태가 그 대표적인 사례다. 그러나 이 충분한 근거를 갖는 믿음에도 정도의 차이가 있고, 법적 책임 정도와의 "**모든**" 연관성을 즉시 잃지 않으면서도 완전한 면책은 주지 않는다는 주관적 개연성이 있어야 한다.

특정 가해자에게 주어진 특징—예를 들면 행위의 동기나 재능—은 가중 또는 경감 사유가 되는지 여부는 분명치 않으며 논쟁거리다. 그러나 광신주의와 기회주의의 동기가 각각 상반된 효과를 미친 사례가 있다. 1944년, 작가 로베르 브라지야크(Robert Brasillach)의 탁월한 재능이 죄과를 경감하는지 아니면 가중하는지를 두고 드골과 프랑수아 모리악(François Mauriac)[역주7]이 서로 의견을 달리한 것은 유명하다.[70] 노르웨

역주7 관용론자인 모리악은 이렇게 주장했다. "우리는 학살자와 희생자라는 쳇바퀴보다 더 나은 것을 바랬다. 그 어떤 대가를 치른다 해도 제2공화국이 게슈타포의 장화를 신어서는 안된다"

이에서 크누트 함순(knut Hamsun)[역주8]을 두고 똑같은 논쟁이 벌어졌다.[71] "위대한 사상가는 위대한 잘못을 저지른다"(Wer gross denkt, muss gross irren)는 하이데거의 말을 인용하여 나치이념을 지지한 어느 작가의 자기변호도 충분히 비난받을 만하다. 재능과 동기 문제는 서로 관계가 있을 수 있는데, 법원은 대체로 기회주의자의 재능을 정상참작 상황으로 인정하지 않는다.[72]

4장 5절에서 나는 전형적인 면책과 정상참작 요인, 예를 들면 가해행위가 나중의 저항활동으로 면책되거나 오히려 억압적 체제에 의한 피해로 인정되는 사례를 살펴보았다. 여기서는 체계적 또는 전반적인 고찰은 생략하고,[73] 앞의 분석과 비슷한 수준에서 고찰한다. 정당화와 마찬가지로, 면책은 상당수가 반사실적 주장에 의존한다. 첫째, "내가 하지 않았더라면 다른 사람이 했을 것이다"는 공통주장이 있다. 자신을 변호하면서 아이히만과 파퐁은 자신들은 누구라도 대체가능한 기계장치의 부속품이었을 뿐이고 개인적으로 책임질 일은 하지 않았다고 주장했다.[74] 아이히만 사건의 경우, 예루살렘 검찰이 1944년 7월에 아이히만은 유태인 추방을 중지하라는 호르티(Horthy)[역주9] 제독의 명령을 이행하지 않았고, 유태인 관리들이 호르티에게 그의 명령불복종을 고고하지 못

역주8 1859~1952. 1920년 노벨문학상 수상. 나치독일을 열렬히 지지했다. 전후 체포되어 정신병원에 수용됐다가 1947년 벌금형을 받아 재산 대부분을 날렸다.

역주9 호르티 미클로시(1888~1957). 헝가리왕국의 섭정으로서 2차대전에서 히틀러와 줄다리기를 하면서(유태인과도 타협했다) 수십만의 유태인들을 강제수용소행에서 보호했다. 반유태주의를 표방하면서도 헝가리인구 10%를 차지하는 유태인의 필요성을 인정했다.

하도록 제지했음을 지적했을 때 이미 아이히만에 대한 면책은 고려되지 않았다.[75] 열광적 행위―임무의 소명을 넘어선―는 대체가능성에 따른 면책을 확실하게 반박하는 데 사용된다. 독일점령 하에 있었던 국가의 공직자 숙정작업에서 이 과도한 열성의 기준이 종종 인용되었다. 앞에서 언급한 것처럼 열성이 일종의 규범이었고, 앞장서서 실천하지 않으면 제재로 이어졌던 제3제국에 이 기준을 적용하면 면책주장은 더 복잡해진다.

두 번째의 반사실적 면책은 "**강압**"이다. "내가 거절했다면 나는 아마 죽었을 것이다." 그러나 행위자가 종속적인 지위에 있지 않고 자신이 자발적으로 참여한 집단의 명령에 따라 행동했다면 이 주장의 타당성은 특히 의심받는다. 2장에서 살펴본 것처럼, 리시아스(Lysias)의 연설 "테라스토테네스에 반대하며"에서 이 점이 잘 드러난다. 강압이라는 변명은 나치와 공산체제 하의 만행에 자주 원용되었다. 1964년의 유명한 판결에서 독일법원은 백러시아에서 유태인 대량학살의 면책조건으로 강압을 인정했다.[76] 객관적으로 볼 때, 이 면책은 근거가 희박한 것이었다. 크리스토퍼 브라우닝은 나치의 유태인 박멸정책을 언급하면서 "지난 45년간 수백 건에 달하는 전후 재판에서 피고측 변호인이나 피고가 비무장시민을 살해하라는 명령을 거절하여 가혹한 처벌을 받았던 사례를 단 한건도 제시하지 못했다"고 기술했다.[77] 1963-65년 아우슈비츠 경비병 재판에서 물카(Mulka)라는 피고는 만일 명령을 거역했더라면 자신의 사형영장에 스스로 서명할 수밖에 없었을 것이라 진술했다. "법정은 물카의 공포에 근거가 있는지 주의깊게 살펴보았는데, 여러 증거들에 따르면 명령을 거역한 교도관들이 전방이나 영창으로 보내지기는 했지만 그밖에 다른 처벌은 없었다."[78] 그러나 최소한 주관적인 수준에서, 명령을 거역하면 자기가 총살당할 것으로 **믿지** 않았다고 확신할 수는 없다.[79] 만약 그들이 어쩔 수 없이 그렇게 믿었다면[80], 그것은 살해를 "**강요당했다**"는 주장과 다를 바 없다.[81]

강압―저항할 수 없는 상태―은 단순히 직면한 위협이나 위험의 함수로 치환될 수 없다. 개인적 특성이나 지위 또는 상황의 성격에 따라서 저항능력은 개인별로 다르게 나타난다. 예를 들어 프랑스법률에 따르면, 강압이 성립하기 위해서는 "이성적인 사람에게 영향을 미칠 수 있어야 하고, 그 영향을 받은 개인이 처한 조건을 고려해야 한다."[82] 마지막 조건에 근거하여 조르주 베델(Georges Vedel)은 1940년 7월 10일에 마샬 페탱(Marshal Pétain)에게 전권을 위임한 프랑스 의원들이 강압 때문에 그렇게 한 것이 아니라고 주장했다. "국가의 대의자는 일반시민처럼 억압이 쉽게 통할 위치에 있다고 볼 수 없기 때문이다."[83] 백러시아의 유태인 대량학살 행위 면책에 대한 반론에서 조지 폴레처는 강압을 순수하게 행위자 중심 개념으로 보는 관점은 "피고에 대한 위협과 실제 실행에 옮겨진 행위 간의 관계를 고려하지 않고 피고에게 주어진 압력에 일방적으로 초점을 맞추기 때문에" 잘못이라고 주장했다. "지출해야 할 비용이 충분히 높다고 판단하면 인간은 삶에 대한 위협이 적절하게 저항한다."[84] 그는 도덕적 힘에 앞서서 고비용에 대한 인식이 행위자가 저항할 수 있게 하는 **인과적** 동력이 된다고 봤다.[85]

2차세계대전 후 독일형법에 따르면 "고사자는 가해자가 아니라 종범이다."[86] 동시에 살해하지 않으면 살해당할 것이라 믿고 명령과 강압으로 방아쇠를 당겼을 경우에도 종범으로 간주된다.[87] 이러한 가해자 없는 범죄 개념은 "학계가 거의 만장일치로 그 근거가 되는 이론을 거부하도록 만들었다."[88] 그러나 피고를 살인자로 판결하는 것을 주저하는 법정에서 이 주장은 매우 유용했다. 즉,

> 하노버 지방법원은 여러 사람을 살해한 전직 나치당원에게 "살인종범"―즉 실제 가해자에게 조력을 제공한―으로 유죄를 선고하였했다. 그리고 실제 명령을 내려서 그 행위의 논리적인 책임을 져야할 상급자에

게는 "살인교사" 혐의를 적용해 유죄를 선고했다. 이 둘 사이에 행위를 이어주는 사람이 없었으므로, 이 범죄는 결국 "살인자" 없는 "살인" 사건으로 남게 되었다. 1951년 11월 15일, 뮌헨글라트바흐(Mönchengladbach)법원도 살해명령을 내린 사람에서 "살인교사"로 유죄를 선고했으나, 실제 실행에 옮긴 사람은 강압에 의한 것으로 봐서 무죄를 선고했다.[89]

반사실적 면책의 세 번째 유형은 명령거부 무용론에 의존한다. "내가 그 일을 하지 않았다면, 다른 사람이 했을 것이다"가 **탈출**(exit) 무용론이라면, 이 면책은 **목소리**(voice) 무용론에 근거한다.[90] 아우슈비츠 경비병 재판에서 물카는 "저항은 무익할 뿐 아니라 내게 치명적 결과를 초래할 것을 알았다"고 진술했다.[91] 일곱 명의 동독 정치국원에 대한 1996년의 재판에서 "검찰은 기소장에 이렇게 썼다. 그들은 자신들이 동독 시민의 생명과 자유를 보장하는 힘을 가지고 있음을 알았다. 그러나 그들은 의식적으로 영향력을 발휘하지 않았으며, 결과적으로 국경을 탈출하려는 무고한 인명이 죽고 부상을 입도록 방치했다."[92] 이 사건 피고 중 한 명인 귄터 샤보프스키(Günter Schabowski)는 아래와 같이 항변했다.

> 당시 동독 사정을 감안할 때, 나는 동독의 베를린장벽 정책을 변경할 수 있는 실질적인 힘을 행사할 수 없었다. 기존 정책기조를 바꾸려는 노력은 당 정치노선과 총서기의 개인적 권위에 도전하는 행위로 비칠 수밖에 없었다. 그렇게 했다면 당정치국은 물론이고 그 어떤 기구도 살아남을 수 없었을 것이다.[93]

그의 면책주장은 받아들여지지 않았다. 그러나 2000년의 두 번째 재판에 기소된 세 사람 중 둘은 "탈출하는 사람들이 장벽에서 살해당하는 것을 제지할 수 없었을 것으로 보인다"는 이유를 받아들여 무죄를 선고했다. 세 번째 피고는 "장기적으로는 탈출의 종식으로 이어진 국경통제 완화에 기여했기 때문에" 무죄선고했다.(이 두 판결이 서로 일관성을 가진 것인지는 불분명하다.)

이른바 시간과 공간의 우연은 더 많은 변호 기회를 부여한다. **시간 관련** 면책 또는 정상참작 상황의 진술은 대체로 아래와 같다.

"나는 그때 어렸다."
"너무 오래 전 일이다."
"나는 잠시 동안 협력했을 뿐이다."
"나는 독재체제 초기에만 협력했다."
"나는 독재체제 말기에만 협력했다."
"나는 이제 늙었기 때문에 면책되어야 한다."

가해 당시 가해자의 연령은 분명히 정상참작의 여지가 있다. 오라두르(Oradour)학살재판에 회부된 알사스인 중 "여덟 명은 독일군에 징집될 때 나이가 18살 이하였으나 몇 주 뒤 곧바로 친위부대에 배속됐다."[94] 재판 중 알사스 시장 콜마는 "그들이 십대였음을 감안해야 한다고 주장했다."[95] 1952년에 서독 의회에서 일한 전직 방위군(Wehrmacht)관리는 60살 이상과 28살 이하 전범들에게는 사면을 허락하고,[96] 형사책임을 물을 수 있는 연령을 21살로 올려야 한다는 논평을 발표했다.

행위 당시와 재판 간 시간 간격은 두 가지 상이한 효과를 갖는다. 8장에서 살펴보겠지만, 응보적 조치를 바라는 일반적 요구의 감정적 강도는 최악의 사건이 얼마나 오래 전에 발생했느냐에 달려있다. 문제 되는 가해 행위가 다른 사건보다 더 오래 전에 일어났으면 더 관대하게 처분해도 충분히 용인될 수 있다. 따라서 현재의 가해자가 20년 또는 40년 후에도 현재와 똑같은 사람으로 존재하지 않을 것이라는 주장은 소멸시효 정당화의 한 근거가 된다.[97] 설령 공식적으로 소멸시효가 없는 경우에도 시간 요소는 결정에 영향을 미친다. 통일 이후 독일의 법원 결정은 동독 시절 비밀경찰과의 관계가 1975년 12월 31일 이전에 끝난 경우 대상인물 관련파일을 고용주에게 제공하는 걸 금지하는 입법으로 이어졌다.[98] 공직 해임 여부와 관련하여 독일의 여러 자치주에서는 접촉기간도 고려해야 한다는 지적이 있었는데,[99] 짧은 부역기간은 심각한 오류가 아니라 순간적인 실수임을 인정하기 위해서였다.

가해행위의 시기는 가해자의 동기를 규명할 수 있기 때문에 중요하다. 기회주의자는 전망이 밝다고 판단될 때에만 가해정권을 지지할 것이다. 반면, 광신자는 그 전망이(초기 단계에서) 불투명하거나 심지어(마지막 단계에서) 비관적이어도 지지할 가능성이 높다. 앞으로 살펴보겠지만, 여러 예외가 있기는 하나, 기회주의자는 대체로 광신자보다 관대한 처분을 받는다. 따라서 가해자가 권력을 잡기 전 또는 권력을 상실하는 단계에서 가해자 조직에 가담한 사람은 그 체제의 전성기에 가담한 사람에 비해 더 심한 처벌을 받을 것으로 예상된다. 이러한 경향은 1945년 이후 독일에서 잘 드러났다. 소련점령 하에 있던 브란덴부르크에서,

> 개인이 국가사회주의(나치)조직에 가담한 시점은 (나치청산)위원회가 중요하게 생각하는 증거였다. 1933년 이전 가입은 특히 중형으로 다스렸다. 왜냐하면 그 시점은 히틀러가 총통직을 맡기 이전에 이미 국가사회주의를 열성적으로 지지한 증거가 되기 때문이다⋯.1933년에 가입한 사람들은 히틀러가 권력을 잡은 이후 사회 전반에 퍼진 흥분에 휩쓸려서 가입했으며, 여타의 정치적 목적이 없는 명목상의 당원과 마찬가지로 당에 대한 애정은 별로 없었으나 공개적으로 결별할 용기를 가지지 못했다고 주장할 명분이 있었다. 1937년 이후에 당에

가입한 사람들은 형량이 가장 늦았다. 1937년은 나치당이 개인들에게 당 가입을 강요하기 시작한 해로서 중요한 의미가 있었다.[100]

미국점령 지역의 나치청산 과정에서 1937년 5월 1일 이전에 당에 가입한 사람들은 전부 두 번째로 위험한 가해자 범주인 "범죄자"로 분류되었다.[101] 영국점령 구역에서 1933년 4월 1일 이전이 나치당이나 친위대에 가입한 사람들은 예외없이 공직에서 사퇴해야 했다.[102] 1933년에서 1937년 기간데 나치당은 신규당원을 모집하지 않았는데, 이 기간에 대한 세 점령 지역의 정책은 전부 같았다.(단, 프랑스점령 지역에서는 지켜지지 않았다.)

2차세계대전 중 독일의 점령아래 있던 국가에서 초기의 협력행위는 대체적으로 더 관대하게 처리되었다. 네덜란드에서는 "마지막 기간의 경제적 협력은 점령 초기의 그것에 비해서 더 중대한 행위로 받아들여졌다."[103] 노르웨이에서도 마찬가지였다.[104] 프랑스도 "비시정권 초기의 단순한 협력은 면책하는 경향이 있었으나, 1942년 11월 이후에 대해서는 달리 평가했다."[105] 덴마크에서는 레지스탕스에 참여한 변호사들과 공무원들이 서로 다른 태도를 취했다. 후자는 독일이 직접 통치하기 시작한 1943년 8월 29일 이후의 협력행위는 전쟁 초기보다 더 엄격한 기준을 적용해야 한다고 주장했다. 반면 전자는 점령기간 전체를 통틀어 동일한 기준이 적용되기를 원했으며, "가장 위험한 반역자집단—8월 29일에 배가 가라앉는데 지켜만 보던 사악한 자들—에게 관용을 베푸는 우를 범해서는 안 된다"고 주장했다.[106] 몇몇 예외는 있었으나, 결국 레지스탕스 변호사들의 주장이 받아들여졌다.

이러한 경향에 대해서는 다양한 설명이 가능하다. 노르웨이에서는 독일침공 직후의 혼란스러운 상황 때문에 레지스탕스가 활동하기 이전 행위를 관대하게 처분하려는 경향이 있었다.[107] 전쟁이 끝나가는 시기에 이루어진 경제적 협력행위를 더 엄하게 처벌한 이유는 독일로서는 그 시기에 협력이 더 절실했고 그만큼 연합국에 해를 더 끼쳤기 때문이다. 특이하게도 덴마크 레지스탕스들은 기회주의자들이 수적으로 더 많았을 뿐만 아니라 광신주의자들보다 더 위험했다고 판단한 것으로 보인다. 덴마크 관리들과 프랑스 레지스탕스는 독일의 승전 전망이 희미해지면서 탄압이 더 심해진 말기 체제의 협력행위가 더 크게 비난받아야 한다고 생각했다. 프랑스에서는 "동부지역에서 러시아의 승리는 비시정권의 많은 광신적인 반공주의자들로 하여금 유럽의 볼세비키화를 막기 위해서 독일이 벌이는 전쟁을 더 지지하도록 충돌질했다."[108] 마지막 단계에서의 협력은 광신주의의 혹독한 탄압행위와 연계되었기 때문에 처벌의 강도가 높아지기도 했다. 반대로, 4장에서 언급한 것처럼, 기회주의자들은 마지막 단계에서 변신하여 처벌을 면하기도 했다.

고령은 그 자체로 또는 나이가 들면서 따라오는 건강상의 변화 때문에 형량에 영향을 미친다. 같은 10년 형이라도 80살에 당하는 그것과 40살의 그것이 주는 고통의 무게가 다르다. 따라서 동일한 범죄라 하더라도 고령이면 형량이 줄어들 수밖에 없다. 프랑스 법원은 87세의 모리스 파퐁에게 10년형을 선고했는데, 그에게는 종신형이나 다름 없었다. 에리히 호네커(Erick Honecker)[역주10] 재판은 질병 때문에 기소가 취소되었다. "만약에 이 재판이 마지막 단계까지 갔다면, 서독은 동독과 마찬가지로 시민기본권을 침해하는 죄를 범했을 것이다. 어느 재판관이 지적한 것처럼, 인격체로서 개인이 통치수단인 단순한 객체로 간주되어 결국 이 두 정치체제 간의 기본적 차이는 모호해질 것이다."[109] 아구스토 피노체트 사건도 그의 나이 자체보다는 정신건강 상태가 주요 쟁점이었다.

역주10　1912~1994. 동독 정치지도자로서 1971년부터 1989년까지 국가원수를 지냈다.

공간도 역시 문제다. 점령국과 피점령국 사이의 국경지대 사람들은 충성 대상의 모호함과 강요된 협력 때문에 관대한 처분을 받았다. 독일군에서 복무했던 사람들을 다룬 덴마크 징집법은 "남부 유틀란트(Jutland)에 거주하는 소수 독일민족인 덴마크시민에 대해서는 감형한다"는 규정을 두었다. 이 규정은 1945년 6월 1일의 최종법에서는 삭제되고 더 포괄적으로 적용되는 감형조항이 도입되었다. 이 조항 역시 남부 유틀란트의 소수 독일인집단이 처한 상황을 반영한 것이다.[110] 입법토론 중 이 지역 대표는 동부전선에서 싸운 사람들이 지역민병대에 참여한 사람들과는 다르게 최소한 신념을 지키려는 용기가 있었기 때문에 정상참작의 혜택을 받아야 한다고 진술했다.[111] 이 법 제정 당시 법원이 입법부의 의도를 제대로 반영하지 못해서 1946년 6월 29일에 부칙조항을 삽입하여 명료하게 규정했다.

1940년 프랑스에게 승리한 후 독일은 알자스-로렌 지방을 사실상의 부속영토로 편입했다.[112] 1920년에서 1924년 사이에 이 지역에서 태어난 모든 남성은 독일군 입대가 의무화되었다. 그 중 4만 명은 면제되거나 다른 지역으로 도피했으나, 16만 명은 징집되었다. 1953년 2월 13일, 보르도의 어느 법정이 알자스 출신 전직 친위대원을 오라두르 학살 혐의로 재판하던 때에 마침 독일군에 강제징집된 사람들을 완전사면하는 법안이 제출되었다. 드골은 이 논쟁적인 법안을 지지했다. "알자스인들이 당한 고통을 이해하지 못하는 프랑스인이 있을까?" 이 법은 2월 18일에 찬성 319표 반대 211표, 기권 83표로 통과됐고, 3일 후 재판에 회부된 13명의 알자스인들은 풀려났다. 자신의 신념이 아닌 강압으로 독일군에 합류했다는 이유였다.

마지막으로 유죄의 주관적인 조건 또는 **고의**(mens rea)를 생각할 수 있다. 여기서 주요 질문은 두 개, 즉 동기와 인지다. 동기에 대해서는 이 장 서두에서 제시한 가해자 유형으로 되돌아갈 수 있다. 순응자와 무사유자는 처벌되더라도 다른 유형에 비해 관대한 처분을 기대할 수 있다. 순응자는 **도덕적 혼란**(moral confusion)의 피해자라고 주장하기도 한다(또는 그렇게 변호되기도 한다).[113] 독재가 오랫동안 계속되면 다른 정치질서에 대한 인식이 없는 사람들 사이에 도덕률의 개념이 약해진다. 공산주의자로서 법무부 장관이었던 톨리아티(Togliatti)는 1946년 6월 22일의 사면법을 옹호하면서 파시스트정권에서 "독재체제에 대한 자유로운 비판의 목소리가 금지되면서 특히 젊은 세대가 옳고그름을 구분하는 것이 매우 힘들어졌다"[114]고 주장했다. 아우슈비츠 경비병 재판에서는 국가사회주의가 "전례 없는 정신적 혼란을 초래하여 우리가 지켜온 과거의 가치에 의문이 생기고, 옳음과 그름 사이의 경계가 희미해졌음"[115]을 지적하여 정상참작에 인용되어야 한다는 주장이 있었다. 동독 국경수비병 재판에서도 비슷한 주장이 제기되었다. "군인들에 대한 정신훈육 수준, 어릴 때부터 학습해온 사회주의적 사고, 그리고 무기사용의 승인 등을 감안하면 그들의 명령복종이 명백하게 법에 어긋난다고는 할 수 없다."[116] 앞에서 언급한 것처럼, 이 경비병들은 나중에 대부분 형집행이 면제되었다.

 나치와 공산정권 인사 중에서 광신자 또는 기회주의자는 더 엄하게 처벌되어야 하는가? 다른 말로 하면, 비인간적 이념에 대한 개인적 헌신은 가중처벌 사유인가 아니면 정상참작 사유인가? 파스칼은 자기 행위가 잘못된 것인지 모르면 죄가 되지 않는다고 가르치는 예수회를 신랄하게 조롱하고 있다. 그러나 예수회는 단죄의 대가를 치르지 않고 육체적 쾌락을 추구하는 중죄인은 옹호하면서 자신이 신봉하는 잘못된 이상에 목숨 바치기 원하는 충성스러운 신자에 대해서는 그렇게 쓰지 않았다. 똑같이 나쁜 이상을 신봉하고 실행했더라도 경력이나 경제적 이익을 위해 그런 행위를 한 사람이 더 나쁘다는 주장도 성립할 수 있다. 이런 맥락에서 덴마크 검찰총장이 1945년 10월 법관협의회에서 행한 연설에서 독일을 위해 운전사로 일하거나 비슷하게 급여를 받는 일에 종사한 행위는 군인으로 복무한 것보다 "윤리적 관점에서 훨씬 나쁘다"[117]고 지적했다. 전자의 활동에 종사한 사람들은 "지켜야할 신념은 없고 단지 모든 게 돈 때문이였다." 이것은 덴마크 법원이 (i) 그 행위 결과가 매우 심각한 결과를 초래하고, (ii)그 행위 동기가 경제적인 이익을 위한 것이라고 인정되면 밀고자에게 사형선고가 가능하다고 본 논리기도 하다.[118]

　기회주의보다 광신주의에 대한 선호(이렇게 불러도 된다면)는 악독한 반유태주의 프랑스 정치인 자비에르 발라(Xavier Vallat)에 대한 고등법원 재판에서도 잘 나타났다. 검사는 배심원들에게 한 진술에서 다음과 같이 말했다. "발라의 행위에 광신주의 요소가 있지만, 그것이 저급하고 이기적인 동기로 이뤄지지는 않았다." 이것이 검사가 발라는 '중형'을 받아야 하지만 '극단적인 제재'는 필요하지 않다고 판단한 근거다.[119] 동독 국가방위위원회 인사들에 대한 재판[역주11]에서, 하급법원 판사인 보스(Boss)는 "케슬러(Kessler), 스트렐레츠(Streletz), 알브레히트(Albrecht)에게 정상을 참작하여 검사의 구형량보다 낮은 형을 선고했다. 공식적 행위에 대해서는 정상참작 여지가 없다고 판시한 대신, 그는 피고들은 '전후 독일 역사의 죄수들이며 또한 **자신의 정치적 신념의 죄수**'들이라는 점을 지적했다."[120] 이것은 곧 광신주의는 경감사유가 된다는 뜻이기도 하다.

　그 반대의(그리고 아마도 더 일반적인) 주장은 전후 독일에서 나왔다. 사회주의지도자 카를로 슈미트(Carlo Schmid)는 전쟁 전 그의 동료였던 마르틴 잔트베르거(Martin Sandberger)[역주12]의 조기석방을 요구했다. 잔트베르거는 350명에 달하는 공산주의자 총살에 직접적인 책임이 있음

역주11　동독탈출자를 살해하도록 명령한 GDR(독일민주공화국) 지도자에 대한 2001년 유럽인권재판소의 재판.

역주12　1911~2010. 친위대 대령이자 특수작전집단의 제1 특별특공대 사령관이었다. 발트3국의 유태인 학살, 이탈리아 유태인 이송 책임을 맡았다.

을 인정했고, 자신이 이끌던 친위부대의 유태인 살해를 부인하지 않았다.[121] 슈미트는 잔트베르거가 극단적 광신주의자는 아니었다고 지적했다. "국가사회주의의 개입이 없었다면, 잔트베르거는 다른 사람들과 마찬가지로 근면하고 성실한 공직자의 길을 걸었을 것이다. 그는 매우 자신만만한 야망을 가지고 있었기 때문에 자기 분야에서 아주 훌륭한 경력을 쌓고 큰 업적을 세웠을 것이다. 이 야망은 또한 그를 친위대에 참여하도록 만들었다. 그는 이 조직이 지위향상에 최적의 기회를 만들어 줄 것으로 보았다."[122] 2차 프랑스 왕정복고에서도 백일천하의 나폴레옹에 합세한 기회주의자들은 그의 복귀를 가능케 한 강경파에 비해서 관대한 처분을 받았다.

고문행위자의 동기도 형량에 영향을 끼쳤다. 2차세계대전 후, 이탈리아 법원은 흉악범죄에 내린 일련의 유죄판결을 이보다 더 악독한 범죄가 존재했다는 이유를 들어서 번복했다.[123] 즉,

> 고문을 "일상적인" 것과 특히 "흉악한" 것으로 구분하는 행위는 매우 불행하고 기이한 짓이다. 이 구분을 이용해 법원은 여성 유격대원에 대한 다중 강간, 지붕에 매달아놓고 구타하는 행위, 무전기를 이용한 성기 고문 등과 같은 범죄행위를 사면했다. 법원은 이런 고문이 야만적인 무감각이 아니라 겁을 주기 위한 목적으로 행한 것으로 판단했다."[124]

덴마크의 전시부역자 재판에서는 이 중요성이 역전되었다. 개인적인 동기나 호기심 때문에 살해하거나 고문을 가한 사람들은 독일의 이익을 위해 그렇게 한 사람에 비해서 사형 선고를 받는 확률이 더 적었다.[125] 최악의 고문자라고 평가된 덴마크인은 그 행위가 도구적 목적이 아닌 "사디스트적 성적취향"에 의한 것이라는 이유로 처형을 면할 수 있

었다.[126] 정신적인 비정상은 악의 범주에서 제외된 것이다.

밀고자에 대해서 덴마크는 유죄의 판단을 부분적으로는 객관적인 (결과에 의존하는), 그리고 부분적으로는 주관적인(동기에 의존하는) 기준을 적용했다. 1945년 6월 1일의 법에 따르면 "밀고 행위가 인명살상, 부상, 자유박탈 등의 결과를 초래하거나 또는 그 결과가 의도된 것이라면 사형선고도 가능했다."[127] 나아가 체포된 사람이 없다 하더라도 밀고 행위만으로 처벌할 수 있었다.[128] 벨기에[129]와 네덜란드에서 밀고자에 대한 처벌 수위는 밀고 행위에 따른 피해의 심각성과 함께 증가했다. 네덜란드에서 밀고자는 자신이 밀고한 사람을 죽음에 이르게 했을 경우에만 처벌되었다.[130] 구동독과 관련된 매우 예외적인 결정에서, 독일의 한 법정은 객관적인 피해를 입증하지 못하면 그 행위의도를 입증하지 못했다고 판결했다.

> 국가보안경찰에 잠시 협조한 공증인의 운명이 걸린 1996년 2월 15일의 결정에서 연방헌법재판소는 어떤 사람의 공직수행 능력에 대한 자신감 상실을 초래했다는 근거를 충분하게 제시하지 못했음을 지적했다. 판사는 피고인을 향한 공정한 대우는 과연 해악을 끼칠 수 있는 정보 제공이 비인도적 결과 또는 법의 지배에 어긋나는 상황을 초래했는가에 대한 명료한 설명이 전제돼야 한다고 봤다. 이 경우 그렇게 하지 못했음이 분명했다. 피고는 자신이 작성한 보고서 때문에 특정인의 가족에게 해를 입혔다고 기소됐으나, 법원은 그 사실을 제대로 입증하지 못했다고 판결하고 그 공증인의 해고는 무효라고 판결했다.[131]

신념도 역시 문제다. 명령을 거부할 경우 자신에게 어떤 일이 벌어질 것인지에 대한 신념은 유죄 여부 결정에 영향을 미칠 수 있다. 마찬가지로 타인에게 미칠 결과에 대한 신념도 문제가 된다. 뉘른베르크의 고위급지휘관 사건에서 재판정은 직접적인 책임에 의존한 도쿄재판과 달리 "만행의 **실질적 인지**(actual knowledge)의 중요성을 강조했다."[132] 범죄조직에 자발적인 참여가 유죄를 확정하는 충분한 근거가 된다는 초기 뉘른베르크 재판의 법리는 피고가 그 조직이 범죄에 가담해 있다는 사실을 인지한 것을 입증해야 한다는 법리로 확대되었다.[133]

실질적 인지와 엄격한 책임(strict liability) 사이에는 "알고 있어야 한다"와 "알 수 있어야 한다"는 차이가 있다. 아우슈비츠 경비병 재판에서 법정은 피고 물카(Mulka)가 "자신의 행위가 범죄임을 알고 있어야 함에도 불구하고 그가 자신이 범죄에 악용되고 있음을 실질적으로 인지했다고 확인할 수 없기 때문에 형량의 경감사유를 가진다"[134]고 지적했다. 네덜란드에서는 피고가 처한 조건에 대한 다양한 해석들이 다음과 같이 나타났다.

> 네덜란드의 국익에 **의도적으로** 반대하는 행위…. 이에 대해 고등법원은 동의하지 않았다. 스헤르토겐보스(Hertogenbosch)고등법원은 "의도적"이라는 개념은 피고가 네덜란드 국민의 이익에 반하는 행위를 했음을 **알고**있을 때만 적용된다고 결정했다. 그가 **알 수 있어야 한다**(could have known)만으로는 충분하지 않다고 본 것이다. 헤이그의 고등법원은 "**알고 있어야 한다**(should have known)"면 충분하다고 봤다.[135]

덴마크에서는 법률초안을 담당한 위원회가 실질적인 인지 여부의 엄격한 검증을 "알고 있어야 한다"[136]에 대한 완화된 검증으로 대체하려고 했으나, 최종적으로는 채택되지 않았다.[137]

동기와 신념의 문제는 상호작용하거나 또는 겹치기도 한다. 해를 끼치려는 의도는 그 해악이 다른 동기에 의한 행위의 부산물이라는 믿음과는 다른 것인데도 법정은 그 차이에 주목하는 데 인색한 경우가 있다. 예를 들어 영미법은 고의로 해를 끼치는 행위와 알면서 그렇게 하는 행위의 차이를 무시하는 경향이 있다.[138] 다른 법률체계에서 후자는 전시상황이 아니면 범죄의 중대성이 다소 완화되기도 한다. 1942년에 벨기에 망명정부는 범죄의 고의성(mens rea)을 변경하여 유죄 범위를 확대했다. 원래는 적에게 협조하는 행위가 국익을 해치려는 의도를 담고 있어야 유죄로 인정했었는데, 법을 바꿔서 그 사실을 인지하고 있었으면 유죄 성립요건을 충족한다고 보았다.[139] 전자가 해를 끼치고 싶어하는 광신자만 포함했다면, 후자는 행위가 초래할 결과를 알면서도 그렇게 행동한 기회주의자까지 유죄 범주 안으로 끌어들인 것이다.[140]

이제까지 행위의 가해성을 평가하는 데서 **실질적 결과와 의도적 결과** 사이의 관계를 살펴봤다. 동일한 문제는 **실질적 결과와 예견된 결과** 간의 관계에서도 나타난다. 한 예로 강제노역에 동원된 유태인들이 크루프(Krupp) 무기제조공장을 상대로 1954년에 낸 소송을 살펴보자. 1949년에 공장 사장인 알프리트 크루프 폰 볼렌(Alfried Krupp von Bohlen)은 뉘른베르크 재판에서 세 명의 미국인 판사에게 전쟁기간 중 노예노동을 강요한 혐의로 유죄판결을 받았다. 이 판결에서 법정은 여러 혐의 중 크루프가 전쟁 말기에 헝가리 출신 여성노예 노동자를 부헨발트(Buchenwald)로 운송한 혐의를 적용했다. 법정은 "그 후로 크루프 공장의 이 젊은 여성들의 행방을 찾을 수 없었다"며 살해되었음을 시사하는 의견을 덧붙였다. 크루프는 2년 후 독일의 미국 고위판무관 존 맥클로이(John McCloy)의 결정으로 석방되었다.[141] 나중에 1949년 판결에서 인용된 보상청구자 중 400명이 헝가리 여성임이 밝혀졌다. 크루프의 변호사는 분개하여 "이 실수는 분명히 헤르 폰 볼렌이 중형을 선고받고 상당 부분 복역하게 된 데 분명히 기여했다. 여기에 대한 배상은 없는가"[142]라고 항의했다. 그러나 그 변호사는 크루프의 아래와 같은 행위를 도외시했다. 에센에 있는 공장에서 포로수용소로 이송을 승인한 사람은 크루프였으며, 그는 친위대가 수감자들을 산 채로 연합군에 넘기지 않을 것임을 충분히 인지하고 있었다. 당시 상황을 아는 사람들이 모두 정확하게 예상한 것처럼, 부헨발트에서 수감자들이 살해되지 않았다는 것은 사실이지만, 여기에 크루프가 기여한 것은 전혀 없었다.[143]

여성들의 이런 행운이, 또한 크루프의 행운이기도 한데, 그의 처벌과 도덕적으로 무관하다는 것은 직감적으로 분명하다. 그런데 이 직관은 다음 사건에서는 약화될 수 있다. "자기 회사가 가스실을 짓기로 계약한 것 때문에 실형을 선고받은 한 사업가는 결국 그 회사가 계약을 따내지 못했다는 것이 밝혀져서 유죄판결이 뒤집혔다. 40대 초반의 불행이 40대 후반에 역전된 것이다."[144] 그러나 이 두 사건 사이에 도덕적으로 관련된 차이를 정확히 규명하는 것은 쉽지 않다. 두 사건 모두 다른 당사자의 결정 때문에 가해행위가 미수에 그쳤다. 그러나 크루프가 여성들을 넘겨주기로 한 결정은 범행미수의 유죄를 입증하는데 원용되는 "실행 직전단계"의 기준에 근접하는 것이다.[145] 가스실 건설업자 사건의 경우, "그 계획이 중단되지 않았더라도 범행을 저지르기 전 어느 시점에 마음을 바꿀 수도 있었다"[146]는 주장은 진실일 수도 있다.

주

1   이행기 정의 **행위자**가 자기 고유의 유형학을 제공할 수도 있다. 프라이(Frei 2002, p.29)는 1950년 사회민주당 대변인의 다음과 같은 주장을 인용한다. "많은 사람들이 '실수'로 나치체제를 옹호했다. 또 탐욕과 망상 또는 똑똑해 보이는 사람들을 모방하는데서 오는 자기만족을 위해 그렇게 한 사람도

있다. 나아가 적지 않은 사람들이 진정한 이상주의를 실천하려는 동기에서 그렇게 했다." 프라이는 여기서 "실수"의 포괄적 개념이 명확하지 않지만, 본질적으로는 사과의 의미로 사용되었다고 본다. 탐욕의 범주는 이 장에서 논의하는 기회주의 개념에 상응한다. 이상주의자(그리고 아마도 가장된 이상주의?)는 내가 광신자라고 규정한 유형에 해당된다. 언어적 유사성에도 불구하고 여기서 모방자 유형은 내가 사용하는 순응주의자와는 다르다. 사람들은 대부분 압력 때문에 순응하지만, 모방은 오히려 자발적이다.

2   Bloch-Lainé & Gruson(1996), pp.256-58.
3   Fritze(1998).
4   Ibid., pp.103-5.
5   Ibid., pp.260-61.
6   Ibid., pp.302-10.
7   Hilberg(1992), p.25. 사실, 총통을 향한 충성이 최우선이 되어야 한다는 요구가 관료사회 전체와 그 구성원들을 완전히 지배했다. 아렌트는 이 태도를 정언명령의 나치판이라고 불렀다(Arendt 1994, pp.136-37).
8   Hilbeg(1992), p.39; Hanich(1998, pp.382-83)는 1947년에 오스트리아 정치경제연구소가 작성한 오스트리아 나치의 구분도 매우 유사하다고 지적한다. 1938년에 위대한 독일 조국의 실현을 추구한 "독일 민주주의자" 유형도 여기에 추가했다.
9   Hilberg(1992), p.44.
10 Wildt(2002).
11 Ibid., pp.137-42.
12 Arendt(1994), p.105. Hilberg(1992, pp.53-54)는 "피학적 행위는 특히 환영받지 못했으나, 사법처리된 적은 없었다"고 썼다. Hilberg(1985)의 904-5쪽도 참조할 것.
13 Hilberg(1985), p.905.
14 Ibid., p.326 히틀러도 감정적 반유태주의와 이성적 반유태주의를 구분했다(Hilberg 1992, p.5). 후자로 동기화된 사람은 자신들의(인도주의적) 감정을 극복해야 했다.
15 Coles & Weinberg(1992), pp.373-74.

제5장 가해자   **231**

16   이 구분은 Bloch-Lainé & Gruson(1996, p.54)에도 묘사돼 있다. 그 확실한 예는 독일점령 하의 네덜란드 경찰의 행위에서 볼 수 있다. 만약 거절했을 경우 직업을 잃을까(또는 좌천될까) 두려워서 독일에 협력한 경찰이 있는가 하면, "보너스"를 챙기기 위해 적극적으로 나선 경우도 종종 있었다(Hirschfeld 1988, pp.171-79).

17   Goyard(1977), pp.31-32.

18   Tamm(184, p.382)은 이런 사례를 소개한다. 레지스탕스의 무기수송으로 의심되는 장면을 목격한 한 남자가 아내에게 그 사실을 말했고, 아내는 이웃에게, 그 이웃은 지인(독일인의 운전사로 일하고 있었다)에게, 그 지인이 결국 독일인에게 그 사실을 전했다. 이 사람들은 전부 하급법원에 기소되었는데, 결정적인 증거가 발견되지 않아 무죄로 풀려났다. 항소심에서 그 이웃은 8년형을 받았다. 다른 예로는 Bloch-Lainé & Gruson(1996, pp.174-75) 참조.

19   Burrin(1995), p.437.

20   Ibid.

21   Ibid., p.435.

22   따라서 Burrin(1995, p.215)은 밀고 혐의로 유죄를 받은 사람 중에서 여성이 압도적으로 많은 이유가 "고발은 약자의 무기다"는 사실로 설명된다고 쓴다.

23   4장의 103번 각주의 용어에 따르자면, 이러한 정신적 변화는 가치기반적, 기회주의자의 변화는 신념기반적 행위라 할 수 있다.

24   일반적인 집합행동에서 상이한 동기들 간의 상호작용 효과에 대해서는 Elster(1989) 5장 참조. 가해행위 체제의 주요 공통적인 특징은 단순히 자기이익만을 위해 동기화되지 않는 행위자가 존재한다는 점이다.

25   Paxton(1997), p.242.

26   Fletcher(1978), p.356.

27   Ibid., p.352.

28   Snyder, Higgins, & Stucky(1983)의 관점이기도 하다. Cohen(2001) 4장도 참고할 것.

29   Benoit(1995)의 관심사이다.

30 "많은 독일군 장교들은 죄의식의 단계를 상상했다. 천 명을 살해한 어떤 군인은 세 명만 살해했다고 인정하면 충분할 것이라고 생각했다 (…). 능숙한 수사관인 (미국장교 폴) 구스는 이러한 속성을 잘 이용했는데, 세 명을 죽이나 삼천 명을 죽이나 재판에서는 똑같은 결과가 나타난다는 사실을 알고 있었다"(Green 2003, p.163).

31 Snyder, Higgins & Stucky(1983), pp.50, 87. 이 연구가 지적한 것처럼(p.54), 다른 사람도 그랬다는 주장 역시 **귀속적 투영**(attributive projection)의 결과일 수 있다. "행위자는 자신이 바람직하지 않은 특성을 가지고 있다는 사실을 잘 인지하고 있고, 그래서 이 속성을 타인에게 투영하여 자신을 방어하고자 한다." 따라서 "나는 나쁜 짓을 했다"는 의식적 자각은 "다른 사람도 마찬가지다"라는 무의식적 추론을 충동하여 행위자로 하여금 "나는 결국 나쁜 짓을 하지 않았다"는 결론에 도달하게 만든다.

32 그러나 범죄자가 기소되지 않았다는 사실을 다른 사람이 알게 되면, 이 주장은 어느 정도 적법성을 갖추게 된다(Davis 1971, pp.167-70).

33 아렌트는 이와 관련된 반사실적 변호를 인용한다(Arendt 1994, p.145). "더 죽일 수도 있는데 그렇게 하지 않았음을 증명할 수 있는 살인자는 놀라운 알리바이를 가지고 있는 셈이다." 아렌트는 이 항변을 2차세계대전 말기 "히틀러 친위대 온건파 진영"의 등장과 연결한다. 말 그대로, 같은 위치에 있는 다른 사람들이 더 많이 살해했다는 주장으로 보완되지 않는다면, 이 변호는 설득력이 전혀 없다.

34 Bark & Gress(1993), vol.I, p.77.

35 Chauvy(2003), p.239; ibid., pp.148, 159, 251, 265도 참조할 것. 마지막 참조는 르네 부스케(Rene Bousquet)에 관한 것이다. 이 사건에서 고등법원은 만약 더 큰 악이 독일의 직접적인 개입을 의미하는 것이라면 자신은 덜 나쁘다는 주장이 타당하지 않을 수 있다는 의미심장한 판단을 했다. 비록 독일이 더 가혹한 조치를 취할 **의사가** 있다 해도 프랑스 상황에 대한 지식이 부족해서 효과적으로 행동**할 수** 없었다. 만약 공무원들이 독일에 적극적으로 협력한 프랑스인들로 대체되는 것을 막기 위해서 자리를 지키고 있었더라면 상황은 달라졌을 것이다(예를 들어 ibid., p.277).

36 Rominj(2000), pp.178-79; Hirschfeld(1988), pp.141, 150, 211도 참

조할 것. Hirschfeld는 해방 이후 많은 공직자들이 자기 행위를 변호하기 위해 사용한 방침의 모호성을 강조한다.

37   Chauvy(2003), pp.124-26, 148. Baruch(1997, pp.504-6)은 이 관리들이 처한 상황의 모순을 강조한다. 그들은 독일점령 세력으로부터는 협력하지 않는다고 탄압받았으며, 망명정부로부터는 그 자리에 남아있었다고 비판받았다.

38   Baruch(1997), p.453.
39   Novick(1968), pp.85-86; Bancaud(2002), pp.414-33.
40   Bancaud(2002), pp.423-24.
41   Ibid., p.421.
42   Tamm(1984), p.36. 더 이례적으로, 부역자 재판에서 적법 절차가 지켜지지 않는 것에 대해 우려를 표명한 일부 덴마크 판사들은 그럼에도 불구하고 재판에 임하기로 결정했는데, 그 이유는 그렇게 하지 않으면 "가장 가혹한 판사들이 재판정을 장악하게 되기" 때문이었다(ibid., p.134).
43   Dyzenhaus(1998), p.57.
44   Arendt(1994), p.12; Overy(2001), pp.158-73도 참조.
45   Bark & Gress(1993), vol.I, p.247.
46   Herf(1997), p.290.
47   Hilberg(1985), p.33. 문제의 문건은 동독 국가기록원에 소장돼있었다. 문서의 진실성이 의심받기는 했으나, 힐베르크가 그 진실성을 의심했다면 인용하지 않았을 것이다.
48   Fletcher(1978), p.853.
49   Ibid., pp.546-47.
50   Walicki(1997), pp.206-15.
51   Ibid., pp.214-15; Fletcher(1978), p.696도 참조(잘못되었지만 이성적인 정당화 주장은 용인된다). 소련이 개입할 의사가 없었다 하더라도 폴란드 지도부가 그렇게 믿게 하는 것이 소련의 이익에 부합한다는 사실을 알아야 한다.
52   Fletcher(1978, p.696)에 따르면 이성적이지만 잘못된 정당화 주장은 용인되지만 정당화되지는 못한다.

53   Ferencz(2002), p.36; ibid., p.103도 참조.
54   이것은 "이중효과"가 뒤집어지는 방식의 하나다. 행위는 그 예상되는 나쁜 결과에도 불구하고 그것이 행위의 동기를 구성하지 않는 한 정당화되는가?
55   Hjeltnes(1990), p.105.
56   Witte & Crazybeckx(1987), p.254; Conway(2000), p.147도 참조.
57   Mason(1952), p.103; Tamm(1984), p.486; Andenæs(1980), pp.134-42; de Rochebrune & Hazera(1995), pp.320-28.
58   Müller(1991), p.207.
59   Huyse & Dhondt(1993), p.64.
60   Sveri(1982).
61   이 주장은 하급관리의 대체가능성에 의존한 것일 수도 있다. 만약 그 경찰이 유태인을 체포하라는 명령을 거절했다면 다른 누군가가 동원되어 그렇게 했을 것이다. 따라서 레지스탕스에게 오직 자신만이 줄 수 있는 도움과 그가 유태인에게 가했던 한계해악(자리를 대신한 누군가의 해악과 비교한)을 비교할 수 있어야 한다. 후임자가 더 가혹하게 행동했다면 그가 기여한 한계해악은 마이너스가 될 것이다.
62   Søbye(2003), pp.136-40.
63   Baruch(1997), pp.513-18도 참조.
64   Baruch(1997), p.432.
65   Novick(1968), p.89.
66   Schwartz(1991), p.218.
67   Herf(1997), p.24.
68   Brito(1997), p.63.
69   Fletcher(1978), p.831.
70   Sapiro(2003), p.252.
71   함순 재판에 대해서는 Dahl(in press) 참조.
72   하이데거가 기회주의자였는지는 모르겠으나, 그의 제자 가다머는 그렇게 불릴 만했다. 가다머는 나치당원인 적은 없었으나, 1935년에 나치이념 계몽 캠프에 등록했는데, 그 이유가 이 경력이 학계로 진출하는 데 도움이 될 것으로 판단했기 때문이었다(McLemee 2003). 전쟁 후 소련이 진주하자 가

다머는 프롤레타리아 독재의 열렬한 지지자가 되었다(ibid.).

73   특히 전쟁범죄에 관한 연구에서 광범위하게 논의된 "상급자 책임" 문제는 논외로 한다(예를 들면, Osiel 1999).

74   아렌트는 이렇게 주장한다. "피고인이 자기는 인간으로서가 아니라 다른 사람이 자리를 쉽게 대신할 수 있는 단순한 관리로서 행동했다고 변호한다면, 이것은 마치 범죄자가 이러저러한 범죄가 여기저기서 발생한 것을 보여주는 범죄통계를 인용하면서 자기는 통계적으로 충분히 예상되는 일을 했을 뿐이며, 결국 누군가는 그 일을 해야 했기 때문에 그가 한 일은 단순한 사고일 뿐이라고 선언하는 것과 같다"(Arendt, 1994, p.289). 물론 이 주장은 완전히 잘못된 것이다.

75   Arendt(1994), p.201.

76   1964 NJW 730. 자기 목숨을 구할 수 있는 유일한 방법이 다수 또는 상당수 타인의 삶을 희생하는 것밖에 없을 때 행위자의 행위는 면책된다는 것이 이 판결로 확립된 법리다.

77   Browning(1992), p.170.

78   Sa'adah(1998), p.169. 물론 전방으로 배치되는 것도 사형선고나 마찬가지일 수 있다. 이러한 상황을 고려하면 전방배치가 면책사유는 안 되더라도 정상참작 사유는 될 수 있을 것이다.

79   Browning(1992, pp.170-71)은 이 질문을 검토하면서 자기 책의 주요 분석 대상인 101 연대에 대해서는 부정적으로 답한다. "친위대(SS) 기준에 따르면 이 연대의 지휘자는 애국적인 독일인이었지만, 행동과 사고방식이 전통적이었고 지나치게 감상적이었기 때문에"(ibid., p.164), 다른 곳이었다면 상황이 달라졌을 것이다.

80   Frei(2002, p.90)는 이런 믿음과 주장은 사실 전형적인 자기보호라고 본다.

81   노르웨이 전범재판을 연구한 요하네스 안드내스(Johs. Andenæs 1978, pp.187-88)는 관련 사례를 언급한다. 그는 자신이 악명 높은 특별법정에서 근무하라는 나치상관의 명령을 어떻게 거절했는지 묘사한 편지를 인용한다. 그 명령을 거역하면 사형을 받을 수도 있다는 말에 자신은 사형을 받아들일 준비가 되어 있으며, 레지스탕스보다는 나치에게 처형되는 것이 사후명예를

위해서 더 좋을 것이라고 대답했다고 한다. 그 대답에 상관은 마음이 흔들렸고, 나중에 그는 법정에서 일하지 않아도 되었다.

82 Nevick(1968), p.194.
83 Ibid.
84 Fletcher(1978), pp.832-33.
85 저항할 수 없는 무능력 개념에 대한 설득력 있는 언급으로는 Watson(1999) 참조.
86 Fletcher(1978), p.644.
87 Ibid., pp.657-58.
88 Ibid., p.659; Walther(1995), p.106도 볼 것.
89 Müller(1991), p.249.
90 이 구분에 대해서는 Hirschmann(1972)
91 Sa'adah(1998), p.169.
92 McAdams(2001), p.48.
93 Ibid., p.49.
94 Farmer(1999), p.140.
95 Ibid., p.153
96 Frei(2002), p.206.
97 Nino(1996), p.182; Parfit(1984).
98 McAdams(2001), p.83.
99 Sa'adah(1998), p.219.
100 Vogt(2000), p.212.
101 Vollnhals(1998), p.162.
102 Ibid., p.171.
103 Mason(1952), p.103.
104 Andenæs(1980), pp.137-38.
105 Novick(1968), p.89.
106 Tamm(1984), pp.91-92.
107 Andenæs(1980), pp.137-38.
108 Novick(1968), p.12.

109 McAdams(2001), p.38. 이것은 타당한 요점을 과도하게 강조한 느낌이다. 사경을 헤매고 있는 범죄자를 재판하는 것은 그의 존엄성을 해치는 행위가 될 수 있으나, 1에서 10까지의 척도로 평가한다면 대체적으로 1 정도에 머물 것이다. 반면 구 동독이 일상적으로 자행한 폭력은 7 내지 8 정도였다.

110 Tamm(1984), p.417.

111 Ibid., p.417-18.

112 이 부분은 Farmer(1999), 5장을 참조했다.

113 해명적(excusatory) 변호와 증명적(exculpatory) 변호를 구분할 수 있어야 한다. 전자는 행위자 자신이 제시하여 이해되는 이유고, 후자는 제3자에 의해서만 이해될 수 있는 이유다. 광신주의와 순응주의에 대한 면책은 후자의 범주에 속하는 반면, 반사실적 그리고 시간과 관련된 면책은 전자에 속한다.

114 Woller(1996), p.382.

115 Sa'adah(1998), p.171.

116 Marxen & Werle(1999), p.21.

117 Tamm(1984), p.294.

118 Ibid., p.382.

119 Chauvy(2003), p.180.

120 McAdams(2001), p.40.

121 Frei(2002), p.227.

122 Ibid.

123 Woller(1996), pp.388-89.

124 Ginsberg(1990), p.92.

125 Tamm(1984), pp.321-22, 345.

126 Ibid., p.353.

127 Tamm(1984), p.757.

128 Mason(1952), p.177 n.4.

129 Huyse & Dhondt(1993), p.66.

130 Mason(1952), p.63.

131 McAdams(2001), pp.82-83.

132　Cohen(1999), p.67.
133　Taylor(1992), p.557.
134　Sa'adah(1998), pp.169-70.
135　Mason(1952), pp.74-75. (고딕체 필자 첨가).
136　Tamm(1984), p.79.
137　"알고 있어야 한다"(should have known)의 범주에 대해서는 Fritze(1998), pp.96-103 참조.
138　Fletcher(1978), pp.257-58.
139　Huyse & Dnondt(1993), p.64.
140　피에르 라발(Piere Laval)은 골수 반유태주의자는 아니었으나, 유태인의 운명에 냉담했고 주저없이 그들을 희생양으로 삼으려고 했다(Burrin 1995, p.82).
141　Schwartz(1991, p.173)는 크루프 기소 사건을 알기 쉽게 설명하고 있다. Novick(1999, p.92)도 참조할 것
142　Ferencz(2002), p.99. 여기서 "배상"(restitution)은 독일어 Wiedergutmachung(원상회복)의 번역이다.
143　Ibid.
144　Novick(1999), p.90.
145　Fletcher(1978), pp.139-40.
146　Ibid., p.189.

제6장
피해자

I. 머리말

고통의 원인이 되는 가해행위는 피해자(또는 제3자)에게 두 가지 반응을 일으킨다. 첫째는 그에 상응하는 고통을 가해자에게 부과하려는 욕구다. 이른바 눈에는 눈이다. 둘째로는 피해를 가능한 한 수준에서 원상으로 회복하려는 욕구가 있다. 영국의 속죄금(Wergeld)제도에서 알 수 있듯이 균형을 회복하려는 이 두 가지 방법은 서로 대체 가능하다. 옥스포드 영어사전에 따르면 고대 튜턴과 고대 영국법에서 속죄금은 지위에 따라 책정된 가격으로 살인과 기타 특정범죄에 보상 또는 벌금을 부과하여 범죄자에 대한 처벌과 보상을 대신하는 제드다.[1] 반대로 범죄자가 속죄금을 지불할 수 없으면 처벌이 그 대체물이 된다. 그러나 현재 법제도에서 처벌은 피해자의 요구로 정당화되지 않는다. 가해행위 피해자에 대한 배상은 가해자 처벌과 분리되어 있다.[2]

그럼에도 보상절차는 전체적 또는 부분적으로 징벌적 목적으로 진행되기도 한다. 프랑스의 왕정 복고 과정에서 일부 이주자들은 자기 재산을 구입한 사람에게 처벌적 목적의 배상금을 부과하기 원했다. 공산주의 몰락 이후 체코슬로바키아에서는 현금보상이나 바우처 대신 현물배상에 치중했는데, 그 목적 중 하나는 재산이 과거 특권계급에 귀속되는 것을 방지하려는 것이었다.[3] 이와 유사하게, 제2차세계대전 후 프랑스 유태인에 대한 회복조치를 조사한 마테올리(Matteoli)위원회의 부위원장 애디 스테그(Ady Steg)는 스위스 은행과 프랑스 은행을 각각 다르게 대했다. 그에 의하면 스위스 은행과의 12억5천만 달러 합의는 "스위스가 거짓말을 하고 문서를 파쇄하고 정보를 숨긴 사실이 드러났기 때문에 당연했다. 스위스 은행들은 대규모 보상을 요구하는 대중의 거센 정의실현 요구에 부응해야 할 의무가 있었다. 반면, 프랑스 은행은 유태인 고발자에게 나은 대우를 받을 만했다."[4]

피해 이전 상태로 되돌린다는 구상은 그 구체적인 모습을 파악하기가 극히 어렵다.[5] 삶은 "원상회복" 버튼이 없기 때문에 피해가 발생하지 않았다면 획득할 수 있었던 최종상태를 회복하려고 한다. 그러나 이 최종상태의 기준은 가해행위가 발생한 때와 현재 사이의 기간 동안에 발생한 고통을 고려하지 않는 한계가 있다. 내가 소유하고 있었더라면 도달했을 발전 수준의 상태로 농장을 되찾았다고 하더라도, 그 동안 내 농장에서 일을 해서 얻을 수 있는 가치가 보전되지 못하거나 농장을 잃고 탄광에서 일을 해서 건강을 잃어버리고 신체적 손상을 입은 상태에 있다면 완전한 형태의 원상 보전이라고 볼 수 없다. 이 경우 과거의 고통뿐만 아니라 그 기간 동안에 감소한 소득과 박탈당한 삶의 질도 보상을 받아야 할 것이다. 피해자는 애초에 피해를 당하지 않았다면 달성할 수 있었던 행복의 총량을 보상받을 자격을 갖춘 셈이다. 그러나 피해자로서 나는 나와 동일한 지위에 있는 평균적인 사람이 성취할 수 있는 수준을 근거로 보상을 거부할 수 있다. 내가 속한 사회집단에서 대학에 다니는 사람이 거의 없다해도, 그렇게 할 수 있는 기회가 박탈당한 것에 보상받기를 원할 수도 있는 것이다.

나는 여기서 이런 규범적인 문제가 실제 배상과 보상 과정의 배경을 어떻게 구성하는지 설명할 것이다. 그러나 주된 관심은 고통의 유형과 보상방식을 분류하고, 가능하다면 왜 일부 피해자는 보상을 받고(그리고 어떠한 형태로 받았는지) 또는 받지 않았는지(또는 왜 적게 받았는지)를 설명하는 게 있다. 2절은 **물질적 고통**, 즉 부동산 같은 개인재산의 손실에 대해서 언급한다. 3절은 **신체적 고통**, 즉 생명, 신체 또는 자유 등에 걸친 피해를 다룬다. 4절은 **무형의 고통**, 즉 기회 박탈과 부족 등이 대해 논의한다.[6] 5절은 결론이다.

II. 물질적 고통

재산은 현물 또는 사적 형태로 존재한다. 사적인 경우에는 물질적 객체 또는 금융자산의 형태를 취한다. 물질적 고통의 한 형태는 재산의 **파괴**다. 프랑스혁명 이후 또는 2차세계대전처럼 내전이나 국제전 전쟁을 겪은 후에는 재산의 광범위한 손실 또는 파괴가 수반된다. 예를 들어 노르웨이는 제2차세계대전 중에 물적 자본의 14%를 잃은 것으로 계산되었다.[7] 공습이나 지상전투로 주택을 포함해서 수많은 자산이 파괴되었다. 나중에 그 이유를 알아보겠지만, 파괴된 재산을 보상받은 비율은 상대적으로 낮았다. 따라서 여기서는 **몰수된** 재산에 초점을 맞추고자 한다.

첫 번째 예로, 우리는 2차세계대전 중 프랑스 유태인이 입은 손실을 들 수 있다.[8] 약 8만 5천개의 유태인 기업과 건물들이 독일계산으로 귀속되었다. 즉 유태인 문제위원회(Commiaariat General aux Questions Juive)에 의해 징발되어 청산절차를 밟았거나 "아리안인"들에게 재판매되었다. 전쟁이 끝날 무렵, 징발된 재산의 절반 이상이 구입자를 찾지 못하거나 실제 구입자가 아리안인인지 확인이 제대로 되지 않아 위원회 관리 아래에 있었다.[9] (프랑스 왕정복고에서 일어난 비슷한 사례는 2장 참조). 또 독일인들은 예술품을 대규모로 약탈하여 독일로 옮기는 작전을 수행했다. 예를 들어, 1944년 7월 21일, 43대의 피아노를 실은 기차 두 대가 파리를 떠나 실레시아와 프랑크푸르트로 향했다.[10] 패전 직전의 상황을 감안하면 독일은 철도장비를 오히려 더 실용적인 용도로 사용한 셈이다. 1946년까지 2,043대의 피아노가 회수되었다. 또 "나치가 부유한 유태인에게 약탈한 수백 점의 그림이 프랑스로 인수되어 수십년 동안 국가소장품으로 보관되었다."[11] 유태인 은행계좌는 차단되었고, 프랑스의 유태인들은 독일군 암살에 대한 보복으로 10억 프랑의 벌금을 내야 했다.

다음으로 구동독에서 사유재산의 몰수과정을 생각해볼 수 있다.[12] 첫 번째 몰수는 소비에트 점령체제에서 발생하였는데, 7천개 이상의 민간기업과 2백5십만 정보의 토지가 국유화되었다. 이 '개혁'의 주된(물론 다는 아니다) 대상은 나치즘 부상에 큰 책임이 있었던 융커(Junker)계급이었다. 이러한 "경제력 집중의 해체는 미래에 발생할 수 있는 유사한 움직임을 차단하는 데 도움이 되었을 것이다."[13](7장에서 보겠지만, 유사한 아이디어가 더 큰 규모로 독일의 **정치적** 해체를 위한 논거로 사용되었다.) 그런 다음 몰수된 재산은 경작권이 상속될 수는 있으나 팔거나 임대는 할 수 없는 조건으로 소규모 농민들에게 재분배되었다. 동독정권에서 이 소규모 보유지는 집단농장으로 통합되었다. 소비에트의 조치로 유보상태에 있던 제조업체들은 1972년까지 사적 소유로 남아 있다가 그 후 정부가 몰수했다. 또한 서방으로 도피한 사람들의 집과 기타 재산은 몰수되거나 국가 관리 아래에 남게 되었다. 통일 이후 제정된 법에서 "몰수 재산"의 개념은 몰수령에 따라 실제로 집행된 재산만을 의미한 것이 아니었다. "경제적 강제의 결과"로 국가가 취득한 재산도 포함되었다.[14]

더 많은 개별 사례를 인용하면 설명의 한계효용이 줄어들 것 같다. 이제는 배상조치로 옮겨가서 먼저 파괴된 재산의 사례를 고려하기로 한다. 앞에서 언급한 것처럼, 이 손실은 몰수된 재산보다 인색하게 보상되는 경향을 보였다. 1815년 이후 프랑스에서 국왕을 의해 싸우다가 재산이 파괴된 방데 반란 가담자들은 거의 보상을 받지 못한 반면, 왕에 대한 충성보다 자신들의 안정을 더 중요시하다가 재산을 몰수당한 이주자들은 나중에 보상을 받았다. 2장에서 봤듯이, 이 차이는 결국 국가가 재산 몰수와는 다르게 재산 파괴에서는 이익을 얻지 못했다는 걸 의미한다. 일부를 대상으로 (상대적으로) 완전한 보상을 실시하는 대신 모두를 대상으로 부분적인 보상을 선택할 수도 있는데, 결국은 그렇게 하지 않았다.

1945년 이후, 많은 독일 점령국가에서 파괴된 재산을 개인별로 보상하기 위한 법률을 제정했다. 그러나 이 조치의 개념적 기초는 보상 권리가 아니라 필요와 연대였다. 1946년의 프랑스법에 따르면,

> 그 법적 정의가 어려운 "사치규제"(sumptuary)의 대상이 되는 손실은 보상하지 않았다. 전후 시대의 맥락, 즉 4년에 걸친 점령과 약탈, 해방 투쟁 과정에서 발생한 파괴와 연합군 폭격에 의한 극도의 빈곤과 재건 시기를 감안할 필요가 있다. 사치규제 대상 품목은 필수재와는 다른 것이다. 예를 들면 보석과 예술작품은 보상대상이 아니었다.[15]

노르웨이에서도 전쟁피해에 대한 **회복적 보상**(regressive compensation) 원칙이 확립되었다. 즉 "이 법률의 목적은 전쟁 전 재산을 복원하는 것이 아니라 생존자의 재건을 지원하는 것이다."[16] "모든 국민이 고통을 겪었으며, 각자의 고통을 비교하는 것은 무의미하다는 정서가 일반화되어 있었다."[17]

파괴된 재산과 몰수된 재산의 구별은 2000년에 독일정부와 기업이 이제까지 방치된 나치체제의 피해자 보상에 필요한 100억 독일 마르크에 달하는 비용을 어떻게 분배할 것인지를 두고 최종협상을 하는 과정

에서도 등장했다. 두 가지 주요 기준은 전쟁 중에 강제동원된 노동자에 대한 보상과 재산관련 보상의 구분이었다. 첫 번째 범주에는 우리가 나중에 살펴볼 중요한 하위 구분이 있었다. 두 번째 범주에서는 약탈당한 은행계좌와 지불유예된 보험금을 보상해달라는 유태인의 요구와 전쟁 중 재산피해를 보상해달라는 동유럽인들의 요구가 있었다.

> 동유럽인들은 고향이 나치군대에게 의해서 파괴되었기 때문에 재산 보상금을 나누어 가질 권리가 있다고 주장했다…. 유태인 단체에게 이 주장은 모욕이나 다름 없었다. 유태인들의 재산보상 주장은 인종적인 동기를 가진 약탈, 즉 이른바 유태인기업과 금융자산의 독일귀속에 근거했다. 물론 동유럽인들도 재산을 잃었지만, 그들 집이 파괴된 것은 광범위하게 전개된 전쟁의 일환으로, 독일의 공중폭격으로 영국 주택들이 파괴된 것처럼, 벌어진 일이었다.[18]

유태인 단체의 주장은 의도된 피해자와 부수적 피해자의 분명한 구분에 근거한 것으로도 볼 수 있는데, 전자는 후자보다 더 강력한 배상청구권을 갖는다. 이 경우, 자기 집이 테러공격으로 파괴됐다면 누구라도 강력한 보상요구를 할 것이다. 이와는 달리, 보상에서 유태인 피해자들에게 주어진 특권은 고의성 자체보다는 의도의 민족적 속성에 근거할 수 있다. 유태인 자산 약탈로 누군가 이익을 본 반면 동유럽인들의 주택파괴에서는 아무도 이익을 얻은 게 없다는 류의 주장을 프랑스 왕정복고 때 동원한 사람은 없었다. 이 간략한 언급이 보여주듯이, 문제는 복잡하지만, 여기서 인용한 모든 주장들은 같은 방향을 향한다. 즉 파괴된 재산에 대한 보상요구는 몰수된 재산의 그것에 비해서 약했다.[19]

이제 후자의 주장으로 돌아가서, 먼저 몰수의 경우에 흔히 제기되는 이중소유라는 골치 아픈 쟁점을 다루기로 한다.[20] 국가가 몰수재산을 선의로 구매할 의사를 밝힌 사적 개인에게 팔았을 경우, 새 소유자는 취득한 재산이 법적으로 그리고 도덕적으로 정당하다고 여길 것이다. 이 재산을 원래 소유자에게 돌려주는 것은 다른 사람을 보상하기 위해서 불의를 행사하는 것과 다를 바 없다. 이 문제는 존 스튜어트 밀이 명료하게 지적했다.

> 그간 어느 정도 허용되는 기간 안에서 법적으로 문제시되지 않았다 해도 이제는 국가의 법률로 완전한 소유권이 부여되어야 한다. 당초의 취득 과정에 오류가 있었다 하더라도 이미 한 세대가 경과한 시점에서 "실제적인"(bona fide) 소유자의 권리박탈은 원래 잘못을 그대로 남겨두는 것보다 일반적으로 더 큰 불의이고 심각한 사적 또는 공적 해악이다. 원래부터 정당한 주장을 단순히 기간 경과를 이유로 기각하는 것은 어려울 것이다. 그러나 그 이후에는 그런 어려움의 균형이 다른 길로 방향을 트는 시기(개별적인 경우에도, 그리고 개개인의 안전에 미치는 일반적인 영향을 무시하더라도)가 있다. 인간의 불의는, 자연 재앙이나 격변 상황과 마찬가지로, 오랫 동안 그대로 방치하면 그 교정을 방해하는 장벽이 더 높아지며, 결국 그 장벽은 우리가 도저히 넘을 수 없는 단단한 성채로 변한다.[21]

원래의 잘못이 초래한 불의가 사라지지 않았는데도, 그 잘못을 교정하기 위해 새롭게 등장한 불의와 사회적 분열은 시간이 지나면서 점차 증가하게 되며 결국에는 최초의 불의를 지배하게 된다. 하나의 예외적 상황을 제외하고, 밀의 주장은 이중 소유권이라는 역사적 사례로 확인된다. 부당취득 후 한 세대가 지났을 때에만(오직 그 때에만) 새로운 소유자에게 재산을 보유할 자격이 주어지는 경우가 있다. 프랑스 왕정복고와 1990년 이후 구동독에서 새로운 소유주가 "정직한 방식"[22]으로 취득

제6장 피해자 **247**

했을 때 몰수재산 반환에 예외가 가능하다는 예외조항을 둔 독일의 통일 조약이 여기에 해당한다. 이와 반대로 영국의 왕정복고 때 재산은 대부분 원래 소유자에게 반환되었다. 1945년 이후의 노르웨이에서는 "재산취득이 정직하게 이루어졌는가 여부와 관계없이 유태인(그리고 다른 사람들도)은 재산 반환을 요청할 수 있었다."[23] 프랑스의 "독일귀속재산 소유자협의회"는 기득권(droits acquis)을 주장했으나, 이 단체는 1945년의 행정명령으로 해산되었다.[24] 몰수재산을 그 재산구입자 소유로 인정한 것으로 보이는 BC 403년 아테네의 결정도 예외적인 사례. 이 일화는 그 성격이 정확히 드러나지는 않았으나, 만약 실제로 그랬다면 복귀한 민주주의자들이 화해와 사회적 평화를 강하게 희구하고 있었음을 증명하는 사례에 속한다.

8장에서 나는 배상절차를 복잡하게 만드는 "부차적 영향"이 단지 시간경과의 효과에 관련된 것이 아님을 살펴볼 것이다. 일반적으로 배상요구는 감정적 요소를 가지고, 그 감정도 시간이 경과하면서 희석되는 경향이 있는 만큼, 시간이 지날수록 배상의 빈도가 줄어들 것으로 기대하는 또 다른 이유가 있다. 실제로, "부차적 영향 기제"(배상에 대한 반대의 증가)를 "감정적 쇠퇴의 기제"(배상요구의 감소로 이어지는)와 구분하는 것은 쉬운 일이 아니다. 프랑스 왕정복고의 경우, 8장에서 논의하는 이유로 감정이 천천히 사라지면서 배상을 억제하기로 한 결정은 그것이 초래할 사회적 갈등과 직접적으로 연결될 수 있었다. 그 반대의 경우는 어느 노르웨이 법학교수가 18세기에 조상이 불법으로 취득한 오슬로 인근 대규모 임야를 소유하고 있는 어느 부유한 개인의 임야를 몰수해야 한다고 주장했을 때 나온 1972년의 반응에서 나타난다.[25] 사회적 분열은 미미했지만, 그의 생각은 단순한 호기심 이상이었다.

몰수재산이 여전히 국가소유로 남아 있거나 또는 기업에 위탁될 경우, 소유를 둘러싼 개인 간의 심한 갈등은 나타나지 않는다. 이 경우, 기간이 오래 경과하면 현물배상을 기대할 수 있으며 실제로 그런 사례들이 목격된다. 1814년 12월의 법으로 팔리지 않은 재산(대부분 임야)이 소유자에게 반환된 프랑스 사례를 들 수 있다. 1989년 이후 체코슬로바키아 사례는 현물배상보다는 현금보상을 선호했음에도 비슷한 결과를 낳았다.[26] 1990년 12월의 불가리아법은 공산주의 시절에 몰수된 실물재산이 국가소유로 있으면 몰수당한 소유주와 그 후손에게 반환했다. 만약 그 몰수재산이 국가소유가 아닐 경우, 동일한 가치가 있는 다른 재산 또는 등가의 현금으로 보상했다. 폴란드는 관련 법을 제정하지는 않았으나, 1993년의 법률안은 "재산이 아직 국가소유거나, 협동조합의 처분으로 이관되었거나 또는 공공의 목적으로 사용되었을 경우에" 현물로 배상한다고 규정했다. 그 이외의 경우에는 대체자산이나 "재사유화 채권"으로 충당하도록 규정했다.[27] 그러나 기업재산의 경우에도 기간의 경과에 따라 차이가 있었다. 즉 공산주의 몰락 이후 집단토지 반환요구가 동유럽보다는 1930년대에 이미 토지가 사회화된 소련에서 더 높았다.[28]

현물배상은 과거지향적이면서 권리에 기반을 둔 개념이다. 그 대안적 해결—보상—은 미래지향적이면서 공리주의적 방식이다. 경제학적 관점에서 "원래소유자 또는 유족으로 자산 이전은 국가소유 재산의 가장 합리적이고 생산적인 활용을 대표한다고는 볼 수 없다."[29] 따라서 독일의 "통일협약은 만일 그 재산이 동독에 경제적 이익을 안겨줄 수 있는 긴급한 투자를 위해 필요하다고 판단되면 원래소유자에게 돌려주지 않을 수도 있도록 규정했다."[30] 원래소유자는 그 재산의 처분이나 보상에 응해야 했다. 이것은 헝가리 헌법재판소가 최초 배상사건에서 명료하게 미래지향적 입장을 밝히면서 전개한 논리기도 했다. 헌법재판소는 국가소유 재산을 이전소유자에게 반환해서 "얻을 수 있는 사회적 이득을 기대할 수 있을 때에 법원은 이전 소유자에 대한 예우를 고려할 수 있다고 판단했다."[31]

몰수재산의 "전부"가 보상되는 경우는 드물다. 프랑스 왕정복고 때 이주자들은 국가가 자신들의 재산을 팔아서 얻은 것을 대부분 돌려받았으나 그 규모는 원래가치보다 훨씬 낮았다. 1990년 이후 헝가리에서 이전소유자는 현금이 아니라 국유재산을 취득할 수 있는 바우처로 보상받았다. 더욱이 "전액보상은 최대 200,000 포린트(1991년 환율 기준 1,574 파운드)에 해당하는 항목(말하자면 바우처)까지만 가능했으며, 이 금액을 초과하는 가치가 있는 항목은 1인당 그리고 재산 항목당 최대 5백만 포린트까지의 부분적인 보상을 받았다.³² 전쟁피해 지급과 마찬가지로 이러한 보상규모의 축소는 평등주의적 근거와 자원부족을 이유로 정당화된다. 평등주의적 주장은 또한 여러 동유럽 국가에서 현물배상 규모 축소의 근거가 되었다. 예를 들어 루마니아에서 1991년의 배상법은 토지소유자에게 최고 10 정보에서 최하 1.5 정보 내에서 배상했다. 1999년에 그 상한규모가 50 정보로 늘어났다.

보상자격을 시민권 또는 거주권을 가진 사람에게만 한정해야 하느냐는 논쟁의 여지가 있는 쟁점이다. 1990년 불가리아법에 따르면 이전 소유자가 외국인이거나 해외에 영구적으로 거주하는 불가리아 사람이라면 현물배상이 아닌 금전적 보상만 받을 수 있었다. 체코슬로바키아에서도 1991년 5월에 유사한 법이 통과됐으나, 1995년 체코 헌법재판소에서 위헌판정을 받아 폐지되었다. 더불어 유사한 조항을 담은 다른 보상법도 폐지되었다. 루마니아에서는 1994년 루마니아에 거주하는 루마니아시민에게만 보상을 실시하는 법이 통과되었다. 해외에 거주하는 이전소유자는 루마니아에서 최소한 6개월을 거주해야 보상을 신청할 자격이 주어졌다. 폴란드하원은 배상과 보상을 허용하는 법을 제정했으나, 그 범위를 폴란드시민에 한정했다.(이 제한조항은 상원에서 폐지됐으나 하원에서 다시 부활했다.) 이 법은 정부 예산에 과도한 부담을 줄 뿐만 아니라(소요예산이 약 110억 불로 추정되었다) 사회적 분열을 초래할 것이라는 이유로 대통령이 거부권을 행사했다.

III. 신체적 고통

독재정권에서는 명시적인 탄압 대상이 아닌 사람도 일상적인 괴롭힘과 사소한 박해에 시달린다. 피해자와 저항자들은 감옥이나 수용소에서 수 년을 보내기도 한다. 그 곳에서 그들은 자유를 박탈당하고 학대받는다. 2차세계대전 동안 많은 사람들이 "강제노동자" 또는 "노예노동자"로 독일기업의 생산활동에 동원됐는데, 전자는 주로 동유럽 출신의 비유태인, 후자는 주로 강제수용소나 게토에서 끌려온 유태인노동자들이었다. 그들은 그곳에서 문자 그대로 죽을 만큼 노동했다. 사실 "유태인 강제수용소 노동자들은 노예노동자보다 숫적으로 적었다. 노예주인들은 자신들의 인적 재산을 돌보고 보전하려고 노력했다. 반면, 유태인들을 죽을 만큼 부려먹고 굴태워 죽이는 게 나치의 계획이자 원래 의도였다."[33] 그들은 육체적 고통 외에도 사형선고를 받는 정신적 고통을 겪었다. 강간과 고문 그리고 의학적 실험대상으로 동원되어 극심한 개인적 고통을 겪었다.

신체적 고통에 대한 보상은 여러 가지 기준에 따라서 조정된다. 어떤 유형의 고통은 보상에서 전부 제외되기도 한다. 또 어떤 범주의 피해자(고통의 유형이 아니라 다른 기준으로 정의된)는 보상에서 제외되기도 한다. 일부 범주의 피해자는 상황과 관계없이 일정한 비율로 보상을 받기도 한다. 과거 또는 현재의 상황 변화에 따라 코상금액의 차이가 나기도 한다. 앞으로 나는 이러한 보상절차의 여러 사례들을 살펴볼 것이다. 2차세계대전 기간 중 노예노동자와 강제노동자 간의 차이를 보면 많은 쟁점들을 설명할 수 있다. 1999년, 다자간 협상[34]을 통해 독일기업과 독일정부는 전시에 동원된 비자발적 노동에 대한 보상으로 80억 마르크, 재산손실에 대해서 10억 마르크, 그리고 미래발전기금 조성과 법률 및 행정 비용 충당을 위해서 10억 마르크를 조성하기로 합의했다. 앞에서 몰수된 재산과 파괴된 재산을 둘러싼 의견 차이가 있음을 살펴봤다, 그러나 이 과정에서는 강제노동과 노예노동을 대변하는 쪽 간의 갈등이 더 첨예하게 나타났다.

242,000명의 노예노동자 중 절반 이상이 유태인이었고, 나머지는 러시아와 폴란드인이었다. 1백2십6만 명에 달하는 강제노동자는 비유태인이었는데, 폴란드인이 대부분이었다.[35] 어느 설명에 따르면 "모든 진영이 유태인과 비유태인 간 지불액에 차이를 두어야 한다는 데 동의했다. 강제노동자들은 추방되고 폭행당하고 투옥되었으나, 노예노동자들은 살인 미수의 피해자였던 것이다."[36] 노예노동자들에 대한 보상액이 더 많아야 한다는 합의는 있었으나, 그 정확한 비율은 논쟁거리였다. 동유럽인들은 2 대 1 비율을 제시했으나, 유태인 협상가들은 4 대 1을 제안하기도 했다. 어떤 경우 3 대 1로 타협하기도 했다.[37] 또 다른 사례에서는 우연히 해결책이 마련되기도 했는데, 같은 액수(18억1천2백만)가 "변호사 청구서에 두 번—한 번은 유태인 요구안에, 다른 한 번은 폴란드 요구안에— 나타나서(…) 동일한 금액이 유일하게 실현가능한 정치적 해결책이었다."[38] 확실한 핵심 해결책이 하나 있으면 협상과정의 교착상태를 타개할 수 있다.[39] 반면 핵심이 두 개면 교착상태를 야기한다.[40] 그러나 이 경우에 두 개의 핵심 원리—차이 분할과 균등 분할—의 기적적인 일치가 있었다.

이 협상은 홀로코스트가 유태인과 이스라엘에 "도덕적 자본"의 역할을 한다는 주장을 확인해준다.[41] 노예노동자에 대한 보상비율을 더 높여야 한다고 주장하면서 어느 변호사(아우슈비츠 생존자)는 다른 변호사(나치에게 10명의 친척을 잃은)에게 이렇게 말했다. "당신은 홀로코스트의 기억과 아버지에게 수치입니다. 당신은 노예와 강제노동을 동일시하고 있습니다. 당신은 자신을 부끄럽게 여겨야 합니다."[42] 이 수사적 주장의 핵심은, 노예노동자들은 자신들이 죽을 운명이라는 것을 알았기 때문에 더 많은 고통을 겪었으며 따라서 더 많은 보상을 받아야 한다는 것이다. 강제노동자에 대한 이러한 평가절하는 독일측 협상에 참여한 사람들에 의해 더 강화되었다. 독일측은 동유럽노동자들이 추수기에 수확을 지원하기 위해 독일로 오는 오랜 전통이 있었고, 그들 중 상당수는 자국보다는 독일 농장에서 일하는 것을 다행으로 생각했다고 주장했다. 여러 이유로 이 협상자들은 "자발적 농업노동과 강제적 농업노동 간의 차이"[43]를 주목하지 않았다.

여기서 과거의 **고통**과 현재 그리고 미래의 **필요** 중 무엇이 가장 타당한 보상근거인지 살펴볼 필요가 있다. 두 사람의 피해자가 있다고 가정하자. 한 사람은 과거에 심하게 고통을 겪었지만 현재는 회복되어 정신적 육체적으로 정상적인 상태로 정상적인 경제활동에 종사하고 있다. 또 다른 사람은 과거에 고통을 덜 받았지만, 회복되지 못하고 지금은 일할 수 없는 상태에 놓여 있다. 우리 목표가 과거의 후생손실을 보상하는 것이라면 첫 번째를 우선시할 수 있다. 그러나 미래 후생에 관심이 있다면 두 번째 사례가 더 강력한 근거를 갖는다. 프랑스 왕정복고 과정에서 나온 이 질문은 나치만행을 둘러싼 보상논쟁에서도 중요한 쟁점이었다. 1953년에 독일 최초의 보상법이 제정됐을 때, 피해자배상권의 가장 유명한 옹호자인 오토 퀴스터(Otto Küster)는 "필요를 보상의 유일한 근거로 삼는 정부관리와 정당 대표들을 비판했다. 퀴스터는 박해당한 사람은 자신들만의 특수한 상황에 기초한 특수한 권리를 갖는다고 지적했다. 그것은 고통에 대한 정당한 보상권이다."[44] 초기 파르벤(I.G. Farben) 사례에서는 과거 고통의 기간과 현재 필요의 긴급성을 합해서 기업과 유태인 보상요구회의 간에 최종적으로 합의된 금액 산정에 반영했다. 처음에 6개월 이상 일한 노예노동자는 한 명당 5,000 마르크를, 그 이하로 일한 사람은 2,500 마르크를 받았다.⁴⁵ 나중에는 과부, 미성년자, 공적부조를 받는 노인 그리고 긴급한 도움이 필요한 사람에게 추가적인 보상이 주어졌다. 또한 "독일 마르크에 기반한 배분은 환율과 지역 생활수준에 따라 영향이 각각 다르기 때문에 국가가 다르면 각국 사정에 따른 세부적인 기준을 따로 책정했다."⁴⁶ 따라서 상대적으로 생활수준이 높은 미국의 요청을 승인하는 경우가 상대적으로 낮았다."⁴⁷

노예노동자와 강제노동자 보상협상이 대규모로 이루어졌던 1999년에⁴⁸ 독일기업의 책임협상자인 만프레드 겐츠(Manfred Gentz)는 보상요구회의가 40년 전부터 고수하고 있는 획일적 기준을 비판하고 수정을 요구했다. 스튜어트 아이젠스타트는 이 협상과정을 다음과 같이 상술한다.

> 겐츠가 설명했듯이 당장 궁핍한 상태에 있는 강제노동자와 노예노동자만이 금전적 보상대상이 돼야 했다. 왜냐하면 '궁핍하지 않은데 도덕적 책임을 져야 할 필요가 없기' 때문이다. 그의 동료인 데구사(Degussa)의 마이클 얀센(Michael Jansen)은, 독일의 산업계가 현재 의사 신분을 유지하고 있는 홀로코스트 생존자를 보상하는 걸 원치 않는다고 말했다. 내가 전후의 성공 여부와 관계없이 과거의 고통을 보상하는 게 목적이라고 말하자, 겐츠는 우리가 60년 전의 고통에 지불해야 하는 이유가 무엇이냐고 반문했다. 또한 겐츠는 독일기업이 제3제국의 1937년 국경 안으로 추방되고 수용소에 갇혀 지낸 사람에 한정해서 지불하고, 오스트리아와 주데텐란트(Sudetenlands, 역주 : 20세기 초반 독일민족이 많이 거주하던 체코슬로바키아 서부 지역)와 자국 내에 동원된 강제노동자들은 보상에서 제외해야한다고 주장했다. 그의 근거는 이렇다. "우리는 최악의 상태에서 살았던 사람들을 보상하기 원한다. 감옥과 같은 상황에서 살아야했던 사람과 추방된 사람들이 바로 그들이다." 독일기업들은 피해자들이 지금 살고 있는 곳을 고려하여 보상규

모가 결정되기를 원했다. 그 결과 생존자 대부분이 살고 있는 동유럽은 미국, 서유럽 또는 이스라엘에 살고 있는 생존자보다 덜 받게 되었다. 겐츠가 무례하게 요약했듯이 독일의 5,000마르크는 뉴욕의 부유한 유태인에게는 사소한 것이지만, 우크라이나의 연금생활자에게는 엄청난 것이다.[49]

겐츠는 또한 최소 6개월 이상 강제노동으로 보상을 제한하자고 제안했다.[50] 이 주장은 확실히 일관성이 없다. 과거의 고통이 보상기준으로 부적절하다면서 동시에 그 정도와 기간을 고려하자고 주장할 수는 없다. 이에 대해 집단소송 변호사들은 "겐츠의 모든 제안을 공격했다. 최소 6개월 노동조건은 그 어떤 법원도 받아들일 수 없었다. 피해자 필요에 대한 평가는 보상금 책정에서 동등한 평가를 받고자 하는 희망을 약화시킨다. 생활수준에 따른 보상규모 결정은 인위적이고 불공평하며, 인도주의적 원칙에 어긋난다."[51] 이러한 각각의 주장은 원칙적으로뿐만 아니라 이전 사례들로 충분히 반박됐는데도, 그는 주장을 철회하지 않았다. 이 제안이 소란을 일으킨 이유는 아마도 그의 관심이 (보상요구회의의 경우처럼) 고정된 금액의 최적배분을 결정하는 게 아니라 보상의 총량을 제한하는 데 있었기 때문일 것이다. 그 자체로 이성적인 기준이라도 경제적 이익을 은폐하기 위한 수단으로 이용하면 불쾌해지는 법이다.

1956년 독일 연방보상법(1953년 법을 기반으로 한) 역시 피해자를 세밀하게 구분했다.[52] 물질적 및 무형적 피해에 더해 이 법은 개인적 고통을 세 유형―생명 위해, 신체와 건강 위해, 그리고 자유에 대한 위해―으로 구분했다. 보상자격을 갖춘 사람에는 "정치적 반대, 인종, 종교 그리고 세계관"에 근거한 박해의 결과로 고통받은 독일인이 포함되었다. 그러나 일부 유형은 보상에서 제외했다. 집시(루마니아 소수민족)는 보상을 받을 수 없었는데, 그 배경에는 1956년에 대법원이 "인종적 이데올로기 측면이 있지만 집시에 대한 박해는 인종이 아니라 특정의 집단적 성격, 특히 집시의 반사회적 특성에 기인한 것"이라는 판결이 있었다. 수년 후에 법원이 그 결정을 뒤집었지만, 강제불임 수술을 받은 사람들의 보상신청에 대해 강제불임이 경제활동 능력을 떨어뜨린 것은 아니라는 이유로 거절했다.53 공산주의자들은 "자유민주주의 질서"의 적이라는 이유로 보상이 거절될 수 있었다. 또 "1948년 5월 이후 3년 이상의 징역형을 선고받은 사람은 보상자격이 없었다." 나치의 박해로 육체적, 재정적으로 삶이 피폐해진 여성들은 절망적인 상황에서 절도와 같은 범죄를 저지르는 경우가 많았고, 결국 가중처벌로 3년 이상 징역형을 받아 보상받지 못하기도 했다. 피해자가 의도적으로 또는 부주의하게 부정확한 정보를 제공한 경우에도 보상을 받지 못했다. "잘못된 정보의 부주의한 제공"이라는 모호한 구절에 이 법의 경직성이 잘 드러나 있다. "대량학살자 노릇을 한 독일이 이제는 범죄를 기준으로 누가 배상받을 자격이 있는지"를 결정할 수 있게 된 것이다.54

IV. 무형의 고통

이 범주의 고통은 기회의 결여 또는 상실로 구성된다. 독재체제 하에서 모든 시민 또는 특정집단은 특정기회를 박탈당하거나 또는 일부 특권계층만이 특정기회를 갖는다. 혁명과 나폴레옹체제에서 프랑스의 이주자 출신 관리들은 경력을 쌓을 수 있는 기회를 갖지 못했다. 나치체제에서 유태인은 법률이나 군사와 관련된 직종에는 진출할 수 없었다. 공산주의 체제에서 인민들은 노동력을 팔 수도 살 수도 없었다. 외국여행 허가나 고등교육을 받을 수 있는 기회는 특권계급과 그 자녀들에게 한정되었다. 아파르트헤이트에서 흑인들의 기회는 다양한 방식으로 제한되었다.

직관적으로, 모든 기회의 박탈을 물질적이거나 신체적인 고통으로 간주하는 것은 잘못된 것이다. 어떤 사람이 특정 기회—예를 들어 법조인 경력 취득—를 **원하지** 않는다면, 그의 후생은 기회의 존재 유무와 관계없이 변함이 없을 것이다. 그러나 기회의 박탈이 피해로 간주되는 이유 또한 다양하다. 만일 그 사람이 법률적 경력을 쌓을 수 있는 기회가 박탈당했다는 것을 **안다면** 이 경력을 향한 욕망의 결여가 그것을 성취할 수 있는 능력부재에 기인한 것인지 확신할 수 없다. 고통스러운 불확실성도 피해로 간주된다. 특정 측면에서 무가치한 존재로 인식되는 것 역시 피해의 유형에 속한다.(이 효과는 모든 사람이 박탈당한 상태에서는 작동하지 않는다.) 마지막으로, 좀 더 급진적인 관점에서 보자면 후생 자체보다는 후생의 기회가 도덕적으로 더 중요한 쟁점이 될 수도 있다. 이 문제는 나중에 논의한다.

대부분의 배상·보상프로그램은 기회의 박탈에 대한 보상을 포함하지 않는다. 헝가리에서는 1992년에 통과된 2차보상법이 2차세계대전 중 유태인 피해보상 문제를 다룬다. 이스트반 포가니는 아래와 같이 썼다.

> 이 법은 1939년 이후 **재산권** 침해만 보상을 제공한다. 이 법은 2차 유태인법으로 정부가 몰수한 재산에만 적용하고, 유태인 공동체의 경제활동에 대한 여타의 광범한 침해는 적용하지 않는다…. 그러나 유태인을 특정 산업분야에서 축출하는 행위는 재산몰수만큼이나 대우 혹독한 결과를 초래했다."[55]

포가니는 취업분야로 **진출**이 막힌 젊은 세대가 당한 피해는 언급하지 않는다. 이렇게 실질적 손실에만 초점을 맞춘 사례는 1956년 서독의회를 통과한 연방보상법에서도 발견된다. 이 법은 여덟 개의 보상 근거 중 개인의 경력개발과 소득향상에 영향을 준 두 가지 유형의 피해를 포함했다. 그런데 아래 고딕체로 강조한 예외를 제외하면, 이 피해는(그렇지 않았을 경우를 가정한 기준과 비교하여) 예상되는 기회가 아니라 실제적 손실(반사실적 기준과 비교한)을 의미한다. 그 피해는 "법조활동 실습 인가 취소, 공직 또는 개인사업활동 정지, 임금감축, 교육과 훈련 **배제** 또는 침해 등을 포함한다."56

피터 퀸트는 동독에서 해외이주 신청에 대한 보복의 일환으로 이루어진 **강제퇴직**과 정치적인 이유로 상급학교 진학에서 제외된 경우도 보상 범위에 포함해야 한다고 주장했는데, 타당한 접근이라는 평가를 받았다.57 또 그는 이미 결정된 경력의 **침해 또는 거절**에 대한 보상도 언급한다.58 그러나 **결정**된 경력을 강조하는 것은 거절이 침해의 한 유형이라는 뜻이다. 어느 상급학교에서 거절당했다는 것은 입학이 허용되지 않은 것과는 다르다.

약간의 양면성이 있기는 하지만, 포기한 기회보다 잃어버린 기회를 강조하는 경향에는 몇 가지 이유가 있다. 예상되는 이익보다 실제 발생한 손실을 더 심각하게 생각하는 것은 손실회피의 보편적 계산방식이다.59 또 "그 결과 측정의 어려움과 함께 그것을 어떻게 증명할 것인가도 골치 아픈 과제다."60 관료적 접근으로는 이런 종류의 반사실적 주장에 수월하게 대처할 수도 없다. 재산과 신체의 피해는 자연스럽게 측정하고 계량화할 수 있으나, 기회를 잡을 가능성과 그 기회를 통해 경력을 쌓을 수 있는 정도를 객관적인 지표로 제시하는 작업은 매우 어렵다. 행위자가 실제로 선택한 기존 경력을 상실한 가능성은 어느 정도 예견할 수 있다. 비록 나중에 다른 대체물을 선택하거나 또는 자기 분야에서 실패할 수는 있으나 순수한 반사실적 주장의 경우에는 존재하지 않는 자기만의 추정이 있기 마련이다. 물론 이 주관적 계산은 2장에서 인용한 왕정복고 이후 장성으로 진급하기를 원한 이주자 출신 해군장교의 경우처럼 반박 가능하다.

하지만 더 심층적인 이유도 있다. 이것은 1964년 디 차이트(Die Zeit)에 실린 에른스트 에어만의 글에서 잘 드러난다. 크리스티안 프로스가 요약에서 기술한 것처럼, 에어만은

> 피해자단체들의 요구가 수많은 재판과 소송으로 이어질 것으로 느꼈다. '여전히 닫혀 있는 피해자들의 세계—특히 이민자들—에서 벌집처럼 웡웡거리는 소리가 들린다. 새로운 욕망이 자라나고 있다.' 예를 들어 집시들은 교육에 별 관심을 두지 않고 따라서 교육기회의 상실에 대한 보상이 불필요하기 때문에 이 특이한 사람들, 즉 집시들을 위해 교육에 투자하는 기금을 마련하는 것은 전적으로 궤도를 벗어난 것이었다.[61]

이 주장은, 매우 불쾌한 함축적 의미에도 불구하고, 사회적 상태를 평가하는 데서 욕망과 기회의 상대적 중요성에 대한 최근 논쟁과 관련이 있다.[62] 단순히 선호와 만족에 기초해서 사회적 상태를 평가하고 아직 성취되지 못한 욕망에 기초한 보상을 반대하는 강력한 논거들이 있다. 자신들이 실제로 갖지 않은 욕망을 제시하면 보상은 과다하게 책정될 것이다. 반면 자기 욕망을 자기 기회에 맞추어 조절하면 보상은 과소 책정될 것이다. 그러나 사람들이 제시하는 기회에만 기초하여 상태를 평가하고 차단당한 기회에만 기초하여 보상하는 것 역시 문제다. 기회조합 A와 기회조합 B가 있는데, 두 조합이 동일하다고 가정하고, A에서 한 개인이 잡고 싶지 않은 기회가 있다는 점을 제외하면 A가 B보다 실제로 더 낫다고 할 수 있는가? A가 그것을 사용하지 않을 사람에게 값비싼 기회를 불필요하게 제공한다면, **A는 실제로 더 열등한가?** 그리고 그 개인이 그 기회를 박탈당했다면 그의 손실은 보상되어야 하는가?

V. 증명의 부담

재산손실을 보상하기 전에 먼저 재산에 대한 법적권리의 증명이 있어야 한다. 신체적 피해가 소득창출 능력 감소의 원인으로 보상받기 위해서는 그 감소가 신체적 위해와 인과적으로 연결된 것을 증명해야 한다. 기회박탈을 이유로 보상받으려면 사정이 달랐다면 자신이 취했을 선택이 실제로 어떻게 실현됐을지를 증명해야 한다. 나는 세번째 쟁점은 다루지 않고 물질적, 개인적 고통에 대한 배상을 정당화하는 데 필요한 증거에 초점을 맞춘다.

일반적으로 법원과 정부기관은 보상을 결정하기 전에 직접적이고 개별화된 증거를 요구한다. 보상을 요구하는 쪽이 입증부담을 진다. 형사사건의 경우, 법은 일반적으로 잘못된 판결을 피하는 데 관심을 둔다. 무고한 한 사람이 유죄판결을 받는 것보다 유죄인 열 명이 자유를 얻는 것을 더 우위를 두기 때문에 가해자는 무죄추정의 혜택을 받는다. 행정적 결정에서는 동일한 원칙이 적용되지는 않지만, 자격이 되는 사람에 대한 보상 거절 보다 자격이 안 되는 사람에 대한 보상을 피하는 것에 더 중점을 두는게 일반적이다. 그러나 이 관료적 엄격성은 정상적인 절차를 밟더라도 실행과정에서 연민과 속죄의 정서와 충돌할 수 있다. 나아가 엄격한 피해증명 요구가 피해자의 부담을 가중시킴은 물론이다.

독일과 독일 점령국가에서 유태인재산의 강제매매 사례가 적절한 사례다. 많은 유태인 기업과 재산이 몰수되거나 아니면 시장가격 이하로 강제로 처분되었고 원래 소유자들은 국외로 추방되었다. 여기서 문제는 이 상황이 협박에 의해 강제로 이루어졌음을 어떻게 증명할 것이냐에 있다. 오스트리아에서는 "증명 부담은 피해자에게 있었는데, 이주가 박해의 결과였음을 피해자가 증명해야 했다. 반면, 독일법은 이주가 강압으로 일어났다고 가정했다."[63] 해방 이후 프랑스 법무부의 원래 계획은 몰수된 유태인재산의 구입자에게 유리하게 편성돼있었다. 이 계획은 르네 카생(René Cassin)이 의장인 임시정부법률위원회의 강한 반발에 부딪혔다. 특히 재산을 몰수당한 사람에게 동의가 아니라 강제(폭력)에 의한 것임을 증명하라고 요구한 조항에 대한 강력한 비판이 있었다.[64] 1945년 4월 21일의 훈령에서 모든 이주는 비록 이해관계자의 동의가 있었다 해도 그것이 1940년 6월 16일 이후에 발생한 것이면 "강제로 이루어진 것으로 간주했다."[65]

1949년 이후 노르웨이의 어느 사례에서 정부기관은 홀로코스트에서 살아남은 어느 유태인의 재산반환 청구를 어떻게 다룰지 결정해야 했다. 그의 가족 전원이 수용소에서 죽었는데, 사망 순서는 알려지지 않았고 자신에게 귀속될 재산 규모의 결정과 관련되어 있었다. 담당기관은 선택가능한 여러 해결책 중 배상 요구자에게 가장 불리한 결정을 했다.[66] 프랑스와 미국정부 간에 이루어진 최근 협상에서 프랑스측 협상가는 "유태인 생존자들이 자신과 가족이 프랑스 은행에게 재산상 손실을 입었음을 보여주는 명백한 증거 대신 오로지 그들이 속한 종교단체에 따라서 보상이 결정되는 것을 '혐오스러워' 한다는 것을 알게" 되었다.[67] 그러나 압력에 처한 그들은 "보상자격에 대한 보상요구자들의 사적인 신념"에 기초한 보상 가능성을 인정했다.[68] 여기서 질문은 법적으로 불확실하지만 도덕적으로는 설득력 있는 "거친 정의"(rough justice)에 기초한 요구를 어떻게 규정할 것인가 하는 것이다.

정형화된 예를 위해 특정유형의 피해자가 일백 명으로 알려져 있다고 가정하자. 이백 명이 보상을 요구하고 나섰는데, 증거 부족 때문에 이 주장의 진위를 검증할 방법이 없다. 그렇다면 요청자 모두에게 전부 보상할 것인가, 모든 사람에게 절반씩 보상할 것인가, 아니면 모두 보상을 거절할 것인가? 프랑스와 스위스 간 협상 결과는 두 번째 방식을 취했다. 이것은 고대 유태인법이 노르웨이정부가 직면한 질문을 해결한 정신이기도 하다.

> 증거가 서로 비등해서 결과적으로 대립하는 양쪽이 동일한 개연성을 갖는 사례가 종종 있다…. "집이 무너져서 남편과 아내를 덮쳤다. 남편 유족은 '아내가 먼저 죽고 남편은 나중에 죽었다'고 주장하고, 아내의 유족은 '남편이 먼저 죽고 아내가 나중에 죽었다'고 주장한다. 바 코파라(AD2세기)는 이렇게 가르친다. '이 사람도 유족이고 저 사람도 유족이기 때문에 그들은 유산을 고루 나누어야 한다'."[69]

이 경우 분배 총액이 유동적이지 않고 이미 정해져 있지만 타협의 정신은 비슷하다.

신체적 고통에 대한 보상의 배분은, 이미 언급한 것처럼, 과거 고통의 지속 수준과 강도 또는 현재 필요의 심각성에 달려 있다. 그러나 일부 보상제도에서는 과거의 고통도 현재의 필요성도 개별적이든 복합적이든 간에 자격을 충족하지 못한다. 과거의 고통과 현재의 필요가 인과적 연계를 가지고 있을 때에만 보상이 제공되는 것이다. 1956년 독일 보상법의 개념을 빌리자면 "박해에 따른 경제능력의 축소"를 측정할 수 있어야 했다. 뒤셀도르프법원의 결정은 그 인과적 관계에 대한 엄격한 진단을 아래처럼 보여준다.

> 만일 박해가 실질적인 원인이 되었고 따라서 전액 연금을 받을 수 있는 정도의 신체적 이상이 나중에 박해와 관계없이 유전적 형질과 결합된 위해 요인에 의해 발생된 것이라고 정확하게 추정할 수 있는 시점에서 동일 정도로 또는 정확하게 판단될 수 있는 정도로 나타났을 경우, 이 후발적 인과성은 확실성에 가까운 확률로 구성되어야 한다. 신체적 이상이 나타나는 시점에서 그 신체적 이상이 실질적으로 박해

에 의한 것이라면 연금 감면의 근거는 없지만, 환자의 특별한 소인에 의한 결과라 하더라도 이러한 소인이 박해가 없었더라도 명백하게 나타났을 것이라고 단정되지 않는 한, 연금액을 삭감할 수 없다.[70]

따라서 인과적 확실성으로 연금을 거절해야 함에도 불구하고, 상처가 박해로 촉발되어 피해자의 특이성에 의해 유지되었다면, 촉발요인이 없는 상태에서 그 특이성이 상처의 원인이 되었다는 것을 증명할 수 없는다면 연금지급을 거절할 수 없게 되었다.

프로스는 잔혹한 예를 하나 인용하면서 나치출신 검사관들이 "피해로 인정할 수 있는" 정도를 최소화하려고 인과분석이나 유사분석을 어떻게 체계적으로 활용했는지를 보여준다. 즉,

의학 검사관들은 박해가 원인이 된 질환임을 증명할 이른바 매개증상을 요구했다. 박해를 당한 사람은 질환의 징후가 박해 직후에 즉각적으로 나타났고 검사평가 때까지 수년간 지속된것을 증명할 보고서를 제출해야 했다. 독일의사들의 이 요구사항은 과학적 사실과 정면으로 배치되는 것이었다. 덴마크와 프랑스에서는 1950년대 전반기에 진행된 관련연구들에서 피해자가 겪는 많은 정신질환들은 수년간 아무 증세가 없는 잠복기를 거친 다음에 발현된다는 점을 확인했다. 이 사실은 1950년대 중반 들어서 독일연방공화국에도 소개되었다.[71]

헤르 W.의 사례도 역시 전형적이다.[72] 1933년에 11살이었던 그는 학교생활도 아주 잘 하고 있었다. 그런데 "밤 사이에 모든 게 변하였고," 1934년 10월에 W와 부모는 팔레스타인으로 이주했다. 그후 우여곡절을 겪고 1957년에 미국으로 이주했는데, 미국 생활은 더 많은 문제를 안겨주었다. 한 의사는 이렇게 진단했다.

제6장 피해자 **263**

헤르 W.는 10-12살 어린 나이에 부당한 대우를 받아서가 아니라 부모의 별거, 친부의 사망, 양부와의 불화 등으로 정신적 충격을 받았다. 그 의사는 만일 W.의 어린 시절이 행복했다면, 10살 때의 차별은 아무런 영향을 끼치지 않았을 것이고 오히려 그 경험이 그를 더 강인하게 만들었을 것이라고 결론지었다. 그런 사회적 차별은 "심리적 피해로 이어지지 않는다. 오히려 삶을 개척할 수 있는 능력을 강화한다."

비슷한 맥락에서 한 정신과 의사는 "아우슈비츠에서 3년을 보낸 여성이 자신의 경험을 비정상적으로 해석하고 생활을 제대로 관리하지 못하는 사이코패스적 성향을 보였는데, 일반적인 의학 경험상 일반인 같으면 해방 이후 아무리 늦어도 6개월 정도면 이 장애를 극복했을 것이다"고 보았다.[73] 도덕적 평가와는 별개로, 이 진단은 임상심리학이나 정신의학처럼 발달 수준이 낮은 학문의 특징인 **불확실성 인정의 거부(aversion to admitting uncertainty)**에 따른 흠결이 있다. 게다가 의학 검사는 의원성(iatrogenic) 질병을 일으킬 수 있는데,[74] 많은 피해자들에게 파괴적 결과를 초래할 수 있는 "자기 경험을 떠올리도록 강요하기 때문이다."[75] 뉴욕의 정신분석학자 커트 아이슬러(Kurt Eissler)에 따르면 "환자는 배상 절차 과정에서 겪은 고통과 박탈에 대한 보상을 실제로 받아야 한다."[76] 이 경우, "증명 부담"이라는 용어는 문자 그대로의 의미를 갖는다.

마찬가지로 비참한 사례 연구에서, 잉고 뮐러(Ingo Müller)는 독일법원이 배상을 거절하려고 믿을 수 없을 정도로 심리를 질질 끌었던 여러 사건들을 자세히 설명한다. 국가사회주의에 반대하여 열여섯의 나이에 체포된 남성이 재즈를 좋아했다는 이유로 배상을 거부당한 사례도 있다. 그의 나이에 비추어 볼 때, "그는 정치적 문제와 관련된 민감한 의견을 분명하게 표현할 수 없었다. 반대로 … 이 희한한 음악 사랑은 그가 이성적으로 판단할 수 있는 성숙한 수준에 이르지 못했음을 확실하게 입증한다."[77] 저항행위가 정치적이기보다는 개인적이라는 이유로 장애인 연금을 거부당한 여성의 사례에서 보는 것처럼 "제3제국이 그 행위를 정치적 범죄로 취급했다는 사실은 아무런 근거가 되지 못지 못했다."[78] 세 번째의 경우, 한 사회민주당원이 징집되었다가 살상무기는 다룰 수 없다며 지뢰 설치 명령을 거부해서 수감된 사례가 있다. 그의 배상 요구는 다음과 같은 이유로 거절되었다.

> 그의 행위에는 분명히 정치적 동기가 있었지만, 제3제국에 대한 저항은 "그 행위가 기존의 부당한 조건들을 제거할 수 있는 진지하고 실질적인 시도로 발전했을 때에만 의로운 것이며, 마찬가지로 정부의 행위도 이러한 의로운 행위를 처벌하였을 때 법률적인 의미에서 부당한 것이다."[79]

말하자면, 돈키호테와 칸트주의자는 해당사항 없는 것이다.

주

1   보상금은 유족에게 지불했고, 벌금은 왕에게 냈다(Hurnard 1969, 1장).
2   그러나 이행기 정의에서 이 둘은 종종 쌍으로 나타난다. McAdams(2001, p.138)에 따르면, 회복과 보상을 강조하면서 아데나워는 과거청산(vergangenheits-bewaltigung)의 핵심적 과제인 전직 나치관리들에 대한 재판이나 숙정을 피하기로 한 정부의 결정이 대중의 관심에서 벗어나기를 희망했을지도 모른다(이 주장에 대한 반대로는 Herf 1997, p.7과 이 책의 9장 참조). 칠레의 보상조치는 처벌을 대신한 조치였다는 주장도 있다.
3   Cepl(1991), p.583.
4   Authers & Wolffe(2002), p.155. 스위스 은행은 "당시(전쟁기간)의 행

위"가 아니라 "현재의 발언"(그 문제가 등장한 50년 후에) 때문에 징계를 받았다는 점에 유념할 필요가 있다.

5   핵심적인 논의는 Cowen(in press) 참조.

6   개념적으로 마지막 두 범주는 서로 겹친다. 수형은 육체적 고통의 한 형태다. 출국금지는 무형의 고통이지만, 한 나라에 갇혀 있기 때문에 수형이나 다름 없다. 공산주의 체제에서는 감옥 밖 생활도 교도소나 다를 바 없었다. 탈출하려고 시도하면 총에 맞아 죽을 수도 있었다. 마찬가지로, 첫째와 셋째 범주도 겹친다. 공산주의 체제처럼 사람이 자기 노동력을 자유의지로 팔 수 없다면, 자산 일부를 몰수당했거나 기회가 축소된 것으로 봐야 하는가? 이런 모호함에도 불구하고 나는 이 분류가 충분히 효용가치가 있다고 생각한다.

7   NOU(1997), p.39.

8   이 부분은 *Mission d'étude*(2000)과 Prost, Skoutelsky, & Etienne(2000)를 참조했다.

9   비시정부의 유사준법주의에 대한 일반적인 검토는 Bancaud(2002) 참조. Prost, Skoutelsky, & Etienne(2000, p.24)는 "CGOJ(유태인 문제위원회)는 불법행위를 자행하기 위해서 외형적으로 합법적인 모든 수단을 동원했으나, 가끔은 그런 행위가 활동을 제약하기도 했다"고 지적한다. "위선의 문명화"에 대해서는 Elster(1999, 5장) 참조.

10 *Mission d'etude*(2000), p.94.

11 Eizenstat(2003), p.287.

12 이 부분은 Quint(1997), 11장을 참조했다.

13 Ibid., p.126.

14 Ibid., p.129.

15 *Mission d'étude*(2000), p.150.

16 NOU(1997), p.47.

17 Ibid., p.39.

18 Authers & Wolffe(2002), p.232. 최종적으로 민족적인 이유로 재산파괴가 이루어진 경우에는 1억5천만 마르크, 그 외의 다른 재산 피해에 대해서는 5천만 마르크, 보험금으로 1억5천만 마르크가 배정되었다.

19 예외적인 사례에 대해서는 Dreyfus(2003, p.317) 참조. 이 사례를 보면,

공습으로 재산이 파괴된 사람보다 재산이 몰수된 사람을 우선 순위에 두기를 꺼린 결정은 재산 몰수 당시에 이미 중요한 금융 재원을 보유하고 있던 전자 집단에 속한 사람에게 보상하면 대중의 반발이 클 것이라는 여론과 연관돼있다. 따라서 이 결정은 피해가 큰 사람들과의 연대의 표시거나 아니면 많은 잠재적 수혜자들이 부유한 유태인인 점을 감안할 때 위장된 반유태주의의 한 형태일 수도 있다.

20   이와 관련된 다른 쟁점은 하나의 지위에 이중의 권리가 주어진 경우이다. 만약 어느 유태인이 은행에서 해고되고 다른 유태인이 그 자리를 차지했다면, 그는 나중에 이 지위를 되찾을 수 있을까? 해방 이후 프랑스에서 이 문제가 대두되었을 때, 통상적 법적 절차가 아닌 임시적인 특별조치로 해결했다(Dreyfus 2002, pp.301-2).

21   Mill(1987), p.220.

22   Quint(1997), p.131. 그때까지 동독국민의 대다수는 주택소유자가 아닌 세입자였다. 그들은 통일조약의 보호를 받지 못했다. 결과적으로, "주거용 자산의 대이동은(…) 비정상적인 사회적 혼란으로 이어졌다"(ibid., p.133). 이것은 밀의 관점에서 보면 회복적 조치라고 생각할 수 없는 것이다.

23   NOU(1997) p.20.

24   Prost, Skultelsky, & Etienne(2000), p.57.

25   Fleischer(1972).

26   Cepl(1991).

27   Pogany(1997), pp.154-55.

28   Hann(2004).

29   Pogany(1997), p.150; Heller & Serkin(1999), pp.141-42도 볼 것.

30   Quint(1997), p.129.

31   Sólyom & Brunner(2000, p.114)에서 재인용.

32   Pogany(1997), p.163.

33   Ferencz(2002), p.xxv.

34   여기에는 미국의 집단소송 변호사, 독일기업, 독일과 미국정부, 동유럽의 정치가, 유태인조직, 세계유태인총회 등이 포함되었다. 이 과정에 대한 생생한 설명은 Authers & Wolffe(2002)와 Eizenstat(2003) 참조.

35 Eizenstat(2003), pp.206, 239-40.
36 Authers & Wolffe(2002), p.205.
37 Eizenstat(2003), p.264.
38 Authers & Wolffe(2002), p.243.
39 Schelling(1960), 3장.
40 Raiffa(1982), p.54.
41 Novick(1999), p.156. 미국유태인위원회의 데이비드 싱어를 인용한다.
42 Authers & Wolffe(2002), p.231.
43 Ibid., p.238; 208, 218, 221쪽도 볼 것.
44 Lüdtke(1993), p.565; Pross(1998), p.41도 볼 것.
45 Ferencz(2002), p.54.
46 Ibid., p.62.
47 Ibid., p.63.
48 총액은 약 80억 마르크 정도였다. 파벤, 크루프, 지멘스, AEG, 라인메탈 등의 기업체가 부담한 보상액은 합해서 약 5천2백만 마르크 정도였다.
49 Eizenstat(2003), pp.232-33.
50 Authers & Wolff(2002), p.208.
51 Ibid., p.209.
52 이 부분은 Prost(1998), 2장 참조.
53 Lewy(2000), p 204.
54 Ibid., p.55.
55 Pogany(1997), p.171. (고딕체는 필자 첨가.)
56 Pross(1998), p.51.
57 Quint(1997), p.224.
58 Ibid., p.225.
59 Kahneman & Tversky(1979).
60 Quint(1997), p.224.
61 Pross(1998), p.63.
62 예를 들면 Le Grand(1992)를 볼 것.
63 Authers & Wolffe(2002), p.311.

64　Prost, Skoutelsky, & Etienne(2000), p.68.
65　Ibid., p.69.
66　NOU(1997), p.110.
67　Eizenstat(2003), p.307. 여기서 묘사한 것처럼, 프랑스의 반응은 관대함의 부족이 아니라 뿌리 깊은 법치주의에 따른 것이었다.
68　Ibid., p.330
69　Franklin(2001), p.6.
70　Pross(1998), p.74.
71　Ibid., p.78.
72　Ibid., p.122ff.
73　Ibid., p.96.
74　관련된 쟁점으로서 "연금 신경쇠약증"도 언급할 가치가 있다. 2차세계대전이 일어날 무렵, 영국, 프랑스, 독일의 정신의학자들은 전쟁에 의한 신경쇠약증에 연금을 지급하면 그 증세를 지속시키는 효과가 있다는 이론을 개발했다. "연금과 수당이 전쟁 신경쇠약증에 미치는 영향은 이미 전쟁 중에 나타났다. 영국의 저명한 정신의학자 로스(T.A. Ross)는 1917년과 1921년 사이에 진행한 그의 연구에서 '모든 치료법이 연금 제도에 의해 손상돼서 그 어떤 형태의 치료도 효과를 기대하기 힘들다'고 썼다. 로스는 증세가 호전되면 수당(그리고 그에 따른 생활수준)이 줄어들 것이라는 생각이 히스테리 증세를 되돌리거나 새로운 증상의 원인이 되는 것을 발견했다. 진보적 생각을 가진 다른 의사들도 여기에 동의했다. 버나드 하트는 증상과 연금 간의 이런 관계는 매우 위험하다고 경고했다. "의식적이든 아니든 연금이 증상에 의존하는 한, 회복은 어려울 것이다"(Sheppard 2000, p.151). 1945년 이후, 독일 의사들은 이 이론에 근거해서 나치박해 피해자들에 대한 보상을 반대했다(Pross 1998, pp.84-85).
75　Ibid., p.55, p.141. 여기서 저자는 다음과 같은 진술도 인용한다(p.96). "우리는 회복과정에서 야기된 기억, 폭력, 분노의 폭발—즉 목격자·진술, 재산상 손실을 증명할 기록, 박해의 증거를 준비하는 과정에서 끊임없이 부딪치는 어려움, 박해의 신체적 증거에 대한 의학적 의견의 불일치, 속 터지게 느린 처리 과정, 없던 병도 생기게 하는 완고한 관료주의—을 잊으면 안 된다."

76 Ibid., p.106.
77 Müller(1991), p.263.
78 Ibid., p.265.
79 Ibid., p.265.

제7장
제약요인

I. 머리말

이 장에서 나는 이행의 양식이 어떻게 이행기 정의의 실질적, 절차적 결정을 제약하는가를 살펴본다. 이행의 양식은 어떤 선택은 예외 없이 실행불가능하게 만들기도 하고("강성 제약"), 더 빈번하게는 정의와 다른 목표—예를 들면 경제재건이나 새로운 체제의 지속 등— 간의 절충을 유도하여 이행기 정의의 결정에 영향을 준다(연성 제약).

  이 장의 구성은 다음과 같다. 2절은 새로운 체제를 형성하는 타협이 이행기 정의를 어떻게 제약하는지 논의한다. 3절은 1945년 독일의 이행기 정의의 몇몇 측면을 자세하게 살펴본다. 4절은 이행기 정의에 대한 경제적 제약을 논의한다. 5절은 모두가 동시에 만족할 수 없는 이행기 정의의 다양한 요구항(desiderata) 사이의 긴장을 고찰하면서 결론에 대신한다.

II. 타협적 이행의 제약요인

사면 또는 관대한 처분이 포함된 타협을 통해 체제 이행이 시작되는 경우, 차기정권의 지도자들은 자신들이 원하는 이행기 정의를 구현할 자유가 제약된다. 사실, 물러나는 지도자들이 자기쪽 인물의 안전과 특히 자신들의 재산이 보장되지 않는데 자발적으로 권력을 포기하는 경우는 드물다. 이 절의 주요 질문은 그 보장의 **기초**에 대한 것이다. 여기서는 20세기의 타협적 이행에 초점을 맞추지만 몇가지 초기 사례 언급으로 시작한다.

역사적으로 타협적 이행의 첫 사례는 기원전 403년 아테네 민주주의의 회복이다. 1장에서 설명한 것처럼, 참주, 민주주의자, 스파르타인 간 삼자협상의 세부사항은 물론, 이 협상과정에서 민주주의자들이 다른 방식을 택했을 때보다 얼마나 더 양보했는가에 대해서 우리는 잘 알지 못한다. 그들의 행동으로 추측건대, 이행 후 몇 년 동안은 다소 온건한 태도를 취했던 것으로 보인다.

2장에서 설명했듯이, 1차 및 2차 프랑스 왕정복고도 퇴장하는 엘리트와 새로 들어오는 엘리트 간의 절충적 합의에서 비롯되었다. 아테네와 마찬가지로 이 협상도 제3자의 감시 아래 이루어졌다. 1814년, 연합군 세력은 루이 18세를 압박해 재산의 피해보상과 관련하여 좀 더 온건한 정책을 취하도록 하였다. 1815년에 연합군 세력은 다소 복합적인 역할을 수행했다. 먼저, 탈레랑이 루이 18세를 설득하여 나폴레옹 지지자들에게 면책을 약속하고, 처벌조치를 의회에 위임하는 6월 28일의 캄브레 선언을 발표하도록 했다. 그러나 나중에, 연합군 세력은 7월 24일 훈령에 즉각적인 조치를 넣도록 정부를 압박했다. 이 두 사건 사이에 연합군 세력은 평화조약 협상에서 모호한 면책 약속을 내세웠다. 프랑스 측 협상자들은 자신들이 영구적인 사면을 받았다고 생각했지만, 이 사면 관런조항은 루이 18세가 돌아올 때까지만 유효했다.

나는 1815년 사건에서 두 가지 특징에 주목한다. 첫째, 응보적 조치를 차기 의회로 위임한 결정은 의심할 바 없이, 최소한 탈레랑 측에서는, 선거를 통해 의회가 온건한 정책으로 선회할 것이라는 기대에서 나온 것이었다. 탈레랑은 또한 이 조치를 통해 이행에 반대한 사람들의 우려가 완화되기를 희망했을 수도 있다. 그러나 선거 결과가 복수를 갈망하던 급진왕당파가 주도권을 잡는 의회로 귀결되자 그의 희망은 좌절되었다. 둘째, 연합군 세력은 적절하면서도 모호한 약속으로 비폭력적 해결책을 협상할 수 있었다. 이 모호한 약속을 패자가 어떻게 이해했는가에 따라서 다른 관점으로 해석될 수도 있다. 네 원수(Maréchal Ney)를 재판하면서 상원은 그를 기소에서 제외한 평화조약 12조의 적용을 거부했다.

1974년의 그리스 이행은 몇가지 측면에서 비슷한 양상을 보여주었다. 그리스 군부재판에서 항소법원은 모호하게 표현된 사면법령에 대한 소급해석을 수용했는데, 군부는 이 법령이 그들에게 면책특권을 부여했다고 믿었다.[1] 이 쟁점의 중요성은 다음의 설명으로 확인된다. "사면조항이 독재정권의 주모자들을 포함하는 것처럼 보였고, 따라서 그들에게 이행에 협조할 수 있는 추가적 인센티브를 제공해준 것만큼 앞으로 들어설 민즈정부 지도자들이 민주화 전략을 차분히 추진할 수 있게 하는 귀중한 여유를 제공했다".[2] 차기 대통령인 카라만리스가 나중에 "사면조항이 물러나는 정권을 포함한다는 해석을 완강하게 부인했지만"[3] 이 쟁점은 사라지지 않았다.

이 관찰들은 내가 4장에서 지적한 **불확실성의 원천**으로서 입법부와 법원과 관련되어 있다. 탈레랑에 귀 귀울였던 사람들은 한편으로는 의회가 자신들을 처벌하지 않을 것으로 믿었기 때문에 평화적 이행에 동의했을 것이다. 1815년 7월 3일의 평화조약에 서명한 사람들은 헌장 12조가 자신들을 법적으로 보호해줄 것으로 생각했기 때문에 그렇게 했을 수도 있다. 마찬가지로, 그리스 장교들도 사면조항이 자신들을 보호해줄 것으로 믿었기 때문에 물러났을 개연성이 충분하다. 그러나 민주주의와 법의 지배 하에서 협상자들은 미래의 입법부와 법원을 대리하는 그 어떤 약속도 **전달할 수 없다**. 또한 자신들의 뒤를 이을 세력의 행위도 보장할 길이 없다. 차기정권을 대표해서 협상에 나선 인물들도 이행 이후의 최초 또는 과도 정부가 다른 정부로 대체되면 그 약속을 지킬 수 없게 된다.

새로운 세력은 상충하는 두 가지 열망을 갖는다. 성공적인 이행과 이행기 정의가 그것이다.[4] 첫 번째 목표를 달성하기 위해서 물러나는 지도자들과 협상을 하면, 두 번째 목표를 희생해야 할 수도 있다. 만약 협상자가 자신들이 차기 첫 정부를 구성하고 일정기간 정권을 잡을 수 있다고 믿으면(그리고 이 믿음을 상대방과 공유하면) 사면과 불처벌 약속은 평판에 대한 의식 때문에 신뢰할 수 있다. 군사적 또는 경제적 권력에 기초한 여타의 신뢰-강화 메커니즘은 이 장의 후반부에서 논의한다. 여기서는 차기 엘리트가 평판을 고려하여 약속에 대한 신뢰를 제고하려고 한다는 점만 지적한다. 이것은 임금협상 과정에서 노동조합 지도자들이 비밀리에 진행하면 신뢰할 수 없는 요구와 압력을 공개하여 교섭 상대방의 평판에 대한 우려를 이용하는 전략과 유사하다. 이 논리는 대부분의 합의가 비공개적으로 이루어지는 타협적 이행에는 직접적으로 적용되지는 않는다.[5] 사실, 1980년대 중반 아르헨티나와 우루과이에서 그랬던 것처럼, 타협 과정의 진짜 모습은 거의 드러나지 않는다. 그러나 협상자들은 새롭게 등장하고 퇴장하는 엘리트 동료 사이에서 회자되는 자신들의 평판을 매우 신중하게 고려하면서 약속을 이행하도록 동기화되기도 한다. 예를 들면 1989년 폴란드의 이행에서 협상 테이블의 양측은 "약속은 지켜져야 한다"(pacta sunt servanda)는 경구를 지속적으로 강조했다. 그러나 만일 퇴장하는 엘리트가 이행 이후 협상자가 나중에 그 약속에 구속되지 않는 다른 사람들로 대체될 것이라고 생각하면 이 메커니즘은 성공하지 못한다. 또한 구엘리트가 미래의 법원과 입법부가 독립적인 지위를 잡게 될 것이라고 믿으면 최종협상 역시 성사되지 않을 수 있다. 모순적이지만, 법원이 부패해 있거나 과거체제와 얽혀 있을수록 면책 약속은 더 신뢰를 받는다.

기원전 403년의 아테네, 1814년과 1815년의 프랑스처럼 타협을 통한 해결이 제3자에 의해 통제되거나 매개되는 경우, 신뢰 메커니즘은 더 잘 작동한다. 제3자는 퇴장하는 정권에게 피난처를 제공해줄 수 있고, 새로 등장하는 엘리트에게 사면 약속을 지키도록 압력을 행사할 수도 있다. 아테네 참주들에 대한 추방 옵션은 첫 번째 전략의 사례로 볼 수 있다. 이 절의 후반에서 나는 1989년 헝가리 주재 미국대사의 역할을 두 번째 사례로 인용한다. 물론 신뢰의 쟁점이 이제 제3자로 옮겨간다는 문제는 있다. 위의 피난처 사례에서 보호 약속의 신뢰성은, 기원전 403년의 아테네에서와 같이, 퇴장하는 엘리트와 제3자 간에 친밀한 관계가 형성되어 있을 때 강화된다.[6] 그러나 만약에 어느 민주주의 국가가 물러나는 독재자와 새로 들어오는 민주주의자 간의 협상을 중개하겠다고 제안하면 전자에 대한 약속은 신뢰도가 약해질 것이다. 여기서도 역시 제3자가 자기 평판을 얼마나 고려하는가가 차이를 만드는데, 이런 역할과 약속이 공개적으로 이루어질 경우는 특히 그러하다.

이런 일반적인 설명은 라틴아메리카, 탈공산주의 국가, 남아프리카의 타협적 이행에 대한 논의에 도움을 줄 것이다. 아르헨티나와 우루과이에서 면책 약속은 퇴장하는 엘리트가 군부의 통제력을 유지했기 때문에 신뢰할 수 있었다. 그러나 협상이 비밀리에 이루어진 탓에 잡음없이 매끄럽게 실행되지는 않았다. 아르헨티나에서 알폰신 대통령은 소수의 장교들만 재판에 회부될 것이며, 그들도 자기 임기 안에 사면될 것이라고 약속했다. 그러나 나중에 의회와 법원이 그의 계획에 제동을 걸었다. 먼저, 상원은 "야만적이고 잔인한 행위는 그 명령이 실수추정에 의해 정당화될 수 없는 것임을 확실하게 보여주는 근거가 된다는 법을 통과시켰다. 이 조항은 알폰신의 전략을 위축시키고, 명문규정에 대한 협의의 암묵적인 예외를 실수추정을 반박하는 광범위하고 명료한 의미로 바꾸었다."[7] 그 다음으로 의회가 1986년 12월 23일에 "기소전면중지법"을 통과시키고 60일 기소시한을 설정한 이후 사법권 독립을 보여주는 극적인 사건이 일어났다. "기소전면중지법이 발효되자, 전국의 모든 법원이, 이제까지 거의 움직이지 않았던 하급법원까지 열성적으로 나서서 기소시한에 포함된 1월의 여름휴가도 반납하고"[8] 공소 유지에 매달렸다. 군부가 저항의 움직임을 보이자, 알폰신은 "명령이행법"을 밀어붙여 "중간급 이하 장교들을 기소에서 제외했다."[9]

우루과이에서도 비슷한 결과를 낳았다. 1984년, 여러 명시적 또는 묵시적 협상을 거치면서 군부는 차기정부가 자신들을 기소에서 제외할 것이라고 확신했다.[10] 1985년, 장교들을 대상으로 한 첫 재판이 열렸다. 정부의 후원을 받던 군부는 이 사건이 군사법정 관할이라고 주장했으나, 1986년 6월 대법원은 민간법원 관할이라고 판결했다. 의회 역시 협상에 찬동하지 않았다. "1985년 10월에서 1986년 12월 사이에 기소를 제한하거나 중단하는 세 개의 법안이 의회에 제출되었으나, 전부 기각되었다."[11] 군부의 강한 압력에 부딪힌 의회는 결국 1986년 12월 21일에 사면법을 통과시켰다. 아르헨티나처럼 군사정권으로 복귀 조짐이 감지되었기 때문이다.

동유럽 이행에서 퇴장하는 엘리트는 거의 모든 권력기반을 잃어버렸다. 따라서 그들은 자신들의 미래를 보장할 신뢰할 만한 압력수단을 거의 갖추지 못했다. 협상 테이블에서 상대편 협상자들도 보복적인 입법은 없을 것이라는 신뢰할만한 약속을 할 수 없었다. 그러나 몇몇 국가에서는 서로 이해되는 수준의 합의에 도달하기도 했다. 폴란드에 대하여 빅토르 오시아틴스키(Wiktor Osiatynski)는 다음과 같이 썼다. "원탁협상에서 솔리다리티(Solidarity)측은 공산주의자들과 그 어떤 거래도 하지 않았다고 주장하지만, 후자의 개인적 안전은 이미 약속되어 있었다. 이는 타데우시 마조비에츠키(Tadeusz Mazowiecki)총리가 탈공산주의적 미래와 공산주의적 과거를 완전히 구분하겠다고 약속한 강경노선의 영향이었다."12 이것은 물밑의 암묵적인 협상이 성사됐음을 시사한다. 같은 맥락에서 아담 미흐니크(Adam Michnik)[역주1]는 이렇게 발언했다. "원탁협상에서 체스와프 키슈차크(Szeslaw Kiszczak)[역주2] 장군에게 내가 집권하면 심판을 받게 될 것이라고 말하지 않았는데, 지금 그것을 요구하는 것은 큰 잘못이다."13 그러나 키슈차크는 결국 여러 차례 재판을 받았다. 가장 최근의 재판은 2001년에 열렸다.

이 문제는 을셰프스키(Olszewski)정부가 비밀경찰 부역 혐의자 명단을 공개한 1992년에도 등장했다. 마조비에츠와 그 지지자들은 명단공개를 반대하였는데, 대체로 다음과 같은 이유가 있었다.

> 공산당과 원탁회담에서 도달한 합의를 유지하기 위해서라도 그 파일은 비밀에 부쳐야 하며, 이것은 결국 권력을 굴복시켜 폴란드가 민주주의로 이행하는 데 간접적으로 기여했다는 생각이 있었다. 당은 협상 결과를 지지했으며, 이것이 과거청산 게임의 규칙을 바꿀 것으로 봤다.14

역주1 1946~ . 역사가, 반체제인사. 1981년 계엄령 이후 재투옥됐다. "폴란드에서 가장 유명한 정치범"으로 불렸다. 89년 원탁협상에서 결정적인 역할을 했다. 이후 정치에서 물러나 국경없는 기자회의 정보민주주의 위원회 25인 중 한명이다.

역주2 1925~2015. 공산주의 시절 장군이자 정치인. 1981년부터 1990년까지 내무장관, 1989년 잠시 총리를 지냈다. 동년 원탁협정을 주선했다.

그러나 이 파일공개가 보여주는 것처럼, 원탁회의의 암묵적인 약속은 협상자들이 자리를 그만 두면서 그 힘을 잃어버렸다. 연대좌파는 우파가 원탁협상의 약속을 존중할 것이라고 믿지 않았다. 그 이유 중 하나는 당시 우파는 협상과정에서 비중이 크지 않았고 따라서 잃을 평판이 거의 없었으며, 또 한편으로 우파는 본능적(또는 전략적으로)으로 복수심이 더 강했기 때문이다. 9장의 3절에서 이 문제를 다시 다룬다.

1989년의 헝가리 원탁협상도 이행기 정의 실행 범위에 제한을 두는 명시적 또는 묵시적 합의를 포함하고 있었다. 개혁파 공산주의자들은 특정범죄에 대한 공소시효를 폐지하기 위해 1991년에 통과된 법이 "정부와 반정부 세력이 1989년 원탁 협상에서 도출한 "신사 협정"을 위반했다고 주장했다."[15](헌법재판소는 이 법을 기각했으나, 협상과정에서 합의한 약속은 아무런 기능을 하지 못했다.) 1999년, 헝가리의 56년봉기연합(Hunagarian Association of 56 Rebels)은 부다페스트법원에 과거 공산당 소유의 자산을 동결해달라는 민사소송을 냈다. 이 단체의 대표는 다음과 같이 말했다. "1990년에 정치 엘리트들은 공산주의자들에게 책임을 묻는 일은 없을 것이라는 어처구니없는 협상을 했다. 우리들은 민사소송을 통해서라도 그 협상의 효력을 종결시키고 싶었다."[16] 그 원탁협상의 분위기를 잘 아는 사람들은 실행가능한 타협을 이끌어내기 위해 서로 협력하는 과정에서 나중에 승자가 패자를 기소하지 않을 것이라는 암묵적인 신뢰가 형성되었다고 보고 있다.[17] 물론, 평판효과도 작용했을 것이다.

다른 메커니즘도 작동했을 수 있다. 원탁협상에 참여했던 헝가리주재 미국대사는 "공산당총서기를 포함해 현직에 있는 사람들이 투옥되거나 박해받는 일이 없을 것"이라고 개인적으로 약속했다고 회고했다.[18] 아마도 이 약속은 자신들을 탄압했던 인사들을 기소하면 미국이 경제지원을 중단할 수도 있다는 암묵적인 위협을 전제하고 있었을 것이다. 헝가리 공산주의자들도 간접적인 전략을 채택해서 같은 목적에 도달하고

자 했다. 원탁협상에서 헌법재판소 설치 제안은 예상한 것처럼 반정부 세력이 아니라 공산당측에서 먼저 나왔다. 공산주의자들은 "권력을 잃었을 경우 당할 수 있는 보복으로부터 자신들을 보호해줄 수 있는 강력한 법원을 원했던 것이다."[19] 원탁협상에 참석했던 어느 공산당 대표는 "우리는 이것이 헌법에 반하는 보복적 입법을 막을 수 있는 길이라고 생각했다"[20]고 말했다. 따라서 헝가리 공산주의자들은 자신들이 통제할 수 있었던 부패한 법원에서 받을 수 있는 보호장치에 더해서 새롭게 설치된 상급법원의 원칙주의적인 태도에서도 혜택을 받았다.

　체코슬로바키아의 이행과정에서 공산주의자들은 협상을 통해서 내무부를 통제할 수 있었고, 결국 자신들에게 불리한 기록들을 파기할 수 있는 충분한 기회를 갖게 되었다.[21] 내무부를 공산당의 통제 하에 둔 결정을 이행기 정의를 겨냥한 암묵적 협상으로 볼 것인가는 단언할 수 없다.[22] 불가리아의 이행기 정의도 기존정권과 반정부파 간의 협상에 의해서 간접적으로 영향을 받았다. 불가리아의 원탁 협상에서—반정부파 측에서 여러 차례 제기했지만— 이행기 정의는 진지하게 논의된 적이 없었다.[23] 그러나 간접적이긴 하지만, 이 협상과정에서 채택된 선거법은 기소와 처벌의 전망에 영향을 주었다. 반정부파들은 비례대표제를 원했으나, 후보들이 대중에게 더 많이 알려진 공산주의자들은 단일선거제 도입을 주장했고, 과반수를 획득한 쪽이 75% 의석을 가져가기를 원했다. 최종적으로는 정당과 의원을 동시에 선출하는 혼합시스템을 도입하는 절충안이 채택되었다. 결과적으로, 공산당은 전국의회에서 다수당의 지위를 획득하였고, 이를 통해 "미래의 적대적 정권으로부터 당과 그 소유재산을 보호할 수 있는 조항을 헌법에 넣었다."[24]

　독일 통일과정에서는 이행기 정의 실행에 심대한 제약요인으로 작용한 두 가지의 중요한 원칙이 채택되었다. 첫째, 1945-49년 사이 소련 점령하에서 자행된 약탈은 배상 대상에서 제외했다. 이 조항은 소련이 통일을 인정해주는 조건으로 채택한 것으로 알려져 있다. 둘째, "통일조약은 소급기소를 금지하는 기본법의 헌법적 효력을 그대로 유지했다. 이 결정은 재통일협상이 진행되는 동안에도 공산당 엘리트들이 여전히 영향력을 발휘하고 있었음을 반영한다."25 재통일협상과 이행기 정의 간의 인과적 관계에 대한 이러한 주장들을 뒷받침할 직접적 증거는 거의 없다.26 첫 번째에 관해서는 오히려 그 반대 증거가 있다.27 게다가 이 주장의 논리는 의문의 소지가 있다. 자산의 배상 불능이 왜 소련 이익에 부합하는가는 분명하지 않다. 동독지도자들이 소추범위를 최소화하는 데 관심을 가졌던 것은 분명하지만, 그들이 이행 단계에서 영향력을 발휘할 수 있는 실제적 수단을 가지고 있었는지는 분명치 않다. 그러나 이러한 이행기 정의의 제약이 통일을 위한 조건으로서 소련 또는 동독정부에 의해서 제안되었다는 사실은 분명하다.

남아공의 협상에서 국민당은 처음에는 다양한 헌법적 수단을 동원하여 소수 백인의 권력을 공고하게 지키려고 노력했다. 여기에는 헌법개정 기준의 상향, 소수집단에 대한 대표성 우대, 내각의 비토권 보장 등을 포함했다.28 만약 국민당이 성공했다면 이행기 정의를 저지하기 위해 이러한 영향력을 동원했을 것이다. 이 간접적인 전략이 실패하자 국민당은 자기 세력을 이용하여 배상과 기소에 엄격한 한계를 두기 위한 협상을 진행했다. 1994년의 임시헌법은 요구사항이 관철되지 않으면 권력을 이양하지 않을 수도 있다는 백인정권의 명백한 협박 아래 제정되었다. 토지반환은 허용되었으나 그 대상은 1913년 6월 13일 이후에 몰수된 토지에 국한되었다. 이 날은 토지법(Land Act)이 제정된 날로서, 이 법에 따라 국토의 13%가—대부분 쓸모 없는 한계지였다— 인구의 70%를 차지하는 흑인에게 분배되었다.29 임시헌법은 또 "정치적 목적과 관련해 과거의 갈등 과정에서 이루어진 행위를 비롯하여 부작위 범죄와 폭력 등에 대해서는 사면한다"고 규정했다. 1995년에 진실화해위원회(TRC)는 사면결정을 위임받았고, 아파르트헤이트 정권 시절에 자행된 일부 위법행위가 재판에 회부되었다. 위원회의 위임업무에는 "심각한" 인권침해 피해자에 대한 배상권고안이 포함되었는데, 많은 인구를 강제적으로 재정착시키는 데 정부가 부담해야 할 막대한 재원을 줄이기 위해서 매우 보수적으로 정의되었다.

아프리카민족회의(ANC)가 백인 엘리트들의 억압 기구에 의해 제약을 받지 않았더라면 과연 이렇게 심하게 제한된 형태의 응보적 조치와 배상에 동의했을지는 의문이다. 제약이 해소된 이후에 이미 합의한 협정을 존중했다는 사실은 결국 그 어떤 경우에도 타협적 협상이 선행될 수밖에 없었음을 시사한다. 사회적 화해를 위해 강경조치를 포기했을 수도 있고 대규모 기소가 가져올 엄청난 현실적인 문제들 때문에 기소를 중단하기로 결정했을 수도 있으며,[30] 국가가 지급능력을 고려해서 보상 대상이 되는 피해자의 범위를 의도적으로 축소했을 개연성도 배제할 수 없다. 마지막으로 ─그리고 내 견해로는 가장 중요한데─ 백인 엘리트의 압도적인 경제력이 아프리카민족회의(ANC)가 대규모 이행기 정의를 실천하는 것을 억제했을 개연성도 매우 크다. 국제자본시장은 국가의 사회정치적 불안 징후에 극도로 민감하기 때문에 ANC는 아파르트헤이트 시절의 가해자 기소와 광범위한 토지재분배 정책이 나중에 짐바브웨에서 일어난 것과 같은 재난을 촉발할 수도 있다고 예상했을 것이다. ANC는 필요에 따라 스스로 온건조치를 선택했다.

그러나 이런 장애가 없었다면 ANC는 진실화해위원회의 "공평한" 정책을 택하지 않았을 것이다. ANC가 스스로 1992년과 1993년의 두 진실위원회 활동을 통해 인권침해 행위에 대한 강경한 조치를 취했음에도, 흑백분리정책의 피해자와 가해자를 동등하게 취급해야 한다는 생각은 여전히 받아들이기 힘들었다. ANC 내의 많은 인사들은─나중에 대통령이 된 음베키를 포함하여─ 진실화해위원회의 "초위적 공평성"을 강하게 비판했다.[31] 사실 가해자와 피해자에 대한 공평한 처리는 타협적 이행 국가에 한정되었는데, 다른 예로는 아르헨티나, 칠레, 엘살바도르, 그리고 과테말라의 진실위원회 사례를 들 수 있다. 면책특권에 대한 요구 이상으로 퇴장하는 엘리트들이 중요하게 여긴 것은 자신들의 인권침해 행위가 반대파의 인권침해 행위로 정당화되는 외양을 만드는 것이었다.

이런 종류의 공평한 처리는 패전이나 체제 붕괴를 겪은 사례에서는 발견되지 않는다. 승자는 스스로를 처벌하지 않는다. 1919년처럼 1945년에도 독일은 전쟁범죄의 기소에 대해 이른바 "피장파장 논리"(tu quoque)를 일관되게 구사했으나 성공을 거두지는 못했다.[32] 덴마크에서는 레지스탕스가 자행한 400여 명에 달하는 밀고자 처형 행위를 면책하기 위해서 레지스탕스 활동가들과 정치가 간에 이면협상이 있었다는 의혹이 있으나, 명시적으로 확인된 증거는 없다.[33] 그러나 덴마크뿐만 아니라 독일에 점령당한 그 어떤 국가에서도 이런 혐의에 대한 기소가 이루어진 적은 전혀 없었다. 프랑스에서는 1945년 초반에 불법적 처형을 저지른 많은 레지스탕스 운동가들이 체포되었다.[34] 그러나 그들은 전부 점령기간 중에 이루어진 부당한 살인행위가 아니라 해방 이후 보복살해 혐의로 유죄를 선고받았다. 구공산국가에서는 체제에 대한 무력저항 활동이 사실상 거의 없었기 때문에 살인죄로 기소되거나 사면된 경우는 없었다.

III. 독일의 경우

2차세계대전 후 독일의 이행기 정의는 복합적인—서로 충돌하기도 하는—제약 요인에 사로잡혀 있었다. 몇몇 연합국은 독일인들에 대한 가혹한 처벌—특히 그 생산기반의 철저한 파괴—만이 독일군국주의의 부활을 막는 유일한 방법이라고 봤다. 그러나 독일에 대한 징벌적 조치가 목적을 달성하는 데 별로 효과적이지 않으며, 이런 "카르타고적 평화"는 비생산적이라고 보는 측도 있었다. 또 서유럽 전체가 경제적으로 곤궁한 상태에 있는데, 그 산업적 기반을 파괴해 독일을 응징하는 행위는 유럽사회 전체를 위해서도 옳지 않다는 주장도 있었다. 마지막으로, 공산주의의 위협은 연합국으로 하여금 초기의 엄격한 대독일 조치를 완화하는 데 기여했다.

  가장 분명한 것은 소비에트연방의 도찰에 맞서기 위한 완충지대로서 강력한 독일을 건설할 필요가 있다는 인식이 전범기소와 보상조치에 많은 영향을 주었다는 점이다. 1차대전 기간 중, 처칠은 로이드 조지(Lloyd George) 총시내각에게 "독일군대를 재건해서 볼셰비즘의 확산을 저지하는 첨병으로 삼아야 한다"[35]고 권고했다. 거의 비슷한 용어를 사용해서 처칠은 1943년 10월에 앤서니 이든(Anthony Eden)[역주3]에게 "독일을 너무 약화시키면 안된다. 러시아를 견제하기 위해서는 독일이 필요하다"[36]고 조언했다. 그후 몇 년 동안 이러한 입장은 소수의견이었다.(앞으로 보겠지만, 나중에 처칠은 독일에 대한 카르타고적 평화정책을 옹호한다.) 1947년 이후, "미국의 대서독정책의 우선순위는 나치청산에서 소련의 위협에 맞서야 하는 서유럽의 일반적인 이해에 부응하는 경제부흥으로 변해갔다. 따라서 새 국방장관인 제임스 포레스탈은 1947년 8월에 "루키우스 클레이 장군에게 나치청산 시책을 중단할 것"[37]을 지시했다. 배보상 조치도 역시 냉전이 격화되면서 중단되었다. 예를 들어 "스위스는 냉전이 격화되자 자신들의 고립주의 정책을 내세워 발을 뺐다. 배상은 유럽 재건 특히 동유럽에서 확산되는 스탈린의 공격적인 공산화에 맞서는 전쟁

역주3 1897~1977. 외무장관을 세 차례(1935-38, 40-45, 51-55)지냈으며, 45대 총리로 임명되었다(1955-57).

에서 최전방에 위치한 서독재건 요구 때문에 주변으로 밀려났다."[38] 독일기업에 고용된 강제노동자와 노예노동자에게 최종적으로 보상을 실시한 이행기 정의의 2차 물결이 공산주의 몰락 이후에 시작된 것은 우연이 아니다.

그러나 1944-45년에 소련에 대한 미국의 태도는 매우 긍정적이었고 심지어 순진하기도 했다. 예를 들어 OGPU(소련 비밀경찰)를 게슈타포와 동일시하던 육군장관 스팀슨(Stimson)은 소련 내에서 일어나고 있는 폭력사태에 우려를 표명하면서, "스탈린은 국민들에게 최근 우리와 비슷한 권리장전을 갖춘 헌법을 약속했다. 내가 보기에 우리가 비밀경찰 폐지로 연결된 이 개혁안을 스탈린이 실행하도록 하는 데 성공한다면 대단한 성과가 될 것이다"[39]라고 발언했다. 이 단계에서 소련에 대한 태도는 스팀슨과 재무장관인 헨리 모겐소(Henry Morgenshau) 간의 대립이 격화됐던 루스벨트 행정부의 이행기 정의 논쟁과 충돌하지는 않았다. 최종적으로는 스팀슨이 승리했다. 1945-46년의 뉘른베르크 재판은 대체로 그가 옹호한 노선에 따라 진행되었다. 모겐소가 지지했던 가혹한 경제제재 조치[역주4]는 경제재건의 요구에 따라 폐기되었다. 그가 제안한 정치적 정의는 사법적 정의로 대치되었다.

이러한 초기 변화 단계를 확인하는 증거의 상당부분은 "모겐소 일지"로 알려진 매우 중요한 문서에서 찾을 수 있다. 물론 일기는 아니고 모겐소가 재직기간에 보관하고 모았던 공식문서철, 문서초안, 보좌관 회의록 등을 엮은 것이다. 이 문서철은 미국 상원 법사위원회 국내안보소

역주4 모겐소 플랜. 1944년 제2차 퀘벡회담에서 모겐소가 《독일 항복 이후 계획안》에서 제안한 계획이다. 독일이 다시는 전쟁을 일으키지 못하도록 군수산업을 포함한 모든 기초 공업시설을 해체해서 농업국가로 만든다는 계획이었다. 이 계획에는 루르 지방의 모든 산업시설 파괴와 해체가 포함되었다.

위원회가 1967년에 공개했다. 법사위원회와 이 소위원회 위원장은 극단적인 반유태주의자이자 흑인차별주의자인[40] 미시시피 상원의원 제임스 이스트랜드가 겸하고 있었다. 그는 이 문서군의 편집을 달라스 대학의 역사학 교수인 앤소니 쿠벡에게 맡겼는데, 쿠벡은 나중에 《Journal of Historical Review》에 실린 홀로코스트 부인자 명단에 이름을 올린 인물이었다.[41] 모겐소는 공산주의 스파이 혐의를 받고 있던 해리 덱스터 화이트[42]와 밀접한 관계를 맺고 있었는데, 쿠벡은 이 관계를 문제삼아 모겐소의 나치청산 계획은 독일을 공산화하려는 욕망에서 비롯된 것이라고 주장했다. 스팀슨은 모겐소의 계획이 순전히 그의 친유태주의적 성향에서 나온 것이라고 보았다.[43] 8장에서 이 문제를 좀 더 논의한다.

나치지도자들에 대한 모겐소의 정책은 이들에 대한 재판을 아예 폐지하는 것이었다. 대신에 그는 체포되는 즉시 재판없이 처형할 약 2,500명의 명단을 작성할 계획을 가지고 있었다. 영국인들 역시 처음에는 몇몇 소수의 개인들에 대한 즉결처분 방식에 찬성했으나, 누구를 포함할 것인가에 대해서는 합의를 보지 못했다. 모겐소 정책의 두 번째 특징은 두 명의 재무부 관리들이 1943년에 작성한 메모로 거슬러 올라간다. 이 메모의 핵심 아이디어는 "합성휘발유와 질소 생산에 사용되는 독일의 생산시설을 폐쇄하고, 전쟁을 수행하는 데 필수적인 원자재 비축을 원천 금지하여 **독일국민의 뜻과 상관없이**[44] 독일을 군사적으로 무력하게 만드는 것이었다". 여기서 내가 고딕체로 표시한 문구는 독일국민의 주관적인 호전적 성향이 아니라 전쟁상태와 관련된 객관적인 기회에 따라 작동하는 의도를 지적한 것이다. 나중에 모겐소와 그의 참모들은 이 제안의 범위를 더 확대했다. 예를 들면 독일인들의 향후 "전쟁 수행능력을 무력화하기 위해서"[45] 루르 지역의 탄광은 50년 동안 침수하거나 폭파해야 한다고 보았다. 독일인들은 군사물자 생산으로 전환될 수 있는 그 어떤 종류의 산업도 개발해서는 안된다고 판단했다(쟁기는 칼이 될 수도 있

제7장 제약요인 **285**

다). "자전거가 있으면 비행기도 가질 수 있다…. 유모차가 있다면 비행기도 가질 수 있는 것이다."[46]

모겐소의 독일산업 해체 계획은 1944년 9월 중순 루스벨트와 처칠의 퀘벡 회담에서 채택되었다. 처칠은 처음에는 이 계획에 반대했지만 독일이 산업경쟁에서 낙오하면 영국이 이익을 얻을 것이라는 주장에 설득되어 반대를 철회했다. 또한 산업시설 임차 지원의 대가로 영국이 이 계획을 수락했을 가능성도 배제할 수 없다.[47] 퀘벡에서 발표한 "독일문제 지침"에 따르면 "독일은 러시아를 비롯해서 이웃 동맹국을 황폐화했기 때문에 피해를 본 국가들은 그들이 겪은 손실을 복구하기 위해 필요한 기계장치를 원조받을 자격이 있으며, 이것은 우리들이 추구하는 정의에 부합한다"고 밝혔다. 따라서 자본재 이전에 의한 배상은 나치정권 피해자들에 대한 보상과 **동시에** 독일의 산업과 군사력에 타격을 안겨주는 이중의 효과가 있었다. 반면에, 1차대전 이후 채택한 정책에 따라 산업을 현재 상태로 놔두고 배상을 지원했더라면 독일의 전쟁수행능력은 그대로 유지됐을 것이다. 결론적으로 이 지침은 다음과 같이 적시했다. "루르(Ruhr)와 자르(Saar)의 군수산업체를 제거하기 위한 이 계획은 독일이 원시적인 농업국가로 퇴행하기를 기대한다." 모겐소에 따르면 루스벨트는 독일이 1810년으로 되돌아가기를 원했다. "사람들은 화장실이 없어도 잘 살고 있고 완벽하게 행복할 수 있다."[48] 그의 태도는 더 잔인했다. "나는 그 사람들에게 무슨 일이 일어나든 상관없다."[49] "그 안에서 망하도록 하자."[50]

산업해체는 모겐소의 주요전략이었다. 이 작업의 일환으로 그는 또한 정치적 와해를 제안했다(융커 영지의 해체도 있었다). 독일 이웃국가들에게 영토를 반환하는 것 이외에도[51] 그는 독일을 북부와 남부로 분할할 것을 제안했고, 두 분할지역을 "국가 단위의 고유권리와 자율권을 갖는 국가연합으로 재편해야 한다고 주장했다."[52] 이후 문서에서 1943년 비망록 작성자 중 한 사람은 "이 전략만으로는 충분하지 않다고 덧붙였다. 왜냐하면 앞으로 수십년이 지나면 정치적 발전이 이루어져 분할된 독일 국가들의 재결합이 충분히 가능할 것이기 때문이다. 그렇게 되면 통일 독일은 루르 지역 산업이 파괴되지 않는 한 즉시 발전잠재력을 회복할 것이다."⁵³ 결국 연합국은 온건한 물리적 해체와 온건한 정치적 분권을 동시에 요구했다.

비록 모겐소는 우선적으로 독일의 침략전쟁 수행능력을 제거하기를 원했으나, 한편으로는 독일의 전쟁도발 의지를 꺾기를 원했다. 이 전쟁의지 형성은 두 단계로 구분된다. 첫째는 침략전쟁을 벌이려는 독일인의 욕구다. 둘째는 개별 선호의 총합을 통한 국가정책 형성이다. 정치적 분권화 전략은 개별 의지를 통합하는 역량 약화를 겨냥한 것이다. 모겐소의 구상에 따르면 이 전략은 개별 독일인들의 태도를 바꾸는 조치들로 보완해야 했다. 모겐소는 8월 31일자 일지에서 스팀슨과의 토론내용을 다음과 같이 요약했다.

> 그래서 나는 말했다. "어린이들을 히틀러주의에 세뇌된 친위부대원들이 양육하도록 놔둔다면 결국 호전주의에 빠진 또 다른 세대를 양성하는 꼴 아닌가?" 그는 사실이라고 말했다. 나는 또 말했다. "당신이 해야할 일은 히틀러가 그랬던 것처럼 자녀들을 부모에게서 완전히 격리하여 국가 보호 아래 둔 다음 미군장교, 영국군장교, 러시아장교 출신들로 하여금 학교를 운영토록 하여 민주주의의 참 가치를 교육하는 것이 아닌가?"⁵⁴

위에서 인용한 문장은 두 가지 별개의 장치가 필요함을 강조하고 있다. 하나는 독일 역량에 작용하는 것이고, 다른 하나는 그들의 의지에 작용하는 것이다. 나중에 모겐소는 연합국이 "적응적 선호(adaptive preferences)"의 메커니즘을 동원할 필요가 있다고 주장했다.[55] 즉 독일인의 기회에 작용하면서 동시에 그들의 욕망을 조정하는 것이다. 스팀슨의 비판에 대해 그는 다음과 같이 반박했다.

> 세계정복에 대한 야망의 불씨는 언제 꺼질까? 독일인들의 생각이 강경한가 온건한가에 달려 있는 게 아니다. 독일인들이 세계를 정복할 힘이 있다고 느끼는 한 그 불씨는 확산될 것이다. 독일인들이 자기 세대에서는 다른 민족을 정복할 수 없다고 깨달을 때 비로소 그 불씨가 꺼질 것이다.[56]

이 문제에 대한 스팀슨의 견해는 매우 달랐다.[57] 그는 나치지도자들은 약식처형이 아니라 정식재판에 회부되어야 한다고 강력하게 주장했고, 동시에 이 계획을 무산하려는 시도를 강력하게 반대했다. 그는 우선 퀘벡 회동 전에 루스벨트에 보내는 두 개의 문서에서 견해를 밝혔는데, 하나는 국무부장관 코델 헐(Cordell Hull)의 구상에 대한 의견이었고, 다른 하나는 모겐소의 계획에 대한 것이었다. 독일의 생활수준을 최저생계비 수준으로 두어야 한다는 헐의 주장에 대해[58] 스팀슨은 아래와 같이 밝혔다.

> 만약 이것이 극단적인 빈곤을 의미한다면, 독일국민을 거의 노예수준으로 밀어넣는 것을 뜻합니다. 이 상태에서는 아무리 열심히 노력해도 독일인들은 경제수준을 개선할 수 없을 것입니다. 이런 계획은 우리들에게 그 어떤 안전도 보장할 수 없는 분노와 긴장을 야기할 것이며, 오히려 **나치 범죄를 모호하게 만들 것입니다.**(…) 내 견해로 이런 방법은 전쟁을 막지 못합니다. 오히려 전쟁을 부추길 것입니다.[59]

위의 고딕체 문구는 그 며칠 전 존 맥클로이와 대화에서 그가 밝힌 입장을 반복한 것이다.

> 우리는 독일인들로 하여금 자신들이 저지른 과오를 반성하여 제자리로 돌아올 수 있게끔 자극하고 미래에 대한 희망을 빼앗지 않고 장래에 똑같은 행동을 되풀이하지 않도록 하는 데 처벌의 목적이 있음을 항상 명심해야 합니다. 처벌은 재발방지가 목적이지 복수가 아님을 명심합시다. 처벌받은 사람에게 죄의식을 심어주어야 재발방지 효과가 있는 법입니다.[60]

여기서 스팀슨은 처벌을 재발방지의 한 방편으로 보기는 하지만, 그가 제안하는 인과적 관계가 특수한 또는 일반적인 억제 효과를 세밀하게 검토한 결과는 아니다. 억제 메커니즘은 개인의 동기를 주어진 것으로 파악하며, 보상구조의 변화로 행위에 영향을 주려고 한다. 반대로 스팀슨은 만약 독일인들이 자신들 행위의 악마적 성격을 이해할 수 있다면 동기 그 자체를 자연스럽게 바꾸는 죄의식을 경험할 것이라고 봤다. 이 목적을 위해서는 나치범죄에 대한 공정한 재판과 보통 독일인에 대한 인도적 대우가 필요했다. 약식처형과 경제적 고통은 반대 효과를 가져올 뿐이었다.

스팀슨은 미래에 **독일**에 의한 침략전쟁이 발생할 개연성을 줄이기 위한 목적으로 처벌이 이루어지기를 원했다. 뉘른베르크 재판의 미국측 대표검사인 로버트 잭슨(Robert Jackson)은 처벌이 **모든 나라에 걸쳐** 전쟁을 일으키거나 전쟁범죄를 범해서는 안된다는 억제 효과를 가져오기 원했다. 1945년 6월 6일 트루먼 대통령에게 보낸 보고서에서 잭슨은 일반적인 억제 효과의 필요성을 다음과 같이 기술하였다.

이 재판을 통해서 우리는 법에 따른 처벌과정이 미래에도 유사하게 문명을 공격하는 자들을 고려한다는 점을 인식해야 합니다. 우리가 참전하여 이런 잘못된 일에 우리 국민과 재산을 동원하면서 우리 국민 모두는 또 다시 이러한 약탈행위를 획책한 사람은 **누구를 막론하고** 개인적으로 책임을 지고 처벌받는 정의로운 원칙과 실효성 있는 장치를 마련해야 한다고 생각합니다.[61]

이론적으로 이 목적은 스팀슨의 의도와 조응하지 않을 수 있다. 미래에 독일 아닌 국가에서 침략전쟁이 일어날 가능성을 줄이기 위해 필요한 처벌은 독일의 미래 침략 가능성을 증가시킬 만큼 가혹해야 할 수도 있다. 이 두 가지 효과가 각각 다른 메커니즘에 의해 생성되기 때문이다. 잭슨이 의도한 것처럼 뉘른베르크 재판은 국제법을 형성했다.[62]

스팀슨은 독일의 산업구조 붕괴계획을 "완강하게 반대"했다. "세계가 파괴로부터 고통받고 생산 재건에 매달리고 있는 이 시기에 루르지역 자산의 전면적인 제거는 내 생각에 완전히 잘못된 것이다."[63] 단기적으로 이 주장은 루스벨트에게 아무런 영향을 주지 못했다. 퀘벡 결정 이후(모겐소만 행정부 각료로 남아 있었다) 스팀슨은 세 번째 문건을 작성했다. 그는 우선 모겐소의 욕망-기회 주장을 모두 반대하고, 재무부의 제안은 "비탄과 고통에 따른 새로운 전쟁을 잉태하게 될 것이며, 이 전쟁은 i) 독일이 원한 것도 ii) 실제로 실현불가능한 것도 아닐 것이다"[64]고 주장했다. 그는 계속해서 다음과 같이 주장했다. "상식적으로 생각하면 세계 한쪽의 가난이 다른 쪽의 가난으로 이어지는 게 보통이다. 강요된 가난은 피해자의 영혼을 파괴하고 승자의 존립을 어렵게 하기 때문에 더욱 악화될 수밖에 없다. 이것은 독일인들이 피해자에게 가한 범죄와 다를 바 없다."[65]

또한 스팀슨은 모겐소의 계획이 "야만에 야만으로 맞서는 행위"[66]

라고 지적했다. 그의 일지와 대화록에서 모겐소는 제안을 **위한** 논거로 나치 방식과의 비교를 반복적으로 사용했다. 나는 이미 앞에서 그의 아이디어가 "히틀러를 흉내낸 것"이라고 언급했다. 같은 일지에서 그는 "수많은 사람들을 독일 밖으로 밀어내려고 하는가"라며 자신의 계획에 반대하는 스팀슨의 주장을 인용하며 "글쎄, 그 사람들을 가스실로 보내는 것보다는 낫지 않은가?"라고 반문했다. 해리 덱스터 화이트가 "이 계획은 모든 도덕률에 반하기 때문에 반대한다"고 매우 인상적인 선동적 호소를 한 어느 기자를 인용했을 때, 모겐소는 "나는 1백만에서 2백만명에 달하는 사람을 가스실에 밀어넣는 것은 신성한 행위라고 생각한다"고 답변했다.[67]

최종적으로 탄광은 폐쇄되지 않았다. 공장폐쇄 계획은 유지되었으나 그 실행은 제한적이었다.[68] 소련이 접근할 당시에 독일 공장들은 이미 많은 피해를 입었기 때문에 러시아인들은 현재의 생산수준에서 보상받는 정책으로 변경했다. 마샬 플랜의 목표는 파괴정책과 완전히 대치되었다. 독일노동자들은 독일의 경쟁력 회복에 대치되는 이러한 계획에 참여하는 걸 원치 않았다. 아데나워는 이 파괴계획을 베르사이유 조약과 비교하며 "고삐 풀린 민족주의를 위한 최고의 선전"으로 여겼다. 1,500개의 공장을 859개로 줄일 예정이었던 1947년의 축소계획은 1949년에 그 규모가 현저히 줄어들었다.

나치전범 기소와 독일 산업구조 파괴계획에 이어서 연합국은 (1919년과 마찬가지로) 분권화된 헌법을 도입하여 독일의 미래 침략 위험을 줄이기 원했다.[69] 그 첫 단계가 3개 연합국과 베네룩스 국가가 참여한 1948년 7월의 런던회의에서 채택되었다. 마지막 단계는 1949년 6월의 "기본법(헌법)" 공포다. 그 사이에 연합국과 독일 사이에 그리고 독일 내 여러 세력들 간에 수많은 협상과 줄타기가 있었다. 대체로 독일인들은 연합국 간 이견 - 분열에 기대어 협상에서 유리한 입지에 있었던 것으로 보인다. 연합국은 헌법에 대한 비토권을 가지고 있었으나, 최종 결과는 연합국이 원래 원했던 독일 통제 효과에는 크게 미치지 못했다.

우선 연합국은 독일이 강력한 중앙정부를 갖는 것을 반대했다. 미국국무장관의 표현을 빌리자면 "나치와 유사한 체제로 너무 쉽게 바뀔 것을" 두려워했기 때문이다. 독일의 사회민주당원들은 미국이 사회주의에 대한 혐오 때문에 중앙집중정부를 반대한다고 주장했다. 1948년의 프라하 쿠데타 이후 영국과 미국은 입장을 바꾸었다. 공산주의자의 체제전복에 대한 그들의 두려움은 기존의 탈중앙화 정책을 주춤거리게 만들었다. "만일 서독정부가 탈중앙화 정책으로 허약해지면 독일이 안고 있는 사회적, 경제적 문제에 효과적으로 대처할 수 없고, 상황은 결국 소련세력의 확장을 용이하게 만들 것이다."[70] 그러나 프랑스는 소련의 위협을 그 반대 결론의 논거로 사용했다. 프랑스는 "만일 소련이 독일통일의 수호자로 자처한다면 그것은 독일의 중앙집권화가 공산주의자에게 정부에 침투하여 통제권을 장악할 수 있는 가장 쉬운 수단을 제공하기 때문"이라고 지적했다.[71] 런던에 파견된 프랑스 대표단은 미국이 제시한 연합체제와 유사한 느슨한 형태의 연방제국가를 제시했다. 중앙정부는 세금징수권은 없고 개별국가에 배당된 분담금으로 수입을 충당하는 체제였다. 그러나 최종적으로 채택된 안은 연방과 주정부 간 미묘한 권력균형을 지닌 1787년의 미국헌법과 흡사했다.[72]

연합국은 또한 국가의 "금융헌법", 즉 중앙은행(Bundesbank)의 조직에 대해서도 각각 다른 입장을 견지했다. 1946년, 미국 군정의 재정부서 책임자인 조셉 도지(Joseph Dodge)는 "독일의 금융체제가 앞으로 세계평화를 어지럽히지 않도록 하기 위해서는"[73] 연방은행의 강력한 분권화가 필요하다고 주장했다. 1947년 초반, 영국은행 대표는 자기 주장을 다음과 같이 뒤집었다. "1926-32년 독일에서 발생한 금융재앙을 초래한 과잉집중화된 체제가 도입된다면, 중앙집중화되고 군사화된 정파가 대중적인 인기를 얻어서 아마도 1933년에 버금가는 권력을 형성할 것이다."[74] 이러한 영국-미국 간의 논쟁은 중앙은행 사례에서 탈집중화에 따라 예상되는 이익과 위험이 소련의 위협과 관련하여 관찰되지 않았다는 점을 제외하면 프랑스-미국 간의 의견 차이와 뚜렷한 유사점을 보인다. 그러나 1947년 후반기에 소련의 위협이 표면에 드러나자 미국은 절충적 정책을 인정했다.

1945년 이후 독일에서 이행기 정의의 핵심적 딜레마는 베르사이유 조약에 대한 존 메이나드 케인즈의 평가에서 이미 잘 드러나 있다.

> 관대함과 공정 그리고 평등한 대우에 입각한 평화만이 독일재건 기간을 단축하고 독일이 또다시 수많은 우수한 자원과 기술을 프랑스에 내던지는 날을 늦추는 효과를 가져온다. 따라서 "보증"이 필요한데, 각각의 보증은, 독일의 점점 커지는 분노와 거기서 이어질 일련의 보복 가능성 때문에 또 다른 추가적인 조항을 필요로 한다. 따라서(…) 카르타고적 평화에 대한 요구는 필연적이다."[75]

관대하게 다루면 독일은 새로운 침략전쟁을 수행할 수 있는 **"자원"**을 가지게 되고, 혹독하게 다루면 그렇게 할 수 있는 **"동기"**를 갖게되는 것이다. 1945년, 모겐소는 후자를 무시하거나 부인하면서 전자의 전망을 강조했고, 스팀슨은 전자를 무시하면서 후자를 강조했다. 군사명령 JCS 1067로 채택되어 그가 1945년 7월에 퇴임한 이후에도 효력을 지녔던 모겐소의 정책이 공산주의의 위협에 따른 것이 아니었다면 큰 영향을 미칠 수 있었을까에 대해서는 알 길이 없다. 그러나 같은 해 8월 초에 클레이 장군은 독일인을 궁핍으로 몰아넣는 정책에 반대하면서 다음과 같이 발언했다. "1,500 칼로리의 공산주의자가 될 것인가 아니면 1,000 칼로리의 민주주의 신봉자가 될 것인가 사이에는 선택의 여지가 없다."[76]

IV. 이행기 정의와 경제적 제약

2절에서 설명한 것처럼, 남아프리카의 이행기 정의는 타협적 이행 이후 계속된 경제적 제약요인 때문에 한계에 봉착했다. 경제적 제약요인은 또한 정권 퇴진(1815년의 프랑스 또는 1945년 이후의 유럽처럼)이나 정권 붕괴(1989년 이후의 동유럽)에 따른 이행과정의 처벌과 보상에도 영향을 미친다. 만일 새로운 체제가 광범위한 보상을 실시(1815년 이후)하거나, 경제재건을 추진(1945년 이후처럼)하거나, 또는 시장경제로의 이행을 촉진한다면(1989년 이후처럼), 이행과정에서 마주치는 다양한 과제들은 이행기 정의를 심대하게 제약할 것이다. 내가 관심을 둘 후자의 두 이행과정은 또한 재판과 인적 청산의 가능성도 제약했다.

1945년과 1989년 이후, 재판, 숙정, 그리고 보상에 걸친 이행기 정의 실천은 강성과 연성에 걸쳐 경제적 제약요인의 영향을 받았다. 재판과 숙정은 경제재건이나 시장경제로의 이행에 필요한 경제전문가가 포함될 수 있는 위험 또는 그 위험에 대한 인식으로 이어졌다. 1945년 이후, 독일에 협력했거나 또는 점령됐던 국가에서 경제적 협력자에 대한 기소는 활발하지 않았다. 오스트리아에서 "경제재건과 나치청산 사이의 선택"은 전자를 선호하는 쪽으로 귀착되었다.[77] 네덜란드에서 "중앙(산업부문)숙정위원회는 경제협력자가 경제재건에 반드시 필요한 인물이라고 판단되면 숙정대상에서 제외했다."[78] 벨기에서 기존 법률을 변경하여 적과 경제적으로 협력한 행위를 다소 관대하게 다룬 1945년 5월 25일의 특별법은 경제재건과 사회적 화합을 명분으로 정당화되었다.[79] 프랑스의 복잡한 사정의 단면은 어느 건설회사(Sainrapt de Brice) 사례에서 잘 드러난다. 이 건설회사는 연합군의 프랑스 상륙을 막기 위한 구조물로 추정되는 대서양 방호벽 건설에 참여했다.[80] 전쟁 후, 이 회사는 공공입찰 참여자격 회사 명단에서 제외됐는데, 이 결정은 조합원의 일자리가 없어질 것을 걱정한 공산주의계열 노동조합인 CGT와 이 회사의 장비를 사용할 수 없게 된 정부부처의 이중의 압력에 부딪혀 철회되었다. 이 회사 사장은 1945년 여름 자리에서 물러났으나, 5년 후에 다시 복귀했다.

정부조직의 숙정작업도 비슷한 유형의 경제적 제약을 받았다. 1943년 시실리 침공 이후 연합국은 "정부 각 부처의 요직은 전부 파시스트당 출신들이 장악했기 때문에 이들을 일시에 몰아내면 정부조직 자체가 와해될 것"[81]으로 판단했다. 1944년 프랑스 임시정부는 정부조직 숙정은 "비타협적 태도를 견지하는 것은 좋지만, 조직의 기능을 훼손하지 않는 범위 내에서 이루어져야 한다"[82]는 매우 모호한 입장을 가지고 있었다. 드골은 1944년 가을의 공산당 반란에 대한 두려움 때문에 모리스 파퐁과 같이 익히 잘 알려진 부역자들과도 협력할 수 있다는 의사를 내비쳤다.[83] 또한 국가재건을 위태롭게 할 수 있는 대규모 숙정을 방지하기 위하여 그는 의도적으로 비시정권에 오염된 "유순한" 인사들을 고등법원의 수석판사나 수석검사로 임명했다(4장 참조). 해방 이후, 프랑스군대는 자국을 승전으로 이끌 종전 단계의 전쟁에 참여할 장교들을 숙정대상에서 제외했다.[84] 1944년 9월, 즉각적인 나치청산을 요구하는 모겐소의 급진적 계획안에 대해 평가하면서 힐드링(Hilldring) 장군은 이 계획이 "독일군을 격퇴해야 하는 아이젠하워에게 매우 심대한 장애가 될 대혼돈을 창출하는 통로"[85]라고 지적했다. 나중에 존 맥클로이는 이 계획안에 단서조항을 삽입하여, 미국측 사령관의 재량권 범위를 크게 확대했다.[86]

구 동독에서 이런 실용적인 고려가 탈공산화 작업에 끼친 영향은 여러 지방정부에서 이루어진 숙정작업을 비교하면 잘 드러난다.

지방정부 간에 안보분야에 몸담았던 사람들을 공직에서 제외하는 기준 설정을 둘러싸고 작센자유주와 네 개의 자치단체 간에 균열이 나타나기 시작했다. 작센주민들은 베를린에서는 그 기준을 엄격히 적용해야 한다고 주장했다. 베를린에서는 대체가능한(서방) 관리의 운영이 가능했기 때문에 비타협적 입장을 견지할 수 있었다. 반면, 다른 네 개의 지자체 관리들은 탄력적 운용을 선호했다.[87]

폴란드에서는 새로운 지도자가 경제개혁을 추진하기 위해서는 이전의 "수많은 특권층의 경험과 협조에 의존할 수밖에 없기 때문에"[88] 탈공산화 작업이 방해받았다는 지적이 있었다. 그러나 그 전문적 역량은 사실은 허구이거나 아니면 우리가 원하는 분야와는 다른 전문가일 뿐이라는 반대의견도 있었다. "공산주의자들은 시장에서 어떻게 경쟁해야 하는지 알지 못한다. 그들은 오로지 정부의 보호나 보조금을 어떻게 받아야 하는지 그리고 보조금을 횡령해서 수익을 창출하는 방법만 알고 있을 뿐이다."[89]

1945년 이후 소련 점령지역—후일의 동독—에서의 숙정 과정은 능력 있는 관리 부족이 절대적인 것이 아니라 상대적이며, 엄밀한 필요성보다는 정권의 선호에 따라 결정된다는 사실을 보여준다. 교육과 사법 분야는 거의 나치당이 장악했는데, 이들은 각각의 전문분야에서 전혀 다른 훈련을 받은 새로운 교사(Neulehrer)와 인민판사(Volksricher)로 대치되었다.[90] "많은 사회민주주의자들과 공산주의자들은 전문가 유치가 1918년에 반동적 세력의 권력 장악을 가져왔고, 결과적으로 당시 혁명 실패에 기여했다"는 의견에 공감했다.[91] 그러나 여기서도 경제적 합리성 개념이 작동했다. 한두 해 교육으로 육성할 수 없는 의사들은 훨씬 더 관대한 처분을 받았고 경영자들과 숙련노동자들도 마찬가지였다.[92] 의사와 기술자들은 경제재건을 위해 필수적이었을 뿐만 아니라, 교사와 달리 이념적 해악을 크게 끼칠 수 있는 위치에 있지 않았기 때문이다.

재원이 부족하면 보상은 당연히 제한된다. 어떤 경우 이 부족은 강성 제약을 불러오는데, 특히 재산을 빼앗긴 사람들이 이자를 포함한 보상을 요구할 때 그렇다.[93] 프랑스 왕정복고 당시 몇몇 이주자들이 "전부 아니면 안 받겠다"는 구호를 내세우고 이자를 포함하여 재산을 돌려달라고 요구했을 때, 그들이 들은 대답은 "받지 마라"였다.[94] 또한 "어떤 보고서에 따르면 전쟁 중에 헝가리 유태인에게 몰수한 재산가치는 이자를 포함할 경우 헝가리 국부의 총액에 근접했다."[95] 2차세계대전 이후 체코슬로바키아에서 추방된 3백만 명에 달하는 독일민족에 대한 보상액은 이자를 포함하지 않더라도 나라를 파산으로 몰아넣을 수 있는 규모였다. 1990년 이후 선진국 독일에서도 "많은 사람들이 차별 피해로 실질적인 보상을 받으려는 노력들은 어처구니 없을 뿐만 아니라 공화국 재정이 감당할 수 있는 수준을 넘는 것이라고 주장했다."[96]

그러나 일반적인 경우, 완전한 배상고 보상이 문자 그대로 실현불가능한 것은 아니다. 오히려 동원가능한 총재원과 상충하는 목표들을 감안하면, 국가는 기대치보다 낮은 수준—또는 훨씬 낮은 수준—의 보상을 실시한 경우가 많았다. 6장에서 나는 해방 이후 프랑스에서 파괴된 재산에 대한 보상이 어떻게 긴급성(필요성)에 제한받았는가를 확인했다. 노르웨이에서는 징발된 재산의 소유자에게 재산의 총가치를 전부 정산해주어야 한다는 측과 정부의 관리비용을 차감하고 지불해야 한다는 측 간 논쟁이 있었는데, 끝국 후자가 채택되었다.[97] 예를 들어, 1945년의 어느 결정에서 노르웨이 배상위원회는 신청자가 정상적인 상속 규정 하에서 가능한 수준의 충분한 규모의 수령을 이성적으로 "기대"할 수 있는가를 고려하였다.[98] 강제수용소에서 가족을 잃은 유태인들은 친척들에게 유산을 받을 수 없기 때문에 보상액은 자동으로 삭감됐고 경제재건을 위한 기금으로 귀속되었다.[99]

V. 상충하는 요구들

일반적인 형사적 또는 민사적 절차와 비교할 때, 처벌과 회복은 **희소성**(scarcity)과 **상충하는 동기**(incompatible motives)에 따라 크게 제약받는 경향이 있다. 우선 처벌을 생각해보자. 벨기에 정부는 "효과적이고, 신속하며, 공평한"[100] 재판을 원했다. 벨기에 사회당은 재판이 "완전하고, 신속해야 하며, 연민이 없어야 한다"[101]고 주장했다. 2차세계대전 후 이탈리아 숙정담당위원장에게 숙정은 "신속, 정당, 엄격함"[102]이 기본원리였다. 프랑스에서 점령기간 중 법률가들이 채택한 성명은 부역자들에 대한 징계가 "효과적이고 신속하며 그리고 공평해야 한다"[103]고 기술했다. 해방 이후 프랑스 정부에게 중요한 것은 "신속하게 숙정하려는 의지를 숙정대상을 축소하려는 의지와 동일시하면 안된다"[104]는 점이었다. 노르웨이에서 레지스탕스들은 "직접적이고, 신속하고 그리고 철저한"[105] 숙정 작업이 이루어지기를 바랐다. 이상의 주장들을 종합하면 대략 아래처럼 여섯 가지 필요항으로 요약된다.

- 재판은 정전 후 즉각적으로 시작해야 한다는 의미에서 **신속**해야 한다.
- 재판은 빨리 결론을 내야 한다는 의미에서 **즉각적**이어야 한다.
- 재판은 **엄격**해야 한다. 사형과 무기징역 등을 적극 고려해야 한다.
- 공과에 상응하는 실질적인 의미의 처벌과 법의 지배를 존중하는 절차적 의미에서 재판은 **정당**해야 한다.
- 광범위한 집단의 협력자에 대한 유죄판결이 있어야 한다는 의미에서 재판은 **철저**해야 한다.
- 희소자원을 최대한 효율적으로 활용해야 한다는 점에서 재판은 **효과적**이어야 한다.

물론 실제로는 이런 다양한 희망사항들이 서로 충돌하고, 동원가능한 자원을 두고 갈등을 빚기도 한다.[106] 효과에 대한 욕구는 자원의 희소성에 대한 관심을 분명하게 반영하는데, 비록 최적으로 활용한다 해도 자원은 여전히 너무 부족한 게 현실이다.

내가 8장에서 논의한 것처럼, 이행기 정의의 저변에 깔려 있는 감정의 급박한 특성을 감안하면 신속한 재판에 대한 요구가 과도할 정도로 강하게 나타나는 경향이 있다. 동시에 혼란스럽게 전개되는 이행은 그것이 무엇이든 조직화하기 어렵고, 이행기 정의는 다른 시급한 과제와 경쟁하지 않을 수 없는 상태에 놓이게 된다. 기금, 인력, 정치적 관심 등에 걸친 사회적 자원은 재판이나 인적 청산 등과 같은 과거지향적 과제보다는 헌법제정, 경제부흥, 경제체제 전환 등과 같은 미래지향적 과제로 쏠리기도 한다. 예를 들어 벨기에에서 이행기 정의는 2차 또는 3차 수준의 부차적 과제로 다루어졌다.[107]

신속한 재판에 대한 열망은, 다음 장에서 살펴보겠지만, 감정적 기원을 가진다. 나아가 국가가 정상적인 삶을 영위하기 위해서는 재판과 숙정을 신속하게 처리해야 한다는 점에 대해서는 많은 공감대가 형성된다. 철저함과 정의(절차적 공정의 의미에서)를 동시에 추구하는 열망은 그러나 신속함에 대한 열망과 자주 충돌한다.[108] 적과 협력한 혐의를 받는 사람이 법 지배의 엄격한 절차에 따라 조사받고 재판받는다면 그 재판은 수십 년이 이어질 수도 있다.

철저함과 절차적 정의는 상호배타적 관계를 갖기도 한다. 4장에서 살펴본 것처럼, 이행기 정의는 종종 법치주의에서 완전히 일탈하는 경향을 갖는다. 철저함에 대한 열망이 정의에 대한 열망을 압도하기도 한다. 이 과정에 참여하는 행위자들은 서로 잘 이해하려고 노력하는 것처럼 보이지만 사실은 서로 속이는 경우가 자주 있다(8장 참조). 또 법의 지배가 제약요인(또는 파괴되는)이 아닌 때에도 사법제도의 제한된 능력 때문에 신속함과 철저함에 대한 열망이 상호배타적 관계에 놓일 수 있다. 이 경우, 정부는 목표의 범위를 의도적으로 축소하기도 한다. 예를 들어 사법적 책임의 범위를 소수의 고위인사나 정치인에 한정하는 행위가 그것이다.

신뢰할 수 있는 법관의 부족은 이행기 정의에 매우 심각한 제약요인이다.[109] 사법부는 재판을 받아야 할 정권의 일부이자 나아가 그 핵심세력인 경우가 아주 많다.[110] 1945년 이후의 독일사법부는 나치범죄자(특히 나치판사들)의 기소를 방해한 것으로 악명이 높다. 구동독은 소수의 예외적 사례에 속하는데, 이행기 정의의 세계에서 특수한 위치를 점하고 있음을 보여준다. 피터 노빅이 이 모순을 잘 묘사한다. "사법부에 대한 숙정이 더 엄격할수록 부역자재판을 수행할 법관의 수는 더 줄어들 것이다. 반면에 이에 숙정이 불충분하면 협력자들에 대한 재판이 이들을 암묵적으로 용인하는 법관 손에 맡겨지는 위험을 부른다."[111] 이런 문제를 해결할 수 있는 방법은 벨기에와 같은 군사법정, 1945년의 이후 오스트리아와 헝가리와 같은 인민재판(정당이 지명한 인사들이 운영하는), 덴마크와 프랑스처럼 정치배심원(레지스탕스가 추천한 인사들로 채워진), 또는 아르헨티나나 벨기에처럼 신규판사를 대규모로 지명하는 방법 등이 있다.[112] 1945년 이후 독일에서는 "모든 법원을 10년 간 폐쇄하여 신탁통치 체제로 대체하고 그 동안 신세대 판사들 육성하는"[113] 대안이 논의되기도 했다. 물론 이 방법은 실행되지 않았다.

나아가 이행기 정의는 여타의 사법사건에서도 나타날 수 있는 문제, 즉, 유죄판결이 자신들의 유죄증거를 없애는 인센티브로 작용하는 문제가 있다. 가해자가 정치적 권력을 행사하는 위치에 있으면 그걸 수월하게 행사할 기회를 갖는다.[114] 일본이 2차세계대전에서 패전한 이후 "종전과 점령 간의 상당한 지연은 일본이 자신들에게 불리한 증거와 기록을 조직적으로 파괴할 수 있는 충분한 시간을 제공했다."[115] 프랑스의 유태인 재산몰수에 관한 마테올리(Matteoli) 위원회의 보고서는 친위 부대에 의해서 기록들이 조직적으로 파괴되어 많은 어려움을 겪었다고 기술한다.[116] 비슷한 시기에 비시정권 관리들은 자신들의 활동을 기록한 문서들을 거의 전부 또는 선별적으로 폐기했다.[117] 종전 단계에 접어들자 독일박멸수용소의 친위대장교들은 목을 매달거나 구타 등의 방법으로 살해한 수용자들을 화장해서 증거를 인멸했는데, 미군이 진주하면서 발각되기도 했다.[118] 아르헨티나의 "실종자조사위원회(CONADEP)는 군인출신 대통령 비그노네(Bignone)가 군의 민간인 탄압 관련자료의 폐기를 지시한 사실을 밝혔다."[119] 당시 아르헨티나 군부정권이 "실종"(disappearance)전략을 택한 한 가지 이유는 아마도 "진상규명 조사를 지연하기 위한 것이었다."[120] 따라서 "증거의 제약은 소추범위를 제한하는 법이 없어도 인권관련 재판 횟수를 저하하는 효과를 가져왔다."[121] 1989년 이후 동유럽에서는 "안보관련 기밀문서들이 일부 폐기되었으나",[122] 이것이 이행기 정의의 실천을 가로막는 치명적인 장애물은 아니었다. 오히려 문제는 이런 폐기들과 관계 없이 문서들이 많은 사실을 누락했고(지도급 인사들의 활동 내역은 거의 포함되지 않았다)[123] 한편으로는 부풀려져 있었다는 점이다(비밀경찰들은 자기 활동을 과장하려고 관계없는 사람도 명단에 삽입했다.).[124]

주

1   Alivizatos & Diamandouros(1997), pp.43-44.
2   Ibid., p.59 n. 42.
3   Ibid.
4   이하는 Monika Nalepa의 도움을 많이 받았다.
5   1989-1990년의 기간 중 헝가리와 불가리아의 원탁협상과 같은 명백히 예외적인 경우에도 몇몇 협상은 막후에서 이뤄졌을 가능성이 있다.

6 Sutter(1995), p.121 n.10.
7 Nino(1996), p.75.
8 Ibid., p.94.
9 Ibid., p.100.
10 Gillespie(1991, p.176)과 Brito(1997, pp.74-78)는 협상이 암묵적으로 진행되었다고 주장한다. 반대 주장을 하는 논자들도 있다.
11 Brito(2001), pp.128-29.
12 Osiatynski(1991), p.841.
13 Halmai & Scheppele(1997), p.179. 원탁협상 분위기에 대한 Osiatynstki(1996)의 묘사도 이 언급과 일치한다. 같은 맥락에서 Kuk(2001, p.194)도 참조할 것.
14 Winton(1992), pp.17-18.
15 Kritz(1995), vol 2, p.650.
16 *Sunday Telegraph*(London), July 25, 1999.
17 András Bozóki(개인 면담).
18 Tökés(1996), p.300; 395쪽도 참조.
19 Schwartz(2000), p.77.
20 Schiemann(1998)에서 재인용.
21 Calda(1996), pp.159-60, 163. 저자는 시민포럼이 단지 공산당정권의 약소을 과소평가했기 때문에 협상이 이루어졌다고 본다.
22 Monika Nalepa는 폴란드에서도 역시 공산당이 국방부에 대한 통제권을 보유한 사실이 모종의 협상이 있었음을 보여주는 증거라고 본다. 이것은 내가 1992년에 중요한 위치에 있는 폴란드 정치인과의 대화에서도 확인한 사실이다. 그는 슈자크(Kiszczak) 장군이 자신의 과거 행적이 담긴 파일을 숨겨준 덕분에 살아남을 수 있었다고 고백했다.
23 Kolarova & Dimitrov(1996), p.194.
24 Schwartz(2000), p.168.
25 Sa'adah(1998), p.177.
26 독일의 재통일 과정에서 이 두 기준 중 어느 하나도 작동하지 않았다는

사실(Maier 1997; Zelikov & Rice 1997)은 이행기 정의가 협상의제에 포함되었음을 의미한다.

27 Quint(1997), p.139.
28 Spitz & Chaskalson(2000), pp.25, 27, 43; Steytler(1995, p.67)도 참조.
29 Asmal, Asmal, & Roberts(997), p.7.
30 Boraine(2000), p.285.
31 Ibid., 9장.
32 1919년에 대해서는 Horne & Kramer(2001), pp.334-35. 1945년에 대해서는 Taylor(1992), pp.409, 554. 뉘른베르크에서 레더(Raeder)와 되니츠(Doenitz) 제독의 변호사는 니미츠(Nimitz) 제독에게서 자신도 상선을 침몰시켰다는 진술을 받아내는 데 성공했다. 비록 이 진술이 니미츠에 대한 기소로 이어지지는 않았지만, 독일제독들에 대한 평결에는 영향을 주었다.
33 Tamm(1984), 11장.
34 Novick(1968), p.77; Amouroux(1999), pp.499-526.
35 Beschloss(2002), p.123.
36 Ibid., p.124.
37 Bark & Gress(1993), vol.I, p.78.
38 Eizenstat(2003), pp.106-7.
39 Bass(2000), p.156.
40 Cato(2002) pp.103, 767.
41 모겐소 일지에 대한 Kubek의 논문은 http://www.codoh.com/germany/GRMORGEN.HTM에서 볼 수 있다.
42 Skidelsky(2001), pp.256-63; Boughton(2000)도 참조.
43 Bass(2000), p.166. 이 두 비판은 냉전시대 전에 이루어진 것이다. 미국 상원청문회에서 화이트는 윌리엄스대학의 러너(Lerner) 교수와의 1944년 9월 대화를 인용한다(U.S Senate 1967). 이 대화에서 러너는 자신은 모겐소의 제안에 찬성하지만, 두 가지 이유에서 반대에 부딪힐 것이라고 예견했다. "첫째, 이것은 러시아 세력과 그 위험을 강화하는 방식이다.(…) 둘째, 유태인들은 히틀러에게 고통받았다는 사실 때문에 당장 복수하려고 한다는 느낌을 주기 때문이다."

44 U.S. Senate(1967), p.354.

45 Ibid., p.489. 50년 봉쇄 계획은 882쪽에 언급되어 있다.

46 Ibid., pp.876-77.

47 Skidelsky(2001), pp.362-64; Rees(1973), 16장.

48 U.S. Senate(1967), p.536.

49 Ibid., p.488.

50 Ibid., p 492.

51 이 부분에서 재무부 관리는 몇 가지 지나친 제안을 했다. 어느 문건에 따르면 "프랑스로 귀속될 지역은 2백만, 폴란드는 6백만, 그리고 네덜란드와 벨기에는 12-13백만 정보로 한다"고 적고 있다(U.S. Senate 1967, p.456). 나중의 안에 따르면 "덴마크는 현재의 영토와 킬 운하 북쪽의 국제관할지역 내의 지역을 가져간다"(ibid., p.463)는 내용을 포함한다. 최종안은 프랑스와 폴란드에 대한 양도만 유지했다.

52 U.S. Senate(1967), p.550.

53 Ibid., p.602.

54 Ibid., p.426.

55 Elster(1983), 3장.

56 U.S. Senate(1967), p.632.

57 스팀슨의 태도는 그의 반유태주의 성향(Bass 2000, p.174; Beschloss 2002, p.88)에 따라 이중으로 형성되었을 수도 있다. 즉 스팀슨은, 그가 유태인이기 때문에 모겐소의 견해를 반대하고 또 홀로코스트를 독일이 범한 다른 만행에 비해 덜 중요한 위치에 둔 것이다. 스팀슨은 일기에서 유태인 강제수용소를 "이른바" 만행이 이루어진 장소라고 계속 표현한다"(Beschloss 2002, p.224).

58 Ibid., p.521. 대화에서 모겐소는 더 신랄한 견해를 피력했다(ibid., pp.426, 488, 489, 492, 536). 재무부의 공식계획이 생활수준의 축소를 언급하지 않았다면, 그것은 더 언급할 필요도 없을만큼 명백한 결과이기 때문이었을 것이다.

59 Ibid., p.532. (고딕체는 필자 추가.)

60 1944년 8월 28일. Bass(2000), p.157에서 재인용.

61   Marrus(1997), pp.42, 43에서 인용. (고딕체는 필자 추가.)

62   키르히하이머(Kirchheimer, 1961, p.325 n.29)가 지적하듯이, 이 선례는 "그러나 이것이 미래전쟁의 지도자가 항복하여 전쟁범죄자에게 닥칠 미래에 직면하기보다 비참한 최후까지 싸우도록 유도한다면 역효과를 가져올 수 있다." 마찬가지로, 헌팅턴(Huntington 1991, p.103)도 '이전 군사정권의 지도자들을 기소한 알폰신 정부의 초기 행동이 우루과이 군부 일부가 권력을 포기하겠다는 당초 약속을 어기도록 자극했다"고 지적했다. 같은 주장이 *The Economist*의 1993년 8월 31일자 사설에도 나타났다. "미얀마를 통치하는 장군들도, 인도네시아의 수하르토 대통령도, 중국공산당도 전두환과 노태우의 운명에 의해 한국이 민주주의로 향하도록 독려하지 못했음은 사실이다. 결국 노태우는 어떤 군인이라도 마음만 먹으면 할 수 있는 우아한 방식으로 권력을 이양했다. 이제 그는 그가 도왔던 민주화의 희생양이 되었다. 신경이 날카롭게 선 아시아 독재자들이 여기서 배운 교훈은 민주주의자들이 문 앞에 있을 때 그를 안으로 인도하기보다는 가두는 게 상책이라는 것일지도 모른다." 다른 견해에 대해서는 Orentlicher(1995), p.332.

63   U.S. Senate(1967), p.613.

64   Ibid., p.621.

65   Ibid., p.622.

66   Ibid, p.526.

67   Ibid., p.664.

68   이 부분은 Schwartz(1991), 3장에 따랐다.

69   이 부분은 Golay(1958)과 Merkl(1963) 참조.

70   Golay(1958), p.8.

71   Ibid.

72   미국과 독일의 연방제 비교에 대해서는 Currie(1994), 2장, 특히 pp.34-35 참조.

73   Marsh(1992), p.148.

74   Ibid., p.149.

75   Keynes(1971), p.22.

76   Beschloss(2002), p.273.

77 Stiefel(1998), pp.409-10.

78 Mason(1952), p.102.

79 Huyse & Dhondt(1993), p.241. "이런 외과적 수술은 사실 과거에는 처벌받았어야 할 경제행위의 상당 부분을 처벌하지 않는 효과를 낳았다. 대상 사건의 2% 정도만 실제 소송으로 이어졌다(반면, 군사적 협력자인 경우는 43%, 정치적 협력자 경우는 33%, 경찰관련 밀고자의 경우에는 18%가 기소되었다)"

80 여기에 대한 상세한 내용은 Rochebrune & Hazera(1995) 3장에 소개돼있다. 프랑스에서 경제협력자와 관련된 다른 논의는 다음을 참조. Rochebrune & Hazera(1997); Lottman(1986), pp.365-78; Rousso(2001), pp.56-71; Aron(1974).

81 Cole & Weinberg(1992), p.382.

82 Rousso(2001), p.532에서 재인용.

83 Roussel(2002), p.460.

84 Abzac-Epezy(2003), pp.451-52.

85 U.S. Senate(1967), p.560.

86 Beschloss(2002), p.169.

87 Sa'adah(1998), p.218. 판사의 해임과 유임을 둘러싼 특별한 사건에 대해서는 Quint(1997), p 187 참조.

88 Walicki(1997), p.195.

89 Tucker(in press).

90 Welsh(1991), pp.98-99.

91 Welsh(1998), p.327.

92 Ibid., pp.100-101.

93 코웬(Cowen 1997)이 지적한 것처럼, 이자 지급은 반사실적 주장 또는 시간 할인의 측면에서 정당화될 수 있다. 첫 번째 접근법 기준으로 적절한 보상액은 은행에 같은 금액의 돈을 예치했을 때 받을 수 있는 수용된 부동산의 현재가치다. 두 번째 기준으로 적절한 보상액은 몰수 당시 원래소유자가 그 재산의 보유와 보상 당시에 받는 X에 차이를 두지 않을 규모의 금액이다.

94 Gain(1928), vol I, p.199.

95   Pogany(1997), p.177.
96   Ibid., p.224.
97   NOU(1997), p.41. 최종 보상율은 자산가치의 68%였다. 그러나 소유자는 다른 기구를 통해서 추가 보상을 요구할 수 있었다.
98   이 "뜻밖의 수익"에 대해서는 Quint(1997), p.142 참조.
99   NOU(1997), pp.98-102.
100 Huyse & Dhondt(1993), p.113.
101 Ibid., p.124.
102 Domenico(1991), p.80.
103 Amouroux(1999), p.148에서 재인용.
104 Rouquet(1993), p.433.
105 Dahl(in press).
106 엄격성에 대한 열망은 다른 욕망이나 사용가능한 자원과 즉각적인 충돌을 일으키지 않는 유일한 욕구다. 그러나 장기적으로 엄격함과 완벽함이 결합된 욕망은 교도 시설의 제한된 수용능력과 대치할 수 있다.
107 Huyse & Dhondt(1993), p.77.
108 예를 들어 노르웨이에서 재판은 1년 이내에 마무리되기를 원했다. 그러나 판사들이 개개 사건을 처리하는 데 너무 많은 시간을 끌었기 때문에 수년에 걸쳐 진행되는 경우가 아주 많았다(Andenæs 1980, p.166). 덴마크에서도 사정은 비슷했다(Tamm 1984, p.445).
109 서유럽에서는 해방 이후 일상적인 형사사건 소송이 크게 늘어나면서 부담이 가중되었다(Novick 1968, p.86; Mason 1952, p.131).
110 프랑스 사례는 Bancaud(2002). 이탈리아는 Domenico(1991), p.178과 Woller(1996), pp.88, 222, 297. 벨기에는 Huyse & Dhondt(1993), p.109. 네덜란드는 Mason(1952), p.131을 볼 것. 1945년 이후의 덴마크는 Tamm(1984), pp.569-70. 1945년 이후 오스트리아와 헝가리는 Deàk(in press). 1974년 이후 그리스는 Alivizatos & Diamandouros(1997), p.32. 아르헨티나는 Malamud-Goti(1996), p.185. 탈공산주의 국가 사례는 Tucker(in press). Osiel(1995)는 재판관은 전체주의 체제보다는 권위주의 체제에서 상대적으로 더 자율성을 가진다고 주장한다.

111 Novick(1968), p.86.
112 Huyse & Dhodnt(1993), p.111; Malamud-Goti(1996), p.185.
113 Müller(1991), p.201.
114 예외적으로 새로운 지도자들이 증거를 파괴하기도 한다. 해방 이후 첫 보건장관인 폴 밀리즈(Paul Milliez)는 유태인 의사를 탄압한 유명한 외과의사의 편지철을 발견하고 그걸 다 태워버렸다(Bloch-Lainé & Gruson 1996, pp.210-11).
115 Cohen(1999), p.62. 저자가 보여주는 것처럼, 전쟁범죄 혐의와 직접적으로 연결할 수 있는 정보 부족에 대한 검사의 대응은 의도와 인지에 대한 증거가 필요 없는 엄격한 법적 책임의 원칙을 채택하는 것이었다.
116 *Misson d'etude*(2000). 이 보고서는 더 황당한 사례를 언급한다. "1872년 이후, 국가 공식문서에 종교적, 인종적 언급을 하는 것을 금지한 공화국의 문화와 양립할 수 없는 "인종적"인 내용을 담고 있다는 이유로 해방 기간 동안에 생산된 기록들을 파기해버렸다."
117 Baruch(1997), pp.17, 519.
118 Greene(2003), pp.138, 141.
119 Ninõ(1996), p.80.
120 Argentine Commission on the Disappeared(1995), p.13.
121 Orentlicher(1995), p.403 no.263.
122 Kuk(2001), p.205.
123 한 추정치에 따르면 슬로바키아에서는 최소한 16,000명의 책임자급 첩자가 리스트에서 누락되었다(Kritz 1995, vol 3, p.341 no.11).
124 Smith(1995b), p.53.

· · · ·

제8장
감정

I. 머리말

권위주의 정권 또는 전체주의 체제의 몰락은 그게 긍정이든 부정이든 관계없이 매우 강력한 감정을 분출한다. 프랑스 해방 이후 또는 1945년 5월 8일 이후, 그리고 독일에 점령된 많은 국가에 걸쳐서 어디를 막론하고 대중들의 환호가 넘쳐났다. 1989년 베를린 장벽의 붕괴도 비슷한 열기를 몰고 왔다. 동시에 이러한 이행은 물러나는 정권의 지도자와 그 행위자들에 대한 맹렬한 비판적 감정을 수반한다. 이 장에서 나는 감정이 이행기 정의의 사법적 절차에 영향을 끼치는 기제를 살펴본다. 이 작업은 방법론적인 어려움을 수반한다. 이 과정에서 감정이 중요한 역할을 하는 것은 의심의 여지가 없으나, 문제는 **누구의 감정이냐** 하는 것이다. 한 가지 가능성은 모든 사람들—예를 들면 국회의원, 법관, 그리고 대다수의 국민(협조자를 제외하고)—이 동일한 감정을 가질 수 있다는 점이다. 다른 가능성은, 앞으로 살펴보겠지만, 이른바 처벌을 원하는 응보적 감정은 주로 시민들 사이에서 발견되고, 대중의 폭력을 무마하는 데 관심이 있거나 선거를 의식한 냉정한 행위자들은 이러한 응보적 감정에 매우 수동적으로 반응할 수 있다는 점이다.[1] 대체로 진실은 이 사이에 있다.[2] 증거의 부족 때문에 나는 가끔 가설적인 방식으로 이 문제를 우회적으로 접근할 수도 있다.

2절은 이 책의 목적에 가장 잘 적합한 감정들과 그 특성들을 선별하여 개괄적으로 설명한다. 3절은 감정의 매우 일반적인 특성—**긴급성**(urgency)과 **소멸**(decay)—을 지적하면서 감정이 이행기 정의에서 실제로 인과적 기능을 수행하는 것을 확인한다. 4절은 다섯 가지의 실제적인 응보적 감정을 구분하고, 이 감정들이 만들어내는 행동 경향과 이행기 정의의 전형적인 법적 대응 사이에 밀접한 관계가 있다고 주장한다. 5절은 감정과 이성(정의를 향한 열망) 간의 관계를 이러한 과정의 원동력으로 보고, 이 두 동기는 종종 충돌하지만 행위자들은 이 두 가지가 동시에 충족되는 것처럼 보이는 구실을 동원하여 그 충돌을 완화하려고 노력하는 점에 주목한다. 6절은 가해자와 매개자의 행위를 동기화하는 죄책감의 기능에 대한 간략한 논평으로 결론을 대신한다.

II. 감정과 행위

인간의 감정은 매우 다양하고 복잡한 특성을 가진다. 따라서 나는 앞으로 논의할 주제와 관련된 수준에 한정할 것이다.[3]

나는 여기서 감정 그 자체가 "**무엇인지**" 정의하지는 않고, 상식적인 수준의 이해에서 출발한다. 대신 감정의 원인과 그것이 초래하는 결과에 초점을 맞춘다. 내가 생각하는 감정은 **믿음**(belief), 특히 이 장에서 관심을 끄는 사례에서 나타나는 인간 행동과 성격과 관련된 믿음에서 촉발된다. 감정은 또한 개인들이 가해자 또는 피해자와 맺는 기존의 **관계**에 따라서 조절된다. 동유럽에서 불가리아인들은 소련의 탄압에 비교적 온건한 태도를 취했는데, 그 이유는 불가리아와 러시아가 역사적으로 긴밀하게 관계를 맺었기 때문이었다. 이 지역의 다른 국가의 경우—2차세계대전 당시의 독일점령국가들도 마찬가지로— 타국의 점령에 의한 탄압은 훨씬 더 적대적 감정의 온상이 되었다. 마찬가지로 2003년 이라크 점령은 일부 이라크인들 가운데서 "사담 후세인은 독재자였지만, 어디까지나 우리 독재자였다"는 반응으로 연결되었다. 피해자 학대에 대한 반응 역시 우리가 이전에 피해자들과 어떤 관계를 맺었느냐에 따라 달라진다. 4절에서 더 자세히 다룰 예정인데, 루스벨트 행정부 내의 유태인 출신들은 비유태인보다 홀로코스트에 더 강력하게 대처했다.

감정은 표 8.1에 나열된 그 고유의 **행동 경향** 때문에 신중하게 고려된 행동의 정상적인 작동을 방해할 수 있다. 6절에서 이런 경향을 상세하게 논의할 것이다. 여기서 나는 가장 중요한 방해기제가 감정의 두 가지 특성과 관련있다고 주장한다. **긴급성**(urgency)과 **조급성**(impatience)이 그것이다. 나는 이 용어를 다음과 같이 정의하여 사용하고자 한다. 조급성은 후일 보상보다 조속한 보상에 대한 선호, 즉 시간 할인율을 1 이하로 낮추려는 경향이고, 긴급성은 나중 행동보다 조속한 행동에 대한 선

표 8.1

감정	행동 경향
분노/격분	감정의 대상에게 고통을 주고 싶음
증오	증오하는 대상의 존재를 없애버리고 싶음
경멸	추방, 회피
수치	숨어버리고 싶음, 도망, 자살
죄의식	고백, 보상심리, 자해
질투	질투의 대상이나 그 소유자 파괴
공포	도망, 투쟁
애정	타인에 접근하여 접촉, 타인을 도와주고 싶고, 즐겁게 해주고 싶음
연민	타인 고통에 동참, 완화

호이다. 조급성은 신중함과 양립 불가능하며, 장기적인 이기심에 따른 행동으로 이해된다. 만족할 줄 모르는 사람은 자신의 삶이 늘 비루하고, 잔인하고 허무하다고 생각한다. 반면, 긴급성은 신중함과 양립할 수 있는데, 경우에 따라서는 신중함의 요청에 따른 것일 수도 있다. 심각한 위험에 직면했을 때, 더 많은 정보를 획득하기 위해 지출하는 기회비용은 엄청나게 비쌀 수 있다. 그러나 내가 논의하는 사례에서는 그런 위험이 이미 지나갔으므로 더 잃을 게 없고, 오히려 기다려서 얻을게 더 많을 수도 있다. 자기방어를 위한 행위는 지체를 허용하지 않지만, 응보적 행위는 시간을 투자할 가치가 있다.

긴급성과 조급성의 차이는 **표 8.2**에 예시되어 있다. 각각의 경우, 행위자는 두 행위 A와 B 중 하나만 택할 수 있다. 사례 1에서는 선택을 동시에 사용할 수 있고, 사례 2와 3은 연속적으로 사용할 수 있다. 사례 2에서 보상(그 크기는 숫자로 표시했다)은 후일의 같은 시간에, 사례 1과 3에서 보상은 후일의 다른 시간에 발생한다. 감정이 개입되지 않은 상태를 가정한다면 행위자는 모든 사례에 걸쳐서 B를 택하겠지만, 감정이 개입된 상태에서는 A를 택하게 된다. 사례 1의 경우, A의 선택은 감정이 촉발한 조급성에 기인한다. 사례 2의 경우는 감정이 촉발한 긴급성에 기인한다. 사례 3의 경우는 두 기제의 상호작용의 결과다. 촉발된 긴급성 개념은 감정에 대한 일반적인 설명의 요소가 아니지만, 나는 이게 실제적

표 8.2

	t1	t2	t3	t4
사례 1: 조급성	A B	3	5	
사례 2: 긴급성	A		3	
		B	4	
사례 3: 조급성 그리고 (또는) 긴급성	A		3	
		B		6

이고 중요한 현상이라고 본다. 사실, 이행기 정의 연구는 그 존재를 증명하는 최상의 증거를 제공한다. 그럼에도 우리가 다루는 사례들에서 행위가 긴급성 때문인지 아니면 조급성 때문인지를 명료하게 구분하는 작업은 여전히 어렵다.

　그 중요성을 입증해야 할 세번째 특징은 감정의 짧은 반감기다. 예를 들어, 폴 에크만은 그가 "기본감정"이라고 정의한 특징 중에서 "급발진"(sudden onset)과 "짧은 지속"(brief duration)을 제시한다.[4] "일단 열까지 세어봐"라는 일상적인 조언은 많은 감정들이 갑작스럽게 타올랐다가 빠르게 사라지는 경향을 잘 보여준다. 많은 헌법의 핵심적 이념, 즉 양원제가 속도조절 및 냉각효과로 정당화된다는 논리는 이와 같은 감정기제에 의존하고 있다. 감정 소멸과 기억 소멸 간에는 복잡한 상호작용이 개입한다. 일반적인 기억은 시간이 흐름에 따라 소멸한다. 감정이 기억에 의해서 촉발되는 한, 감정 소멸도 마찬가지다. 동시에 감정이 개입된 사건의 기억은 좀 더 느리게 소멸한다. "감정은 망각을 늦추기는 하지만 제거하지는 않는다"[5]는 진술은 이 측면을 잘 포착하고 있다. 그러나 더 문제가 되는 것은 그 기억이 관련된 감정의 행동 경향을 촉발할 수 있는 힘을 가지는가 여부다. 모욕의 기억이 총천연색에서 흑백 상태로 희미해지면, 사건의 정확성은 유지할지 모르나, 그 생생함과 동기부여의 힘은 유지하기 힘들 것이다. 다음 절에서 나는 총천연색 기억의 **소멸을 지연해** 관련 감정을 인위적으로 유지하려는 여러 기제를 살펴본다.

　마지막 특징은 감정은 시간에 따라 소멸하지만 우리는 통상 그렇게 되기를 원치 않는다는 점이다. 강력한 감정에 구속되어 있는 경우, 우리는 이 상태가 영월히 계속될 것이라고 가정한다. 조지 뢰벤슈타인은 이러한 예측능력의 부족은 "냉온 공감격차"(hot-cold empathy gap)에 기인한다고 쓰았다.[6] 다시, 이행기 정의는 이에 대한 몇 가지 반증 사례를 제공한다는 점에 주목해야 한다. 지금 감정이 가라앉을 것이라고 예측한다면 즉각적으로 행동하도록—쇠가 뜨거울 때 내려치도록— 유인될 수 있다. 실제로 이 상태를 감정적 행동의 긴급성과 구분하는 것은 어려울 수 있다. 그렇다면 비슷한 행위를 유발할 수 있는 세 가지 기제가 있음을 알 수 있다. 긴급성, 조급성, 그리고 감정 소멸의 기대가 그것이다. 적합한 증거를 찾아내면 실제 상황에서 과연 어떤 기제가 작동하는지 확인할 수 있지만, 질문의 여지는 여전히 남아있다.

III. 감정과 응보적 요구

재판과 숙정 요구가 이행 이후 항상 계속되거나 그 강도가 늘 일정하게 유지되지는 않는다. 1944년 가을의 프랑스에서 그 요구를 거절하는 것은 불가능했다. 1991년 이후 소련에서 이 요구는 사실상 부재했거나 매우 주변적이었다. 앞으로 보겠지만, 시간 경과에 따라 응보적 요구의 강도에 큰 폭의 변화가 생긴다. 이 절에서 나는 응보적 요구의 강도를 결정하는 감정의 기능에 대해 논의한다. 그러나 이 과정에 단순히 감정만 작용하는 것은 아니다. 내가 아는 한 이 문제에 관한 거의 유일한 일반적인 설명을 제공한 카를로스 니뇨는 처벌 요구를 결정하는 여러 요소를 나열한다.[7] 증가에 기여하는 요소를 +, 감소에 기여하는 요소를 - 로 표시하면 아래와 같다.

   (1)   범죄의 잔인성(+)
   (2)   박해의 절대적 그리고 상대적 규모(+)
   (3)   행위와 재판 사이의 기간 지체(-)
   (4)   피해자와의 사회적 동질성(+)
   (5)   가해자와의 사회적 동질성(-)

(6) 책임의 분산(-)

여기에 나는 다음을 추가한다.

(7) 외세에 의해 강요된 독재정권(+)
(8) 박해에 대한 인식 확산(+)
(9) 이행 이후 가해자의 절대적 그리고 상대적 성공(+)
(10) 반정부 세력과 정권 행위자가 범한 범죄(-)
(11) 이행과 재판 사이의 시간 격차(-)

앞으로 나는 (3)과 (11)에 관련된 요인들에 초점을 맞출 것이다. 특히 감정의 직접적인 긴급성과 시간경과에 따른 감정 소멸이 이행기 정의에 어떤 영향을 주었는지 살펴본다.

많은 이행에서 즉각적인 정의실현에 대한 긴급한 요구가 관찰된다. 객관적인 차원에서는 경제재건과 같은 다른 문제들이 우선 과제일 수 있다. 주관적인 차원에서는 이전체제의 독재자들과 협력자들의 처벌이 더 시급한 과제일 수 있다. 2차세계대전 이후 프랑스와 이탈리아에서 이루어진 초법적 처벌은 한 가지 설명지표를 제공한다. 사람들이 자의적 기준으로 스스로 정의를 집행하는 것을 막기 위해 약식으로 군사재판정을 설치한 프랑스는 또 다른 사례다.[8] 모리스 롤랑(Maurice Rolland)은 "정부는 **철도 건설보다 정의를 먼저** 세워야 한다"[9]고 주장했다. 독일 점령국에 널리 퍼져있던 독일인과 관계를 맺은 여성들의 머리카락을 자르는 관행은 오히려 더 인상적이다.[10] 왜냐하면 군사적 협력자와 다르게 이 여성들은 즉각적 행동을 신중하게 고려했다고 정당화할 위험이 없었기 때문이다. 해방 이후 몇 달 동안, 부역자들에 대한 법적 기소가 지연되자 대중들의 분노가 증가하기도 했다.

요코하마 전범재판은 긴급성의 영향을 보여주는 또 다른 사례이다. 특히 야마시타 장군 재판은 적법절차를 무시하고 책임의 엄중함과 관련된 고의(mens rea)를 입증하지 못했다.[11] 대법원 의견에 대한 반론에서 프랭크 머피(Frank Murphy) 판사는 다음과 같이 주장했다.

> 그 어떤 군사적 필요나 긴급성도 적법절차 준수의 중단을 요구하지 않았다. 그러나 (야마시타는) 적절한 변호를 준비할 수 있는 충분한 시간을 확보하지 못하고, 가장 기본적인 증거제시 원칙도 적용받지 못했다. 이 점을 보면 적법하지 않은 죄목으로 성급하게 재판에 회부됐다고 보는 게 옳다. 불필요하고 적절치 못한 온갖 증오에 매몰되어 그가 전쟁법을 명백히 어겼다는 사실을 입증하려는 진지한 노력은 거의 이루어지지 않았다.[12]

여기서 "불필요한 증오"는 분명 내가 정의한 긴급성의 결과다. 잃을 게 없을 뿐만 아니라 나아가 기다려서 얻을 게 없는 상태에서도 감정의 심리적 동기부여는 아주 강하게 나타날 수 있다.

앞 장의 마지막 부분에서 이행은 종종 신속하고 즉각적인 재판에 대한 요구로 특징지어졌다고 지적했다. 신속한 재판 요구가 감정으로 촉발된 긴급성과 연결되는 한, 즉각적인 재판결론에 대한 요구는 재판에 임하는 우리가 느끼는 조바심과 연결되기도 한다. 따라서 법적 절차를 단순화하는 작업은 단지 다뤄야할 사건이 많아서가 아니라 복수에 대한 열망을 즉각적으로 충족할 필요가 있기 때문이다. 결국 실제의 경우 긴급성과 조급성의 효과를 각각 분리해서 생각하는 것은 거의 불가능하다.

감정은 반감기를 갖는다는 사실이 낳을 몇 가지 결과를 생각해보기로 하자. 이행기 정의에서 이 특성은 두 가지 방식으로 나타난다. 가해행위와 이행 사이 또는 이행과 재판 사이에 오랜 시간 격차가 있으면 처벌에 대한 열망은 둔화된다. 이 두 효과는 서로 복합적인데, 여기서는 분석의 편의를 위해 구분해서 다루기로 한다.[13]

가해와 이행 또는 이행기 정의 간의 시차를 설명하기 위해서는 우선 하나의 모호한 측면을 제거해야 한다. 1999년 배상결정에 참여한 독일협상단 중 한 명은 "나는 60년 계속된 보험금 청구에 대해 특별한 감흥을 느끼지 못한다"[14]고 말했다. 이 발언은 내가 여기서 펼친 주장을 지지하는 것처럼 보일 수 있는데, 실제로는 그게 아니다. 우리는 직접경험을 바탕으로 한 개인적 기억과 과거에 대한 단순한 추상적 지식을 구분해야 한다.[15] 비록 그 지식도 결국 잊혀서 감정적 반응을 촉발하는 힘을 상실하겠지만, 현재의 목적과 관련하여 중요한 점은 그 지식은 본능적으로 총천연색이 아니라 흑백상태로 남아있다는 점이다. 여기서 내 관심은 감정적 경험의 색깔이 점차 희미해지는 과정이지, 애초부터 생생함이 결여된 표상이 아니다.

감정이 그것을 촉발한 사건 이후에 시간경과에 따라 어떻게 소멸되는지를 예를 들어 살펴보자. 1차 프랑스 왕정복고에서 루이 16세 처형에 찬성한 국민공회 당원(국왕살해자)들은 모든 처벌에서 면제되었다. 2차 왕정복고에서는 백일천하에서 나폴레옹에 합세한 국왕살해 재범자(régicides relaps)는 추방되었다. 규모는 적지만 최근에 일어난 범죄가 대규모로 오래 전에 일어난 범죄를 압도한 것이다.[16] 이탈리아, 덴마크, 프랑스에서는 1942-43년 이후 새롭고 더 억압적인 점령정권이 등장했다. 독일군은 벨기에와 프랑스에서 퇴각하는 과정에서 초토화 전술을 펼쳤다. 이런 최근의 기억은 부역자 처벌요구를 더 강력하게 만들었다. 벨기에와 프랑스에서 1945년 여름에 독일 강제수용소에 갇혔던 사람들이 돌아오면서 그간 다소 침잠해있던 처벌 요구가 최고조에 달했다.[17]

반대로, 1989-1990년 동유럽의 공산당정권이 몰락할 당시, 이 체제는 이미 50년이나 이어졌고, 최악의 만행은 비교적 먼 과거에 있었다. 어느 모로 보나 최악이었던 스탈린시대는 1953년에 끝났다. 무력으로 진압된 항쟁(1953년의 동독, 1956년의 헝가리), 침공(1968년의 체코슬로바키아), 계엄령(1981년의 폴란드)은 상대적으로 오래된 과거에 속했다. 따라서 1945년 이후와 같은 처벌에 대한 긴급한 요구는 없었다. 그러나 마지막까지 혹독한 탄압을 지속했던 동독과 체코슬로바키아에서는 처벌요구가 높았다. 1978년의 스페인 이행도 이 유형에 속한다. 스페인이 이행기 정의를 포기하기로 한 결정은 최악의 잔학행위 이후 오랜 세월이 경과했고 양측이 어느 정도 그 분쟁에 책임을 느끼고 있었다는 사실로 설명된다.

그러나 이 사건들은 다양한 뉘앙스를 담고 있다. 여기서 기억과 감정의 소멸이 늦춰지거나 또는 멈춰버리는 네 가지 기제에 대한 설명이 필요하다. 가해행위의 피해자 간 소통, 복수에 대한 열망이 만족될 때까지 기억을 유지시켜주는 명예 규범, 가해 행위를 상기시키는 물리적 흔적, 그리고 가해 행위가 초래한 사건의 영속성이 그것이다.

루이 18세는 1814년에 복수를 원하는 이주자의 요구를 억제할 수 있었지만, 그들은 25년 전에 자신들에게 일어난 사건을 여전히 뚜렷하게 기억하고 있었다. 이에 대해 세간에 회자되는 속담이 있을 정도였다. "그들은 아무것도 배우지 못했고, 아무것도 잊어버리지 않았다."(ils n'ont rien appris ni rien oublié.). 그들 대부분이 원한 것은 단순히 봉건적 조세제도를 포함한 구체제의 복원이었다. 현금 보상에 그치지 않고 빼앗긴 재산을 원상태로 돌려받기를 원하는 사람들도 있었다. 자기 재산을 저가에 구입한 사람에게 속죄의 대가로 현금을 요구하거나 처벌을 원하는 사람들도 있었다. 이주자들이 법정에서 너무나 거만한 태도를 보이고, 자신의 아내가 이들에게 수모를 당하기까지 하자 네 원수(Maréchal Ney)는 백일천하 동안에 나폴레옹 측에 합류하기도 했다. 그들의 기억은 추방기간 동안 자신들이 만든 허구적인 존재에 의해서 인위적으로 유지되

었으며, 그 동안 자신들이 얼마나 학대당했는가만 말하고 생각했다.[18]

기억잔존의 다른 예는 이탈리아 해방에서 인용할 수 있다. 이탈리아 이행기 정의의 틀을 세운 1944년 7월 법 이후 처음으로 열린 재판 중 그로세토(Grosseto)의 한 법정은 20년 전에 네 명의 반파시스트 운동가를 공개적으로 모욕한 혐의로(강제로 카스터 오일을 먹였다) 11명의 파시스트들에게 2년에서 3년 징역형을 선고했다.[19] 명예를 대단히 중요하게 여기는 사회에서 이런 모욕은 매우 치명적이고 따라서 강렬하게 기억된다.(정확히 말하면 이 선고가 법적 조치로서 개인적 복수는 아니지만, 이 경우 법정은 대체로 사적 복수라는 더 극단적 행위를 막기 위한 목적을 지닌다.) 더 일반적으로 말하면, 강력한 명예규범을 가진 사회에서 복수감정은 반감기 법칙이 적용되지 않을 수 있다. 피해자에게 복수를 요구하는 사회적 규범은 감정이 쉽게 가라앉는 것을 불가능하게 만들기 때문에 복수는 모든 가해자들이 죽을 때까지 수년 그리고 수십년 계속되기도 한다.[20]

피해보상 과정을 살펴봄으로써 이행기 정의에서 기억의 기능에 대한 더 많은 영감을 얻을 수 있다. 2장에서 나는 프랑스에서 재산국유화의 기억이 20세기까지 확장되는 것을 확인했다. 내가 인용한 저자 중 한 사람도 기억의 지속에 대해 두 가지 설명을 제시한다.

> 후손들은 빼앗긴 재산보다 흘린 피를 더 빨리 잊었다. 원래 국유지였던 재산은 그것을 빼앗긴 사람들 눈에는 항상 그 자리에 있기 때문에 원혼이 뼈에 사무쳐 사라지지 않는다. 만약 지난 백 년 동안 그 귀족들이 더 부유해졌다면 그들은 잊을 수 있었을 것이다. 그러나 그렇지 못했다. 상업과 공업에 대한 편견 때문에 귀족들은 새로운 책무를 이해하는 데 더뎠다.[21]

매일매일 계속되는 불의의 신호는 기억과 감정의 정상적인 소멸을 억제한다. 나아가 과거에 사로잡혀서 자신들의 처지를 개선할 수 없게 된 사람들은 자신이 잃어버린 것을 지속적으로 반추한다.

이행이 과거로 퇴행하면 응보적 감정 역시 소멸된다. 1장에서 나는 아테네 참주들이 몇 년 후에 망명지에서 돌아올 수 있었던 것은 참주들에 대한 감정이 가라앉은 탓이라고 봤다. 1783년 이후 미국의 영국정부 지지자들에 대한 관대한 처우도 이 유형에 속한다. 2차세계대전 후 독일에서 "시간이 흐름에 따라 전범에 대한 형량은 그 이전의 재판보다 점점 줄어들었다."22 2차세계대전 독일 점령국가에서 이루어진 재판은 2년 또는 3년 후에 비해 초기에는 대체로 중형을 선고했다.23 그 극적인 예가 1944년 8월 이후 프랑스의 나치협력자 재판에서 발견된다(표 8.3).24

그 유형은 잘 드러나지만, 이것을 응보적 감정 소멸의 결정적 증거로 채택할 수는 없다. 중대한 사건들이 먼저 재판에 회부되었다는 사실을 감안하면 일종의 선택에 의한 왜곡으로 볼 수도 있다.25 내가 아는 한 이런 설명을 배제할 수 있는 유일한 연구에서 벨기에에서 동일한 유형의 범죄―친위부대를 위해 일했거나 나치당의 일원으로 참여한 죄―가 해방 이후 9개월 이전에는 그 이후보다 더 무거운 형량을 선고받았음이 발견되었다.26 전쟁 직후 궐석재판에서 유죄선고를 받은 8명의 프랑스 나치협력자들이 1950년대에 귀국했는데, 모두 당초보다 훨씬 관대한 처벌을 받았다는 사실에서 이러한 경향이 확실하게 확인된다. 당초 사형을 선고받

표 8.3

법정	기간	피고인 수	사형집행 수
인민법정	8월 19-31일		55
군사법정	9월 2-4일	8	8
특별군사법정	9월 5-6일	8	7
계엄법정	9월 13-14일	2	2
상설군사재판	9월 19일-10월 25일	13	4
일반법정	11월 이후	172	3

았던 세 사람은 5년의 공민권 박탈로 감형되었고, 그 중 2명은 바로 면책되었다.27 이 사례에서 우리는 "유형 동일성"(type-identity, 같은 종류의 범죄)뿐만 아니라 "특징 동일성"(token-identity, 똑같은 범죄)을 본다.

그러나 이러한 시간 유형에 대한 다른 설명들도 가능하다. 가장 중요한 것은 이른바 "신의 갈구"(thirst of the gods) 주장인데, 처벌요구는 특정 가해자의 처벌로 만족할 때까지 계속되다가 그 후에는 그 강도가 줄어든다는 것이다. 이 주장은 오랜 역사를 가진다. 아리스토텔레스는 "인간은 특정인을 향해서 분노를 쏟으면 침착해진다. 이것은 에르고필루스 사례에서 나타났다. 사람들은 칼리스테네스[역주1]보다 에르고필루스에게 더 분노했으나, 그 전날 칼리스테네스에게 사형을 선고했기 때문에 그를 용서했다"28고 썼다. 세네카에 따르면 "때때로 작은 죄를 지은 사람이 처벌은 크게 받는다. 사람들은 그것이 눈 앞에 있을 때 화를 쏟아내기 때문이다. 분노는 늘 종잡을 수 없다. 허용되는 이상으로 폭발했다가 예상보다 빨리 식는다."29 세네카는 여기서 감정의 긴급성과 그 급박한 소멸 경향을 확인하고 있다.30

이행기 정의에 관한 문헌들을 보면 이 기제에 호소하는 경향들이 많이 발견된다. 2장에서 나는 루이 18세의 관료인 리슐리외(Richelieu)가 네 원수(Maréchal Ney)의 처형 이후 관대한 처분을 제안했을 때, "그는 맹수가 방금 배를 채웠을 때 비로소 우리에 들어가는 동물조련사를 염두에 두고 있었다"는 설명을 인용했다. 라슬로 카르사이는 1945년 살러시 페렌츠(Ferenc Szálasi)[역주2]는 극우파 정부인사 처형을 인용하면서 다음

역주1 BC360~327. 그리스 역사가. 알렉산더의 아시아 원정에 동행했다. 아리스토텔레스는 그의 큰할아버지다. 알렉산더 암살에 연루되어 감옥에서 죽었다.

역주2 1897~1946. 헝가리 군인이자 정치인. 2차대전 말기 나치 헝가리의

과 같이 썼다.

> 팔피(Pálffy)[역주3]가 처형된 배경에는 두 가지 주된 이유가 작용했다. 그의 재판이 가장 먼저 열렸고, 살러시와 그의 관계가 이념적으로 사크바리(Szakváry)나 헬레브론트(Hellebronth)보다 밀접했기 때문이다. 여기에 하나 덧붙인다면, 그가 역사적으로 유명한 가문의 후손이 아니고 또 피에 굶주린 인민들의 갈망이 수그러든 1946년 후반기에 재판에 회부되었다면 아마도 그는 종신형을 받았을 것이다.[31]

2차세계대전 이후 벨기에 이행기 정의 연구에서 휴이스와 드혼트는 어느 유명 정치인의 후일담을 인용한다. 그 정치인의 초기 형량이 무거웠던 이유는 "신의 요청"이 있었기 때문이라는 것이다.[32] 이 설명은 또한 칠레와 아르헨티나에서 처벌요구가 소멸되지 않았던 사실과 일맥상통한다. 이행 직후에는 재판이 없었거나(칠레) 거의 없었기 때문에(아르헨티나) 아직 만족하지 못한 채 억눌린 대중의 요구가 있었다.

나는 형량이 완화되는 경향에 대한 세 가지 가능한 설명을 검토했다. 선택적 왜곡, 감정의 자발적 퇴행, 그리고 특정 가해자에 대한 처벌이 끝나면 처벌에 대한 열망이 줄어드는 경향이 그것이다. 여기서 추가로 네 번째 설명이 가능하다. 전쟁상황이 생명 경시로 이어지면서 결국에는 사형을 정상적인 상황보다 덜 극단적으로 여기는 것이 공통적인 관찰이다.[33] 어떤 설명이 유력한가는 경우에 따라 달라질 것이다. 다음 에피소드는 매우 인상적인 사례다. 1945년 8월, 5,000명의 독일군 포로

지도자였다.

역주3 팔피 비델 백작(1895~1946). 나치 헝가리 농업장관.

들은 북노르웨이의 광산 채굴작업에 동원되었다. 그 중 184명이 작업 중에 죽었다. 이 작업은 명백하게 제네바 협약 위반인데도 당시에 관심을 둔 사람은 아무도 없었다.[34] 감정에 대해 더 일반적으로 아는 수준에서 평가하자면 감정의 자발적 소멸이 가장 유력한 설명이라고 나는 믿지만, 다른 요인들도 충분히 설득력있다.

앞에서 언급한 것처럼, 우리가 열정의 소멸에 대해 미리 예측하는 능력을 가졌다면 지체없이 행동을 촉구하는 유인책을 동원했을 것이다. 드물기는 하지만, 열정이 고조되는 가운데 전략적 선제행동이 나타나기도 한다. 벨기에서는 1차대전의 경험을 바탕으로 "조금만 기다리면 부역자에게 가혹한 형벌을 요구하는 대중의 의지가 무관심으로 바뀔 것이라고 믿었다."[35] 따라서 일부 벨기에인들은 열정이 이성과 이익으로 대치되기 전에 재판을 빨리 진행하기 원했다. 프랑스 해방 이후 많은 사람들은 "소심한 목소리가 다시 들리기 전에 조치를 취해야"[36] 하기 때문에 즉시 인적 청산을 시행해야 한다고 생각했다. 같은 맥락에서 아르헨티나의 알폰신 대통령은 1983년에 "재판은 대중의 열망이 최고조에 달하는 기간 안에 진행해야 한다[37]"고 결정했다. 그러나 내 견해로는, 대부분의 경우, 즉각적인 행동은 그 소멸에 대한 예측보다는 감정의 긴급성에 따른 것이다.

또한 이행기 정의의 행위자들은 열정의 소멸을 예상한 경우 선제적으로 대응하기보다는 소멸의 결과를 이용하려는 경향을 보이기도 한다. 탈레랑이 복수를 의회에 위임하도록 루이 18세를 설득한 것도 바로 그 효과를 노렸기 때문이다. 해방 후 프랑스에서는 독일과 경제적으로 협력한 혐의를 받은 기업들은 "기다리는 기간이 길어질수록 중형을 받을 위험이 줄어들 것이 분명하기 때문에"[38] 소송을 지연하기 위해 변호사를 고용하는 데 많은 노력을 기울였다. 네덜란드에서 일부 법학자들이 "부역자 재판의 경우 점령에 대한 기억이 희미해지면 법원과 대중은 다소 관대해지는 경향이 있기 때문에"[39] 사형은 피해야 한다고 주장했다. 징역형은 감정이 소멸되면 줄일 수 있으나 사형은 되돌릴 수 없기 때문이다.

IV. 응보적 감정

이제 이행기 정의의 사법적 표현을 형성하는 몇 가지 응보적 감정으로 돌아가보자. 이 주장은 **그림 8.1**에 요약돼 있다. 내 생각에 이 그림은 믿음에서 감정으로, 그리고 감정에서 행동 경향으로의 인과적 연계는 잘 정리했으나, 이 인과적 체인의 마지막 관계는 상당부분 추론적인 수준에 머물러 있다. 여기서 나는 자발적 행동 경향과 제도화된 반응의 유사성과 정체성에 따른다. 인과적 연계를 위한 추론은 가능성이 있어 보이지만, 아직 완전한 설득력은 갖추지 못했다.

나는 다섯 가지 응보적 감정을 구분한다.

- **분노**(anger)는 A는 B가 정당한 이유 없이 자신에게 해를 끼쳤다

그림 8.1

고 믿기 때문에 B에게 가지는 "제2자"(second party) 감정이다. 분노의 행동 경향은 B에게 고통을 안겨주는 것이다.

- **데카르트적 격분**(Cartesian indignation)은 A는 B가 정당한 이유 없이 C에게 해를 끼쳤다고 믿기 때문에 B에게 가지는 "제3자"(third party) 감정이다.⁴⁰ 만일 A가 C를 사랑한다면 A는 격분보다는 분노, 즉 제2자 감정을 가지게 된다.⁴¹ 격분의 행동 경향은 B에게 고통을 안겨주는 것이다. 그러나 실험적 증거에 따르면 이 제3자 감정은 당사자적 분노감정보다는 약하게 나타난다.
- **증오**(hatred)는 A가 B는 사악한 성격을 가졌다고 믿을 때 B에게 가지는 감정이다. 증오의 행동 경향은 B의 존재를 제거하거나 아니면, 예를 들어, 영구추방 등을 통해 B가 해를 입히지 않도록 만드는 것이다.
- **경멸**(contempt)은 A가 B는 허약하거나 열등한 특성을 가졌다고 믿을 때 B에게 가지는 감정이다. 경멸의 행동 경향은 회피 또는 격리다.
- **아리스토텔레스적 격분**은 A가 B는 "부당한 횡운"⁴²을 누린다고 믿을 때 B에게 가지는 감정이다.⁴³ 아리스토텔레스적 격분의 행동 경향은 그 행운을 빼앗는 것이다.

분노와 데카르트적 격분은 B가 사악한 **행동**을 했다는 믿음에서 비롯된 것임에 반해, 증오와 경멸은 B가 사악한 **성격**을 가졌다는 믿음에서 발원한다. 증오의 선행요건은 성격이 사악하다는 믿음이며, 경멸의 선행요건은 열등 또는 비천함이다. 히틀러 추종자들은 유태인은 사악하고 슬라브인은 열등하다고 생각했다.⁴⁴ '어떤 사람이 나쁜 성격을 가졌다는 주장은 최소한 그의 나쁜 행동을 지적했을 때만 받아들일 수 있다'고 믿는다면 행동과 성격 간의 차이는 문제가 될 수도 있다.⁴⁵ 그러나 어떤 경우—가학적 고문 같은— 우리는 단 하나의 행동만으로도 사악한 성격을 충분히 증명할 수 있다고 생각하는 경향이 있다. 경멸과 연결된 감정인 수치심에서도 같은 문제가 드러난다. "한 사람의 정체성 전체를 하나의 무가치한 행동과 성격으로 대체해버린다"는 점에서 수치심의 역설이 드러난다.[46] 증오와 경멸의 구분은 몰락을 적극적으로 원하는 사람과 어떻게 되든 전혀 관심이 없는 사람을 향해 갖는 상이한 감정으로 설명할 수 있을 것이다.[47] 우리는 광신자에게는 증오를, 기회주의자들에게는 경멸의 감정을 갖는다.

요약하자면, 우리는 상습적인 사악함에는 증오를, 상습적인 허약함에는 경멸을, 간헐적으로 드러나는 허약함에는("신의 은혜가 없었다면 나도 그렇게 됐을지 모른다") 분노와 데카르트적 격분을, 그리고 부당한 행운에는 아리스토텔레스적 격분으로 반응한다. 우리는 고문자와 박해자에게는 증오의 감정을 갖는다. 출세하려고 나치당이나 공산당에 가입한 기회주의자에게는 경멸을 보낸다. 아파르트헤이트 정책에 저항하지 못한 남아프리카 변호사 또는 직업을 잃을까봐 나치당에 가입한 노르웨이 경찰서장에게 분노의 감정을 느낀다.[48] 우리는 가해행위 수혜자들— 독일 점령국가에서의 경제 협력자, 아파르트헤이트 시절의 백인 리버럴 엘리트, 홀로코스트에서 죽은 유태인 은행계좌로 이익을 본 스위스의 은행—에게는 아리스토텔레스적 격분을 느낀다. 프랑스 왕정복고 이후 많은 사람들은 혁명당국에 의해서 징발된 이주자의 재산을 헐값에 매입한 사람들에게 똑같은 감정을 가졌다.

이행기 정의에서 이 다섯 감정은 각각 고유한 법률적, 행정적 반응을 형성한다. 제3자 감정은 일반적으로 제2자 감정보다 더 협소하고 약한 척도를 형성한다. 말하자면 "진보적 국가들도 죄없는 외국인보다는 자국민에게 자행한 전쟁범죄에 더 많은 정의를 실현하고 싶어한다."[49] 2차세계대전 막바지에 이르러 루즈벨트 행정부 관료가 요구한 강경한 반나치조치는 홀로코스트 범죄를 3자적 관점에서 봤느냐 아니면 2자적 관점에서 봤느냐에 따라 결정되었다. 헨리 모겐소와 버나드 바루크에게—이 둘은 유태인이었다— 그것은 2자 범죄였다.[50] 이 두 사람은 급진적인 처벌조치를 요구했다.[51] 펠릭스 프랑크푸르터[역주4]도 유태인이지만 달랐다. 그는 나치지도자들이 "공정한 재판의 혜택을 받아야 하며" "나치 범죄의 대부분은 미국 정부 및 미국의 군대가 아니라 우리 연합국의 모든 국민과 군대를 향해 저지른 것이다"[52]고 주장한 스팀슨에 동의했다. 그에게 이 범죄는 3자 감정을 촉발한 것이다.

비유태계 미국인들의 2자 감정은 자국 군인들을 향한 범죄로 촉발되었다. 예를 들면 아이젠하워는 "1944년 6월에 64명의 연합군 포로를 사살한 독일친위부대 12연대에 대해서는 특별한 조치가 있어야 한다고 요구했다."[53] 친위대가 "소련군 전쟁포로에게 엄청난 많은 만행을 저지르는 했지만,(…) 이제 그 피해자가 미국인이기"[54] 때문이었다. 이 사건은 그 후 일련의 재판으로 이어졌다. 따라서,

> (1945년 이후) 영국과 미국의 나치처리 계획에서 처리의 우선순위를 설정하는 방식 때문에 대량학살에 관련됐지만 영국이나 미국 인물들에 대한 잔혹행위에 가담하지 않은 많은 고위급 독일전범들은 기소를 피할 수 있었다. 반면 단 한 명의 포로라도 구타, 학대, 처형하는 데 가담한 하급가해자들은 추적을 피할 수 없었다.[55]

아리스토텔레스는 "아부꾼"(sycophant), 즉 직업적인 밀고자를 분노가 아닌 증오의 대상으로 특별히 적시했다.[56] 1945년 이후 독일점령 국가에서 밀고자는, 고문가해자와 함께, 사실상 사형을 받을 가능성이 높

역주4　1882~1965. 미연방대법원 판사

앉는데, 이것은 아리스토텔레스에 따르자면 증오의 감정이 그 대상에게 원하는 행위이기도 했다. "파리에서 사형선고 후 처형된 95명 중 50명은 고문가해자, 30명은 밀고자였다."[57] 덴마크에서도 46명이 사형을 언도받고 처형되었는데, 그 비율은 비슷했다. 그 중 한 밀고자가 선처를 요청하는 청원을 했는데 "우리는 지금 이 사회에 가치가 없는 사람이 아니라 근본적으로 부정적인 가치를 지닌 사람을 재판하고 있다"[58]는 이유로 기각되었다. 주요 나치지도자와 적에 협력한 매국노에 대한 사형 선고는 억제 효과를 노린 것이기는 하지만, 이런 사람들은 본질적으로 사악하다는 신념에서 동기화된 것이었다. 독일의 "의사재판"에서 죄수와 민간인을 대상으로 의학 실험을 한 7명의 의사들은 사형선고를 받고 처형되었다.

경멸이 초래한 사법처리로 추방에 필적하는 국민박탈 처벌을 들 수 있다.[59] 이 제재 조치는 정치적 권리와 정상적인 생활유지의 조건이 되는 시민적 권리의 광범위한 박탈을 포함하고 있다. 1944년의 프랑스 행정명령에 따르면 "국가모독은 형법상의 범죄가 아니라 어떤 사람이 열거된 행위를 함으로써 속하게 되는 하나의 '지위'였다."[60] 프랑스에서 이행기 정의에 대한 우파 문헌들은 국가모독에 대한 입법을 유태인과 프리메이슨에 대한 비시정권의 조치에 비교하고 있다.[61] 이 두 경우, 사람들은 그 **행위**가 아니라 그 **존재**를 처벌했다고 주장할 수 있다. 이 주장은 언뜻 보면 그럴 듯하지만 근거가 취약하다. 왜냐하면 국가모독은 단순히 추상적인 범주에 속해서라기다는 "열거된 행위"를 한 결과기 때문이다.[62] 그러나 내가 언급한 것처럼, 어떤 "행동"을 했기 때문에 그 "지위"에 속하게 됐는데도, 행위아닌 지위로 처벌되는 역설이 존재한다.

응보적 조치가 가해자를 도덕적 행위자로 인정하는 형식이라 보는 칸트적 관점을 수용한다면, **불기소** 역시 경멸의 표현으로 볼 수 있다. 사실 이것은 구동독 시절 지도자와 그 대리인의 기소가 낮았던 이유를 설명하는 근거이기도 했다.[63] 같은 맥락에서, 1947년 어느 프랑스 전쟁 포로의 증언을 인용할 수 있다. "내가 프랑스로 돌아가면 그를 고소하는 것은 쉬웠을 것이다. 그가 책임을 져야 한다고 생각한 여러 동료들은 그렇게 하라고 내게 촉구했다. 나는 그렇게 하지 않았다. 그의 행동은 나에게 증오나 원한이 아니라 경멸을 느끼게 했다. 나는 그를 소심하고 비루한 성격을 가진 인물로 여겼다."[64]

아리스토텔레스적 격분의 사법적 표현은 몰수 또는, 가능하다면, 부당한 이익에 대한 보상일 것이다. 그 혜택이 대리인의 잘못에서 파생되었다면 반드시 "부당하게 얻은 것"으로 볼 수는 없다. 이런 측면에서 분노와 데카르트적 격분이 적절한 반응이 될 수도 있다. 이행기 정의에서 부당이익은 단순히 다른 사람의 가해행위에서 비롯된 횡재일 뿐이다. 스위스 은행의 사례는 두 가지 이익 모두를 보여준다. 분노와 데카르트적 격분은 은행이 히틀러의 외환딜러 노릇으로 얻은 이익에 대한 적절한 반응인 반면, 아리스토텔레스적 격분은 홀로코스트 피해자의 휴면계좌에서 챙긴 이익에 대한 반응이다.(그러나 분노는 후자의 이익이 쟁점으로 부각되었을 때 은행이 보인 회피적 행위에 대한 적절한 반응이 될 수 있다.) 순수한 형태의 횡재는 거의 없다. 히틀러의 황금에서 이익을 본 스위스 은행과 달리 점령군과 재정적으로 긴밀한 관계를 맺었던 독일 점령국가의 여성들은 자신들이 향유할 수 있는 부를 축적하지 못했다. 그러나 그들이 취한 이익은 우연의 산물이 아니었다. 이런 경우, 아리스토텔레스적 격분은 경멸과 섞이거나 그로 인해 가려진다.

V. 감정의 변이

체코의 반정부활동가였던 작가 야힘 토폴(Jachym Topol)은 다음과 같이 회상한다.

1994년에 나는 수사과정에서 나를 고문했던 공산당비밀경찰(StB)의 주소를 우연히 알게 되었다. 그는 내 친구 중 하나를 죽이고 다른 하나를 감옥에서 강간했다. 나와 두 동료는 그를 처벌하기로 결심했다. 우리는 그 전직 비밀경찰을 납치해 은밀한 장소로 옮겼다. 우리는 그를 죽일 생각이었다. 잠시 그와 단둘이 있게 되었는데, 그가 너무나 두려워하고 낙담한 상태여서 그를 풀어주지 않고는 도저히 버틸 수 없었다. 내 친구들이 돌아왔을 때, 나는 내가 한 짓을 말할 수 없었다. 그러나 사실을 알게 되었을 때 친구들은 안도의 한숨을 쉬었다. 우리는 그들과 다르기 때문에 우리는 그를 죽일 수 없었다. 우리는 짐승이 아니다.[65]

"우리는 그들과 다르다"는 문장은 바츨라프 하벨이 처음 한 말로 체코 반체제운동의 슬로건이 되었다.[66] 그 저변에 깔린 생각은 인용한 문장이 시사하는 것보다 다소 복합적이다. 그 의미는 독일의 반체제운동가였던 베르벨 볼리(Bärbel Bohley)의 또 다른 유명한 문장으로 증폭된다. "우리는 정의를 기대했으나, 대신 법의 지배(Rechtsstaat)만 얻었다."[67]

사실 이런 상황에서는 세 개의 동기부여가 작동한다. 복수를 향한 열망, 실질적인 응보적 정의를 향한 열망, 그리고 실질적 정의의 실행에서 절차적으로 정확한 원칙을 따르려는 열망이 그것이다.[68] 토폴의 일화는 복수의 유혹을 보여준다. 볼리의 지적은 실질적인 정의를 향한 좌절된 열망을 표출한다. 실제로 복수를 향한 열망과 실질적 정의를 향한 열망은 종종 뒤섞인다. 독재체제의 지도자와 그 행위자들의 엄격한 처벌을 요구하는 사람은 종종 자기가 정의에 대한 관심으로 동기화되었다고 믿지만, 이 자기 이미지는 우리가 앞에서 본 것처럼 정의에 대한 요구가 시간이 흐름에 따라 힘을 잃으면 설득력을 갖지 못한다. 그런데 정의는 시대를 초월하는 개념 아닌가?

일관적으로 적법절차를 준수하면 복수의 동기를 실질적 정의로 가장하기 어렵다. 이행기 정의에서 법의 지배를 존중하는 또 다른 이유는 새로운 지도자들이 전임자들의 탈법적인 행위와 최대한 차별화하고 싶기 때문이다. 1945년 이후 서유럽의 재판들은 이 영향을 많이 받았다.[69] 노르웨이에서 약식재판은 용납할 수 없는 나치방식의 잔재이기 때문에 받아들일 수 없었다.[70] 벨기에에서는 구금관행이 "라인강 건너편에서"[71] 진행되는 방식과 비슷하다는 이유로 격렬한 비판을 받았다. 프랑스에서 소급입법은 비시 정부와 같은 방식이라고 비난받았다.[72] 프랑수아 모리악은 소급입법을 선호하는 알베르 카뮈에게서 "4년에 걸친 파시스트 지배의 해악"[73]을 발견했다. 또 다른 비시정부의 관행인 익명 공개비판은 받아들이지 않았다.[74] 리옹에서 이브 파르게(Yves Farge)는 군중에게 "우리가 맹목적인 보복에 휩쓸려 나치와 혼동돼서는 안 된다"[75]고 지적했다. 이탈리아에서 정치적인 이유로 재판을 끝내려는 사람들이 특별법정을 파시즘 시절의 그것과 비교했을 때도 똑같은 지적이 되풀이되었다. 하벨과 그의 지지자뿐만 아니라 1989년 이후에도 유사한 주장이 제기되었다. 5장에서 언급한 것처럼 독일법원은 게리히 호네커의 재판을 중지하면서 중병에 걸린 그를 재판하면 "통일독일은 동독과 마찬가지로 시민기본권을 침해하는 죄를 범하는 셈이고" "이 두 정치체제의 근본적인 차이"[76]를 무시하는 결과를 초래하게 될 것이라고 지적했다.

적법성에 대한 열망은 부역자가 유죄판결을 받기 원하는 강렬한 열망과 결합되기도 한다. 피터 노빅이 프랑스에 대해 언급한 것처럼, "레지스탕스들은 처벌에 대한 강력한 갈망과 함께 나치독일과 비시프랑스 통치자들을 자신들과 구별한 정의와 평등의 원칙에 대착을 가지고 있었다."[77] 1945년 이후의 헝가리에서 법무부 장관은 "엄격한 법적 절차를 준수해야 할 필요성과 동시에 혁명적인 정치적 정의 실천의 필요를 주장했다."[78] 그러나 많은 경우 절차적 정의를 향한 열망과 실질적 정의를 향한 열망—자신을 이전체제와 구분하려는 열망과 그 체제를 엄중하게 처벌하려는 열망— 간에는 갈등이 있다. 베르벨 볼리는 두 번째 열망에 따라 행동하면 첫 번째 열망이 좌절된다는 점을 지적한다. 피에르 라발(Pierre Laval)의 재판은 첫 번째 목표를 달성하기 위해 두 번째 목표를 희생할 수도 있음을 보여준다. 내 견해로는, 새롭게 들어선 민주주의는 이 딜레마를 해결하기 위해서 세 가지 방법 중 하나를 택한다.

첫째, 소급입법의 금지나 공소시효 연장 등 기본적인 사법원칙의 존중을 강조할 수 있다. 1989년 이후 헝가리 헌법재판소의 일관된 접근 방식이 그 예다.[79] 재판소의 전직 소장은 다음과 같이 발언했다, "헝가리 헌법재판소에 따르면 시효가 만료되면 더 이상 기소되거나 처벌받지 않는 행위자의 주관적인 권리가 발생한다. 헌법재판소는 공소시효가 완성되면 국가가 형을 선고할 수 있는 권한이 제한된다고 보며, **결국 국가는 형사소추의 실패 위험을 인정해야 한다**."[80]

둘째, 새로운 체제는 예상치 못한 상황에서는 이 원칙을 파괴해야 할 필요를 솔직하고 공개적으로 인정할 수 있다. 1945년 이후 덴마크[81]와 네덜란드[82]는 소급입법을 채택했다. 이 절차는 그 어느 국가도 헌법에서 소급입법을 금지하지 않는다는 사실에서 촉발된 것으로 보인다. "법적 절차를 엄격하게 지켜야 한다"는 조문에도 불구하고 1945년 이후의 헝가리에서도 똑같은 관행이 관찰된다. "헝가리 입법자들은 죄형법정주의 원칙을 의도적으로 무시하고 1945년 법의 첫 조항에서 전쟁범죄자는 그 범죄를 저지른 당시에는 법률상 기소요건을 갖추지 못했더라도 소추될 수 있다고 규정했다."[83]

셋째, 가장 공통적으로 나타나는 절차인데, 위장술을 사용해 위 두 방법을 모두 시도하는 것이다. 노르웨이 법무부는 특정범죄에 대해 처벌 수위를 높이는 것은 그 가해자가 전쟁 전의 법체계에서도 똑같은 처벌을 **받을 수 있기** 때문에 소급입법에 해당하지 않는다고 주장했다. 그러나 여기서 타당한 기준은 그들이 과연 똑같은 처벌을 **받았는가** 여부다.[84] 1948년 벨기에의 어느 논평가는 특별소급 입법을 허용하는 네덜란드 방식은 "우리 방식보다 더 진솔하다"고 썼다. 벨기에 입법자들은 형법의 불소급원칙을 고수하는 척했다. 그러나 현실에서는 이른바 해석법에 따라 형벌조항이 점점 더 엄격해졌다.[85] 같은 해에 어느 네덜란드 법학교수는 "소급형벌을 피하기 위해 새로운 국가고욕죄에 가하는 가혹한 제재를 형벌이 아니라 '권리박탈'이라고 은폐하는 프랑스인들을 비판했다." 그는 나아가 "내가 볼 때 이것은 말장난에 지나지 않는다. 재산 전체의 몰수나 특정 권리의 박탈도 벌금이나 자유의 박탈과 마찬가지로 형벌이다"[86]고 지적했다. 해방 후 프랑스 치안판사에 대한 논의에서 알랭 방코는 그렇게 하지 않는 것처럼 보이면서 소급적용을 하는 시도에서 "일종의 위장"을 확인했다.[87]

　이탈리아에서 1944년에 채택한 이행기 정의 "마그나 카르타"도 소급적용의 쟁점에 대해 모호한 입장을 견지했다. 원칙적으로 소급입법은 허용되지 않고 파시스트법은 폐지되어야 했다. 그러나 이 목표는 1889년에 폐지된 사형죄가 부활하면서 서로 충돌하게 되었다. 파시스트정권은 정치적 범죄에 사형을 집행했기 때문에 우리도 그들이 적용한 원칙에 따라 심판해야 한다는 보노미(Bonomi)정부의 호소는 이 정부가 파시스트법 제도를 폐지하고 법치주의로의 복귀를 목표로 했다는 점에서 설득력이 없었다.[88]

　법치국가(Rechtsstaat)만 고집하는 것에 대한 볼헬리(Bohely)의 불만에도 불구하고 구동독 국경수비대원 재판은 분명 법적 위장에 의존했다. 독일연방 대법원은 형사소추는 서독법뿐만 아니라 동독법에서도 범죄가 되는 행위만 대상으로 한다는 통일협약 조항에 부응하기 위해서 자연법적 츠법적 원칙에 의존하여 동독의 "이상적" 법을 재해석했다. 이 결정에 대한 논평에서 피터 퀸트는 다음과 같이 썼다.

진지함과 복잡성으로 가득차 있지만, 이런 식의 견해는 솔직하지 못하다. 법원은 연방공화국에서 현재 적용되는 원칙과 기술을 사용하여 동독의 이상적인 법을 창조했다. 이 가상의 구성이 마치 당시 동독의 "실제" 법이었고 따라서 소급적용이 아니라고 주장한다.(…) 대신 이렇게 말하는 것이 훨씬 직접적이고 솔직하다. 즉 실제로 있었던 동독법은 수용할 수 없었고, 따라서 우리는 이 사건에 새로운 법을 적용하고 있다고. 아마도 통일조약의 지배적 해석을 적용하면(…) 이러한 인정은 이 사건들의 종결을 의미할 수 있는데, 그럼에도 이 쟁점들은 일반적으로 고려할 가치가 있다.**89**

1945년 이후에 압류된 이전 독일 소유 재산의 반환을 위한 청원에 대한 체코 헌법재판소의 1995년 반론은 특히 흥미로운 사례다. 청구권을 승인하면 2차세계대전 이후 체코슬로바키아에서 추방된 거의 3백만 명에 달하는 독일인 생존자와 상속자로부터 유사한 요구가 봇물처럼 터질 수 있었다. 재산을 현물로 돌려주면 사회적 혼란을 야기할 것이고, 상징적 보상 이상을 제공하면 국가를 파산으로 몰고 갔을 것이다. 그러나 법원은 이 단순하면서도 설득력 있는 미래지향적인 주장을 인용하지 않았다. 대신 이스트반 포가니가 역사적 정의에 대한 "매우 감동적인 판결"**90**이라고 평가한 결과를 만들었다.

> 1930년대, 체코슬로바키아공화국의 운명적인 10년이 된 그 시절, 모든 시민들은 바로 여기 나치독일의 거짓과 선전의 베일 아래서 선전과 전체주의 간에 치명적인 역사적 충돌이 발생하고 있으며, 그 충돌 안에서 자신들이 차지하고 있는 지위, 즉 민주주의 수호자의 역할 또는 그 파괴자로서 **책임이 모두에게 있음**을 깨달았거나 또는 깨달아야 했다.(…) 이것은 전전 체코슬로바키아의 독일인들에게도 적용되는데,

특히 그들에게 나치즘이 야기한 분쟁은 자신들의 민족과 그 지도자들이 저지른 일이기도 하였다. 더욱이 그들은 자신들이 속한 체코슬로바키아 공화국에 대한 충성을 표명해야 했다.[91]

그보다 몇 년 전, 체코법원은 1991년 '숙정법'의 유사징벌적 측면을 인정했다. 이 법의 조항에 따르면 공산주의 조직의 구성원이거나 그 조직에 근무한 경력이 있는 사람은 특정공직으로 진출이 금지되었다. 99명의 의원들과 외국의 여러 인권단체들이 이 법의 소급적용을 문제삼아 반대하자, 법원은 1945년 프랑스 정부의 노선을 원용해서 숙정은 형사처벌이 아니기 때문에 소급적용 원칙이 적용되지 않는다고 봤다.[92] 이런 반나치 및 반공산주의 결정에서 체코법원은 감정뿐만 아니라 이성에 의해서 움직인다고 보여주고 싶은 욕망이 작용한 것으로 보인다.

이처럼 감정이 정의를 위한 욕망으로 바뀌는 변형(transmutaion)[93]은 "분노는 정의로워 보이는 결정을 하기 원한다"는 세네카의 금언을 상기시킨다. 이행기 정의에서 분노와 정의에 대한 관심으로 동기화된 것으로(자신뿐만 아니라 다른 사람에게도) 보이려는 욕망은 동일한 근원을 가진다. 적의 만행은 무법적 행위를 처벌하려는 욕망과 그것과 자신을 구분하고 싶은 욕망을 동시에 불러일으킨다. 이 두 목표가 충돌하면 결과는 불투명해진다. 1989년 이후의 헝가리에서 보는 것처럼 몇몇 국가는 "잘 사는 게 최고의 복수다"[94]는 금언에 충실하고자 했다. 헝가리인들은 공산주의 시절뿐 아니라 그 이전의 전통과도 단절하고 싶었을 것이다. 여기서 서문에서 언급한 1990년의 회의에서 헝가리 전직 법무부 장관이 "19세기 중반 이후 헝가리에서는 14명의 수상이 처형되거나 추방되었다. 이제는 이렇게 극도로 정치화된 사법제도와 작별을 고해야 할 때"라고 발언한 대목을 기억할 필요가 있다. 그러나 헝가리에서 이행이 그보다 30년 전에 일어났더라면 현재와 같은 평화를 얻을 수 있었을지는 의문이다.

VI. 죄책감의 정도

가해행위를 인정하는 가해자들은 통상 죄책감을 느낀다. 죄책감의 정상적인 행동 경향은 자신이 저지른 해악을 되돌리려고 하거나 만약 그게 불가능하다면 사회의 도덕적 균형을 회복하기 위한 대안적 방식으로서 자신에게도 그에 상응하는 해를 입히려는 것이다.[95] 이행기 정의에서 이러한 행위는 예상외로 잘 나타나지는 않는다.(그렇다고 일반적인 형사재판에서 더 자주 나타난다는 뜻은 아니다.) 다만, 이행 직후 많은 가해자들이 너무 압도적이어서 견디기 힘든 죄의식에 사로잡히는 사례는 많이 나타난다. 뒤이어서 합리화, 정당화, 그리고 변명 따위들이 자리를 잡게 되는데, 이것들은 법정에서 변론의 형태로 나타나기도 하고 도덕적 존재로서 자기 이미지를 보존하기 위한 행위로도 나타난다. 매우 다른 형태긴 하지만 가해자들은 고발자와 마찬가지로 위장 술책을 동원한다. 그들은 자신들이 저지른 해악을 최소화하려고 노력하거나, 더 나아가서는 피해자를 비난한다.("그들이 상처 입힌 사람들 또한 타인을 증오한다.")[96] 다른 가해자를 찾아내서 분노와 희생의 감정을 바탕으로 반동적 동력을 창출하여 이행기 정의 경로를 가로막거나 늦추기도 한다. 2차세계대전 후 독일에서 많은 나치들이 "비뚤어진 반공주의"[97]를 내세워 자신들의 행위에 대한 관심을 다른 곳으로 돌리려 했다. 다른 독일 사례는 이미 4장에서 인용했으며, 4장에서 인용했었고 9장에서 더 검토한다.

　　이행 이후, 중립을 지켰던 사람들은 자신들의 소극적 태도 때문에 표적이 될 수 있으며, 분노와 경멸적 행위의 대상이 되기도 한다. 설사 피해를 당하지는 않았지만, 아무것도 하지 않음에 대해 그들이 느끼는 죄책감은 가해자들에 대한 이행 이후의 공격이 마치 이행 이전의 그들의 소극성을 마술적으로 무효화할 수 있는 것마냥 응징에 대한 요구를 강화한다. 협력과 저항 사이의 회색지대에 놓여있는 중립자들이 오히려 더 보복적인 경향을 보이는 것은 일반적인 현상이다. 1989년 이후의 동유럽 이행은, 비록 이러한 경향을 확인할 수 있는 직접적 자료의 인용에는 한계가 있지만, 내가 이 지역의 많은 지식인들과 나눈 대화를 통해 확인해보면, 그림 8.2에 나타나는 유형을 제시하고 있다.[98]

수평축의 한쪽 끝에 있는 과거 반체제 인사들은 두 그룹으로 나뉜다. 바츨라프 하벨이나 폴란드의 연대좌파 등 B 주변 인사들은 용서하려는 경향이 강하다. 바츨라프 벤다(Václav 3enda)나 연대우파 같은 A 주변 인사들은 용서하지 않는 경향이 강하다. D 주변의 인사들은 당연히 용서받기를 원한다. 그러나 C 주변의 회색 지대에 놓인 사람들이 처벌에 대한 요구에서 가장 비타협적인 태도를 보인다. 다음 장에서 보겠지만, 개인들이 각기 다른 이유로 유사한 정책적 입장을 취할 수 있다는 사실은 동맹형성과 상호비방의 가능성을 동시에 만든다.

1장에서 나는 리시아스의 연설 "민주주의 전복혐의에 대한 변호"에서 이런 효과의 초기 사례를 인용했다. 1983년 이후 아르헨티나 연구에

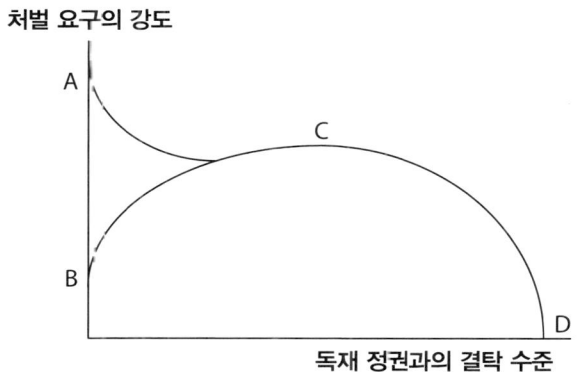

그림 8.2

서 카를로스 니뇨는 "과거에는 침묵하던 사람들이 갑자기 정의를 소리높여 옹호할 때" 그 위선에 대한 역겨운 반응을 언급한다.[99] 벨기에 망명정부 법무장관 안토인 델포스(Antoine Delfosse)가 단행한 가혹한 조치들은 "점령 초기에 그의 행위에 대한 의혹을 감춰야 할 필요에서 나온 것일 수도 있다."[100] 1944년 이후 이탈리아에서는 부역자로 의심받던 판사들이 자신들의 애국심을 증명하기 위해 더 엄하게 재판에 임했다.[101] 라블링(A.J Liebling)은 드골과 레지스탕스의 차이를 언급하며 다음과 같이 썼다.

> 모든 프랑스인들은 1940년대의 참패에 어느 정도 죄책감을 느낀다. 자신들은 아무것도 하지 못한 채 안락하게 지냈다는 사실이 원인이 된다면 더 그렇다. 그러나 배신자들은 모두의 죄를 의인화하여 정직한 사람들이 더 심한 죄책감에 빠지도록 만든다. 반역자들을 처벌하면서 프랑스인들은 자신들의 일부를 처벌했다. 죄책감을 느끼지 않는 사람만이 먼저 돌 던지기를 주저한다. 여기에 필요한 상상력을 가지지 못한 탓이다. 가장 완고한 프랑스인인 드골장군은 잘못을 저지른 형제들게 가장 적은 앙심을 품은 사람이었다.[102]

프랑스의 한 피고측 변호사는 해방 이후 초기의 법원선고가 엄중했던 이유를 "많은 배심원들이 레지스탕스에 늦게 가담했으며 그들이 이전에 증명하지 못한 열의를 증명하고 싶어한 사실"로 설명했다. "나중에 추방된 사람들이 독일에서 돌아오면서 법정은 자신을 구태여 증명할 필요가 없는 훨씬 더 사려 깊은 배심원들로 채워졌다."[103] 1944년 8월 영토 회복 이후 갑자기 소극적인 자세에서 벗어난 이른바 9월의 레지스탕스(resistant de septembre)[104]들은 특히 독일인들과 관계를 맺었던 여성들을 괴롭히는 데 더 열성적이었다.[105] 알제리 독립 과정에서 가장 늦게 민족해방전선에 참여한 사람들이 무슬림 알제리인(하르키스) 살해에 가장 열성적으로 가담했다.106 프랑스의 "9월단"과 유사하게 이들은 1962년 3월 에비앙(Evian)협정 이후 해방전선에 가담했기 때문에 "3월단"이라고 불렸다.

이 사례들에서 보듯이, 죄책감으로 이어져야할 행위가 오히려 공격성을 유발하기도 한다. 다른 상황에서는 비난받을 이유가 없는 행위에서 죄의식이 유발되기도 한다. 홀로코스트에 대한 미국 유태인의 반응은 이런 비합리적인 죄의식의 두 유형을 내포한다. 첫째는 "단지 지리적인 우연성이 유럽 형제들이 처한 운명에서 자신을 구했다"는 인식에서 비롯된 **산 자의 죄**(survivor guilt)다.107 둘째는 그렇게 하려는 **의지가 없어서**가 아니라(유럽의 유태인)들을 구할 **능력이 없어서**108 가지게 되는 **방관자의 죄**(bystander guilt)다. 피터 노빅이 주장하듯이, 방관자의 죄가 형성될만한 합리적인 요소는 미미했다. 미국정부가 유럽의 유태인을 구하기 위해 할 수 있는 일은 거의 없었고,109 미국의 유태인 역시 정부에 영향을 줄 능력도 거의 없었다.110 이러한 죄의식은 비록 비합리적이지만, 강력한 속죄행위를 유발한다는 사실에서 알 수 있듯이 의도적으로 고안된(contrived) 것은 아니다.111 이스라엘에 대한 미국 유태인들의 후원은 "2차세계대전 중 미국 유태인들은 비겁하게 침묵을 지켰지만, 이제는—마치 하나님이 역사한 것처럼— 두 번째 기회가 주어졌다"112는 생각에 크게 의존한다.

주

1 Conway(2000, p.137)에 따르면 벨기에에서는 "엄정한 조치에 대한 대중의 요구는 항상 모든 정치 세력—공산당을 포함하여—이 채택한 수준을 넘어섰다."

2 "해방 이후 몇 달 간 벨기에 의원들과 법관들은 완전히 **열정의 지배 아**

래 행동했다.(⋯.) 가끔 그 열정은 법관 자신들의 내부에서 자라나기도 했으나, 대부분 언론이나 정치적 압력을 통하거나 또는 협박의 형태로 법정으로 침투해 들어왔다"(Huyse & Dhondt 1993, p 267).

3 이에 대한 더 자세한 논의는 Elster(1999).
4 Ekman(1992).
5 Heuer & Reisberg(1992), p.167.
6 Loewenstein(1996).
7 Nino(1996), pp.126-27. 여기서 인용한 요소들은 니뇨가 제시한 하부 요소 집합의 일부다. 그의 연구 목적은 이행기 정의의 요구보다는 이행기 정의의 성공적 실행을 설명하는 데 있었다.
8 Novick(1968), p.146.
9 Lottman(1986), p.217. (고딕체 필자 첨가.) 제1대 법무부 장관인 프랑수아 망통(François de Menthon)은 1945년 4월에 있었던 인터뷰에서 "해방 후 반역자와 협력자들에 대한 처벌보다 더 긴급하고 중요한 일은 없었다"고 말했다(Chauvy 2003, p.14).
10 프랑스는 이 현상에 대한 체계적인 연구가 이루어진 유일한 국가인데, 연구에 따르면 그 규모는 대략 20,000건 정도다(Virgili 2000, pp.74-78). 다른 국가 사례는 ibid., pp.271-78.
11 Cohen(1999).
12 Taylor(181), p.163에서 재인용.
13 만약 시간이 문제의 전부라면 단순히 가해행위와 재판 간의 시간 간격만을 고려해야 하는지 나아가 사건과 이행 간의 간격을 고려해야 하는지 물을 수 있다. 독재정권으로부터 갑작스러운 해방은 잠재되어 있었던 감정들이 폭발하는 계기가 되는 경우가 종종 있다.
14 Eizenstat(2003), p.340.
15 McNally(2003), p.30; Schachter(1996, p.87)도 볼 것.
16 이 발견은, 그리고 더 일반적으로 현재의 분석은, 과거의 감정적 경험이 "최상의 결과"의 자기발견 장치에 의해서 평가된다는, 즉 우리는 언제나 최상의 결과(그것이 최선이든 최악이든)를 가져온 경험과 가장 최근의 경험에만

주의를 기울인다는 주장과 배치된다(Kahneman 1999, pp.19-20; Kubovy 1999, p 138).

17 Huyse & Dhondt(1993), p.24; Conway(2000), pp.148-49; Lottman(1986), p.146.

18 McNally(2003, p.58)는 1989년 로마 프리에타(Loma Prieta) 지진에 노출된 캘리포니아 주민들이 겪은 비슷한 상황을 보고하고 있다. "주민들은 지진 이야기를 계속 반복함으로써 시간이 지나면서 그 사건이 기억에서 지워지는 것을 막았다."

19 Woller(1996), p.183.

20 Elster(1999), p.229.

21 Gabory(1959), p.1063. 이와 관련한 최초의 논평은 아일랜드의 재산 몰수에 대한 에드먼드 버크의 관찰에서 확인된다(Nettement 1860, vol.7, p.85). "25년 후, 대부분 사람들은 암살당한 아버지 무덤 앞을 무관심하게 지나갈 것이다. 그러나 100년 후, 불평에 가득 찬 세대들은 그들의 가족이 빼앗긴 밭을 보면서 여전히 증오와 분노를 느낄 것이다."

22 Schwartz(1991), p.157.

23 노르웨이는 Andenæs(1980), p.239; 덴마크는 Tamm(1984), 7장; 네덜란드는 Mason(1952), p.187 n.36; 이탈리아는 Domenico(1991), p.178; 벨기에는 Huyse & Dhondt(1993), p.231 ff. 유일한 예외는 프랑스인데, 노빅(Novick 1968, p.164)은 판결이 점진적으로 관대해진다는 가설을 증명할 자료를 찾지 못했다. 이 가설에 반하는 프랑스 사례를 보여주는 몇몇 증거에 대해서는 Simonin(2003. pp.58-59) 참조. 그러나 이 연구는 부역자처벌법의 강화 경향이 진정한 태도변화라기보다 정치적 도구화를 반영하는 것이라고 지적한다.

24 Amoueoux(1999), pp.80-81.

25 2차-세계대전 이후 협력자들을 재판에 회부하는 결정은 사건의 심각성보다는 증거 수집 및 생산의 용이성과 더 관련 있는 것처럼 보이기도 한다. 작가들이 다른 사람들보다 먼저 재판에 회부된 이유는 신문과 책에 그 증거들이 있었기 때문이다(Sapiro 2003, pp.244, 255). 경제부문 협력자들은 "산업구조의 복잡성과 주술적 회계 체계" 뒤에 숨을 수 있었기 때문에 나중에 재

판을 받았다(Huyse & Dhondt 1993, p.240; Rochebrune & Hazera 1995, p 326). 덴마크에서 "검찰조직은 상부의 지시로 수사가 다른 방향으로 가지 않는 한, 단순한 사건부터 시작하는 게 자연스러운 경향으로 자리 잡았다. 그 상부의 지시는 사라지고 없었다"(Tamm 1984, pp.271-72, 140-41). 소규모 사건부터 먼저 시작하는 또 다른 이유는 법원의 최종판결이 공판 전 구금기간을 초과하지 않도록 확실히 할 필요성이 있었기 때문이다. 독일에서도 "처리하기 쉬운 사건부터 먼저 시작하고 심각성이 더한 사건은 나중에 처리하기로 결정했다. 유럽, 미국, 그리고 결과적으로 독일에서 광의의 정치발전을 명분으로 나치청산 작업은 점진적으로 축소되어 갔기 때문에 나중에는 중범죄를 저지른 많은 사람들이 처벌을 면한 반면, 처벌을 받은 대부분의 범죄자들은 작은 날파리들이었다"(Cohen, in press).

26 Huyse & Dhodnt(1993), p.232.

27 Chauvy(2003), pp.285-86.

28 Rhetoric 1380b 11-13. Frijda(1994)도 참조할 것.

29 *On Anger* I. xvii.

30 긴급성과 관련하여 다음 구절이 잘 알려져 있다. "느긋하게 배회하고 미루고 기다리는 법—화가 난 사람은 알 수 없는 것—을 배우지 못했다면 파비우스는 어떻게 붕괴된 국가권력을 일으켜 세울 수 있었을까? 만일 파비우스가 분노가 이끄는대로 행동했더라면 이 최고의 극한상황에 처한 국가는 분명히 멸망하고 말았을 것이다. 그러나 그는 국가의 안녕을 먼저 고려했고, 모든 것을 잃어버릴 수도 있는 상태를 냉정하게 평가했으며, 원한과 복수에 대한 모든 생각을 묻어버리고 오직 실리와 기회만을 엿보있다. 그는 한니발을 정복하기 전에 분노를 먼저 정복했다"(Ibid., I. xi).

31 Karsai(2000), p.243.

32 Huyse & Dhondt(1993), p.119.

33 이러한 경향에 대한 총괄적 논의에 대해서는 Slovic(2000) 24장. 이행기 정의에서 보이는 사례는 Huyse & Dhondt(1993), p.49와 Andenæs(1980), p.182.

34 Coles & Weinberg(1992), p.845를 볼 것.

35 Huyse & Dhondt(1993), p.115.

36　Novick(1968), p.39.

37　Nino(1996), p.67.

38　Rochebrune & Hazera(1995), p.333.

39　Mason(1952), p.64.

40　Descartes(1985), Art.195.

41　Ibid., Art.201.

42　Fehr & Fischbacher(2003), Fig. 5.

43　*Rhetoric* 1386bff. 격분에 대한 아리스토텔레스의 설명은 행동기반이 아니라 성격기반적 공과(desert)의 개념에 의존한다는 점을 지적해야 한다.

44　Goldhagen(1996), p.469.

45　반유태주의가 유태인은 본능적으로 악하다는 전제에 따를 경우 나쁜 행위를 증명할 증거가 필요하지 않다. 이렇게 되면 유태인은 선한 행위로도 구원을 받을 수 없다. 혼혈 유태인을 심사하는 과정에서 히틀러는 "자기 조상을 의식하지 않고 1933년 이전 몇 년 동안 당을 위해서 부단히 싸웠다는 것을 입증할 수 있으면 인종 재분류심사를 허락했다'(Hilberg 1985, p.79). 1차 세계대전에 참전한 유태인을 보호했던 이른바 "힌덴부르크 예외"는 그 이름을 딴 힌덴부르크보다 오래 가지 못했다(Rigg 2002, p.200).

46　Lindsay-Hartz, de River, & Mascolo(1995), p.297.

47　니뇨에 의하면 나치는 사악하다고 믿는 이유는 유태인은 사악하다는 그들의(비기성적) 믿음 때문이라는 주장에 근접한다(Nino 1996, p.141).

48　노르웨이 경찰서장의 경우 실제로는 더 복잡했다. 왜냐하면 많은 사람들이 자신들이 그렇게 하지 않으면 나치민병대가 경찰 기능을 대신하게 될 것이라는 위협 때문에 나치당에 가입했기 때문이다(Justis-og Politidepartementet 1962, p.432). 프랑스와 덴마크 판사들은 "차악"의 정당화를 인정받았지만, 노르웨이는 나치당원이 되기로 한 결정이 자동적으로 정당화 명분을 없애버렸다.

49　Bass(2001), p.8.

50　모겐소의 반응은 이 책의 7장 참조. 바루크는 Beschloss(2000), pp.243, 246 참조.

51　독일인의 민족성에 대한 모겐소의 본질주의적 신념에 대한 내 견해를

전제하면(4장 참조), 우리는 그의 반응을 분노보다는 증오의 관점에서 설명해야 할 것이다. 그러나 그가 독일인들이 제거되기보다는 고통받기를 원했다는 것은 분명하다. 그러나 나치지도자들을 북아프리카나(Skidelsky 2000, p.362) "지구 다른 어딘가로"(U.S. Senate 1967, p.448) 추방하자는 그의 제안은 일종의 제거에 해당한다. 인구집단의 강제이주는 물리적 제거의 대안이 될 수 있다. 우리가 잘 알고 있듯이, 나치들은 최종 해결책을 결정하기 전에 유태인들을 대규모로 마다가스카르로 이주시키는 방법을 모색하고 있었다.

52 Beschloss(2002), pp.113-14; Bass(2000), pp.164-66도 볼 것.
53 Bass(2000), p.154.
54 Ibid., p 178.
55 Cohen(in press).
56 *Rhetoric* 1382a.
57 Novick(1968), p.163.
58 Tamm(1984), p.373.
59 Simonin(2003, p.43)은 프랑스의 국가모독죄 처벌의 기원을 유죄선고 받은 사람을 두 시간 동안 형틀에 가둬놓고 일반에 공개하여 조롱과 경멸의 처벌적 요소를 강조한 1791년의 어느 법에서 찾는다.
60 Novick(1968), p.146; Doublet(1945), pp.28-29도 볼 것.
61 Aron(1969), p.111; Amouroux(1999), pp.207-8.
62 Simonin(2003), p.49도 볼 것. 유태인과 프리메이슨을 유사하게 보는 것은 명백하게 잘못이다. 후자는 자신의 지위를 선택한 결과로 얻은 것이기 때문이다. 비시정권에서 유태인과 프리메이슨의 합작음모설이 공공연하게 회자되었지만 페탱(Petain)은 그 차이를 아주 잘 알고 있었다(Baruch 1997, p.119).
63 Claus Offe(개인 대화).
64 Singer(1997), p.206. 유사한 반응에 대해서는 Kriegel(1991), p.253.
65 Topol(2001).
66 모두가 하벨의 노선에 동의한 것은 아니었다. "국가적 화해를 위한 정부를 외치는 과정에서 '우리들은 그들과 같지 않다'(Nejsme jako oni) 구호가 생겨났다. 회의론자들은 '그렇다. 우리는 어리석다'는 구호로 응답했다. 정상

화의 혜택을 본 기득권층은 여전히 부당하게 취득한 저택에 살면서 구체제의 피해자들 보다 훨씬 더 많은 연금을 받고 있다. 체코 아이스하키 대표팀 주전 선수는 추방에서 돌아왔으나 프라하 집으로 돌아갈 수 없었다. 자기 집에는 과거 정치국간부의 딸이 여전히 살고 있었기 때문이었다"(Ulc n d.).

67 McAdams(1997), p 240에서 재인용.
68 특히 Sa'adah(1998), pp.145-50을 볼 것.
69 덴마크는 예외적 사례일 수 있다. 탐이 따르면(Tamm 1984, pp.34-35), 소급입법을 비롯해 여타의 적법절차 일탈은 "국회와 법원이 예외적 조치의 채택과 실행 요구에 대항하는 효과적인 제어장치의 창출을 어렵게 만들었다." "그들이 했으므로 우리는 해서는 안 된다"는 게 아니라 "그들이 했는데, 왜 우리는 안 되는가"의 논리가 지배했다. 프랑스에서 법률가로 구성된 어느 레지스탕스 집단은 전후의 사법조직은 비시의 그것을 모델로 삼아서 "피고인들이 절차 변경에 불만을 제기할 수 없도록 해야 한다고 주장했다. 적들이 우리에게 한 것처럼 우리도 그들에게 해야한다는 논리인 셈이다"(Bancaud 2002, p.108).
70 Andenæs(1980), p.62.
71 Huyse & Dhondt(1993), p.100.
72 Lotman(1986), p.50.
73 Sa'adah(1998), p.54; Lacouture(1980), vol.2, pp.183, 218도 참조.
74 Ibid., p.186.
75 Farge(1946), p.214.
76 Woller(1996), pp.325, 344.
77 Novick(1968), p.141; Bancaud(2002), p.108도 볼 것.
78 Dèak(in press).
79 Schwartz(2000), pp.100-102.
80 Sóyom(2000), p.19. 내가 고딕체로 표시한 문장에서 사법적 정의는 명료하게 불확실성과 동일시되어 있음을 주시하자(4장을 볼 것).
81 Tamm(1984), pp.737-44.
82 Mason(1952),m pp.128-31.
83 Karsai(2000), p.236.

84   Andenæs(1980), p.120.

85   Mason(1952), p.130. 벨기에 입법의 많은 부분에서 나타난 실질적 소급 적용에 대한 논의는 Huyse & Dhondt(1993), pp.28-28, 64-65 참조.

86   Mason(1952), p.130. 이 프랑스 입법의 실질적 소급 적용에 대한 또 다른 논의는 Novick(1968), p.146; Lottman(1986), pp.51-52; 그리고 특히 Bancaud(2002), pp.107-18 참조.

87   Bancaud(2002), pp.113-16. 나처럼 프랑스형법에 문외한인 사람에게 국가모독에 대한 입법이 소급적 성격을 가졌다는 혐의에 대한 시모닌의 반박(Simonin 2003)은 크게 설득력이 없다. 정치적 정의와 형사적 정의 간의 구분을 상기하키면서 시모닌은 공민권 박탈이 하나의 처벌이었다는 사실을 망각한다. 소급적 성격의 법률이 "법 없이 죄 없다"(nulla crimen sine lege)의 원칙을 파괴하지 않았다 하더라도 "법 없이 처벌 없다"(nulla poene sine lege)의 원칙은 위배했다.

88   Woller(1996), pp.140-41.

89   Quint(1997), p.203; 비슷한 입장으로는 Walther(1995), p.111을 볼 것.

90   Pogany(1997), p.153.

91   Czech CC Decision(1995), pp.747-48. 내가 고딕체로 표시한 문구는 집단유죄 원리에 대해 예외적으로 분명한 견해를 담은 진술이다. 이것은, 조금은 놀랍게도, 슈튜어트 아이젠스탓(Eizenstat 2003, p.33)이 체코공화국으로 하여금 유태인 공동재산에 대한 배상을 실시하도록 촉구하면서 부딪힌 문제들을 언급하는 대목에서도 나타난다. "클라우스(수상)는(민영화를 지연하는 모든 조치를 반대한다는 자신의 주장에 덧붙여) 더 근본적인 문제로 고민하고 있다면서 나에게 자신의 입장을 충분히 솔직하게 밝혔다. '대사님, 만일 유태인재산을 대규모로 반환해야 한다면 우리는 남부에 거주하는 독일민족 처리문제에 봉착하게 될 것입니다.'(…) 나는 수상에게 유태인과 남부 독일인들의 요구는 서로 유사성이 없다고 말했다. 전자는 나치즘 피해자의 공동재산에 관한 것이고, 후자는 **나치협력자의 사적재산**에 관한 것이다(고딕체는 필자 첨가)." 이 주장들은 2차세계대전 말기에 "영국은 추방된 체코슬로바키아 지도자인 에드바르트 베네시스(Edvard Benes)에게 추방조치는 독일민족 출신들이 나치점령 아래에서 어떻게 행동했는지와 관련 있음을 드러내지

말라고 충고했는데, 그 이유는 이것이 이미 계획된 재산이전 범위를 제한하고 근본적인 해결책으로 간주된 조치의 실행을 늦추기 때문이었다"(Burleigh 2002, p.799)는 사실을 무시한다.

92   Kritz(1995), vol.3, p.357.
93   Elster(1999), 5장.
94   이것은 헐머와 쉐펠리가 쓴 헝가리 이행기 정의에 대한 논문 제목이다 (Halmai & Scheppele 1997).
95   예를 들면 다음과 같은 것이다. 탈세행위에 죄책감을 느꼈다면 세무 당국에 무기명 수표를 보낼 수도 있다. 만약 세무 당국이 무기명 기부금을 받지 않는다면 대신 그 액수에 해당하는 돈을 태울 수도 있다.
96   Seneca, *On Anger* II. xxiii.
97   Giordano(2000), pp.199-208.
98   이 막대가 가리키는 방향을 이해하는 데는 Kuk(2001), pp.198-99가 도움이 된다.
99   Nino(1996), p.39.
100 Huyse & Dnondt(1993), p.69.
101 Dominico(1990), p.179.
102 Novick(1968), p.157 n.3에서 인용. Lacouture(1985), vol 2, p.140도 참고. 드골의 복수심 결여는 또한, 아마도 가장 중요한 것인데, 자국을 승전국의 반열에 올려놓는 이미지를 창출하려는 그의 욕망과 관련된다.
103 Lottman(1986), p.272.
104 프랑스, 벨기에, 네덜란드 사례를 언급하면서 라그루는 다음과 같이 쓴다(Lagrou 2000, p.25). "무엇이 그리고 누가 저항, 수용, 그리고 부역을 촉발했는가에 대한 정의는 전후에 가장 격렬하게 논의된 정치적 이슈 중 하나였다." 프랑스에서 국회는 1950년 3월에 누구나 선망하는 전투원의 십자가(carte du combattant)훈장을 받으려면 노르망디 상륙작전 직전 최소 90일 전에 레지스탕스 활동에 참여했음을 증명해야 한다는 법을 제정했다. 비슷한 유형의 벨기에법에서는 상륙작전 전에 이루어진 활동이면 충분했다(ibid., pp.45, 51).
105 Virgili(2000), pp.111-15, 208-9; Lacouture(1985), vol.2, p.140.

106 Hamoumou(1993), p.250; Méliani(1993), p.57.
107 Novick(1999), p.75.
108 Ibid.
109 Ibid., 2장.
110 Ibid., 3장.
111 고안된 감정(contrived emotion)은 그 소비적 가치―말하자면 행위자의 자기 이미지에 미치는 긍정적인 효과― 때문에 향유되는 감정을 말한다. 예를 들어 사람들은 세계의 빈곤문제를 생각하면서 의분을 느끼지만 그것이 결코 지갑을 여는 행위로 연결되지는 않는다. 다이애나 황태자비의 죽음이 주는 슬픔도 대부분 이런 의미에서 고안된 것이다.
112 Ibid., p.165.

· · · ·

제9장
정치

I. 머리말

정치는 "순수한 정치적 정의"를 통해 그리그 사법적 정의에 대한 정치적 간섭을 통해서 이행기 정의에 영향을 미친다(4장). 이 경우, 정치적 결정은 행정 영역이 좌우한다. 이 장에서 나는 이행기 정의—그저 목적이든 다른 목적을 달성하기 위한 수단이든 관계없이—를 형성하는 **정당의 기능**에 초점을 맞춘다. 주로 의회정치를 다룰 예정이지만, 초당적 또는 혁명적 정치 등도 고려한다.

정당의 영향력은 결정적일 수 있지만 다른 정치행위자에 의해 제한되기도 한다. 상황에 따라 정당은 행정부에 밀려 부차적인 위치를 차지할 수도 있다. 1815년의 프랑스에서 국왕은 법안 발의의 독점과 수정안에 대한 거부권을 동시에 가지고 입법부를 통제했다. 벨기에는 1945년 3월의 의회가 법령에 따른 통치권을 국민통합 연합정부에 위임하는 비정상적인 상황에 처했다. 새롭게 들어선 좌파정부는 전권을 쥐고 수만명에 달하는 시민들의 기본권을 박탈하는 포고령을 제정했다. 이러한 의회 회피는 형식적으로 합법이었지만, 정치게임의 암묵적 규칙을 위반한 것이다.[1]

2차세계대전 말기 독일과 이탈리아의 경우처럼 정당은 점령세력에 의해 제약되기도 한다. 독일에서는 연합국이 1954년까지 공식적인 통치권을 가지고 있었다. 당시 이탈리아 정부는 해럴드 맥밀란의 1945년 2월 24일의 비공식적인 외교적 메시지를 이탈리아가 인적 청산과 재판을 자유롭게 하도록 허락한 것으로 해석했다. 당시 행정부는 부인했지만, 이탈리아정부는 영국 외무부와 미국 국무부의 지원을 받았다. 그해 말, 연합군은 숙정과정에서 손을 뗐다.[2] 우리가 7장에서 본 것처럼 정당은 또한 군사와 보안 분야에 걸쳐 여전히 영향력을 발휘하는 이전체제 때문에 제약될 수 있다. 아르헨티나와 우루과이 의회는 타협적 거래의 결과 여전히 위협적인 군부 때문에 퇴행하는 이행기 정의의 한계를 극복하기 위해 노력했다.

일부 정당은 이행 과정에서 등장한다. 1989-90년 이행 이전에 동유럽 공산당은 여기서 논의하는 의미의 정당이 아니었지만, 정치적 상황이 변하자 선거정치에서 경쟁력을 갖추기 위해 자발적인 변신을 꾀했다. 이전의 저항세력 또는 반체제 인사들은 자신들이 투쟁해온 이념을 구현하기 위해 창당하기도 한다. 남아프리카민족회의, 폴란드의 연대, 체코슬로바키아의 시민포럼, 프랑스의 인민공화국운동(Movement Republican Populaire) 등이 그 예들이다. 독재체제가 민주주의체제에 선행한 경우, 과거에 있던 정당이 새로운 모습으로 재등장하기도 한다. 2차세계대전 당시 독일점령국가들처럼 억압적인 체제가 짧은 기간 이어진 경우에는 추방됐거나 또는 지하에 숨어있던 전통적인 정당들이 일순간에 복귀하기도 한다. 우루과이의 양대정당인 블랑코당과 콜로라도당의 대립은 군사독재 이전부터 있었고 민주화 이후에도 비록 약화되기는 했지만, 여전했다. 헝가리에서는 공산정권 이전에 있던 "소농당"(smallholder party)이 차별화된 배상정책을 내걸고 1988년에 다시 등장했다. 종종 이런 전통적인 정당의 지위는 독재정권 시절의 정치적 공백기간 동안 당을 이끌었던 지도자들의 활동으로 강화되거나 위축된다. 예를 들어, 1945년 이후 서유럽 공산당에 대한 높은 수준의 지지는 2차세계대전 중에 활발하게 전개된 공산주의 저항운동 덕분이었다. 이들 정당의 궁극적인 목적은 매우 다양하지만, 대체로 공유하는 지향점은 선거에서 승리하는 것이다.

2절은 선거정치의 기능을 다룬다. 3절은 구나치주의자와 탈공산주의 정당(구공산당을 계승한 정당)이 자신들에게 영향을 줄 수 있는 법안을 만들기 위해 어떻게 노력했는지를 살펴본다. 4절은 이행기 정의의 정책이 그게 보수적이든 혁명적이든 더 큰 이념적 비전으로 동기화되는 사례를 살펴보면서 결론을 대신한다.

II. 선거정치

정당은 선거에서 승리하기 위해 유권자에게 어필할 수 있는 정책을 제안하여 표획득(vote seeking)에 전념한다. 또 자신들이 내세운 정책안을 거부할 가능성이 있는 측의 선거권을 빼앗는 표저지(vote denying)전략을 구사할 수도 있다. 후자는 현대사회에서는 통상적으로 고려되지 않는다.[3] 체제이행과 같은 특수한 상황에서는 채택 가능할 수도 있다. 1945년 오스트리아에서는 세 주요 정당이 50만 명에 달하는 나치당원의 선거권 부여 여부를 놓고 의견이 갈렸다. 공산당은 선거권 박탈을 열성적으로 환영했고, 보수성향의 인민당은 "소수" 국가사회주의자들에게 선거권을 주는 방안을 찬성했으며, 사회주의자들은 그 중간쯤에 있었다.[4] 정당 간의 차이가 나치청산정책에 대한 견해 차이를 반영한 것인지 아니면 선거구를 유리하게 바꾸기 위한 욕구를 반영한 것인지는 단정할 수 없다. 그러나 후자의 욕구가 상당부분 작용했음을 부인할 수는 없다. 최종적으로 국가사회주의자들의 선거권은 박탈되었다.

벨기에서 6천명에 달하는 부역자(inciviques)의 시민적, 정치적 권리를 박탈한 1945년 9월 19일의 포고령을 둘러싼 주요 논쟁거리는 선거권과 관련된 것이었다.

늦어도 1946년 봄에는 총선거를 치를 것으로 알려졌다. 이 첫 번째 선거대결의 열기는 대단했다. 가톨릭 단체와 좌파 단체들은 **부역자**의 표가 사회기독당의 플란데른(Flemish)[역주1] 분파로 몰릴 것이라고 추정했다. 플란데른 진영은 숙정정책이 사실은 자신들에게 돌아올 표를 사전에 차단하려는 선거공작에 지나지 않은 것으로 판단했다. 또한 가톨릭 계열 정치인들도 여성에게 투표권을 부여하는 것을 반대하는 좌파세력에 대해 비슷한 생각을 하고 있었다. 그들은 '우파는 부역자의 도움 또는 최소한 부역자 부인들의 도움으로 선거에서 승리하고 싶어한다'는 비판에 직면했다. (…) 1946년에도 (…) 똑같은 사태가 반복되었지만, 이번에는 의회가 아니라 공직자 선거권과 관련되었다."[5]

표저지 전략에서 표획득 전략으로 주제를 돌리면, 먼저 프랑스 왕정복고 정치를 생각할 수 있다. 소수의 자유주의 진영 의원들은 재산환수에 반대했고 국유재산 구입자의 권리를 옹호했다. 따라서 몰수된 재산을 둘러싼 의혹과 불확실성의 구름을 걷어내기 위해 의원들은 원래 소유주들에 대한 보상을 강력하게 요구할 것으로 예상할 수 있었다. 그러나 고객은 자기 이익이 관철되었다고 생각하면 계속 고객으로 남아있을 이유가 없다. 같은 논리로 선거에 임하는 의원들의 관심사는 지지자의 경제적 이익증진에 있지 않았다. 결국 자유주의자들은 재산환수 소문을 퍼뜨리는 등 사실을 왜곡한 선거전략을 동원하여 재산구입자들의 미래

역주1 벨기에 북부 플란데른 지방에서 쓰이는 네덜란드어.

에 대한 두려움이 지지로 연결되기를 원했다. 보호하는 것처럼 보였지만 사실은 착취행위였다.[6]

표획득 전략의 최근 예로 오스트리아와 벨기에를 비교할 수 있다. 두 나라 모두 1945년에 선거권을 박탈당한 유권자들이 1949년 선거에서는 선거권을 대부분 회복하여 양대 정당에 비슷한 과제를 안겨주었다. 오스트리아에서는,

> 보수정당인 오스트리아국민당은 의회에서 직접대화와 호소를 통해 구나치의 표를 얻기 위해 고심했지만, 사회당은 제4당을 창당하기 위한 정치적 책략을 채택했다.(공산당이 제3등이었다.) 제4당은 1945년에 정치적 권리를 잃어버린 구나치들로 구성된 독일국민당 유권자를 끌어들여서 국민당으로 표가 가는 것을 막아야만 했다.[7]

어떤 면에서 사회주의자들의 전략은 잘 먹혀들었다.[8] 새 정당인 독립유권자연맹―오늘날 자유당의 직계선조다―은 12%의 득표율을 기록했다. 벨기에서 사회-기독당의 플란데른 분파는 가혹한 숙정완화법안을 제안하는 등 오스트리아보수당과 같은 노선을 취했다. 이 입법의 목적은 민족주의 계열의 신당으로 갈 수도 있는 플란데른진영 유권자들을 끌어모으기 위한 것이었다. 그러나 프랑스어권 표가 사회주의자에게 가는 것을 두려워한 민족주의 계열 조직들은 동참하기를 꺼렸다.[9] 결국 1954년에 민족주의 플란데른당이 들어서면서 이 전략은 성공하지 못했다.

덴마크와 프랑스에서 사회주의자들과 공산주의자들은 처벌 강경론을 취하면서 서로 필요 이상으로 경쟁했다. 프랑스 공산주의자들은 1940년 7월 페탱정권에 투표한 사회주의자들의 실패와는 다르게 "75,000명에 달하는 공산주의자들이 독일에 의해 처형된 덕분에"[10] 도덕적 우위를 점할 수 있었다. 프랑스 "사회주의자들은 같은 비율의 유권자들을 확

제9장 정치

보하기 위해 공산주의자들과 경쟁했다. 저항주의(resistantialisme)가 아직은 어느 정도 호소력이 있던 시기에 그들은 규모가 더 큰 공산당의 강경노선에 끌려서 인적 청산 이슈에 갇히는 것을 두려워했다."[11] (그러나 공산당의 강경노선은 순전히 전술적인 것이었다. 이탈리아 사례를 논의할 때 알게 되겠지만, 공산당은 서로 다른 극단으로 치닫기도 한다.) 1945년 11월, 덴마크에서 법무부 장관이 독일에 협력한 혐의로 유죄를 선고받은 사람 중 일부를 조기에 석방하는 법안을 제안했을 때, 사회당은 반대했다. 즉 "과거청산(retroproret)이 정당정치에 감염되었다. 공산당은 선거에서 18석을 얻었고, 사회당은 설 자리를 잃고 있었다. 이 상황에서 사회주의자들은 공산주의강령의 핵심 중 하나인 과거청산 문제에 대해 확고한 태도를 견지해야 했다."[12] 벨기에, 네덜란드, 노르웨이에서도 공산주의자들은 특히 비타협적인 태도를 취했으나,[13] 사회주의자들은 처벌문제에 대해서 기대한 만큼 강경한 자세를 견지하지는 못했다.[14]

이탈리아에서는 이 패턴이 역전되었다. 공산당 지도자 톨그리아티(Togliatti)는 모스크바 망명 시절에는 숙정과 재판의 필요성에 대해 강경노선을 취했다. 1944년 봄, 귀국했을 때 그의 입장은 다소 완화되었는데, 그 이유는 이탈리아 공산당(Partito Communista Italiano, PCI)을 주력정당으로 키우고 "탈파시즘 정책의 추진으로 가장 큰 타격을 입을 게 자명한 중산층의 지지를 끌어낼"[15] 필요가 있었기 때문이다. 게다가 1943년 이후 저항운동과 공산당에 가담했던 파시스트 출신 인사들도 강경노선을 거부했다. 사르데냐 지방의 어느 지방장관은 공산당과 기독민주당 양쪽에서 절반 정도의 당원들이 파시스트 출신인 반면, 사회당은 30%만이 파시스트 출신이었다고 평가했다.[16] 나중에 톨그리아티는 북부에서 일어난 이른바 "야만의 숙정"을 저지하려고 노력했다.[17] 1946년, 법무부 장관으로 취임한 그는 이탈리아의 이행기 정의를 거의 종식시킨 사면법을 제안했다. 이 법은 특히 법원에 재량권을 크게 위임하였다.[18] "파시스트와 그 래에서 항상 단호했던 사회주의자들은 사면반대 투쟁에 앞장 섰다. 물론, 공산당과 양립하기 위해서는 자신들의 존재를 부각해야할 필요도 있었다."[19] 그러나 공산당이 다음 해에 연립정부를 떠났을 때, 그들은 비타협적인 노선으로 돌아섰으며, 사면을 반동세력의 작태로 규정하고 강경한 어조로 반대했다.[20]

우리는 또 최근의 이행에서 선거와 관련된 과잉대응과 그 반대의 과소대응의 예를 발견한다. 아르헨티나의 알폰신 정부는

"군부에 너무 관대한 것으로 비치면 사회 통치력을 상실하고 결국 선거에서 패배할 것이라고 걱정했다. 사실 1987년이 그랬다. 반면 야당은 정부가 소급적 형사처벌에 확실하게 성공하면 여당이 향후 선거에서 압승하게 될 것을 걱정했다. 그러나 군부에 너무 많은 양보를 하면 민주주의가 공고화되지 못할 것을 우려한 정당들은 연합할 수밖에 없었다.[21]

결국 각 정당들은 군부에 너무 적게 양보해도 너무 많이 양보한 만큼의 위험이 따른다는 판단 안에서 움직인 것이다. 알폰신은 최소한 허락되는 범위 안에서 엄격하게 대처하고자 했으나, 페론주의자들은 관대한 조치를 원했다. 그 이유는 군부를 달래기 위해서라기보다는 군부처벌을 갈망하는 유권자들이 경쟁당에게 보내는 지지를 끌어내려서 선거에서 유리한 고지를 점하기 위한 것이었다. 따라서 페론주의자들은 "공개적으로는 소급적 형사처벌을 옹호하는 비타협적 태도를 보였고, 반면 사적으로는 양보를 요구했다."[22]

동유럽에서 이행기 정의의 선거정치는 두 가지 형태로 나타났다. 다음 절에서 살펴보게 될 **선제조치**(preempting)와 **과잉대응**(overbidding)이 그것이다. 후자의 가장 인상적인 예는 이행 직후 폴란드에서 나타났

다. 7장에서 내가 검토한 이유로 이행을 합의한 연대"좌파"[23]는 스페인 모델을 따르고 싶어했다.[24] 이 노선을 비판한 집단 중에는

> 자신들이 연대의 권리를 대표하지만 적어도 두 가지 이유—첫째, 자신들은 정작 원탁협상에서 주변으로 밀려났으며, 둘째, 마조비에츠키(Mazowiecki) 정부가 자신들에게 만족할만한 권력지분을 넘겨주지 않았다는 이유로—에서 뼈 아픈 개인적 좌절을 겪었다고 생각한 야심 많고 권력에 굶주린 정치인들이 있었다. 이 집단의 지도자 카친스키(Jaroslaw Kaczynski)는 역사적 정의에는 관심이 없었다. 무엇보다도 그는 마조비에츠키를 축출하고 싶어했으며, 이를 위해서는 공산주의에 온건한 태도를 견지하는 그의 추종자들을 비난하는 게 최적의 방법이라고 생각했다.[25]

카친스키는 어떤 의미에서 익숙한 유형이었다. 그는 우선 전술적으로 자기 동료들과 마찬가지로 철저한 반공주의자인 것처럼 보이기 원하는 이른바 반-반-반공산주의자였다. 이행기 정의에 대한 반-반공산주의자(연대좌파)의 태도는 공산주의자(이들도 역시 협상테이블에서 스페인 모델을 수용했다)들과 자연스럽게 일치했기 때문에, 카친스키는 이데올로기적 친화력을 증명하기 위해서 정책적 태도의 정체성을 부각하고 싶어했다. 1990년 12월의 대통령 선거에서 카친스키의 지지를 받은(이행 이후 경제침체 덕분이기도 했다) 레흐 바웬사는 마조비에츠키를 현격한 표 차이로 이겼다. 그러나 다음 해 의회선거 이후, 카친스키는 바웬사를 등지고 얀 올셰프스키(Jan Olszewski)를 수상으로 앉힌 우파당 연합을 결성했다. "1992년 6월 4일, 올셰프스키 내각의 내무장관은 공산당 시절의 기밀문서철에서 발견된 공산당 첩자와 협력자 명단을 의원들에게 제공했다. 이 명단에는 바웬사는 물론이고 인적 청산을 열성적으로 지지한 인사들이 포함되었다."[26] 1995년, 바웬사는 자신이 당했던 그 전략을 그대로 채

택하여 올레스키(Oleksy)[역주2]수상이 러시아 스파이였으며 지금도 여전히 그렇다고 비난했다. "처음부터 사정을 잘 아는 많은 사람들은 올레스키 사건은 정치권력 투쟁 안에 도사린 반공산주의적 정서 위에서 놀아난 야만적인 조작이라고 의심했다."27 이 연쇄반응은 프랑스 공포정치에 비교되었는데, 아담 미흐니크(Adam Michnik)는 "단두대의 논리"라고 설명했다. 그는 또한 "청결한 자는 청결함을 위해 항상 청결한 것만 찾는다"28고 경고한 1944년 리옹공화국위원회 위원장인 이브 파르게를 인용하고 싶었을 것이다. 나중 설명에 참고하기 위해 여기서는 이러한 투쟁은 숙정에 관련된 그 어떤 입법으로도 연결되지 않았다는 점만 기억하자.

III. 구나치와 구공산주의자들

앞 절에서 나는 "새로운" 지도자들이 어떻게 이행기 정의를 선거에 유리하게 이용하는가를 살펴보았다. 이제는 "퇴장하는" 엘리트가 이행기 정의에 영향을 미치기 위해서, 특히 처벌에서 자신을 보호하기 위해서 선거정치를 어떻게 이용하는가를 살펴본다. 내가 검토한 두 사례에서 가해자들은 (라틴아메리카처럼) 군사력이나, (남아프리카처럼) 우월한 경제력만으로는 면책을 얻어낼 수 없었다. 그들은 의회정치에 참여하는 유권자의 힘을 빌려야 했다. 이 전략은 이전의 독재체제가 정치적 추종세력이나 협력자를 광범위하게 구축할 만큼 장기간 권력을 쥐고 있었거나, 또는 새로운 체제가 자신들에게 정당 또는 압력간체를 조직하여 기존 정당에 영향력을 발휘할 정치적 기회를 제공했을 때 비로소 가능하다.

역주2 1946~2015. 폴란드의 좌파 정치인. 1989년 원탁회의에서 공산당을 대표했다. 1995~96년 총리를 역임했다.

이러한 조건은 1945년 이후 독일에서 그리고 1989년 이후 동유럽에서 충족되었다. 그럼에도 이 두 전체주의 체제에는 중요한 차이가 있다. 구나치 세력의 경우 지도자집단 내에 수많은 광신자들이 있었으나, 구공산주의 엘리트들은 대부분 기회주의적 성향을 보인 것이다. 내부에서 자생적으로 발전한 나치이념과 비교해서 공산주의는 외부에서 유입된 탓에 그 이념이 일반국민들에게 상대적으로 약하게 착근되었다. 카다르 야노시(János Kádár)[역주3]는 "나를 적대시 하지않는 사람들은 전부 내 편이다"고 발언한 반면에, 히틀러는 무조건적이면서 열성에 가득찬 지지를 요구했고 나아가 자기 의지대로 그것을 얻어낼 수 있었다. 불가리아를 제외하면 구공산주의자들은 이행 이후 최초의 자유선거에서 초라한 성적을 거두었다. 이어진 일련의 선거에서 그들이 이룬 예상 외의 성공은 공산주의의 이념적 부활의 결과라기보다는 새로운 정부의 경제정책이 실패한 탓이 훨씬 컸다. 그러나 더 근본적인 차이가 있는데, 구나치의 군사적 잠재력은 연합군의 점령으로 현저하게 약화됐으나, 구공산주의자들에게 그런 제약이 없었다는 점이다. 연합국의 압력으로 서독에서는 네오나치당의 활동이 금지됐으나,[29] 모든 구공산국가는 공산주의 이념을 승계하는 정당이 법적으로 보장되어 있었다. 따라서 이 사례를 비교하는 데서 우리는 독일에서 "구세력"(Ehemaligen, 구나치)의 후원과 영향력 증대와 함께 그들을 직접적 대의활동이 아니라 간접적 로비활동에 의존하게 한 강력한 제약요인을 염두에 두어야 한다.

　　구나치의 주장과 그 지지세력을 설명하기 위해서 나는 노르베르트 프라이의 암울한 연구인 과거사 정치(Berganheitspolitik)[30]를 많이 따른다. 그의 설명에 따르면 1940년대 후반부터 1950년대 중반까지의 주요 쟁점은 특정 유형의 전쟁범죄에 대한 사면, 나치청산 정책의 종식, 해고

역주3　전 헝가리 총리

된 공두원의 복직, 유죄판결을 받은 전범의 석방 등이었다. 여기에서는 주요정강과 소수 정당뿐만 아니라 강력한 영향력을 가진 토비집단도 활동하고 있었다. 가톨릭교회와 특히 개신교회는 관대한 조치를 열렬히 옹호했다. 뉘른베르크 재판의 주력 변호인단의 핵심적 구성원들인 하이델베르크 법률가 집단도 배후에서 중요한 역할을 했다. 연합국측에서 주요 억제세력은 미국 군사총독인 루키우스 클레이(Lucius Clay, 1945-49)와 그 후임자인 미국 고등판무관 존 맥클로이(John McCloy, 1949-52)였다.

1952년에 금지되기 전까지 네오나치당(사회주의제국당)은 연방의회에 의원을 배출하지 못했다. 1949년에 치른 첫 번째 연방선거에서 사회당과 기독민주당은 각각 약 30%의 득표율을 기록했고, 자유민주당(FDP)은 12%, 독일당(GP)은 4%를 얻었으며, 나머지는 여러 군소정당이 차지했다. 두 거대정당이 "나치즘에 온건한 태도를 보였다"면 그것은 주로 실용적인 이유 때문이었다. 그들은 "단순가담자"(가장 흔하고 가장 사소한 범죄자 범주)의 잠재력을 끌어내고 또 주변의 모든 이해당사자 집단들의 동태를 확인하기 원했다."[31] 나치전력을 언급할 때, 그 어떤 종류의 일상적인 말이라도 "많은 유권자의 표와 연결될 수 있기"[32] 때문에 그들은 예외없이 "혼란" 또는 "소동"과 같은 완곡어나 우회적 표현을 사용했다. 과거전력에 흠결이 없는 아데나워수상은 한스 글롭케(Hans Globke)와 같은 제3제국의 능력있는 관료들의 협력이 없으면 국가재건이 불가능하다고 확신하고 있었다.[33] 그는 또한 독일의 재무장―그 자신뿐만 아니라 미국도 바라는―은 전범재판의 종식과 집행 대기 중인 사형수 전범의 감형을 필요로 한다고 주장했다. 그는 연합국의 고등판무관에게―경고로 위장한 협박의 고전적인 사례에 속하는데― 만일 관용을 베풀지 않으면 "독일국민들의 마음을 사로잡아 유럽안보를 위한 자발적 협력을 끌어내는 것은 거의 불가능할 것이다"[34]고 말했다.

자유민주당(FDP)과 독일당(GP)의 주장은 이념적 함의가 더 강했다.

아데나워 정부의 초대 법무장관인 토마스 델흘러(Thomas Dehler)는 자유민주당 출신이었다. 그 자신은 히틀러정권에 반대했지만, 입각 후에는 나치잔재를 보호하는 데 적극적이었고 종종 앞장서기도 했다. 예를 들어 그는 독일의 전쟁범죄에 대한 프랑스의 재판이 "군부대의 통역자, 트럭 운전사, 요리사 들에게도 사형을 선고하고 있다"35고 주장했다. 오라두르(Oradour)학살재판에서 그는 "인간으로서 감당할 수 없는 일"은 642명의 피해자뿐만 아니라 투옥된 독일인에게도 해당된다고 주장했다.36 그러나 나중에 그는 두 명의 악명높은 나치관리인 베르너 베스트(Werner Best)[역주4]와 에른스트 아켄바흐(Ernst Achenbach)[역주5]가 자유민주당에 합류하지 못하도록 하는 데 어느 정도 성공을 거두기도 했다.37 자유민주당의 또 다른 영향력 있는 인사인 아우구스트 마틴 율러(August Martin Euler)는 나치청산정책이 "모겐소 계획의 영향 아래"38 추진되었다고 주장했다. 헤세(Hesse)지방선거 결과를 논평하면서 그는 나치출신 시장을 자유민주당 명단에서 제외하여 독일당(GP)이 그 인물을 가로채도록 한 나치청산 지방재판소 소장의 소심한 행동을 강력하게 비난했다.39

사실 독일당은 "구나치들의 요구와 필요에 조직적으로 영합하고 있었다."40 독일당 의원인 한스 크리스토프 제봄(Hans-Christoph Seebohm, 나중에 아데나워내각에서 장관을 지냈다)은 1948년의 사형제 폐지가 폭력에 기초한 모든 체제와 결별하고 "지난 15년간 수많은 사형선고를 내림으로써 결국 1945년 이후의 전범 처형과 1945년 이전의 만행을 은연중에

역주4   1903~1989. 2차대전 초기 SS대장이었고, 제국보안본부(RSHA) 내에서 게슈타포 간부였다. 1942년 부터 종전까지 덴마크 전권대사로 활동했다.

역주5   1909~1991. 나치당원으로 나치프랑스 독일대사관에 근무했다. FDP 소속으로 연방하원의원(1957~1976)을 지냈다. 1974년, 그가 프랑스 주재 독일대사관 근무시 2,000여 명의 유태인을 체포했다는 폭로가 나왔다.

등치하는 오류에서 벗어나는 것을 의미한다"[41]면서 전범들에 대한 사형선고를 반대했다. 나치의 잔인성과 연합군의 만행 의혹을 이른바 피장파장(tu quoque)의 논리로 비교하는 행위는 사실 공공토론장의 일관된 주제의 하나였다. 전직 친위대장교가 최악의 전쟁범죄는 히로시마에서 벌어졌다고 주장하는 것은 놀라운 일이 아니지만, 개신교의 최고지도자 중 하나인 테오필 쿠름(Theophil Wurm)[역주6]이 어떻게 독일전범을 수사한 "미국장교들의 가혹행위는 나치의 그것에 뒤지지 않았다"[42]고 주장할 수 있었는지는 이해하기 힘들다. 더 우스꽝스러운 것은 가톨릭사제 요한 노이호우슬러(Johann Neuhäusler)[역주7]가 독일전범을 수용한 교도소의 소장이 화재위험이 있다면서 사순절 재림화환을 치운 것을 불평했다는 점이다. 그는 "유태인수용소에서도 그런 일은 없었다. 나는 사순절과 크리스마스를 수용소에서 지냈는데, 나치들이 재림화환이나 크리스마스트리를 치운 적은 없었다"[43]고 불만을 늘어놓았다.

자유민주당과 독일당은 나치청산 종료 문제에 대해 공통된 입장을 취했다. 이 거대양당은 자신들의 정책적인 개입을 혐의가 가장 가벼운 두 범주의 범죄자에게 제한하는 대신, 혐의가 가장 중대한 두 범주의 범죄자에 대한 나치청산작업의 종료를 원했다. 이 중대한 범죄자 수가 적은 점을 고려한다면(3백5십만 명에 걸하는 청산대상자 중 2만5천 명이 여기에 해당되었다),

---

역주6 1868~1953. 복음주의 신학자. 교회와 사회의 탈나치화를 반대하고 나치의 오스트리아 합병을 '신의 섭리'라고 설교했다. 반유태주의자지만 유태인 학살에는 명백한 반대의사를 표명하고, 히틀러에게 항의 편지를 쓰기도 했다.

역주7 1888~1973. 제3제국의 저항운동가. 1941년부터 1945년까지 강제수용소에 수감되었다.

이 집단에서 표를 얻는 것은 큰 관심사가 될 수 없었다. 대신, 나치청산작업을 종결하라는 급진적인 요구가 이 두 정당이 관리해왔던 집단보다는 혐의가 가벼운 범죄자들 사이에서 더 많은 지지를 얻을 수 있다는 고려가 이런 행위를 추동한 요인일 수는 있다. 결국, 선거전략에 입각한 분석이 모든 정치적 숙정과제에 대한 FDP와 GP의 공격적 거부를 가장 잘 설명한다.[44]

나치청산작업의 종식과 전범 석방에 대한 이러한 일관된 요구 이면에 도사린 주력세력은 개신교회, 거대기업, 고위관료들로 구성된 비공식적 동맹이었다. 1948년, 부름 주교가 주도한 개신교 주교단이 루키우스 클레이 총독에게 제출한 청원에 대한 답변에서 미국 행정부관리인 찰스 라폴레트(Charles Lafollette)는 다음과 같이 썼다.

> 파르벤과 크루프 같은 유명한 기업가들과 참모총장 같은 영향력이 큰 군국주의자들 그리고 바이츠체커[역주8]와 같은 중요한 정치인들이 재판의 마지막에 등장한다. 다시 말해서 독일을 군국주의화하고 국가적으로 오만하게 만든 인사들이 유죄를 받을 가능성이 이제야 도래한 것이다. 우리는 독일 개신교회가 항상 프로이센의 국교이었음을 잊어서는 안 된다. 우리가 맹인이 아닌 한, 교회가 이렇게 갑자기 불행한 과거사에 책임있는 인사들을 옹호하고 나서는 이유가 과거에 교회가 이들과 유지했던 밀접한 관계 때문임을 알 수 있다.[45]

이 엘리트 무리들은 나치범죄는 자신들이 아니라 "하층계급 출신들

역주8   전쟁 기간 독일 외무부의 고위관료.

로 구성된 잔혹한 살인자들과 악당들에 의해" 저질러졌다고 생각했다.[46] 자유민주당은 특히 스스로를 엘리트 그리고 (그들이 희망하는) 미래의 엘리트와 동일시했다. "나치청산과 사면에서 혜택을 본 사람들은 제3제국에서 봤던 부패한 관료와 경제적, 군사적 엘리트에 속하고 싶어했다. 자유민주당은 이러한 중상층 계급의 구성원 가운데서 그들이 희망하는 위대하고, 국가 의식이 철저하고, 경제적으로 진보적이며, 반고백적[역주9] 정당의 태생적 옹호자를 발견했다."[47] 주로 니더작센(Lower Saxony)에 기반을 둔 독일당은 더 단순한 보수주의자들로 구성되어 있었다. 그들 사이에서 두 정당은 수상에게 "막강한 압력"을 가할 수 있었다. "수상에게 우파연합과 전직 독일군장교들이 요구하는 대가는 서방통합 및 재무장과 교환하기에는 너무 높았다."[48]

사실 아데나워정부도 두 배의 대가를 치러야 했다. 국내적으로는 내부평화를 이루기 위해 **처벌을 포기**해야 했고, 국제적으로는 서방세계에 편입하는 대가로 **이스라엘에 배상금**을 지불해야 했다. 둘 중 하나를 포기하면 다른 쪽의 반대에 부딪혔다. 따라서 "영국과 프랑스의 처지에서 볼 때, 크루프(Krupp)[역주10]의 사면은 독일을 재건하고 재무장시키고 싶어하는 미국의 조급함을 드러낸 것이었다."[49] 앞서 언급한 것처럼 뉘른베르크 재판의 미국측 소추관인 텔포드 테일러(Telford Taylor)는 크루프의 석방이 매우 훌륭한 반공산주의 선전이 될 것이라 생각했다. 반대로 아데나워가 이스라엘에 대한 배상금 지불을 주도했을 때, 독일대표단을 이끈 어두운 과거의 은행가 헤르만 압스(Hermann Abs)[50]는 처음에는 독일이 배상금을 감당할 여유가 없다는 점을 들어서 이스라엘에 대

역주9 비기독교인의 입당을 허용한다는 의미다.

역주10 철강생산과 군수품, 병기제조로 유명했던 크루프 가문이 19세기에 창업한 기업. 제3제국 시절, 나치를 지지하고 강제노동에 동조했다.

한 약속을 연기하거나 취소하려 했다. 나중에 그는 이 약속을 미국의 원조 증대를 이끌어내기 위한 근거로 사용하려고 했다. 그러나 맥클로이는 "교섭의 목적은 미국 아닌 연방공화국의 공정한 처리의 표시라고 총리에게 즉시 충고했다."[51] 가해자에게 승리를 거둔 국가가 피해자에게 보상하는 장면을 연출했다면 정말 놀라운 일이었을 것이다.[52]

1989-90년 정권교체 이후 동유럽 구엘리트 그룹은 비공식적인 로비단체들을 활용하는 간접전략을 채택할 필요가 없었다. 앞에서 언급했듯이, 구공산권의 모든 국가에서는 공산당을 계승하는 정당들이 활동하고 있기 때문이었다. 이러한 정당들의 존재는 이행의 타협적 성격에 크게 기인한다. 심지어 이전의 야당이 첫 선거에 승리했을 때에도 내가 7장에서 논의한 이유 때문에 이제까지의 교섭상대자를 불법화하기는 어려웠다. 체코슬로바키아에서 바츨라프 하벨은 자신이 이끄는 시민포럼의 선거 이익에 반하는 공산당 존립을 허용했을 뿐만 아니라 새 의회에서 공산당의 존립을 보장하는 비례대표제를 채택했다.[53] 또한 여러 국가에서 공산당을 금지하는 법률안을 폐지할 수도 있는 강력한 권한의 헌법재판소를 설립했다. 독일의 부분적인 예외를 제외하면[54] 공산당원 신분이 공직진출의 부적격 사유로 간주되지 않았다.

정화법(lustration law) 제정은 동유럽 이행기 정의 정치의 주요 골격을 이루었다.[55] 폴란드에서는, 앞에서 언급한 것처럼, 1945년 이후 프랑스와 덴마크의 사회당과 공산당 간 과잉경쟁에 버금갈 정도로 비공산주의 정당 간의 과잉경쟁을 부추기는 강력한 요인들이 있었다. 그러나 정화법은 통과되지 않았다. 1993년에 후기공산주의자들이 집권했을 때, 자기 구성원과 지지자를 처벌하는 조치를 촉진하리라고는 예상할 수 없었다. 그러나 실제는 달랐다. 1997년 선거 직전에 후기공산주의 정부는 온건한 형태긴 하지만 처음으로 정화법을 제정했다. 헝가리에서도 비슷한 현상이 일어났다. 이행 이후 첫 번째 정부가 1994년 3월에 1만2천 명이 심사대상이 되는 가혹한 정화법을 통과시켰지만, 같은 해 12월에 헌법재판소가 폐지했다.[56] 1994년 5월의 선거 이후, 후기 공산주의자들이 집권에 성공했다. 헌법재판소가 이미 정화법을 위헌 처리했기 때문에 새 정부도 그대로 따를 것으로 예상했다. 그러나 헝가리 정부는 1996년에 600명을 심사대상으로 하는 온건한 수준의 정화법을 새로 제정했다.

모니카 날레파는 이러한 자기징벌 조치는 사실상 차기정부가 더 강력한 숙정법을 제정하지 못하도록 미연에 방지하는 **선제적 조치**라는 견해를 내놓았다.[57] 폴란드와 헝가리에서 후기공산주의 정부들은 차기선거의 전망이 밝아 보이지 않자 정화법을 통과시켰다. 숙정문제에 소극적으로 임하면 차기정부가 더 가혹한 조치를 취할 것이라는 예상이 가능하기 때문에 다소 온건한 조치를 도입하면 선제적으로 예방하는 효과가 있을 것이다. 이 선제적 조치가 작동하려면 두 가지 조건을 충족해야 한다. 첫째, 아래로부터의 개정 전망이 없도록 정부가 독점적으로 법안을 도입해야 한다. 둘째, 후기공산주의자들은 다음 선거에서 정권을 잃겠지만, 강경파인 반공산주의 세력이 의회에서 절대 다수를 차지하지는 못할 것이라는 기대가 있어야 한다. 반공산주의 세력이 집권하기 위해서는 강경파보다는 덜하지만 후기공산주의자에 비해서는 엄격한 이행기 정책을 선호하는 온건파 주류정당의 지지에 의존해야 한다. 이런 조건에서 후기공산주의자들은 집권기간 동안 온건한 법을 제정할 인센티브를 가진다. 이상적인 조건이 주어진다면, 상황은 그림 9.1과 같이 나타날 수 있다.

후기공산주의자, 온건파, 그리고 강경파가 선호하는 ("이상적") 정책은 각각 0, m, 그리고 1이다. 각 집단은 그 편차가 아래 쪽이든 위 쪽이든 상관없이 이상적인 정책에서 먼 쪽보다는 가까운 쪽을 선호한다. 후

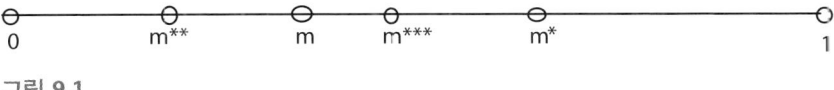

그림 9.1

기공산주의자들이 아무것도 하지 않고 결과적으로 0에서 현상유지에 머문다면 후임정부는 m*같은 정책을 제안하고, 여기서 온건파는 현상유지를 선호하게 될 것이다. 후기공산주의자들이 집권 중에 정화법을 도입한다면 후임자들이 여기에 보일 반응을 고려해야 할 것이다. 만약에 그들이 m에 미치지 못하는 m**같은 법안을 도입한다면, 강경파들은 온건파가 미미한 차이로 m을 넘는 m***을 수용하도록 할 수 있다. 따라서 반공산주의자에게 최선의 전략은 온건파의 이상적인 정책을 제안하는 것이다. 그러나 의회에서 법개정이 언제든지 가능하다면 이 추론은 의미가 없다. 그럴 경우, 온건파는 자신들의 이상적인 정책을 제안하고 채택하도록 유도하기 때문에 후기공산주의자들이 선제적으로 대응할 이유가 없다.

이 모델을 지탱하는 두 가지 조건이 폴란드와 헝가리에서 실제로 구현되었다. 헝가리에서는 모형의 예측이 실제 관찰된 사건과 거의 일치한다. 1998년 강경파가 취임했을 때, 그들은 온건한 정책을 그대로 유지했다. 폴란드에서 이 모델은 후기 공산주의자들이 온건한 정화법을 제정할 것이라고 정확하게 예측했지만, 후임자들이 더 엄격한 정책으로 이를 대체했다는 점에서 실패한다. 더 복잡한 모델에 의존한 날레파는 이런 현상이 집권연합의 역량에 의구심을 부르고 후기공산주의자들이 원래 합리적으로 기대한 것과는 다른 의회구성을 가져 온 예측불가능한 사건—그 중에는 1세기만의 대홍수도 있었다—으로 설명된다고 지적한다.[58]

중도우파연합이 의회에서 통과시킨 조치에는 단순한 숙정을 넘어서 정치적 박해와 살해사건 조사를 위임받아 사법기관 기능을 하는 국립기억연구소 설립도 포함되었다. 이 법의 정파적 성격은 1989년 12월 31일을 공산정권 종식일로 지정하여 결국 마조비에츠키의 좌파정부 인사들이 공산당 출신임을 정치적으로 적시한 점에서 잘 드러난다.[59] 또한 이 연구소의 소장과 이사회는 의회에서(공산당 출신 대통령 크바시니에프스키(Kwasniewski)[역주11]가 아니라) 선출됐으며, 재임기간도 매우 길었다.(이 조치는 나중에 좌파가 장악한 의회에서 다른 인물로 대체되는 것을 방지하기 위한 것이었다). 크바시니에프스키가 거부권을 행사하고 집권 연립여당이 이를 저지할 수 있는 의결정족수를 확보하지 못하자, 집권연합은 야당인 폴란드농민당과 협상을 시도했다. 최종적으로 이 연구소의 소장은 5분의 3의 다수로 선출됐고, 임기는 원래안보다 단축되었다. 최근 연구소 예산삭감을 둘러싼 정치적 논란은 폴란드에서 과거청산 투쟁이 여전히 진행 중임을 보여준다.

IV. 정치이념과 이행기 정의

나치전력자들은 이념적 비전 위에서 이행기 정의에 **반대하는** 투쟁을 전개했다. 이 절에서 나는 정치집단과 정당이 더 큰 이념적 계획을 실행하거나 공고화하기 위한 수단으로서 이행기 정의를 **수용한** 몇몇 사례를 검토하고자 한다. 우선 몇 가지 보수적 또는 과거지향적 이념을 검토한 다음, 이행기 정의에서 나타나는 반란적 또는 혁명적 동기를 살펴보면서 이 장과 이 책의 결론을 짓기로 한다.

  1815년 이후 프랑스에서 극우파(급진왕당파)의 핵심목표는 프랑스혁명으로 분할된 많은 재산들을 재건하는 것이었다. 그들의 주장에서 이익, 열정, 그리고 공익을 향한 관심이 혼합되어 다양한 정치적 이념으로 재현되었다. 급진왕당파 중 하나인 조스부아르(Josse Beauvoir)에게는 대지주만이 존경받을 자격이 있었는데, 그 이유는 그들이 "확보보다

역주11   1954~ . 1995년부터 2005년까지 대통령을 지냈다. 1977년 연합노동자당(공산당)에 입당했고, 공산당 신문 편집장으로 일했다.

는 유지에 더 관심이 있었기 때문이다." 유명한 사상가 루이 드 보날드(Louis de Bonald)에게 있어서 대규모 자산은 "자연 그 자체만큼이나 영속적인"[60] 자원으로서 사회의 기반이었다. 따라서 토지재산은 특별히 법적으로 보호를 받아야 했다. 2장에서 나는 1823년에 작성된 변호사의 발언을 인용했는데, 그는 "토지재산에 대한 단 한 차례의 공격이 20건의 유동자산에 대한 공격보다 공동체에 더 많은 해악을 안겨준다"고 주장했다.(이 레토릭에는 반유태주의적 함의도 있다.) 급진왕당파 지도자인 비렐르(Villèle)는 "우리는 부르주아가 영주를 모방하려는 것을 막기에 앞서 귀족들이 부르주아의 삶을 덜 열망하게 만드는 농업적 도덕관을 재창조하려고 노력해야 한다"고 썼다.[61]

1825년 배상법의 이면에 있는 목적 중 하나는 대규모 영지가 분할되는 것을 막는 것이었다.[62] 비록 이주자들이 토지를 돌려받지는 못했지만, 보상 자금으로 토지를 되찾아서 선거권과 피선거권을 행사할 수 있는 경제적 요건을 엄격히 적용하여 대지주 계급을 새로운 정치엘리트로 만들고 싶어했다. 그러나 실제로 많은 이주자들이 이 목적을 위해서 보상금을 사용한 것 같지는 않다. 몰수재산의 대부분은 구입자들 손에 그대로 남아 있었던 것으로 보인다.[63] 1815년과 1848년 사이에 대규모 토지재산의 재편성이 있었지만, 이 토지집중의 대부분은 1825년 이전에 이루어졌다. 또한 많은 대규모 자산들이 토지가 가장 안전한 투자처라고 판단한 부유한 부르주아계급의 수중으로 들어갔다.[64] 루이 18세가 몰수재산의 물리적 반환을 포기하도록 강요받으면서 이 간접적인 전략으로 옛 생활방식을 재구성하는 것은 불가능하다는 게 증명되었다.

헝가리에서도 1989년 정권교체 이후 비슷한 "실패한 복고"가 나타났다. 토지재산 환수를 가장 강력하게 요구한 것은 독립소농당이었다. 이 정당은 1945년 11월 정부를 장악하여 급진적인 토지개혁을 실시한 바 있다. 몇 년 후 이 당은 공산당과 강제로 통합되었다가 1988년 말에

당을 자건하고, 위탁협상에 소수파 자격으로 참여했다. 이 당의 지도자는

> 매우 구체적이고 제한된 의미의 환수—즉 1947년 농지소유 관계로의 회귀—를 추구했다. 이는 중요한데, 전후의 토지개혁으로 대지주에서 소농과 농업노동자에게로 농지가 재분배된 시점 이후이고, 공산당의 강제적인 집단화가 시작된 시점 이전이기 때문이다. 1947년이라는 시점은 또한 유태인 소유 재산(농지를 포함하여)이 몰수당하고 수많은 독일 민족(Volksdeutsche)이 헝가리에서 추방당한 직후이기도 했다. 따라서 소농들에게 재산환수는 농업부문에 대한 강조의 선언이자 평등하고 동질적인 농민지향적 문화로 특징되는 헝가리 고유의 사회질서를 재구성하는 수단으로 보였다.[65]

1815년 이후 프랑스 경우처럼 이 배상기준은 비헝가리인이나 이른바 "세계 시민"인(즉 국가관이 불투명한) 유태인이 포함되는 것을 배제하기 위해 선택되었다는 점에 유의할 필요가 있다.[66] 6장에서 본 것처럼, 피해자 간의 연대는 자동적으로 형성되지 않는다. 왕정복고의 프랑스에서도 그랬듯이 이전 토지소유 관계의 복원에 대한 욕망을 경제적 이해의 관점에서 파악하는 것은 너무 단순한 생각이다. 독립소농당은 소규모 토지소유자의 계급이익이 아니라 헝가리사회의 일반적인 이익에 부합하여 행동한다고 확실하게 믿었다. 마르크스가 지적한 바와 같이, "쁘띠부르주아계급은 원칙적으로 이기적인 계급이익이 관철되기를 원한다는 편협한 생각을 버려야 한다. 오히려 그 해방의 **특수한** 조건이 현대사회를 구원하고 계급투쟁을 피할 수 있는 **일반적** 조건을 형성하는 것이다."[67] 그러나 통치연합에서 비주류로 힘이 없었던 독립소농당은 이러한 특수이익과 일반이익의 일치가 실제로 이루어졌다고 주류세력을 설득할 수 없었다. 결국 헝가리는 배상보다는 보상의 길을 택했다.

이념적으로 동기화된 소유권 개념은 구동독의 국유재산 논쟁에서도 중요했다. 여기서는 "보수이념의 강성 소유권 원칙이 중요한 부분을 담당했다.(…) 첫째, 이 원칙은 구독일에서 이루어진 모든 몰수행위를 재검토하는 기본적 결정을 선도했다. 둘째, 강성 소유권 원칙은 강제수용 재산의 일반적인 반환원칙—보상의 일반원칙이 아니라—을 채택하는 결정에서 중요했다."[68] 이론적으로 소련 점령기(1945-49)에 몰수된 토지는 배상에서 제외되었다. 그러나 실제로는 이 토지의 일부가 재통일 과정에서 국가에 귀속되었기 때문에 이전 소유자들은 그 토지를 반환받을 수도 있었다. 즉,

> 연방정부로부터 이 부동산을 구매할 때 누가 우선권을 가져야 하는가가 격렬한 논쟁거리가 되었다. 이 중요한 정치적 싸움은 어느 면에서는 구식 계급투쟁과 유사하다. 많은 경우, 대지주나 그 후손들은 실제로 그 땅을 일구어 온 사람들과 싸워야 했다…. 더욱이, 1992년의 지침은 대체로 과거 집단농장에서 일했던 농민들의 후계자보다 보수적인 개인투자자들을 선호한 탓에 정치적, 이념적으로 많은 우려를 자아냈다. 또한 농업의 협동조합적 소유보다는 개인소유에 대한 서독의 뿌리 깊은 선호가 반영되었다.[69]

더욱이 1945년에서 1949년 사이에 국유화됐으나 국가에 귀속되지 **않은** 토지의 이전소유자에게 보상받을 자격이 주어졌다. 따라서 그들은

> 보상금의 일부를 연방정부가 보유한 동독의 부동산 형태로 받아야 한다고 주장했다. 이 주장은 1945-49년 사이의 수용은 "원상태로 되돌릴 수 없다"는 통일조약의 조항을 위반한다는 이유로 반대에 부딪혔다. 특히 사회민주당과 동독출신 정치권 인사들의 반대가 심했는데, 그들은 이런 형태의 이전은 동독의 이익에 대한 직접적인 공격이며

토지가 소수의 손에 집중되는 결과를 초래할 것이라고 지적했다.[70]

이렇게 20세기 독일역사상 세 번째로 프로이센의 대규모 "융커" 영지 문제가 표면화되었다. 1918년 10월, 독일에서 공산주의 혁명이 일어날 것이라는 전망에 직면한 영국 외무차관 에어 크로우(Eyre Crowe)는 "독일 기성질서의 붕괴가 영국에 미칠 영향에 대해서는 별로 개의치 않았다"고 말했다. 대신, 그는 "프로이센의 융커 정권과 다를 바 없는 통치체제는 붕괴시킬 수는 없다 하더라도 반드시 약화시키고 싶었다"고 토로했다.[71] 1945년, 소련이 동부 프로이센의 대규모 토지소유권의 해체를 언급한 이유도 융커-자본가-군부 복합에 대한 두려움 때문이었다. 헨리 모겐소도 융커계급을 해체하고 싶어했다.[72] 1990년 이후에도 이 쟁점은 여전히 기념적 현안으로 남아있었다.

이제까지 나는 독재정권 이전 상태로 **복원하려는** 열망에 기초한 이행기 정의의 요구들을 검토했다. 이제는 사회를 **바꾸려는** 의지, 즉 낡은 질서를 넘어서려는 노력과 밀접하게 관련되는 정책들로 눈을 돌리기로 한다. 기원전 403년의 아테네인이나 1945년의 연합국에게 독재체제의 근본원인을 제거하도록 동기를 부여한 열강은 여기서 논외로 한다. 이 두 사례에서 이행기 정의는 과두체제를 촉발한 권력남용을 제거하기 위한 헌정질서 개혁(아테네)과 (1945년의) 독일의 권력구조가 또 다시 전체주의 체제로 전환되지 않도록 하기 위한 탈중심화된 분권구조의 창출과 연결되어 있었다. 이 사건들은 중요하지만, 특정의 정치적 이념과 연결되지 않았다는 점에서 이 절의 사례로 다루기는 적절치 않다. 따라서 나는 경제부역자 처벌요구가 생산수단의 국유화 계획과 혼재되고, 파시스트 제거 및 나치청산 요구와 자본주의 폐지 요구 사이의 경계가 모호했던 2차세계대전 종식 후 이탈리아와 프랑스 상황을 검토하고자 한다. 이탈리아에서 이런 정치적 비전은 실현하기 힘든 환상에 가까웠다. 그러나 프랑스에서는 신뢰할 만한 대안 수준에 접근했다.

전쟁이 끝나갈 무렵, 이탈리아에는 공산당, 사회당, 행동당 등 세 급진 정당이 있었다. "정당이라기보다는 운동단체"[73]에 가까운 행동당은 수적으로 열세였으나 레지스탕스 운동에 가장 열성적으로 참여했다. 행동당원들은 사회당과 함께 이행기 정의에 대해 공산당보다 더 비타협적인 노선을 택했으며, 공산당 만큼이나 혁명적 구호를 구사했다.[74] 공산당이 1944년 12월에 출범한 제2차 보노미정부에 잔류하기 위해 이행기 정의에 대해 온건한 태도로 전향했을 때, 사회당과 행동당은 연정에서 탈퇴하여 거리투쟁에 나서는 편을 선호했다.[75] 전술적 차이는 전략적 차이로 반영되었다. 정통공산주의 노선은 이탈리아가 먼저 "부르주아혁명을 완성하고" 농업을 발전시키기 위해 "전자본주의적 장애를 극복하고," "민주공화국"을 건설하는 것이었다.[76] 반대로 사회당 지도자 피에트로 넨니(Pietro Nenni)는 "사회주의공화국" 건설을 주장했다. 외무부의 한 관리가 "이것은 진짜 바보같은 짓이다"고 평가했을 때, 그의 동료는 다음과 같이 거들었다. "이탈리아사회당은 놀랄 만큼 어리석은 정당이다. 아직도 20년대에 만들어진 언어를 사용하고 있으며, 자신들만의 세계에 갇혀서 영악한 공산당에게 먹힐 수밖에 없는 운명에 처해있다."[77]

원래 공산당의 온건노선은 모스크바와는 관계없이 독자적으로 채택되었다. 1943년 9월 이후, "이탈리아 레지스탕스 투쟁이 탄력을 받으면서 이탈리아 공산당은 모스크바의 노선에서 벗어나기 시작했고, 이탈리아민족해방위원회의 주도세력으로 참여하기 시작했다."[78] 그러나 톨리아티가 1944년 3월 모스크바에서 돌아왔을 때, 그는 이미 이전보다 더 온건한 정책을 추진하라는 지시를 받고 있었다. 당은 오래 전에 국왕과의 협력을 거부했지만, "모스크바에서 겨우 돌아온 톨리아티는 기자회견에서 바돌리오나 그 누구와도—심지어 국왕을 후원하는 세력들이라도— 협력해서"[79] 내각에 참여할 준비가 돼있다고 발표했다. 스탈린의 요구를 수용한 이 전환은 그 해 2월 처칠이 하원연설에서 바돌리오정부에 전폭적인 지지를 보낸 것에 대한 반응일 수도 있다. 즉,

> 처칠의 연설은 미국을 우회하여 스탈린과의 협상을 묵시적으로 제안한 것일 수도 있다. 즉 소련이 200마일 규모의 폴란드 영토를 흡수하는 것에 대한 영국의 공개적인 지원의 대가로 이탈리아에 대한 처칠의 입장을 소련이 수용하는 것이다. 스탈린은 1944년 3월 13일 이탈리아와 프랑스 공산당의 정책 전환과 함께 이탈리아 왕정을 외교적으로 인정했다.[80]

모스크바가 지시한 온건한 정책은 일반당원들의 지지를 받지 못했다. 1944년 말과 1945년 초 이탈리아 해방과정에서 공산당은 엄격한 스탈린주의적 조직을 갖추고 있지는 못했다. 대부분의 구성원들은 당의 목표에 대해 막연한 생각만을 가진 규율이 제대로 서지 못한 신참들이었다.[81] 세 통치기구—레지스탕스조직, 군사정부, 그리고 이탈리아정부—의 공존이 초래한 권력공백 속에서 서로가 서로를 무력화하는 "잠재적 내전"이 전개되고 있었다.[82] 파시스트와 부역자를 향한 복수로 동기화된 "야생의 숙청"에 더하여 "국가와 사회의 '반파시스트-혁명적' 재건을 가로막는 모든 장애를 제거하기 위한 이념적 기초를 가진 계획"이 나타났다. 구체적으로 말하면 이것은 1945년 여름과 가을의 '야생'의 숙청 대상에 성직자, 지주, 부르주아정당의 관리, 기업가 등이 포함된 이유였다.[83] 심지어 토리노의 한 공산당지도자는 피아트자동차 공장노동자들에게 이 공장의 총지배인은 지역해방위원회에게 사형선고를 받았다고 꾸며대기도 했다.[84]

야생의 숙청 대부분이 공산당과 연계된 빨치산 소행으로 밝혀지면서 이 무법적 행위의 배후에 숨은 조직적 의도를 찾으려는 노력들이 있

었다. 1945년 1월 15일자 연합군 보고서는 "독일군이 연합군에게 쫓겨날 때, 공산주의자 무리들을 통제하는 사람들이 권력을 장악할 준비를 하고 있는 것은 확실하다"[85]고 기술했다. 당내 강경파는 이 무법행위를 지지했지만, 톨리아티는 단호하게 반대했다. 행동당이 지역해방위원회에 권력을 넘겨줄 준비를 하고 있었으나, 공산당은 이러한 움직임을 경고하는 지시를 지속적으로 보내면서, 이탈리아 변혁은 "제헌의회의 민주적 길을 통해 성취해야 한다"[86]는 점을 강조하였다.

이탈리아 기업숙정위원회 활동도 레지스탕스운동에 혁명적 목적을 주입하는 데 활용되었다.[87] 북부 이탈리아의 저명한 기업가는 연합군장교와 대화하면서 다음과 같이 주장했다.

> 기업에 과중한 재정부담을 부과하고 숙정작업으로 기업조직을 마비시키는 행위는 노동자의 생활수준 향상에 기여하거나 자리를 확보하기 위해 싫은 사람을 제거하려는 단순한 동기에서 출발한 게 아니다. 이 조치에는 더 깊은 뜻이 있다. 즉 산업을 파산과 혼란으로 몰아넣어서 생산수단의 사회화와 기업의 국가소유를 가속화하려는 방대한 정치전략의 일부인 것이다.[88]

그러나 공산당이 이 "방대한 정치전략"을 채택했다는 증거 역시 없다. 톨리아티는 정책이 급진화되면 연합군이 개입하고 외국의 금융원조가 고갈될 것을 알았기 때문에 "계급투쟁 실험"을 지속적으로 반대했다. 그는 또한 대규모 대중정당 창당을 향한 목표가 중산계급에 "공포와 폭력"을 조장하는 정책과 양립할 수 없음을 알았다.[89] 따라서 결국 이탈리아에서 이행기 정의와 사회혁명 사이의 연결은 일부 운동가의 비합리적인 희망과 그들이 낳은 비합리적인 두려움 안에서만 존재했다.

많은 사람들은 1944-45년의 프랑스에 대해서도 비슷한 결론에 도

달했다. 여기서 공통적인 견해는 공산당은 "해방 당시에 쿠데타를 일으켜 권력을 잡을 의도가 없었으며 대신 가능한 한 당을 유리한 위치에 배치하고 선거에서 승리하기 원했다"[90]는 것이다. 공산당은 선거전망을 유리하게 만들기 위해 이행기 정의를 이용할 계획을 세웠지만, 혁명을 계획하지 않았기 때문에 숙청과 재판(합해서 정화(epuration)라고 칭했다)은 혁명적 전략의 요소가 될 수 없었다는 것이다.

많은 증거들이 이 견해를 지지한다. 처칠의 연설 이후 스탈린의 정책전환은 이탈리아 공산주의자뿐만 아니라 프랑스에도 영향을 미쳤다. 비록 점령기간 동안 당의 위상이 높아졌지만, 신참당원들은 마르크스주의보다는 애국주의적 경향이 더 강했다.[91] 미국과 연합군의 일부 정보기관은 공산당이 해방기간 동안 쿠데타를 일으킬 것으로 봤지만,[92] 미국 전략정보국(OSS)은 이 소문에 회의적인 태도를 유지했다.[93] 연합국의 어느 보고서에 따르면, 1944년 8월 말 니스의 "폭력통치" 기간 중 공산당 레지스탕스가 저지른 무자비한 숙청사건은 "당의 정책과 맞지 않으며, 고위급 당지도부에게 비난 받아야 하는 사건"이었다.[94] 1944년 11월 27일에 모스크바에서 돌아온 공산당지도자 토레즈(Thorez)가 드골의 공산당민병대 해체에 비판적 태도를 보이지 않아 추종자들이 실망했다.[95] 1945년 1월, 그는 레지스탕스 계열의 모든 조직을 무장해제하기 위한 드골의 정책에 전폭적인 지지를 보냈다.[96] 같은 달, 그는 국회 국방위원회에 출석하여 독일 점령 하에서 수동적으로 대처한 장교들의 퇴진을 더이상 요구하지 않고, "적극적인 부역자"[97]만 퇴진해야 한다고 발언했다. 그는 공장 불안을 조장하기보다는 노동자들에게 조국재건을 위한 "생산투쟁에 열성적으로 참여"해달라고 촉구했다.[98]

필립 부통은 최근 연구에서 이러한 해석에 이의를 제기했다.

러시아 기록브관소에 있는 문서들을 포함하여 현재 이용가능한 자료들을 검토하면, 프랑스 공산당은 해방 당시에 두 개의 다른 국면에서 실제로 권력을 잡기를 원했다. 점령기간 동안, 그 목표는 내부 레지스탕스를 기반으로 지배권을 획득하는 것이었고, 일차적 목표는 드골장군을 향해 있었다. 불행하게도 국민반란의 실패, 드골의 영리한 정책, 그리고 국제적 제약은 그들로 하여금 루비콘강을 건널 수 없도록 막았으며, 몇 번의 망설임 끝에 그 목표는 1944년 말에 포기되었다. 6개월 후, 공산당은 모든 면에서 동유럽국 동료들의 그것에 충실하게 부합하는 정책을 통해 공세를 재개했다.[99]

부통의 주장에 따르면 이 두 국면 중 첫 번째에서 공산당은 "전면전과 대중동원을 정치적 급진화와 연결한 혁명력(1793-94) 2차년도와 비슷한 전략을 선택했다. 1944년, 애국적 정화(epuration)는 대중을 동원하기 위한 고전적 도구를 넘어 국가의 적을 계급의 적으로 혼합하여 이 급진화를 이루기 위한 본질적이고 고귀한 수단을 대표한다."[100] 정화는 계급의 적에 대항하기 위해 대중을 동원할 수 있지만, 한편으로는 후자의 힘을 약화시킬 수 있다. 1944년 9월 3일, 주요 공산당매체는 "국가기구의 해체를 완료할 수 있는"[101] 공공부문의 급진적 숙정정책을 지지했다. 이 전략은 "프랑스 공직생활의 완전한 쇄신"[102]에 대한 대중의 강렬한 열망 때문에 지지를 얻었다. 동시에 "신탁"(부르주아를 통칭하는 일종의 암호)을 반역죄로 고발하는 정책은 자산의 대규모 몰수와 국유화를 정당화할 수 있었다.[103] 이 전략은 점령시기에 협력주의적 태도를 보인 기업주들에 대한 광범위한 적대감에 의해 지지받았는데, 이것은 1944년 가을의 수많은 자발적 저항을 이끌어낸 대중행동의 특징이기도 했다.[104]

드골정부와 드골 자신도 정당성과 합법성의 유일한 원천인 조직적 진정성이 의심받고 있다는 이유로 정화의 표적이 되었다.[105] 따라서 "만약 드골정부가 정당성을 상실했더라면, 반파시스트 투쟁과 애국적 전쟁의 명분으로 공산당이 이끄는 레지스탕스 세력이 동등한 수준의 조직과 부분적으로 중립화된 국가기구를 이용하여 드골정부를 전복할 수도 있었다."[106] 공산당은 정적을 제거하는 데 숙정기구를 이용함과 동시에 당에 협력하는 대가로 레지스탕스 증명서를 발급하여 당세를 불리기도 했다.[107]

부통은 자기의 주장을 입증할 직접적인 증거는 부족하다고 인정한다. 그가 그런 전복적 경향을 보이는 개별적 진술과 행위들을 풍부하게 인용하기는 하지만, 공산당의 혁명적 목표를 분명하게 확인해주는 당시의 믿을 만한 문건들은 사실상 발견되지 않는다.[108] 대신 그는 "권력쟁취 의지를 더이상 공개적으로 천명하지는 않지만, 말하지 않고도 그걸 성취할 수 있는 전략을 정교화시키는"[109] 1934년 이후의 "공산당 정치의 내부논리"의 재구성을 시도한다. "자본주의"를 뜻하는 "신탁"이라는 암호, 레지스탕스운동에서 공산당을 의미하는 "잠수함"이라는 용어에 이미 혁명을 향한 "은밀함 속의 은밀함"이 있었던 것이다.[110] 공산당은 권력에 대한 의지가 아니라 레지스탕스가 이룩한 것을 지키기 위한 열망으로 움직인다는 것을 보여주고 싶었다.[111] 이렇게 볼 때 혁명적 의도가 드러난 문서적 증거를 찾는 것은 당연히 매우 힘들 것이다.

그러나 의도는 행위자를 전제한다. 1944년 8월부터 11월 사이, 소련에 머물던 토레즈(Thorez)와 함께 프랑스 공산당의 지도부는 일관성 있는 계획을 세울 만큼 충분히 통일되지 않았다. 상황 또한 급변하였다. 당시 프랑스가 놓인 격동상황에서 혁명을 계획한다는 것은 움직이는 표적을 쏘는 것과 같았다. 의사소통 구조가 제대로 구축되지 않은 탓에 모든 형태의 중앙집권적 통제는 심각한 어려움을 겪었을 것이다. 마지막으로 공산당의 권력도전에 대한 연합국의 개입가능성도 어느 정도 억제책으로 작용했을 것이다.

이 쟁점들은 역사가의 역량에 맡겨야 할 난해한 과제들이다. 혁명적 계획으로 볼 수 있는 많은 요소들이 존재했고, 그 가운데 정화(epuration)가 중심적인 위치를 차지했다는 점은 논란의 여지가 없어 보인다. 이것들이 실제로 하나의 핵심적인 계획으로 수렴했는가는 여전히 불확실하다. 계획이 있었다 하더라도, 실천으로 이어지지는 못했을 것이다. 국민과 레지스탕스 간, 레지스탕스와 공산당 간, 그리고 국민과 당 간의 연계가 너무나 취약해서 민중봉기로 발전할 수는 없었다.[112] 설령 토레즈 복귀 이후 어떤 반란계획이 있었다 하더라도 중단되었을 개연성이 매우 크다. 대신, 부통의 분석처럼, 공산당은 권력 장악을 위한 두 번째 전략으로 돌아섰는데, 이번에는 동유럽, 특히 체코슬로바키아 사례를 모델로 하여 법적 그리고 의회적 수단을 동원하려 한 특징이 있었다. 모든 권력을 공산당이 통제하는 단원제의회로 집중되는 헌법을 강제로 채택하는 것이 핵심 아이디어였다. 공산당의 헌법초안은 고위 행정직에 반대세력이 진입하는 것을 막기 위해 행정부에 대한 급진적인 숙정을 제안했다.

> 당사자, 배우자, 그 조상, 후손, 형제, 자매 중 한사람이라도 독점적 지위를 누리는 법인, 기업 그리고 단체의 최고책임자, 경영자, 이사 등으로 참여하고 있을 때에는 고위 행정직을 맡을 수 없다.[113]

명백히 계급이념에 근거한 이 숙정 제안은 프랑스혁명 당시 반동귀족(ci-devants)에게 자코뱅이 취한 조치를 상기시킨다. 즉 "의혹은 이미 행위를 저질러서 유죄가 확실시 되는 사람이 아니라(…) 앞으로 범죄를 저지를 개연성이 있는 사람을 향한 것이다."[114] 이 특수 조항은 제헌의회가 작성한 문서에는 포함되지 않았지만, 최종 헌법안은 다른 국가 기구의 기능을 축소하는 의회에 매우 광범위한 권한을 부여했다. 그러나 1814년의 상원처럼 공산당은 스스로를 과신했다. 1946년 5월 5일, 헌법이 국민투표에 부쳐졌을 때, 유권자의 53%가 반대표를 던졌다. 부통은 그것이 주로 "제헌위원회에서 공산당의 승리가 확실시된다는 잘못된 신호가 가져다 준 공산당에 대한 반대"[115] 때문이라고 본다.

혁명을 위해 이행기 정의를 이용하려는 시도는 이탈리아보다 프랑스에서 훨씬 더 많이 있었다. 두 나라 모두 레지스탕스운동 안에서 숙정, 재판, 돌수가 새로운 정치, 경제 지도자, 즉 "새로운 인물"과 "새로운 사회"를 낳아야 한다는 광범위한 합의가 있었다. 그러나 프랑스에서만 이행기 정의를 정치체제 교체를 위한 수단, 어떻게 보면 일종의 특권적 수단으로 활용하려는 의지를 보였다. 세부사항은 아직 추측에 불과하지만, 프랑스 공산당은 성공에 근접했다가 실패했다.

주

1 Huyse & Dhondt(1993), pp.148-50; p.158 n.307도 볼 것.
2 Woller(1996), pp.354-60.
3 초기에는 광범위하게 사용되었다. 예를 들면, Keyssar(2000), 4-5장을 볼 것.
4 Stiefel(1991), pp.120-21.
5 Huyse & Dhondt(1993), pp.151-52.
6 Gain(1928), vol.I, p.420; ibid., pp.326, 408도 볼 것.
7 Bailer-Galanda(19980, p.421.
8 엥겔만(Engelmann 1982, p.145)은 1949년의 "사회주의자의 도박은 대가를 치른 것으로 보이며, 오스트리아가 다른 자유민주주의 국가보다 파시즘의 감염에 더 취약한 상황에 놓였던 것은 아니었다"고 주장했다. 그가 20년 후에 글을 썼더라면 발트하임과 하이더 사건으로 인해 생각이 달라졌을 것이다.
9 Huyse & Dhondt(1993), p.182. 여성 투표권 불인정은(투표권은 1949년에 와서야 인정됐다.) 여성들이 협력주의자인 레오폴 국왕에게 동정심을 가지고 있다는 생각 때문이었다(ibid., p.159 no.318).
10 Buton(1993), pp.202-3. 이 숫자는 과장된 것이다.

11 Novick(1968), p.179. 그러나 국유화 문제에 대해서는 반대의 유형이 발견되었다. 공산주의자들은 잘못하다가는 "주변으로 밀려나고 민중의 지지를 잃어버릴 것이 두려워" 사회주의자들의 급진적인 요구를 받아들여야 한다고 생각했다(Footitt & Simmonds 1988, p.247; Kaspi 1995, p.372도 참조).

12 Tamm(1984), p.259.

13 Huyse & Dhondt(1993), p.124; Mason(1952), p.138; Andenæs(1980), pp.61-62.

14 Brandel(2002)는 노르웨이에서는 그렇지 않았다고 지적한다.

15 Woller(1998), p.539.

16 Woller(1996), pp.201-2.

17 Ibid., p.276.

18 Woller(ibid., pp.386-91)는 사면의 계량적 효과는 알려지지 않았다고 지적한다.

19 Ibid., p.384.

20 Ibid., p.385.

21 Nino(1996), p.111.

22 Ibid.

23 여기서 의미하는 "좌파" "우파" 용어는 두 집단의 경제정책의 차이가 아니라 이행기 정의에 대한 온건한 요구와 강경한 요구의 차이에 따른 것이다.

24 스페인과 폴란드를 비교하는 폴란드식 접근에 대해서는 Kuk(2001), p.33.

25 Walicki(1997), pp.191, 193; Kuk(2001), pp.164-65도 볼 것.

26 Walicki(1997), p.197.

27 Ibid., p.203.

28 Farge(1946), p.224.

29 Frei(2002), p.263.

30 나는 Frei의 다소 어색한 영어 번역을 인용한다. 뮐러(Müller 1991)와 프로스(Pross 1998)의 연구와 함께 이 연구는 독일인들이 과거를 청산하는 과정에서 보여준 위선적이고 자기기만적인 관행에 대한 가장 생생한 그림을 제공한다.

31 Frei(2002), p.30.
32 Ibid., p.307.
33 Herf(1997), p.290.
34 Schwartz(1991), p.149. 독일 논쟁의 다른 사례는 Frei(2002), pp.149, 152, 156, 168 참조. 협박-경고의 차이에 대해서는 Elster(2000), pp.37-43.
35 Frei(2002), p.138.
36 Ibid., p.139.
37 Ibid., pp.71-75.
38 Ibid., p.32.
39 Ibid., p.39.
40 Ibid., p.11.
41 Ibid., pp.127-28.
42 Ibid., pp.118-19.
43 Ibid., p.349 n.77.
44 Ibid., p.39.
45 Ibid., p.106
46 Ibid., p.187
47 Ibid., p.39.
48 Ibid., p.309
49 Schwartz(1991), p.170.
50 압스에 대해서는 Bower(1982), pp.1-7, 13, 241-42. 그는 당원은 아니었으나 나치 정권 시절에 금융권 실세였다.
51 Schwartz(1991), p.181.
52 그러나 이 일은 50년 후에 실제로 일어났다. 강제노동과 노예노동에 대한 보상협상의 미국측 수석 대표인 스튜어트 디젠스댓은 독일의 제안과 피해자 요구 사이의 격차를 메우기 위해서 미국이 조성한 기금을 사용했다. "미국은 독일기업이 전시에 범한 범죄에 대한 보상 패키지의 일부를 효과적으로 지불하고 있었다"(Authers & Wolffe 2002, p.245).
53 Elster(1995), p.113.
54 Quint(1997), p.394 n.46.

55   Nalepa(2003b).
56   법원의 판단에 대해서는 Sólyom & Brunner(2000), pp.306-15.
57   Nalepa(2003b).
58   날레파가 나와 개인적인 토론에서 지적한 것처럼, 후기공산주의자들의 자기징벌적 행동에 대한 대안적 설명도 가능할 것이다. 그들은 유권자들에게 자신들이 이미 과거와 단절했으며 정직하게 행동하고 있음을 믿어달라는 신호를 보내고 싶어했을 수도 있다. 이 설명은 4장에서 언급한 것처럼 1990년에 불가리아 공산당이 공소시효를 연장했으나 스탈린 시대에 저지른 범죄가 기소될 정도로 확대한 것은 아니었다는 사실과도 부합한다. 반대로, 이런 조치는 선제적 조치 모델로는 설명이 되지 않는다. 유력정당들은 가장 중대한 범죄자를 보호하려는 게 아니라 가장 가벼운 범죄를 처벌하고 싶지 않다는 의미에서 "온건한" 정책을 유지한다.
59   Kuk(2001), p.203.
60   Waresquiel & Yvert(1996), p.211.
61   Gain(1928), vol.2, p.419.
62   Ibid., p.417.
63   Ibid., pp.427-30.
64   Sauvigny(1999), p.213.
65   Pogany(1997), p.156.
66   슬로모 아비네리(Heller & Serkin 1999, p.1406)가 지적하듯이, 이것은 1989년 이후 이행의 일반적인 경향이다. "체코공화국을 포함한 대부분의 구사회주의국가는 국가역사상 인종적으로 가장 순수한 시점과 일치하는 날을 배상 마감일로 선택했다."
67   Marx(1852), p.130.
68   Quint(1997), p.153.
69   Ibid., p.140.
70   Ibid., p.142.
71   French(1998), p.80.
72   U.S. Senate(1967), p.465.
73   Ellwood(1985), p.15.

74 Kritz(1995) vol.2, pp.168-69.
75 Woller(1996), p.208; Ellwood(1985), p.122.
76 Ellwood(1985), pp.77, 159; Urban(1986), p.198.
77 Ellwood(1985), p.107.
78 Urban(1986), p.149.
79 Ibid., p.191
80 Ibid., p.193
81 Woller(1996), p.278. 프랑스 공산당과는 달리 이탈리아 공산당에는 민주적 중앙집권의 교육을 제대로 받은 간부들이 많지 않았으며, 대체로 상명하복의 명령체계에 익숙해져 있었다. 프랑스 공산당은 당원이 1937년에 340,000명에서 종전 후에는 900,000명으로 늘어난 반면, 이탈리아 공산당은 1943년 중반 5,000명에서 1945년 12월에는 1,700,000명으로 대폭 증가했다(Urban 1986, p.189). 프랑스 공산당도 새로 입당한 강경파들을 통제하는 데 문제가 있었지만(Footitt &of Simmonds 1988, pp.189-90), 당대표인 토레즈(Thorez)가 모스크바에서 돌아오면서 당의 노선에 신속하게 동조했다(ibid., pp.196, 235).
82 Woller(1996), p.276.
83 Ibid., p.275.
84 Ibid., p.267.
85 Ccles & Weinberg(1992), p.544에서 인용. 이 보고서는 연합국의 일반적인 견해는 아니다. 엘우드(Ellwood 1985, p.187)는 1945년 7월 워싱턴에 보낸 한 보고서에 있는 다음과 같은 문장을 인용한다. "반공주의적 정서를 자극하는 데 열성인 기업체 및 우익측에서 주로 나오는 그런 소문의 실체를 입증한 실질적인 증거는 없었다."
86 Urban(1986), p.199; Woller(1996), p.277도 볼 것.
87 관련된 묘사에 대해서는 Woller(1996), pp.285-91와 Domenico(1991), pp.162-73.
88 Woller(1996), p.286.
89 Ibid., p.289
90 Footitt & Weinberg(1988), p.229.

91   Kaspi(1995), p.178; Buton(1993), p.129.
92   Footitt & Simmonds(1988), pp.84-85, 170-71.
93   Ibid., pp.85, 175-73.
94   Coles & Weinberg(1992), p.764 n.6.
95   Kaspi(1995), p.180; Buton(1993), p.181.
96   Footitt & Simmonds(1988), p.194.
97   Buton(1993), p.185.
98   Footitt & Simmonds(1988), p.194.
99   Buton(1993), p.13.
100 Ibid., p.168.
101 Ibid., p.163.
102 Footitt & Simmonds(1988), p.242.
103 Buton(1993), pp.152-53, 54.
104 Kaspi(1995), pp.363-64; Rochebrune & Hazera(1995), pp.331-32.
105 Buton(1993), pp.169, 170-71.
106 Ibid., p.171.
107 Abzac-Epezy(2003), p.454. 동일한 행태가 이탈리아에서 관찰되었다(Woller 1996, p.145).
108 Buton(1993), p.161.
109 Ibid., p.163.
110 Ibid., p.69.
111 Ibid., p.170.
112 첫 번째 연계의 약점은 Buton(1993, pp.78, 103)을 참조. 두 번째 연계의 약점은 Footitt & Simmonds(1988, pp.119-39) 참조. 세 번째 연계의 약점은 프랑스 민사문제 핸드북의 다음 구절을 참조할 것. "공산당지도자들은 전쟁 초기 2년 동안의 모호한 정책 때문에 파리 노동자계급을 전쟁 전 공산주의자들의 투표의 힘이 줄 강력한 저항도구로 활용하지 못한 것 같다"(ibid., p.166에서 인용). 부통(Buton 1993, p.165)은 히틀러-스탈린 조약 서명 직후 토레즈(Thores)의 탈당을 공산당의 "아킬레스 건"으로 지적한다. 이 조약 자체는 부차적이지만, 경우에 따라서는 불신의 더 중요한 원천이 되기도 했다.

113 Button(1993), p.214.
114 Lefebvre(1989), p.391.
115 Button(1993), p.226.

· · · ·

역자 후기

한 나라의 정치체제가 변했을 경우, 이전 체제가 남긴 유산의 처리는 새로운 체제의 유지 및 발전을 위해서 반드시 거쳐야 하는 과정이다. 예를 들어, 독재체제에서 민주체제로 이행했다면, 과거 독재정권 시절에 자행된 인권탄압을 기획하고, 지휘하고, 실행한 인물을 어떻게 사법처리할 것인가? 이러한 인권탄압 희생자의 유족들과 피해자들에 대한 배상과 보상은 어떻게 할 것인가? 이전 체제에 협력한 대가로 부당하게 얻은 수익은 어떻게 환수할 것인가? 그리고 이전 체제가 남겨놓은 제도와 조직, 법과 규정은 어떻게 정리할 것인가?

이 책의 저자가 제목에서 시사하고 있는 것처럼, 이러한 과거의 "책장 덮기"(closing the books) 역사는 고대 그리스의 과두제 청산에서 발원하여, 전후 유럽의 나치즘 청산과 남미와 동아시아 권위주의 정권의 민주화 과정을 거쳐 남아프리카의 아파르트헤이트 체제의 종식 과정에 이르기까지 광범위하게 전개되는 정치과정이다. 이러한 과정에 대한 분석은 이미 70년대부터 비교정치학과 정치사회학의 주요 연구과제였지만, "이행기 정의"(transitional justice)라는 개념으로 함축적으로 요약하여 학문적, 정책적으로 접근하려는 노력은 90년대 초에 들어와서 본격화되기 시작하였다.

이행기 정의의 용어의 기원에 대해서는 약간의 이견이 있으나 뉴욕대

학교의 인권법 학자인 루티 타이텔(Ruti Teitel)이 90년대 초에 제안한 것으로 알려졌다. 그리고 1995년에 닐 크리츠(Neil Kritz)가 이행기 정의와 관련된 당시까지의 학문적, 정책적 성과들과 각국의 사례를 3권의 방대한 분량으로 편집한 *Transitional Justice : How Emerging Democracies Reckon with Former Regimes* (United States Institute of Peace Press, 1995)이 소개되면서 관련 분야의 지적, 정책적 공동체가 형성되기 시작되었다. 2001년에는 이 분야의 최초의 국제비영리기구인 International Center for Transitional Justice가 설립되었고, 2007년에는 학술지 The International Journal of Transitional Justice가 창간되었다. 유엔은 2004년에 국제사회가 준수해야할 이행기 정의의 실천원칙과 권고를 담은 특별보고서 *The Rule of Law and Transitional Justice in Conflict and Post-Conflict Societies : Report of the Secretary-General*을 발표하였다.

이행기 정의에 대한 국제사회의 이러한 관심은 80년대 말부터 라틴아메리카와 동아시아를 중심으로 전개되기 시작한 이른바 제3의 물결의 민주화와 동구권 사회주의 정권의 몰락과 밀접하게 관련되어 있다. 1984년 아르헨티나를 시작으로 1985년 우루과이와 브라질, 1989년 칠레 등으로 확산되기 시작한 남미의 군부독재의 몰락과 1988년 이후 필리핀, 미얀마, 대만 그리고 한국의 정권교체는 권위주의 체제 해체 이후의 불안한 민주주의를 어떻게 공고화할 것인가라는 새로운 과제를 안겨주었다. 동구권 사회주의의 몰락은 시장경제와 사적 소유의 부활, 개인의 자유로운 정치적 선택에 기초한 선거제도의 도입이라는 혁명적 변화에 조응하는 사법적, 인적, 물적 개혁이 절실했다. 넬슨 만델라의 남아프리카가 1996년에 도입한 진실화해위원회(TRC)는 가해자 처벌에 기초한 과거지향적 응보적 정의와 사회통합을 추구하는 미래지향적 회복적 정의 간의 균형이 절실함을 깨닫게 했다.

그러나 이런 각국의 사례를 면밀하게 검토하면 이행기 정의는 그게 지향하는 규범적인 이상과는 관계없이 현실에서 그 실천은 매우 제한적임이 여실히 드러난다. 이행기 정의의 선구적 모델이라고 할 수 있는 아르헨티나의 경우 군부인사들에 대한 대대적인 사법처리는 군부의 쿠데타 위협에 의한 정국불안으로 소수만 처벌하는데 그쳤고, 칠레의 초기 민선정부는 군부독재자 아구스토 피노체트에게 면책특권을 부여한 1978년의 사면법과 헌법을 개정하지 못하여 기소에 실패하고 말았다. 필리핀은 아예 기소도 못했고, 남아프리카의 진실화해위원회는 사면권을 남용하여 아파르트헤이트 시절의 가혹한 인권탄압에 책임이 있는 인물들을 거의 처벌하지 못했다는 비판에 직면해야 했다. 남아프리카에서 가해자 사면은 사회통합의 명분보다는 경제적으로 여전히 기득권을 쥐고 있는 백인 엘리트 세력의 압력에 굴복한 것이라는 평이 지배적이었다.

돌아보면 우리나라의 경우도 크게 다르지 않다. 민주정부 하의 사법부는 1980년의 광주학살에 책임을 물어 전두환-노태우 등을 처벌하였지만, 그 다음해에 등장한 김대중 정권은 이들을 즉각적으로 사면하였다. 한국전쟁 이후 군부가 저지른 최악의 만행인 광주학살에 대한 진상규명 작업이 40여 년이 지난 지금도 미완의 상태에 있고, 그 실질적인 책임자 처벌 및 피해자 배상에 대한 요구가 여전하다는 사실은 한국사회에서 이행기 정의의 실현이 얼마나 험든 여정인가를 잘 보여준다. 2005년에 설립되어 이미 5년의 활동을 마친 "진실화해를 위한 과거사정리위원회"도 미완의 과제를 쌓아놓고 있다가 2020년에 재출범하여 활동에 들어갔는데, 사건 접수가 무려 1만 건이 넘는다는 소식이다.

이러한 현실적인 제약은 이행기 정의의 규범이론에 앞서서 "실증" 이론의 필요성을 절실하게 요청하고 있다. 즉 이행기 정의의 규범적 이상이 현실에서 어떻게 그리고 얼마나 실현되고 있으며, 그 실천의 제약 요인은 무엇인가에 대한 과학적 분석의 필요성이다. 이런 측면에서 욘 엘스터의 이 책은 독보적인 위치를 차지하고 있다.

그 자신은 이행기 정의의 일반이론을 구상하고 있지 않다고 밝히고 있음에도 불구하고, 욘 엘스터는 이 책에서 이행기 정의에 대한 일종의 행위이론을 제시하고 있다. 그는 무엇보다 먼저 이행기 정의의 과정을 행위자 간의 상호작용이 부단히 연결된 사회적 행위로 본다. 그리고 이 사회적 행위를 동기화하는 세 메커니즘 – 즉 이성, 이익, 그리고 감정 – 으로 아테네 민주주의에서 남아프리카에 이르기까지 역사적으로 전개된 이행기 정의의 실행과정을 기술한다. 이성에 의해 제시된 도덕률로서 정의(justice)가 관련자의 사적 이익과 사건에 대한 행위자의 정서적 해석에 의해서 동기화되는 과정을 평범한 연구자라면 그냥 지나칠 수 있는 사소한 예까지 동원해서 지나칠 정도로 자세하게 제시하고 있다. 이 책이 가지는 큰 미덕이다.

그러나 이러한 해석은 사회적 현상을 행위자의 심리적 속성으로 치환하는 환원주의의 위험을 안고 있는 것도 사실이다. 방법론적 개체주의자로서 엘스터의 이론적 입장을 고려하면 이 책도 그런 우려에서 완전히 배제되었다고 보기는 힘들다. 그럼에도 불구하고 엘스터의 치밀한 미시분석은 구조주의와 법제도 분석에 매몰되어 행위자의 합리적 선택의 측면을 무시하는 기존의 분석을 견제하는 대단히 훌륭한 균형자 역할을 수행하고 있다.

이 책의 또 다른 미덕은 이행기 정의 논의의 지평을 아테네 민주주의와 프랑스혁명기까지 확대하고 각국의 이행기 정의에 대한 비교론적 해석을 시도하고 있다는 점이다. 아테네 민주주의 시절의 두 차례에 걸친 과두제와 프랑스혁명기의 경험은 현대사회에서 전개되고 있는 이행기 정의의 원형을 보여주고 있다는 점에서 이 책을 읽는 독자들에게는 신선한 지적 경험이 될 것이다. 특히 2차세계대전 이후 유럽 – 특히 독일, 프랑스, 이태리 사례 – 는 해방과 한국전쟁 이후의 과거사 정리에 관련된 미완의 과제가 산적한 우리나라와 견주어서 시사하는 점이 적지 않다. 다만, 저자도 밝히고 있는 것처럼, 이 책이 우리나라를 비롯한 동아시아의 이행기 사례를 전혀 언급하지 않은 것은 큰 아쉬움이다.

욘 엘스터는 현대 사회과학 및 정치철학 분야에서 대단히 중요한 이론가로 평가되는 인물이다. 그는 초기에는 분석마르크시즘의 주요 이론가였으며, 정치적 의사결정 및 사회적 행위의 합리적 선택을 강조하는 그의 이론적 독창성은 추상적인 담론에 매몰된 포스트모더니즘과 구조주의적 결정론의 한계를 극복하는 유력한 대안으로 평가받고 있다. 그 중요성에도 불구하고 그의 저작이 국내에는 잘 소개되지 않고 있다는 점은 의외라 할 수 있다. 역자가 알고 있는 한, 국내에 소개된 그의 저서는 "마르크스 이해하기"(The Making Sense of Marx, 1985)와 "사회적 행위를 설명하기"(Explaining Social Behavior : More Nuts and Bolts for the Social Sciences, 2015) 두 권 뿐이다. 관련 학계에 어두운 역자는 그 정확한 학문적 사정을 잘 알 수는 없다. 단, 이 책을 읽는 독자들은 눈치챘겠지만, 자료를 인용하고 독해하는 저자의 해석적 치밀함이 일반 독자들에게는 오히려 당혹감과 생경함을 안겨주는데, 이런 측면도 작용하고 있지 않을까 추측될 뿐이다.

역자는 이 책이 발간되지 15년이 지난 2017년에 처음 읽었다. 당시 역자는 30년에 걸친 공직을 마감하고 5.18민주화운동과 관련된 정책연구 집단에 참여했는데, 여기서 논의되던 주된 과제 중에는 5.18 이후 한국사회의 이행기 정의 과정에 대한 분석과 평가가 포함되어 있었다. 이 과정에서 이 책을 뒤늦게 발견하여 열심히 읽었고, 이 책에서 제기한 문제를 중심으로 동료들과 토론했고, 학문적으로 실천적으로 많은 영감을 얻을 수 있었다. 여기서 역자가 받은 지적 신선함은 언젠가 기회가 되면 이 책을 번역하여 한국독자들에게 소개했으면 하는 욕심으로 이어졌다. 역자가 받은 지적 신선함이 이 책을 읽는 독자들에게도 전이되기를 바란다.

2022년 7월
백련산 자락에서 역자 최용주

참고문헌

Abzac-Epezy, C. (2003), "Epuration et rénovation de l'armée," in M. O. Baruch (ed.), *Une poignée de misérables: L'épuration de la société française après la Seconde Guerre mondiale*, Paris: Fayard, pp.433–64.

Acuña, C. (in press), "Transitional justice in Argentina and Chile: A never ending story?" in Elster (ed.), *Retribution and Reparation*.

Adler, n (2001), "In search of identity: The collapse of the Soviet Union and the recreation of Russia," in Brito, González-Enríquez, and Aguilar (eds.), *The Politics of Memory*, pp.275–302.

Aguilar, p.(2001), "Justice, politics, and memory in the Spanish transition," in Brito, González-Enríquez, and Aguilar (eds.), *The Politics of Memory*, pp.92–118.

Alivizatos, n.C., and Diamandouros, p.n.(1997), "Politics and the judiciary in the Greek transition to democracy," in McAdams (ed.), *Transitional Justice and the Rule of Law in New Democracies*, pp.27–60.

Amouroux, H. (1999), *La grande histoire des Français après l'Occupation*, Paris: Robert Laffont.

Andenæs J. (1980), *Det Vanskelige Oppgjøret*, Oslo: Tanum-Norli. Arendt, H.

(1994), *Eichmann in Jerusalem,* New York: Penguin.

Argentine Commission on the Disappeared (1995), *Nunca Más,* New York: Farrar Straus Giroux.

Aron, R. (1969), *Histoire de l'Epuration: Des prisons clandestines aux tribunaux d'exception,* Paris: Fayard.

Aron, R. (1974), *Histoire de l'Epuration: Le monde des affaires,* Paris: Fayard. Asmal, K., Asmal, L., and Roberts, R. (1997), *Reconciliation Through Truth,* New York: St. Martin's Press.

Authers, J., and Wolffe, R. (2002), *The Victim's Fortune,* New York: HarperCollins. Bailer-Galanda, B. (1998), "Old or new right? Juridical denazification and right- wing extremism in Austria since 1945," in Larsen (ed.), *Modern Europe after Fascism,* pp.413-35.

Bancaud, A. (2002), *Une exception ordinaire: La magistrature en France 1930-1950,* Paris: Gallimard.

Bancaud, A. (2003a), "La construction de l'appareil juridique," in M. O. Baruch (ed.), *Une poignée de misérables: L'épuration de la société française après la Seconde Guerre mondiale,* Paris: Fayard, pp.61-97.

Bancaud, A. (2003b), "L'épuration des épurateurs: La magistrature," in M. O. Baruch (ed.), *Une poignée de misérables. L'épuration de la société française après la Seconde Guerre mondiale,* Paris: Fayard, pp.172-203.

Bark, D., and Gress, D. (1993), *A History of West Germany.* Vol. 1: *From Shadow to Substance, 1945-1963.* Vol. 2: *Democracy and Its Discontents, 1963-1991,* Oxford: Blackwell.

Barros, R. (2002), *Constitutionalism and Dictatorship: Pinochet, the Junta, and the 1980 Constitution,* Cambridge: Cambridge University Press.

Baruch, M. O. (1997), *Servir l'Etat Français,* Paris: Fayard.

Baruch, M. O. (2003), "L'épuration du corps préfectoral," in M. O. Baruch (ed.), *Une poignée de misérables: L'épuration de la société française après la Seconde Guerre mondiale.* Paris: Fayard, pp.39–71.

Bass, J. (2001), *Stay the Hand of Vengeance,* Cambridge Mass.: Harvard University Press.

Bauer, Y. (1992), "Reflections concerning Holocaust history," in L. Greenspan and G. Nicholson (eds.), *Fackenheim: German Philosophy and Jewish Thought,* Toronto: University of Toronto Press, pp.164–69.

Beevor, A. (2002), *The Fall of Berlin,* New York: Viking.

Benoit, W. (1995), *Accounts, Excuses, and Apologies,* Albany: State University of New York Press.

Bergère M. (2003), "Les pouvoirs publics et la conduite des processus d'épuration," in M. O. Baruch (ed.), *Une poignée de misérables: L'épuration de la société française après la Seconde Guerre mondiale,* Paris: Fayard, pp.116–35.

Berlière, J.-M. (2001), *Les policiers français sous l'Occupation,* Paris: Perrin. Bernard, A. (1999), *Guerre et violence dans la Grèce antique,* Paris: Hachette. Beschloss, M. (2002), *The Conquerors,* New York: Simon and Schuster.

Bloch-Lainé, F., and Gruson, C. (1996), *Hauts fonctionnaires sous l'Occupation,* Paris: Odile Jacob.

Boraine, A. (2000), *A Country Unmasked,* Oxford: Oxford University Press. Bosworth, R. J. B. (2002), *Mussolini,* London: Edward Arnold.

Boughton, J. (2000), "The case against Harry Dexter White: Still no.proven," International Monetary Fund Working Paper 00/149.

Bourdrel, p.(1988), *L'épuration sauvage,* Vol. 1, Paris: Perrin. Bourdrel, p.(1991), *L'épuration sauvage,* Vol. 2, Paris: Perrin. Bower, T. (1982),

A Pledge Betrayed, New York: Doubleday.

Brandal, n.(2002), *Eit politisk strafferettsleg oppgjer: Det norske arbeiderpartiet og etterkrigsoppgjeret 1945 - 50,* Master's Thesis in History, University of Oslo.

Brito, A. B. de (1997), *Human Rights and Democratization in Latin America,* Oxford: Oxford University Press.

Brito, A. B. de (2001), "Truth, justice, memory, and democratization in the South- ern Cone," in Brito, González-Enríquez, and Aguilar (eds.), *The Politics of Mem- ory,* pp.118 - 60.

Brito, A. B. de, González-Enríquez, C., and Aguilar, P., eds. (2001), *The Politics of Memory: Transitional Justice in Democratizing Societies,* Oxford: Oxford University Press.

Browning, C. (1992), *Ordinary Men,* New York: Harper. Burrin, p.(1995), *France à l'heure allemande,* Paris: Seuil. Burleigh, M. (2002), *The Third Reich,* London: Macmillan.

Buton, p.(1993), *Les lendemains qui déchantent: Le Parti Communiste Français à la Libération,* Paris: Presses de la Fondation Nationale des Sciences Politiques.

Calda, M. (1996), "The Roundtable talks in Czechoslovakia," in J. Elster (ed.), *The Round Table Talks and the Breakdown of Communism,* Chicago: University of Chicago Press, pp.135 - 77.

Calhoon, R. M. (1991), "Loyalism and neutrality," in J. p.Greene and J. R. Pole (eds.), *The Blackwell Encyclopedia of the American Revolution,* Oxford: Blackwell, pp.247 - 59.

Camerer, C. (2003), *Behavioral Game Theory,* Princeton, N.J.: Princeton University Press.

Cappelletto, F. (2003), "Public memories and personal stories: Recalling the Nazi- fascist massacres," Paper presented at the Workshop on Memory of War, De- partment of Political Science, MIT, January 2003.

Caro, R. (2002), *Master of the Senate: The Years of Lyndon Johnson,* New York: Vintage Books.

Carver, R. (1995), "Zimbabwe: Drawing a line through the past," in Roth-Arriaza (ed.), *Impunity and Human Rights in International Law,* pp.252-66.

Cepl, V. (1991), "A note on the restitution of property in post-Communist Czechoslovakia," *Journal of Communist Studies* 7, 368-75.

Chateaubriand, R. (1814), "De l'état de France au mois de mars et au mois d'octobre 1814," in C. Smethurst (ed.), *Ecrits politiques [de Chateaubriand] 1814 - 1816.* Geneva: Droz, 2002, pp.102-13.

Chateaubriand, R. (1816), "De la Monarchie selon la Charte," in C. Smethurst (ed.), *Ecrits politiques [de Chateaubriand] 1814 - 1816,* Geneva: Droz, 2002, pp.397-537.

Chauvy, G. (2003) *Les acquittés de Vichy,* Paris: Perrin.

Cohen, A. (1993) *Persécutions et sauvetages: Juifs et Français sous l'Occupation et sous Vichy,* Paris: Editions du Cerf.

Cohen, D. (1999), "Beyond Nuremberg: Individual responsibility for war crimes," in C. Hesse and R. Post (eds.), *Human Rights in Political Transitions,* New York: Zenith Books, pp.53-92.

Cohen, D. (2001), "The rhetoric of justice and reconciliation strategies in the restoration of Athenian democracy in 403 b.c.," *Archives Européennes de Sociologie* 42, 335-56.

Cohen, D. (in press), "Transitional Justice in Divided Germany after 1945," in Elster (ed.), *Retribution and Reparation.*

Cohen, S. (2001), *States of Denial,* London: Polity Press.

Coles, H., and Weinberg, A. (1992), *Civil Affairs: Soldiers Become Governors,* Washington D.C.: Center of Military History, U.S. Army.

Conway, M. (2000), "Justice in postwar Belgium," in Deák, Gross, and Judt (eds.), *The Politics of Retribution in Europe,* pp.133–56.

Courtois, S., et al. (1997), *Le livre noir du Communisme,* Paris: Robert Laffont. Cover, R. (1975), *Justice Accused,* New Haven, Conn.: Yale University Press. Cowen, T. (1997), "Discounting and restitution," *Philosophy and Public Affairs* 26, 168–85.

Cowen, T. (in press), "How far back should we go?," in Elster (ed.), *Retribution and Reparation.*

Craig, G. (1981), *Germany 1866–1945,* Oxford: Oxford University Press.

Currie, D. (1994), *The Constitution of the Federal Republic of Germany,* Chicago: University of Chicago Press.

Czech CC Decision (1995), "Judgment of the Constitutional Court of the Czech Republic of March 8, 1995," *Parker School Journal of East European Law* 2, 725–59.

Dahl, H. F. (in press), "The Purges in Denmark and Norway after World War II," in Elster (ed.), *Retribution and Reparation.*

Davidowitz, L. (1986), *The War Against the Jews,* New York: Bantam Books. Davis, K. (1971), *Discretionary Justice,* Urbana, Ill.: University of Illinois Press. Deák, I. (in press), "Political justice in Austria and Hungary after World War II," in Elster (ed.), *Retribution and Reparation.*

Deák, I., Gross, J., and Judt, T., eds. (2000), *The Politics of Retribution in Europe,* Princeton, N.J.: Princeton University Press.

Delporte, C. (1999), *Les journalistes en France 1880–1950,* Paris: Seuil.

Descartes, R. (1985), "Passions of the soul," in *The Philosophical Writings of Descartes,* vol.1, Cambridge: Cambridge University Press.

Destrem, P., and Destrem, D. (2003), *A la botte: La Bourse sous l'Occupation,* Lausanne: L'Age d'Homme.

Diesbach, G. de (1998), *Histoire de l'émigration,* Paris: Perrin.

Dietrich J. (2002), *The Morgenthau Plan: Soviet Influence on American Postwar Policy,* New York: Algora.

Domenico, R. p. (1991), *Italian Fascists on Trial,* Chapel Hill: University of North Carolina Press.

Doublet p.(1945), *La collaboration,* Paris: Librairie Générale de Droit et de Jurisprudence.

Dover, K. J. (1968), *Lysias and the Corpus Lysiacum,* Berkeley: University of California Press.

Dower, J. (1999), *Embracing Defeat,* New York: Norton. Dreyfus, J-M. (2003), *Pillages sur ordonnance,* Paris: Fayard.

Dyzenhaus, D. (1998), *Judging the Judges, Judging Ourselves,* Oxford: Hart. Eizenstat, S. (2003), *Imperfect Justice,* New York: Public Affairs.

Ekman, p.(1992), "An argument for basic emotions," *Cognition and Emotion* 6, 169-200.

Ellwood, D. (1985), *The Liberation of Italy,* New York: Holmes and Meier. Elster, J. (1983), *Sour Grapes,* Cambridge: Cambridge University Press.

Elster, J (1989), *The Cement of Society,* Cambridge: Cambridge University Press.

Elster, J. (1992a), *Local Justice,* New York: Russell Sage.

Elster, J. (1992b), "On doing what one can," *East European Constitutional Review* 1, no.2, 15-17.

Elster, J. (1993a), "Rebuilding the boat in the open sea: Constitution-making in Eastern Europe," *Public Administration* 71, 169-217.

Elster, J. (1993b), *Political Psychology,* Cambridge: Cambridge University Press. Elster, J. (1995), "Transition, constitution-making and separation in Czechoslovakia," *Archives Européennes de Sociologie* 36, 105-34.

Elster, J. (1999), *Alchemies of the Mind,* Cambridge: Cambridge University Press. Elster, J. (2000), *Ulysses Unbound,* Cambridge: Cambridge University Press.

Elster, J., ed. (1998), *Deliberative Democracy,* Cambridge: Cambridge University Press.

Elster, J., ed. (in press), *Retribution and Reparation in the Transition to Democracy,* Cambridge: Cambridge University Press.

Engelmann, F. (1982), "How Austria has coped with two dictatorial legacies," in Herz (ed.), *From Dictatorship to Democracy,* pp.135-60.

Eymery, A. (1815), *Dictionnaire des girouettes, ou no.contemporains peints d'après eux-mêmes,* Paris.

Farge, Y. (1946), *Rebelles, soldats et citoyens,* Paris: Grasset.

Farmer, S. (1999), *Martyred Village: Commemorating the 1944 Massacre at Oradour-sur-Glane,* Berkeley and Los Angeles: University of California Press.

Fehr, E., and Fischbacher, U. (2003), "Third Party Norm Enforcement," Working Paper No. 106, Institute for Empirical Research in Economics, University of Zürich.

Ferencz, B. (2002), *Less Than Slaves* (reprint of the original 1979 edition), Bloomington: University of Indiana Press.

Fitzpatrick, S., and Cellately, R., eds. (1997), *Accusatory Practices: Denunciation in Modern European History,* Chicago: University of Chicago Press.

Fleischer, C. A. (1972), *Makt og Rett,* Oslo: Gyldendal.

Fletcher, G. (1978), *Rethinking Criminal Law,* Boston: Little, Brown.

Footitt, H., and Simmonds, J. (1988), *France 1943-1945,* New York: Holmes and Meier.

Forster, D. (2001), *'Wiedergutmachung' in Österreich und der BRD im Vergle-*

ich, Innsbruck: Studienverlag.

Franklin, J. (2001), *The Science of Conjecture: Evidence and Probability Before Pascal,* Baltimore: Johns Hopkins University Press.

Frei, n.(2002), *Adenauer's Germany and the Nazi Past,* New York: Columbia University Press.

French, D. (1998), "Great Britain and the German armistice," in M. Boemeke, G. Feldman, and E. Glaser (eds.), *The Treaty of Versailles,* Cambridge: Cambridge University Press, pp.69–86.

Friedrich, J. (1998), *Freispruch für die Nazi-Justiz,* Berlin: Ullstein.

Frijda, n.(1994), "The Lex Talionis: On vengeance," in S. M. Goozen, n.E. van de Poll, and J. A. Sergeant (eds.), *Emotions: Essays on Emotion Theory,* Hillsdale, N.J.: Lawrence Erlbaum, pp.263–90.

Fritze, L. (1998), *Täter mit guten Gewissen: über menschliches Versagen im diktatorischen Sozialismus.* Cologne: Böhlau Verlag.

Gabory, A. (1989), *Les Guerres de Vendée,* Paris: Robert Laffont.

Gain, A. (1928), *La restauration et les biens des émigrés,* Nancy: Société d'Impressions Typographiques.

Gerbod, P., et al. (1977), *Les épurations administratives: XIXe et XXe Siècles,* Geneva: Droz.

Gillespie, C. (1991), *Negotiating Democracy: Politicians and Generals in Uruguay,* Cambridge: Cambridge University Press.

Ginsborg p.(1990), *A History of Modern Italy,* Harmondsworth: Penguin. Giordano, R. (2000), *Die zweite Schuld,* Cologne: Kiepenhauer & Witsch. Godechot, J. (1998), *Les institutions de la France sous la Révolution et l'Empire,* Paris: Presses Universitaires de France.

Golay, J. (1958), *The Founding of the Federal Republic of Germany,* Chicago: University of Chicago Press.

Goldhagen, D. (1996), *Hitler's Willing Executioners,* New York: Knopf. Gorce, p.de la (1926), *Louis XVIII,* Paris: Plon.

Gower, J. (1999), *Embracing Defeat: Japan in the Wake of World War II,* New York: Norton.

Goyard, C. (1977), "La notion d'épuration administrative," in Gerbod et al., *Les épurations administratives,* pp.1-48.

Greene, J. (2003), *Justice at Dachau,* New York: Broadway Books. Guennifey, p.(1993), *Le nombre et la raison,* Paris: Editions de l'EHESS.

Haile, B. (2000), *Accountability for Crimes of the Past and the Challenges of Criminal Prosecution: The Case of Ethiopia,* Leuven: Leuven University Press.

Halmai, G., and Scheppele, K. (1997), "Living well is the best revenge: The Hungarian approach to judging the past," in McAdams (ed.), *Transitional Justice and the Rule of Law in New Democracies,* pp.155-84.

Hamoumou, M. (1993), *Et ils sont devenus harkis,* Paris: Fayard.

Hanich, E. (1998), "The denazification in Salzburg - a region with strong German-nationalist traditions," in Larsen (ed.), *Modern Europe after Fascism,* pp.378-95.

Hann, C. (2004), "Property relations, historical justice and contemporary survival in the postsocialist countryside," in Max Planck Institute for Social Anthropol- ogy, *Report 2002-2003,* Halle/Saale, pp.207-23.

Hann, C., ed. (2003), *The Postsocialist Agrarian Question,* Münster: Lit Verlag. Hansen, M. H. (1991), *The Athenian Democracy in the Age of Demosthenes,* Oxford: Blackwell.

Harries, M., and Harries, S. (1987), *Sheathing the Sword,* New York: Macmillan. Hayner, p.(2001), *Unspeakable Truths,* New York: Routledge.

Heller, M., and Serkin, C. (1999), "Revaluing restitution: From the Talmud to

Postsocialism," *Michigan Law Review* 97, 1385 – 1412.

Henke, K.-D., and Woller, H., eds. (1991), *Politische Säuberung in Europa,* Munich: Deutscher Taschenbuch Verlag.

Herf, J. (1997), *Divided Memory: The Nazi Past in the Two Germanies,* Cambridge, Mass.: Harvard University Press.

Herz, J. (1982a), "Denazification and related policies," in Herz (ed.), *From Dic- tatorship to Democracy,* pp.15 – 38.

Herz, J., ed. (1982b), *From Dictatorship to Democracy,* Westport, Conn.: Green- wood Press.

Heuer, F., and Reisberg, D. (1992), "Emotion, arousal, and memory for detail," in S.Å. Christianson (ed.), *The Handbook of Emotion and Memory,* Hillsdale, N.J.: Lawrence Erlbaum, pp.151 – 180.

Hilberg, R. (1985), *The Destruction of the European Jews,* New York: Holmes and Meier.

Hilberg, R. (1992) *Perpetrators Victims Bystanders: Jewish Catastrophe, 1933 – 1945* New York: HarperCollins.

Hirschfeld, G. (1988), *Nazi Rule and Dutch Collaboration,* Oxford: Berg. Hirschman, A. O. (1972), *Exit, Voice and Loyalty* Cambridge, Mass.: Harvard University Press.

Hjeltnes G. (1990), *Avisoppgjøret etter 1945,* Oslo: Aschehoug.

Holmes, S. (1988), "Gag rules or the politics of omission," in J. Elster and R. Slagstad (eds.), *Constitutionalism and Democracy.* Cambridge: Cambridge Uni- versity Press, pp.19 – 58.

Horne, J., and Kramer, A (2001), *German Atrocities 1914,* New Haven, Conn.: Yale University Press.

Houssaye, H. (1906), *1815: La seconde abdication – la terreur blanche,* Paris: Perrin. Human Rights Watch (1993), "The trial of responsibilities: The García Meza Tejada Trial," n.p.: Human Rights Watch.

Huntington, S. (1991), *The Third Wave,* Norman: University of Oklahoma Press. Hurnard, n.(1969), *The king's pardon for homicide before a.d. 1307,* Oxford: Oxford University Press.

Huyse, L. (in press), "Belgian and Dutch War Trials after WW II Compared," in Elster (ed.), *Reparation and Retribution.*

Huyse, L., and Dhondt, S. (1993), *La répression des collaborations,* Brussels: CRISP.

Israël, L. (2003), "La défense accusée: L'épuration professionnelle des avocats," in M. O. Baruch (ed.), *Une poignée de misérables: L'épuration de la société française après la Seconde Guerre mondiale,* Paris: Fayard, pp.204-28.

Justis-og Politidepartementet (1962), *Om Landssvikoppgjøret,* Gjøvik: Mariendals Boktrykkeri.

Kagan, D. (1981), *The Peace of Nicias and the Sicilian Expedition,* Ithaca, N.Y.: Cornell University Press.

Kagan, D. (1987), *The Fall of the Athenian Empire,* Ithaca, N.Y.: Cornell University Press.

Kahneman, D. (1999), "Objective happiness," in D. Kahneman, E. Diener, and n.Schwartz (eds.), *Well-Being: The Foundations of Hedonic Psychology,* New York: Russell Sage, pp.3-25.

Kahneman, D., and Tversky, A. (1979), "Prospect theory," *Econometrica* 47, 63-91.

Karsai, L. (2000), "The People's Courts and revolutionary justice in Hungary, 1945-46," in Deák, Gross, and Judt (eds.), *The Politics of Retribution in Europe,* pp.233-51.

Kaspi, A. (1995), *La Libération de la France,* Paris: Perrin.

Keeble, n.H. (2002), *The Restoration: England in the 1660s,* Oxford: Blackwell. Kershaw, I. (1999), *Hitler 1889-1936,* New York: Norton.

Keynes, J. M. (1971), *The Economic Consequences of Peace*, in *The Collected Writ- ings of John Maynard Keynes,* vol.2, London: Macmillan.

Keyssar A. (2000), *The Right to Vote.* New York: Basic Books.

Kirchheimer, O. (1961), *Political Justice,* Princeton, N.J.: Princeton University Press. Knox, C., and Monaghan, F. (2002), *Informal Justice in Divided Societies,* London: Palgrave Macmillan.

Koehler J. (1999), *Stasi: The Untold Story of the East German Secret Police,* Boulder, Colo.: Westview Press.

Kolakowski, L. (1978), *Main Currents of Marxism,* Oxford: Oxford University Press.

Kolarova, R., and Dimitrov, D. (1996), "The Round Table Talks in Bulgaria," in J. Elster (ed.), *The Round Table Talks and the Breakdown of Communism,* Chicago: University of Chicago Press pp.178 - 212.

Kozlov, V. (1997), "Denunciation and its function in Soviet governance," in S. Fitzpatrick and R. Cellately (eds.), *Accusatory Practices,* pp.121 - 52. Kriegel, A. (1991), *Ce que j'ai cru comprendre,* Paris: Laffont.

Kritz, n.., ed. (1995), *Transitional Justice,* vols. 1 - 3, Washington, D.C.: United States Institute of Peace Press.

Kubovy, M. (1999), "On the pleasures of the mind," in D. Kahneman, E. Diener, and n.Schwartz (eds.), *Well-Being: The Foundations of Hedonic Psychology,* New York: Russell Sage, pp.134 - 54.

Kuk, L. (2001), *La Pologne du post-communisme à l'anti-communisme,* Paris: l'Harmattan.

Lacouture, J. (1977), *Léon Blum,* Paris: Seuil.

Lacouture, J. (1980), *François Mauriac,* Paris: Seuil.

Lacouture, J. (1985), *De Gaulle,* Paris: Seuil.

Lagrou, p.(2000), *The Legacy of Nazi Occupation,* Cambridge: Cambridge University Press.

Larsen, S. U., ed. (1998), *Modern Europe after Fascism,* New York: Columbia University Press.

Lefebvre, G. (1924), *Les paysans du Nord pendant la Révolution Française,* Paris: Armand Colin.

Lefebvre, G. (1989), *La Révolution Française,* Paris: Presses Universitaires de France.

Le Grand, J. (1992), *Equity and Justice,* London: Routledge.

Le Monde (2003), "Des milliers de Roumains demandent à récupérer leurs biens confisqués par le Parti communiste," July 24, p.4.

Le procès de Maurice Papon (1998), Compte Rendu Sténographique, Paris: Albin Michel.

Le procès Laval (1946), Paris: Albin Michel.

Lesourd, C. (2003), "L'épuration des médecins," in M. O. Baruch (ed.), *Une poignée de misérables: L'épuration de la société française après la Seconde Guerre mondiale,* Paris: Fayard, pp.336-67.

Lewy, G. (2000), *The Nazi Persecution of the Gypsies,* Oxford: Oxford University Press.

Lindgren, A. (1985), *The Brothers Lionheart,* New York: Penguin Books.

Lindsay-Hartz, J., de Rivera, J., and Mascolo, M. F. (1995), "Differentiating guilt and shame and their effects on motivation," in J. p.Tangney and K. W. Fischer (eds.), *Self-Conscious Emotions,* New York: The Guilford Press, pp.274-300.

Linz, J., and Stepan, A. (1996), *Problems of Democratic Transition and Consolida- tion,* Baltimore: Johns Hopkins University Press.

Loening, T. (1987), *The Reconciliation Agreement of 403/402 b.c. in Athens* (Hermes Einzelschriften, Heft 53), Stuttgart: Franz Steiner Verlag.

Loewenstein, G. (1996), "Out of control: Visceral influences on behavior," *Orga- nizational Behavior and Human Decision Processes* 65, 272

-92.

Loraux, n.(1997), *La cité divisée: L'oubli dans la mémoire d'Athènes,* Paris: Payot. Lottman, H. (1986), *L'épuration,* Paris: Fayard.

Lüdtke, A. (1993), "'Coming to terms with the past': Illusions of remembering, ways of forgetting Nazism in West Germany," *Journal of Modern History* 65, 542-72.

Maas, D. (1994), "The Massachusetts Loyalists and the problem of amnesty, 1775-1790," in R. M. Calhoon, T. M. Barns, and A. Rawlyk (eds.), *Loyalists and Community in North America,* Westport, Conn.: Greenwood Press, pp.65-74.

MacDowell, D. (1975), "Law-making at Athens in the Fourth Century b.c.," *Journal of Hellenic Studies* 95, 62-74.

MacDowell, D. (1978), *The Law in Classical Athens,* Ithaca, N.Y.: Cornell University Press.

Madelin, L. (1945), *Fouché,* Paris: Plon.

Maier, C. (1997), *Dissolution: The Crisis of Communism and the End of East Germany,* Princeton, N.J.: Princeton University Press.

Malamud-Goti, J. (1996), *Game Without End,* Norman: University of Oklahoma Press.

Mansel, p.(1999), *Louis XVIII,* Gloucestershire: Sutton.

Marrus, M. (1997), *The Nuremberg War Crimes Trial, 1945-46: A Documentary History,* Boston: Bedford.

Marsh, D. (1992), *The Bundesbank,* London: Mandarin.

Marx, K. (1852), *The Eighteenth Brumaire of Louis Napoleon,* in Karl Marx and Friedrich Engels, *Collected Works,* vol.11, London: Lawrence and Wishart.

Marxen, K., and Werle, G. (1999), *Die strafrechtliche Aufarbeitung von DDR-Unrecht: Eine Bilanz,* Berlin: Gruyter.

Mason, H. L. (1952), *The Purge of Dutch Quislings,* The Hague: Martinus Nijhoff. Mayorga, R. A. (1997), "Democracy dignified and an end to impunity: Bolivia's military dictatorship on trial," in McAdams (ed.), *Transitional Justice and the Rule of Law in New Democracies,* pp.61-92.

McAdams, A. J. (2001), *Judging the Past in Unified Germany,* Cambridge: Cam- bridge University Press.

McAdams, A. J., ed. (1997), *Transitional Justice and the Rule of Law in New Democ- racies,* Notre Dame, Ind.: University of Notre Dame Press.

McDonald, F. (1982), *Alexander Hamilton,* New York: Norton.

McLemee, S. (2003), "Questioning the past," *Chronicle of Higher Education,* July 18, p.A 14.

McNally, R. (2003), *Remembering Trauma,* Cambridge, Mass.: Harvard University Press.

Méliani, A. (1993), *Le drame des harkis,* Paris: Perrin.

Merkl, p.(1963), *The Origin of the West German Republic,* Oxford: Oxford Uni- versity Press.

Milgram, S. (1974), *Obedience to Authority.* New York: HarperCollins.

Mill, J. S. (1987), *Principles of Political Economy,* Fairfield, N.J.: Augustus Kelley.

Minear, R. (2001), *Victors' Justice,* Ann Arbor, Mich.: Center for Japanese Studies (reprint of 1971 edition with a new Preface).

Mission d'étude sur la spoliation des Juifs de France (2000), Paris: La Documentation Française.

Mommsen, H. (1984), *Max Weber and German Politics,* Chicago: University of Chicago Press.

Moore, C. (1984), *The Loyalists: Revolution, Exile, Settlement,* Toronto: McLelland & Stewart.

Moore, J. M. (1975), *Aristotle and Xenophon on Democracy and Oligarchy*, Berkeley and Los Angeles: University of California Press.

Müller, I. (1991), *Hitler's Justice*, Cambridge, Mass.: Harvard University Press.

Nagel, T. (1991), *Equality and Partiality*, Oxford: Oxford University Press.

Nalepa, M. (2003a), "Punish all Perpetrators or Protect the Innocent? Designing Institutions of Transitional Justice," unpublished manuscript, Department of Political Science, Columbia University.

Nalepa, M. (2003b), "Suffer a Scratch to Avoid a Blow? When Post-Communists Hurt Themselves: A Model of Transitional Justice Legislation," unpublished manuscript, Department of Political Science, Columbia University.

Nettement, A. (1860), *Histoire de la Restauration*, vols. 1 – 8, Paris: Jacques Lecoffre. Nino, C. (1996), *Radical Evil on Trial*, New Haven, Conn.: Yale University Press. Noguères, L. (1965), *La haute cour à la Libération*, Paris: Editions de Minuit.

NOU (Norges Offentlige Utredninger) (1997), *Inndragning av Jødisk Eiendom i Norge under den 2. Verdenskrig*, Oslo: NOU.

Nouhaud, M. (1982), *L'utilisation de l'histoire par les orateurs attiques*, Paris: Les Belles Lettres.

Novick, p.(1968), *The Resistance Versus Vichy*, London: Chatto and Windus. Novick p.(1999), *The Holocaust in American Life*, Boston: Houghton Mifflin. Ober, J. (1989), *Mass and Elite in Democratic Athens*, Princeton, N.J.: Princeton University Press.

Offe, C. (1996), *Varieties of Transition*, Oxford: Polity Press.

Offe, C., and Poppe, U. (in press), "Transitional Justice in the German Democratic Republic and in Unified Germany," in Elster (ed.), *Retribution and Reparation*.

Orentlicher, D. (1995), "Settling accounts: The duty to prosecute human rights violations of a prior regime," in Kritz (ed.), *Transitional Justice,* vol.1, pp.375 - 416.

Orion (no first name given) (1948), *Nouveau dictionnaire des girouettes,* Paris: Edi- tions le Régent.

Osiatynski, W. (1991), "Revolutions in Eastern Europe," *University of Chicago Law Review* 58, 823 - 57.

Osiatynski, W. (1996), "The Roundtable talks in Poland," in J. Elster (ed.), *The Round Table Talks and the Breakdown of Communism,* Chicago: University of Chicago Press, pp.21 - 68.

Osiel, M. (1995), "Dialogue with dictators: Judicial resistance in Argentina and Brazil," *Law and Social Inquiry* 20, 481 - 560.

Osiel, M. (1999), *Obeying Orders: Atrocity, Military Discipline & the Law of War,* Brunswick, N.J.: Transaction Publishers.

Ostwald, M. (1986), *From Popular Sovereignty to the Sovereignty of Law,* Berkeley and Los Angeles: University of California Press.

Overy, R. (2001), *Interrogations: The Nazi Elite in Allied Hands, 1945,* New York: Viking.

Paczolay, p.(1995), "Judicial review of compensation law in Hungary," in Kritz (ed.), *Transitional Justice,* vol.2, pp.652 - 53.

Parfit, D. (1984), *Reasons and Persons,* Oxford: Oxford University Press.

Paschis, G., and Papadimitriou, Z. (1998), "Collaboration without nemesis: On the restoration of political continuity in Greece after World War II," in Larsen (ed.), *Modern Europe after Fascism,* pp.1719 - 51.

Pataki, J. (1995), "Dealing with Hungarian Communists' Crimes," in Kritz (ed.), *Transitional Justice,* vol.2, pp.647 - 52.

Paxton, R. (1997), *La France de Vichy,* Paris: Seuil.

Payne, S. (1993), *Spain's First Democracy,* Madison: University of Wisconsin

Press. Pervillé, G. (2002), *Pour une histoire de la guerre d'Algérie,* Paris: Picard.

Pick, H. (2000), *Guilty Victim: Austria from the Holocaust to Haider,* London: Tauris.

Pinto, A. C. (1998), "Dealing with the legacy of authoritarianism: Political purges and radical rights movements in Portugal's transition to democracy, 1974 – 1980s," in Larsen (ed.), *Modern Europe after Fascism,* pp.1679 – 1718.

Pinto, A C. (2001), "Settling accounts with the past in a troubled transition to democracy: The Portuguese case," in Brito, González-Enríquez, and Aguilar (eds.), *The Politics of Memory,* pp.65 – 91.

Pogany, I. (1997), *Righting Wrongs in Eastern Europe,* Manchester: University Press.

Ponteil, F. (1966), *Les institutions de la France de 1814 à 1870,* Paris: Presses Uni- versitaires de France.

Pross, C. (1998), *Paying for the Past,* Baltimore: Johns Hopkins University Press. Frost, A., Skoutelsky, R., and Etienne, S. (2000), *Aryanisation économique et restitution,* Paris: La Documentation Française.

Przeworski, A. (1988), "Democracy as a contingent outcome of conflict," in J. Elster and R. Slagstad (eds.), *Constitutionalism and Democracy,* Cambridge: Cambridge University Press, pp.59 – 80.

Psomiades, H. (1982), "Greece: From the colonel's rule to democracy," in Herz, *From Dictatorship to Democracy,* pp.251 – 73.

Quint, p. (1997), *The Imperfect Union,* Princeton, N.J.: Princeton University Press. Raiffa, H. (1982), *The Art and Science of Negotiation,* Cambridge, Mass.: Harvard University Press.

Rees, D. (1973), *Harry Dexter White: A Study in Paradox,* New York: Coward, Mann, and Geoghegan.

Remias, p.(1999), "Crime time limit almost up," *The Prague Post,* October 27.

Resnick, D. (1966), *The White Terror and the Political Reaction after Waterloo,* Cambridge, Mass.: Harvard University Press.

Rigg, B. (2002), *Hitler's Jewish Soldiers,* Lawrence, Kans.: University of Kansas Press.

Rochebrune, R. de and Hazera, J.-C. (1995), *Les patrons sous l'Occupation,* Paris: Editions Odile Jacob.

Rochebrune, R. de and Hazera, J.-C. (1997), *Les patrons sous l'Occupation,* vol.2, Paris: Editions Odile Jacob.

Rominj, p.(2000), "'Restoration of confidence': The purge of local governments in the Netherlands as a problem of postwar reconstruction," in Deák, Gross, and Judt (eds.), *The Politics of Retribution in Europe,* pp.173 – 93.

Rominj, P., and Hirschfeld, G. (1991), "Die Ahndung der Kollaboration in den Niederlanden," in Henke and Woller (eds.), *Politische Säuberung in Europa,* pp.281 – 310.

Rosanvallon, p.(1994), *La monarchie impossible: Les Chartes de 1814 et de 1830,* Paris: Fayard.

Rosenberg, T. (1996), "Recovering from Apartheid," *The New Yorker,* Nov. 18, pp.86 – 95.

Roth-Arriaza, N., ed. (1995), *Impunity and Human Rights in International Law and Practice,* Oxford: Oxford University Press.

Rottleuthner, H. (1994), "Deutsche Vergangenheiten verglichen," in *Die Normalität des Verbrechen: Festschrift für Wolfgang Scheffler zum 65. Geburtstag, herausgegeben von Helge Grabitz, Klaus Bäustlein, Johannes Tuchel.* Berlin: Edition Hentrich, pp.480 – 502.

Rouquet, F. (1993), *L'épuration dans l'administration française,* Paris: CNRS.

Roussel, E. (2002), *De Gaulle,* Paris: Gallimard.

Rousso, H. (1990), *Le syndrome de Vichy,* Paris: Seuil.

Rousso, H. (2001), *Vichy: L'événement, la mémoire, l'histoire,* Paris: Gallimard.

Royer, J.-P. (2001), *Histoire de la justice en France,* Paris: Presses Universitaires de France.

Ruzé, F. (1997), *Délibération et pouvoir dans la cité grecque de Nestor à Socrate.* Paris: Publications de la Sorbonne.

Sa'adah, A. (1998), *Germany's Second Chance,* Cambridge, Mass.: Harvard University Press.

Sagi, n. (1986), *German Reparations,* New York: St. Martin's Press.

Sapiro, G. (2003). "L'épuration du monde des lettres," in M. O. Baruch (ed.), *Une poignée de misérables: L'épuration de la société française après la Seconde Guerre mondiale,* Paris: Fayard, pp.243–85.

Sauvigny, G. de (1999), *La Restauration,* Paris: Flammarion. Schachter, D. (1996), *Searching for Memory,* New York: Basic Books.

Schelling, T. C. (1960), *The Strategy of Conflict,* Cambridge, Mass.: Harvard University Press.

Schiemann, J. (1998), "The Constitutional Court: Myopic Bargains and Democratic Institutions," unpublished manuscript, Department of Political Science Columbia University.

Schwartz, H. (2000), *Constitutional Justice in Central and Eastern Europe,* Chicago: University of Chicago Press.

Schwartz, T. (1991), *America's Germany: John McCloy and the Federal Republic of Germany,* Cambridge, Mass.: Harvard University Press.

Sen, A. (1977), "Rational fools," *Philosophy and Public Affairs* 6, 317–44.

Sheppard, B. (2000), *A War of Nerves: Soldiers and Psychiatrists, 1914–1994,* London: Cape.

Simonin, A. (2003) "L'indignité nationale: Un chaˆtiment républicain," in M. O. Baruch (ed.), *Une poignée de misérables: L'épuration de la société* française après la Seconde Guerre mondiale, Paris: Fayard, pp.37 -60.

Singer, C. (1997), L'Université libérée, l'Université épurée, Paris: Les Belles Lettres. Skidelsky, R. (2001), *John Maynard Keynes: Fighting for Britain, 1937 - 1946*, London: Macmillan.

Slovic, p.(2000), *The Perception of Risk,* Sterling, Va.: Earthscan Publications.

Smith, K. (1995a), "Destalinization in the former Soviet Union," in Roth-Arriaza (ed.), *Impunity and Human Rights,* pp.113 - 28.

Smith, K. (1995b), "Decommunization after the 'Velvet Revolution' in East Central Europe," in Roth-Arriaza (ed.), *Impunity and Human Rights,* pp.82 - 98.

Snyder, C., Higgins, R., and Stucky, R. (1983), *Excuses,* New York: Wiley.

Søbye, E. (2003), *Kathe, Alltid Vært i Norge,* Oslo: Oktober.

Sólyom, L. (2000), "Introduction" to L. Sólyom and G. Brunner, *Constitutional Judiciary in a New Democracy,* pp.1 - 64.

Sólyom, L., and Brunner, G. (2000), *Constitutional Judiciary in a New Democracy,* Ann Arbor: University of Michigan Press.

Spitz, R., and Chaskalson, M. (2000), *The Politics of Transition: A Hidden History of South Africa's Negotiated Settlement,* Oxford: Hart.

Stern, K., and Schmidt-Bleibtreu, B. (1990), *Einigungsvertrag und Wahlvertrag,* Munich: Beck.

Steytler, n.(1995), "Constitution-making: In search of a democratic South Africa," in M. Bennun and M. Newitt (eds.), *Negotiating Justice: A New Consti- tution for South Africa,* Exeter: University of Exeter Press, pp.62 -80.

Stiefel, D. (1991), "Der Process der Entnazifizierung in Österreich," in Henke and Woller (eds.), *Politische Säuberung in Europa,* pp.108 - 47.

Stiefel, D. (1998), "Has the course of denazification been determined by 'economic necessities'?" in Larsen (ed.), *Modern Europe after Fascism*, pp.396 - 412.

Sutter, D. (1995), "Settling old scores," *Journal of Conflict Resolution* 39, 110 - 28. Sveri, K. (1982), "Landsviksoppgjørets merkeligste rettssak," in A. Bratholm, n.Christie, and T. Opsahl (eds.), *Lov og Frihet*, Oslo: Universitetsforlaget, pp.345 - 55.

Talleyrand, C.-M. de (1967), *Mémoires*, vols. 1 - 5, Paris: Jean Bonnot.

Tamm, D. (1984), *Retsopgøret efter Besættelsen*, Copenhagen: Jurist-og Økonomforbundets Forlag.

Taylor, R. (1981), *A Trial of Generals*, South Bend, Ind.: Icarus Press. Taylor, T. (1992), *The Anatomy of the Nuremberg Trials*, New York: Knopf.

Thirsk, J. (1954), "The Restoration land settlement," *Journal of Modern History* 26, 315 - 28.

Tiedemann, A. E. (1982), "Japan sheds dictatorship," in Herz, *From Dictatorship to Democracy*, pp.179 - 212.

Tiedemann, J. S. (1994), "Patriots, Loyalists, and Conflict Resolution in New York, 1783 - 1787," in R. M. Calhoon, T. M. Barns, and A. Rawlyk (eds.), *Loyalists and Community in North America*, Westport, Conn.: Greenwood Press, pp.75 - 88.

Timm, A. (1997), *Jewish Claims Against East Germany*, Budapest: Central European University Press.

Tocqueville, A. de (1968), *Democracy in America*, New York: Anchor Books. Todd, E. (1996), *Albert Camus*, Paris: Gallimard.

Tökés, R. (1996), *Hungary's Negotiated Revolution*, Cambridge: Cambridge Uni- versity Press.

Topol, J. (2001), "We need a beast to fight against," *Transition Online*, October 25. TRC (1999), *Truth and Reconciliation Commission Report*, vols. 1 - 5, London: Macmillan.

Tucker, A. (in press), "Paranoids may be persecuted: Post-totalitarian transitional justice," in Elster (ed.), *Retribution and Reparation*.

Tulard, J. (1977), "Les épurations administratives en France de 1800 à 1830," in Gerbod et al., *Les épurations administratives*, pp.49–62.

Tyne, C. van (2001), *The Loyalists in the American Revolution*, Safety Harbor, Fla.: Simon Publications (reprint of the original 1902 edition).

Ulc, O. (n.d.), "Dislodged Communists and dissidents in former Czechoslovakia," http://people2.clarityconnect.com/webpages6/ota/art eng/E-72.html.

Urban, J. (1986), *Moscow and the Italian Communist Party*, London: Tauris.

U.S. Senate (1967), *The Morgenthau Diaries (Germany)*, Washington, D.C.: U.S. Government Printing Office.

Vidalenc, J. (1977), "Note sur les épurations de 1814 et de 1815," in Gerbod et al., *Les épurations administratives*, pp.64–68.

Virgili, F. (2000), *La France 'virile': Les femmes tondues à la libération*, Paris: Payot. Vogt, T. H. (2000), *Denazification in Soviet-Occupied Germany*, Cambridge, Mass.: Harvard University Press.

Vollnhals, C. (1998), "Denazification in the Western zones: The failed experiment," in Larsen (ed.), *Modern Europe after Fascism*, pp.149–95.

Walder, A. (1986), *Communist Neo-traditionalism*, Berkeley: University of Califor- nia Press.

Walicki, A. (1997), "Transitional justice and the political struggles of post-Communist Poland," in McAdams (ed.), *Transitional Justice and the Rule of Law in New Democracies*, pp.185–238.

Walther, S. (1995), "Problems in blaming and punishing individuals for human rights violations: The example of the Berlin Wall shootings," in Roth-Arriaza (ed.), *Impunity and Human Rights in International Law*, pp.99–112.

Waresquiel, E., and Yvert, B. (1996), *Histoire de la Restauration,* Paris: Perrin.

Watson, G. (1999), "Disordered appetites: Addiction, compulsion and dependence," in J. Elster (ed.), *Addiction: Entries and Exits,* New York: Russell Sage, pp.3 – 28.

Wechsler, H. (1998), *A Miracle, a Universe: Settling Accounts with Torturers,* Chicago: University of Chicago Press.

Welsh, H. (1991), "'Anti-faschistisch-demokratische Umwalzung' in der sowjetischen Bezatsungszone Deutschlands," in Henke and Woller (eds.), *Politische Säuberung in Europa,* pp.84 – 107.

Welsh, H. (1996) "Dealing with the Communist past: Central and East European experiences after 1990," *Europe-Asia Studies* 48, 413 – 28.

Welsh, H. (1998). "Denazification, system transformation, and regime legitimation: The case of the German Democratic Republic," in Larsen (ed.), *Modern Europe after Fascism,* pp.315 – 38.

Wieviorka, O. (2003), "L'épuration des parlementaires," in M. O. Baruch (ed.), *Une poignée de misérables: L'épuration de la société française après la Seconde Guerre mondiale,* Paris: Fayard, pp.384 – 400.

Wildt, M. (2002), *Generation des Unbedingten,* Hamburg: Hamburger Edition.

Wilson, R. (2001a), "Justice and legitimacy in the South African transition," in Brito, González-Enríquez, and Aguilar (eds.), *The Politics of Memory,* pp.190 – 217.

Wilson, R. (2001b), *The Politics of Truth and Reconciliation in South Africa: Legit- imizing the Post-Apartheid State,* Cambridge: Cambridge University Press.

Winton, L. (1992) "Poland's government crisis," *RFE/RL Research Report* 1, no.30, 15 – 25.

Witte, E. and Craeybeckx, J. (1987), *La Belgique politique de 1830 à no.jours,* Brussels: Editions Labor.

Woller, H. (1996), *Die Abrechnung mit dem Faschismus in Italien 1943 bis 1948,* Munich: Oldenburg.

Woller, H. (1998), "The political purge in Italy," in Larsen (ed.), *Modern Europe after Fascism,* pp.526–45.

Zelikov, P., and Rice, C. (1997), *Germany Unified and Europe Transformed,* Cambridge, Mass.: Harvard University Press.

색인

1660년 이후 영국 왕정복고 79-81
1783년 영-미조약 87
1801 정교협약(政敎協約)에 의한 몰수재산 보상 65-66
1814년 이후 프랑스 왕정 복고 46-48
1814년 헌장 46-52, 62
1815년 백색테러 58, 140
1815년 이후 프랑스 법관 해임 58
1815년 이후 프랑스 왕정 복고 48-52
1825년 프랑스 배상 입법 48-64, 368
1946년 프랑스 배상 입법 245
1953년 독일 보상법 253
1956년 독일 연방보상법 86, 257
1989-1990 원탁협상 276-279
30인 폭군 21, 24-26, 31, 32-33, 38
3천인위원회 24, 26, 31
400인(우 원회) 18, 20, 21, 42
500인위원회(평의회) 17, 22, 28, 39
5천 명(갑옷 입은 사람들로만 구성된) 21
BC 404-3년 아테네 과두제 22-23
BC 411년 아테네 과두제 19

ㄱ

가다머(Gadamer) 235
가르시아 메카(Garcia Meca) 95
가해자로서의 저항자 145-148, 151
가해자의 기만 336
가해행위 수혜자 142, 155, 326
가해행위 수혜자 : 2차대전기 독일 기업들 138
가해행위 수혜자의 방해 행위 161
가해행위 수혜자의 옹호 행위 161
감정 310-314
감정 소멸 313, 314, 317-318, 320-323
감정 소멸 예측 313-323
감정 소멸에 대한 저항 318-320
감정과 기억 313
강제노동자 86, 251
격리(추방) 325, 328
경력회복 60
경멸(응보적 감정) 325, 329
고안된 감정 339, 348
고통 173-175
골드하겐(Goldhagen) 185

공개비판 141, 331
공공영역 배제의 기만 172-173
공민권 박탈 127
공산주의 153, 157
공산주의 체제 대법관 160
공소시효 180-181
과잉대응 355
괴벨스(Goebbels) 136
교회 자산(루마니아) 137
교회 자산(체코) 137
교회 자산(폴란드) 137
교회 자산(프랑스) 61-63, 70, 80
교회 자산(헝가리) 137
구공산주의 계승정당 364
구공산주의자 357-358, 364-367
구나치 357-364
구동독 법관 해임 100
구유고슬라비아 국제형사 재판 136
국경경비(수비)대원 재판 99, 334
국립기억연구소(폴란드) 367
국유 재산(프랑스혁명기에 몰수된 재산) 47, 52, 58, 62, 69, 161, 319
군사법원 179
귄터 딜(Günther Diehl) 151
귄터 샤보프스키(Günter Schabowski) 218
그라페 파라노몬(graphe paranomon) 28
극동 전쟁범죄 재판 88, 126-127, 136, 164, 179, 228
극장재판 126-127, 131, 135
기독민주당/기민당(독일) 161, 359
기만 300
기원전 403년 아테네 민주주의의 회복 27-31, 272
기원전 403년 아테네에서의 가해행위 수혜 36
기원전 411년 아테네 민주주의의 회복 18, 19-21

ㄴ

나치 독일 160
나치 독일 대법관 86, 160
나치 독일 판사 128-129
나치당 156
나폴레옹(Napoleon) 45, 46, 50, 53, 58, 61, 74, 125, 272
내생적/외생적 독재체제 105-106
냉전 88
네 원수(Maréchal Ney) 53, 55, 273, 318, 321
네덜란드 고등법원 228
네덜란드 대법원 172
네오나치당(독일) 359
노르베르트 볼하임(Norbert Wollheim) 210
노르베르트 프라이(Norbert Frei) 230, 359
노르웨이 대법원 172-177
노예노동 86, 210, 251
노예노동 대 강제노동 251-253
노예노동자 86, 251-253
뉘른베르크 재판 85, 88, 126, 132-134, 164, 176, 228, 290

ㄷ

단순가담자 86, 359
데이비드 다이젠하우스(David Dyzenhaus) 155
데이비드 파이페(David Fyfe) 164

데카르트적 격분(응보적 감정) 325, 329
덴마크 사회당 354
독일 대법원 151, 334
독일 사회당 359
독일당 359, 360-363
독일연방(중앙)은행 292-293
독일의 제약요인 283-294
독일점령기 네덜란드 대법관 171
독일점령기 벨기에 대법관 171
독일 헌법(1919) 78, 291
독일 헌법(1949) 292
독일 헌법재판소 151
독재체제 존속기간 107
동기부여 119-125
동기부여의 변이 331, 335
동기화의 위계 121-123
드골(de Gaulle) 145, 177, 178, 182, 214, 223, 295, 338, 375, 377
드혼트(Dhondt) 322

ㄹ

라발레트(Lavallette) 53, 56
라브뤼예르(La Bruyère) 122
라슬로 카르사이(László Karsai) 321
라울 알폰신 94, 168, 181, 275, 276, 305, 323, 355
라울 힐베르크(Raul Hilberg) 199, 208
레옹 블룸(Léon Blum) 130
레젝 쿡(Leszek Kuk) 150
레흐 바웬사(Lech Walesa) 356
로버트 잭슨(Robert Jackson) 194, 289
로버트 팍스톤(Robert Paxton) 146
로베르 브라지야크(Robert Brasillach) 145, 214
로베르 브라지야크(Robert Brasillach) 145

로타어 프리체(Lothar Fritze) 198
루스벨트(Roosevelt) 136, 286, 290, 327
루이 18세(Louis XVIII) 47, 48-49, 57, 64, 66, 79, 272, 318, 323, 368
루이 드 보날드(Louis de Bonald) 49, 368
루이 필리프(Louis Philippe) 68
루키우스 클레이(Lucius Clay) 283, 293, 359, 362
르네 카생(René Cassin) 261
르완다 국제형사 재판 136
리슐리외(Richelieu) 55, 321
리옹 재판 130, 135, 178

ㅁ

마르티냑(M. De Martignac) 66, 67
마르틴 잔트베르거(Martin Sandberger) 225
마크 올리비에 바륔(Marc Olivier Baruch) 147
마테올리 위원회 242, 301
마틴 오스트발트(Martin Ostwald) 19, 21
만프레드 겐츠(Manfred Gentz) 254, 255
맞고소 29
맥아더 장군(General MacArthur) 88
메디슨(Madison) 124
멩기스투(Mengistu) 104
모겐소 계획 52, 136, 153, 285-291, 360
모겐소 계획 293, 295
모겐소 일지 284-286

모니카 날레파(Monika Nalepa)　111,
　　183, 191, 365
모리스 파퐁(Maurice Papon)　108, 165,
　　215, 222, 295
몽크 장군(General Monck)　80
무가베(Mugabe)　102
무솔리니(Mussolini)　87, 183
물카(Mulka)　216, 218, 228, 237
미국 대법원　88, 316
미국 독립전쟁　81-84, 85
미셸 드브레(Michel Debre)　181
밀로스 제이크(Milos Jakes)　99

ㅂ

바돌리오(Badoglio Pietro)　87, 180
바츨라프 벤다(Václav Benda)　159, 337
바츨라프 하벨(Václav Havel)　124, 158,
　　159, 177, 330, 331, 337, 364
반대 심문　178
반사실적　74, 206, 209, 211, 215, 216,
　　218, 233, 258
반유태주의　137, 153, 231
방데(프랑스 반혁명 반란)　62-64, 66,
　　245
배심원의 자의적 선정　178
뱅자맹 콩스탕(Benjamin Constant)　49,
　　67
버나드 바루크(Bernard Baruch)　327
법률가(아테네)　30
법정　126-135
베르가세(Bergasse)　123
베르너 베스트(Werner Best)　360
베르벨 볼리(Bärbel Bohley)　330, 332,
　　333
벨기에 대법원　172-177

벨기에 사회당　298
보노미, 이바노에(Bonomi, Ivanoe)　180,
　　333, 372
복수　330
복수심(저항과 부정적 상관관계인)　35,
　　336
본질주의　137, 153, 318, 327, 328,
　　343
볼리비아 대법원　95
분노(응보적 감정)　137, 324, 329, 335
불가리아 대법원　138
불가리아 원탁협상　279
불문율　30
불확실성　273
브레다 선언　79, 80
브루노 크라이스키(Bruno Kreisky)　153
블랑코당(우루과이)　350
블랙리스트　140, 151
비그노네 레이날도(Bignone Reynaldo)
　　301
비밀경찰기록관리청　170
비센테 폭스(Vicente Fox)　97
비시 정부　130, 144, 148, 157, 159,
　　171, 332
비시 체제 대법관　131
비트롤(Vitrolles)　60
빅토르 오시아틴스키(Wiktor Osiatynski)
　　276
빌레(Villéle)　48, 368

ㅅ

살러시 페렌츠(Ferenc Szálasi)　321
살로공화국　87, 145
샤토브리앙(Chateaubriand)　47
선거의 불확실성　131-132

성격(존재)기반 감정 137, 205, 324-326
세네카(Seneca) 124, 128, 230, 335
센(Sen) 182
소급입법 21, 124, 177, 180, 273, 331, 332-336, 348
소급입법의 기만 333, 335
속죄 187
속죄금 241
손실회피 258
솔리다리티(폴란드) 190, 277
순교자 158
스위스 은행 138, 155, 242, 329
스탈린(Stalin) 126, 284, 373, 375
스튜어트 아이젠스타트(Stuart Eizenstat) 254, 346, 351
스팀슨(Stimson) 284, 285, 288-291
스파르타 23-24, 26, 106
스페인식 해결책(모델) 9, 93, 356
승자의 정의 21, 83, 126-127
시민포럼(Civic Forum, 체코슬로바키아) 150, 350, 364
신뢰 274-275
신의 갈구 55, 324

ㅇ

아담 미흐니크(Adam Michnik) 277, 357
아르키누스 27-29
아르투아 백작(Comte d'Artois) 샤를 10세(Charles X) 48, 64
아르투아 백작(샤를 10세)의 몰수재산 보상 48, 64
아르헨티나 대법원 94-95
아리스토텔레스(Aristotle) 17, 23, 24, 28, 321, 237

아리스토텔레스적 격분(응보적 감정) 325, 329
아부꾼(직업적인 밀고자) 16, 327
아우구스트 마틴 율러(August Martin Euler) 360
아우슈비츠 경비병에 대한 재판 151, 216, 218, 224, 228
아이젠하워(Eisenhower) 327
아이히만(Eichmann) 154, 165, 215
아일윈(Aylwin) 96
아테네 민주정에 대한 제약 30, 40
아파르트헤이트 103, 107, 115, 256
아파르트헤이트 체제 대법관 160
아프리카민족회의 157, 167, 281, 350
안소니 쿠벡(Anthony Kubek) 285
안토인 델포스(Antoine Delfosse) 338
알랭 방코(Alain Bancaud) 130
알렉산더 해밀턴(Alexander Hamilton) 122
알렉산드르 대제 46, 70
알렉스 보레인(Alex Boraine) 151
알베르 소블(Albert Soboul) 141
알베르 슈페어(Albert Speer) 143
알베르 카뮈(Camus, Albert) 331
알제리 독립전쟁 81, 84-85
알제리 해방전선(FLN) 81, 82, 85
알제리 해방전선(FLN) 81
앙굴렘(공작) 56-57
앙리 우세(Henry Houssaye) 54
애디 스테그(Ady Steg) 242
앤서니 이든(Anthony Eden) 283
야로스와프 카친스키(Jaroslaw Kaczynski) 159, 356
야루젤스키(Jaruzelski) 99, 209
야마시타(Yamashita) 316
야체크 쿠론(Jacek Kuron) 150, 249

야힘 토폴(Jachym Topol) 329
얀 올셰프스키(Jan Olszewski) 277, 356
에라토스테네스(Eratosthenes) 32
에른스트 아켄바흐(Achenbach, Ernst) 360
에리히 호네커(Erick Honecker) 222, 331
에비앙 합의(1962) 84-85, 339
에어 크로우(Eyre Crowe) 371
에이미 비엘(Amy Biehl) 165
에티오피아 대법원 104
에티오피아 법관 해임 104
연금 신경쇠약증 269
영국 국왕 살해 80
오라두르 학살 219, 223, 360
오스트리아 사회당 353
오토 키르히하이머(Otto Kirchheimer) 130
왕정복고 이후 프랑스에서의 가해행위 수혜(자) 63, 68
요제프 레나트(Jozef Lenart) 99
요코하마 전범 재판 88, 127, 316
요한 노이호우슬러(Johann Neuhäusler) 361
요하네스 안드내스(Johs. Andenæs) 236
우루과이 대법원 97, 276
웰링턴(Wellington) 46, 50, 51
위급성 초래 311-313, 321, 342
위니 만델라(Winnie Mandela) 167
유태인 147, 156
유태인 추방 165
음베키(Thabo Mbeki) 281
이브 파르게(Yves Farge) 331, 357
이스트반 포가니(Istvan Pogany) 257
이탈리아 사회당 354, 372
이탈리아 항소 법정 226

인민공화국운동(프랑스) 350
인지부조화 190
잉고 뮐러(Ingo Müller) 264

ㅈ

자비에르 발라(Xavier Vallat) 204, 225
자산기준 배심원 선정 26, 33
자유민주당(독일) 161, 359, 360-363
장 게에노(Jean Guéhenno) 204
장 지오노(Jean Giono) 156
장 프로보스트(Jean Prouvost) 146
재산규모에 의한 공직 규정 17
재판 결과의 불확실성 129, 131, 345
저항자 142
저항자와 피해자 157-158
적법절차 128, 331
적법절차 일탈 176-182, 345
전략정보국(OSS) 375
전후 독일 대법관 300
정당 349-350
정당의 제약 349, 357
정화 375, 376, 377
정화 100, 364-366
제2자 감정 325, 326, 327
제3자 감정 325, 326, 327
제딜로(Zedillo) 97
제임스 이스트랜드(Eastland James) 285
제임스 포레스탈(James Forrestal) 283
조급성 초래 299, 311-313
조력자 142
조르주 베델(Georges Vedel) 217
조셉 도지(Joseph Dodge) 292
조셉 키넌(Joseph Keenan) 179
조스부아르(Josse Beauvoir) 367
조제프 올레스키(Jozef Oleksy) 357

조지 뢰벤슈타인(George Loewenstein) 313
조지 폴레처(George Fletcher) 217
존 데먀뉴크(John Demjanjuk) 154
존 맥클로이(John McCloy) 229, 289, 295, 359, 364
존 메이나드 케인즈(John Maynard Keynes) 293
존 스튜어드 밀(John Stuart Mill) 247
중립자 142, 337-339
즈데넥 이친스키(Zdenek Jicinsky) 150
증오((응보적 감정) 137, 325
지몬 비젠탈(Simon Wiesenthal) 153
진실위원회 93, 95, 96, 103, 301
진실재판 94, 96 163
진실화해위원회 103, 281

ㅊ

찰스 라폴레트(Charles Lafollette) 362
처칠(Churchill, Winston) 283, 286, 273, 375
체스와프 키슈차크(Szeslaw Kiszczak) 99, 277, 303
체코 거주 독일인(Sudetengermans) 137, 175, 297, 334
체코공화국헌법재판소 172-177, 180, 250, 334-335
체코슬로바키아헌법재판소 172-177
촉진자 142, 159
촉진자로서의 저항자 159
친영국파(미국의) 81, 85, 320
친영국파에 대한 보상 84
친영국파에 대한 조치 84
친위부대(SS) 153, 200, 225, 233, 301, 320, 361

칠레 대법원 95-96

ㅋ

카라만리스(Karamanlis) 92, 273
카르타고적 평화 283
카를로 슈미트(Carlo Schmid) 225
카를로스 니뇨(Carlos Nino) 314, 338, 343
캄브레 선언 50, 51, 53. 79
커트 아이슬러(Kurt Eissler) 264
코델 헐(Cordell Hull) 288
콘라드 아데나워(Adenauer, Konrad) 208, 265, 291, 359, 360, 361, 363
콜로라도당(우루과이) 350
크누트 함순(knut Hamsun) 215
크리스토퍼 브라우닝(Browning, Christopher) 216
크리스토퍼 솜스(Christopher Soames) 102
크리스티안 프로스(Christian Pross) 259, 263
크바시니에프스키(Kwasniewski) 367
클라우스(Klaus) 137
클로드 고야르(Claude Goyard) 201
클로드 모건(Claude Morgan) 156

ㅌ

타더우시 마조비에츠(Tadeusz Mazowiecki) 160, 277, 356, 366
타협적 이행 271-282
탈(脫)나치화, 나치청산 85-86, 362-363
탈(脫)스탈린, 스탈린 청산 98, 182
탈공산화 150, 295
탈나치화 보상 152

색인 **425**

탈레랑(Talleyrand)　46, 50, 51, 272, 273, 323
테오필 부름(Theophil Wurm)　361, 362
텔포드 테일러(Telford Taylor)　363
토레즈(Thorez)　375, 278
토마스 델홀러(Thomas Dehler)　360
토마스 듀이(Thomas Dewey)　136
톨리아티(Togliatti)　87, 224, 354, 372, 374
통제되지 않은 대중권력(아테네 민주정)　19
트라쉬불로스(Thrasybulus)　27
트라실루스(Thrasyllus)　23
트로츠키(Trotsky)　183
특별법정　179

ㅍ

파괴자/방해꾼　142, 159-160
파르드슈(M. Pardessus)　67
파스칼(Pascal)　72, 224
파울 메르커(Paul Merker)　158
판 슈트라텐(van Straaten)　165-66
판사에 대한 감시　126, 130-131, 158-160, 164
패자의 정의　39
페리클레스(Pericles)　17, 19
펠릭스 프랑크푸르터(Felix Frankfurter)　230
폴 에크만(Paul Ekman)　313
폴 투비에(Paul Touvier)　108
폴란드 원탁협상　98, 277, 356
폴란드농민당　367
폴레마르코스　31, 32
표저기　351
표획득　351-357

푸셰(Fouché)　46, 50-51, 52, 53, 160, 179
프란시스 비들(Francis Biddle)　164, 194
프랑수아 모리악(François Mauriac)　145, 214, 331
프랑스 고등법원　130-131,144-145, 159, 178, 206, 225, 295
프랑스 국왕 살해　49, 55, 317
프랑스 사회당　354
프랑스 은행　242, 261
프랑스혁명　77, 80, 378
프랭크 머피(Frank Murphy)　316
프리메이슨　147, 344
피에르 라발 재판　131, 332
피에르 라발(Pierre Laval)　146, 167
피에트로 넨니(Pietro Nenni)　87, 179, 372
피터 노빅(Peter Novick)　156, 331, 339
피터 퀸트(Peter Quint)　258, 333
필론　36-37
필립 뷔린(Philippe Burrin)　146, 202

ㅎ

하르키스　81-82, 84-85
하이데거(Heidegger)　215
한나 아렌트(Arendt, Hannah)　185, 190, 192, 200, 231, 233, 234, 236
한스 글롭케(Hans Globke)　208, 359
한스 크리스토프 제봄(Hans-Christoph Seebohm)　360
항소 재판　178-179
해리 덱스터 화이트(Harry Dexter White)　185, 291
핵심(최적점)　47, 252
행동(행위)기반 감정　137, 205, 324-

326
행동경향의 감정 311
행동당(이탈리아) 372, 374
헌법재판소 365
헝가리 원탁협상 277-278, 369-370
헤르만 괴링(Herman Göring) 156
헤르만 압스(Abs, Herman) 363
헨리 모겐소(Henry Morgenthau) 125, 136, 284-287, 290, 327, 371
형량 협상 180
혼혈 유태인 343
훼방꾼으로서의 저항자 160
휴이스(Luc Huyse) 322
히틀러(Hitler) 135, 144, 231, 235, 343, 358
힐드링(Hilldring) 295

책장 덮기 - 역사적 관점에서 본 이행기 정의

초판 1쇄 발행 | 2022년 7월 25일

지은이 | 욘 엘스터(Jon Elster)
옮긴이 | 최용주
교정/교열 | 우한기
디자인 | 배원일, 김민경
발행인 | 김태진
발행처 | 진인진
등   록 | 제25100-2005-000003호
주   소 | 경기도 과천시 별양상가 1로 18 614호(별양동 과천오피스텔)
전   화 | 02-507-3077-8
팩   스 | 02-507-3079
홈페이지 | http://www.zininzin.co.kr
이메일 | pub@zininzin.co.kr

ⓒ 진인진 2022
ISBN 978-89-6347-509-7 93300

* 책값은 표지 뒤에 있습니다.